中国人民大学科学研究基金（中央高校基本科研业务费专项资金资助）项目成果
《超越与自由：能在论的社会历史现象学》（18XNA014）

Transcendence
& Freedom
Social-Historical Phenomenology of
Possible-Being

超越与自由
能在论的社会历史现象学

罗　骞　著

北京师范大学出版集团
BEIJING NORMAL UNIVERSITY PUBLISHING GROUP
北京师范大学出版社

自　序

　　帕斯卡尔说，人是一棵会思想的芦苇。人都能思想并且总在思想，但哲学才是思想的本质形式。在哲学中，关于存在的思考凝结为概念。哲学以概念规定存在，概念就是思想中的存在和历史。在海德格尔那里，存在概念的历史就是一部存在史。哲学概念之有历史，乃是因为存在本身有历史。存在总是超出概念，并且总是超出存在本身。依此而言，哲学概念对存在的规定，不仅要触及存在是什么或者存在应是什么，更根本的任务是展开存在能是什么，是努力把握不能被最终把握的"超出"。哲学依据对存在的此种思考，扬弃描述和想象，扬弃观念的自足性本身，将人所是的存在指引向超越的自由之境。本书以"能在"规定存在，就是作者此种存在领会的概念表达，以此在思想中经历后形而上学时代的存在历史。

　　关于存在的这种思考和领会是否能够获得普遍的

对象性存在呢？这不是存在之思关心的本质问题。我们只知道，存在之思总在历险。这绝不是说，它可能被冷遇，甚至被批判，因此冒着风险；说的倒是，当思想试图以概念规定存在，无论在观念活动还是在实践活动中规定存在的时候，都是在冒险。按照马克思的说法，范畴只是表现存在形式、存在规定的个别侧面。

思想就是思想者的存在。思想者必冒思想之险，甘冒思想之险。

在概念的确定性与存在的超越性张力中，可能性疯狂生长。知道这一点，哲学就知道了自己的命运，只将自己看成可能性思想，一种历险。以可能性为自我意识的哲学在今天才是现实的。通过漫长的自我教化和成长，哲学因获得这种可能性意识而学会了谦卑，也学会了自信。抱着这份谦卑和自信，哲学不再允诺绝对真理。哲学探索者展现出来的不是绝对命令，更不是铺天盖地的"心灵鸡汤"，而是作为存在之思的意见，是以概念展开的生活，是在存在中思及存在获得的智识上的快乐或者困惑。古人云：

德不孤，必有邻。

德者，得也，行道而有得于心者也。

将存在之思诉诸文字，不过是以一己之得发出的诚挚邀请，期待着与邻为伴，相互呼应和相互倾听着行于道上，共存共在。

吾道不孤，感恩同行……

是为序。

罗骞

戊戌年除夕于北京

目　录

导 论 ｜ 简论能在概念及其展开^①

有一种常见的说法，哲学是系统化、理论化的世界观。此种说法只是从形式方面揭示了哲学和世界观的相互关系，却被误认为是哲学的根本定义。这当然不是说这个规定不精准，而是我们能够提供更加精准的规定。真正说来，哲学并不以定义的方式把握事物，也不以定义的方式阐释它提出的范畴，当然更不会以定义的方式规定哲学自身。哲学不过是以范畴、

---

① 海德格尔曾经用"此在"（Dasein）来谈人所是的存在，并且"此在"成为其哲学的一个标志范畴。这里的"能在"不是对"此在"的一个替换，也不只是海德格尔在谈论此在时使用过的"能存在"（Seinkoennen）概念，或者更早一些在《存在论（实际性阐释学）》中的能在（Möglichsein）概念。海德格尔用这两个概念都是为了揭示人的存在作为此在的存在特征，但它们最终没有在海德格尔的存在论中取得核心地位。重构和展开能在这个概念，并且在展开中显示它与"此在"的差异和联系将意味着一部新的《能在论》。本导论乃至本书并不试图完成这个任务，也完成不了这个任务，而是向着这个依稀可见的目标上路，进行一些先行的准备工作。

命题和体系展开的对存在世界的总体性思考。就哲学所倡导的思维方式来说，哲学本身是不能被定义的，并且也不需要被定义。当然，哲学家也可能提供某些类似定义的有关哲学的说法，那不过是为了简化问题而已，不像一般科学的定义那样具有严格的确定性。这些说法至多是关于哲学的形式规定，不涉及哲学的内容。哲学并不总是喋喋不休地谈论"何为哲学"本身，而是以一种被称为哲学的方式把握世界。哲学家对于世界的哲学把握通过他对于世界的系统阐释加以展开。哲学活动对象化存在的哲学思想存在于哲学家对世界的系统谈论中，存在于哲学家谈论世界的范畴、命题和体系中。只有在这个意义上，哲学才是一种系统化、理论化的世界观。黑格尔最懂得哲学思想的这种总体性和体系性。所谓真理是全体和过程，讲的就是这种总体性和体系性。真理乃是展开过程和展开状态。① 在人类思想发展过程中，各种哲学思想体系相互规定，绵延地构成着思想的历史长河，并在历史长河中获得自己独特的地位和意义。哲学思想唯有作为体系，亦即作为过程和整体才能成为"哲学"，这不仅对个别哲学命题，而且对整个哲学史来讲都是如此。只有在这个意义上，我们才能理解黑格尔说的哲学就是哲学史这一命题。范

---

① 在将真理理解为全体和过程这一点上，黑格尔和海德格尔是一致的。但两者的存在论基础则根本不同。黑格尔在观念论的基础上将真理看成是概念逻辑地展开的必然过程，所以他讲的真理是概念的真理或者逻辑的真理。海德格尔则在生存论的基础上领会真理，真理不再是黑格尔意义上的概念论真理，也不是一般认识论意义上的正确知识，而是存在的真理，是解蔽，即存在的展开状态。对海德格尔来说，现象学的真理就是存在的展开状态和展开过程。在这个意义上，现象学就是存在论，"哲学就是普遍的现象学存在论"（[德]海德格尔：《存在与时间》，陈嘉映、王庆节译，44～45 页，北京，生活·读书·新知三联书店，1999）。

畴只有在命题中，命题只有在体系中，体系只有在思想史的长河中才能获得相应的意义和价值。因此，说哲学是系统化、理论化的世界观并无不妥。这一说法抓住了哲学的形式特征。即便是那些非体系和反体系的哲学本身也构成体系，一种隐藏着内在结构的思想体系。比如在尼采、阿多诺、晚期的海德格尔，以及后期的维特根斯坦那里都是这样。① 在这个意义上，讨论哲学确实可以从"哲学是系统化、理论化的世界观"这个常见的说法开始。本导论及本书的展开都将内在地遵循和体现这种哲学的形式规定。因此在我看来，20世纪西方哲学界反体系的努力存在某种历史根源，并且取得了切实的成果，但总有一种因噎废食的意味和夸张的高调；而对中国哲学来说，哲学思想要取得严格的体系化成就，恐怕还有一段很长的路要走。

一、世界观，存在概念的三种历史形态

（世界观的三重差异；世界观作为人在世和历世的"装备"，初始地规定了人的存在是能在；存在概念的三种历史形态：本体—自在，直接形态；我思—我在，反思形态；实践—能在，统一形态；能在之为超越）

---

① 阿多诺的《否定辩证法》、海德格尔的《哲学论稿》和维特根斯坦的《哲学研究》，可以看成20世纪形式上反体系的体系化哲学的三部代表性著作。虽然分别作为法兰克福学派、存在主义和语言哲学的代表，三者在20世纪的哲学格局中相互对峙，但就反对形而上学的抽象同一性而言，却有异曲同工之妙。

世界观是关于世界的观点和看法。这个说法看似同语反复，但在反复中其实包含着差异，包含着世界观和世界的根本区分。我们可以将这种根本区分称为世界观差异。被思想的是同一个世界，不同的是关于世界的思想。在世界和关于世界的观念的区分和连接中，世界观这个概念已经意味着多重差异性。第一重差异为，世界观不是世界，而是关于世界的观念，与它所谈论的世界是不同的"存在"。思想的对象通过思想才成为对象，关于对象的思想和思想的对象是两回事，尽管它们同样处在对象性关系中。世界是作为思维对象的存在总体，世界观是关于这个对象总体的思维意识，二者谈论的是两种在最高类型上的不同"存在"。二者之间的差异是一种根本的存在论差异，是对两类存在者的根本抽象。两类存在者都"存在"，但它们还不是最抽象的"存在"本身，也还不是真正展开的现实。展开的现实是二者的统一。第二重差异为，世界观是关于世界的认识，世界观中认识到的世界不是世界本身，观念中的世界只是世界的观念化。任何认识只是认识主体与对象之间的相对关系，因此，关于世界的认识与世界本身不是符合一致的同一性关系，二者之间存在着必然差异。我们称这种差异为认识论差异。这是一种通过认识论反思揭示出来的世界观与世界之间的非同一性差异。世界观不是与世界符合的世界的影子，世界观意味着人们怎样看世界，由此看到一个什么样的世界，而不是世界本身是什么。此种认识论差异便意味着第三重差异。世界通过不同的认识主体乃至同一认识主体的不同语境进入意识，形成不同的关于世界的观念。我们将这种因主体的内在因素而产生的不同世界观之间的差异称为主体性差异。这是世界观内部的现实差异，是关于世界不同的根本认识之间的差异。世界观的三重差异意味着，世界观不是与世界抽象同一的图像，而是我们对世界的诸种观法，是包含着反映、想象、理解和阐释等诸多环节的观念建构。正是经由这种观念建构起我们在世界之中的生活，我们才通过世界观与世界发生关系，世界才通过世界观呈现给我们从而成为"我的"世界。我们总是在世界观中与世界相遇。因此，世界是属我的，不仅在实践意义上而且在观念意义上都是属我的，是我的世界，而不是世界自身。当我以一种混沌的方式把握世界的时候，我就混沌地在世，活得浑浑噩噩，我的世界就是懵懵懂懂的世界。

世界观是人作为人"在世"和"历世"的基本条件。没有世界观，不能"观"世界，人的存在就不是"在世"和"历世"，从而就没有属人的世界。动物没有世界与世界观，动物的存在与动物自身直接同一。动物不能将它生存和生存于其中的世界观念地把握为对象。① 所谓"动物世界"，不过是人将动物对象化的一个存在领域，一个所谓的"世界"，是由人的世界观建构区分出来的存在范围。动物对其自身而言没有所谓的今生今世。人有世界观，人依据自己的世界观观念地把握和"规定"世界。人作

---

① 按照黑格尔的说法，动物只是具有一般的实在性，还不是自为的存在。"人之所以异于禽兽，且因而异于一般自然，是由于人知道自己是'我'，这就无异于说，自然事物没有达到自由的'自为存在'，而只是局限于'定在'[的阶段]，永远只是为别物而存在。"（[德]黑格尔：《小逻辑》，贺麟译，212 页，北京，商务印书馆，1996）在这里，"自为的存在"这个范畴不过是说人拥有"对象性意识"，因此其存在不同于动物和一般自然而已。不过，在黑格尔这里，自然事物没有达到"自为存在"而是"为别物而存在"这个说法不妥。既然它们是没有"我"的，它们就不是目的性存在，既不"自为"也不"为他"，它们不问"为何"，也不知道"为何"，仅只是作为实在之物自在地存在着而已。

为动物是动物的例外，这个例外就在于人有"意识"，并且世界进入这个在世界中的"意识"。这件事意味着世界的对象化，意味着人能将世界观念地把握为对象，形成关于世界的对象性意识。人作为人总是处在这种对象性意识和以这种对象性意识为指引的对象化活动中。我看到世界并且在世界中看到自己，存在以"世界"的方式对我存在。存在作为我的世界对我存在，我则以我对世界的理解同世界打交道。也就是说，我有世界观地在世界中存在，我的存在是带着世界观的。世界观是人"在世"和"历世"的根本条件，是人作为人存在的条件和事实。作为"条件"来讲，即没有世界观就没有所谓的人，作为"事实"来讲，即人总是已经"装备"了某种世界观。心理变态者有一种扭曲的世界观，疯子有一种失序的世界观，傻子有一种愚笨的世界观，植物人失去了世界观，死人不再有世界本身，他不再在世和历世。没有世界观的不是人或者不再是人，一个人的世界观决定这一个人成为什么样的人。植物人和死人不过是失去了人的存在方式的人的否定形式。他们失去了世界观，因此，是不再以对象性意识和对象化活动的方式在世界中存在的非人的存在"物"。人的世界观可能不同，人也不一定能自觉地意识到自己的世界观，但不存在没有世界观的人。

世界观可以是自觉的，也可以是自在的。我可以不知道我有世界观，但不影响我实际上有世界观。就像一个小孩，他有世界观并以自己的方式"看"世界，同时通过这种"看"世界的方式与世界打交道，但他可能并没有自觉到他的世界观。他的世界观直接存在于他与世界打交道的活动中，而不是作为他的认识对象以反思性的方式观念地存在。也就是说，世界进入了人的意识，但世界进入意识并且人总是通过关于世界的意识与世界打交道这件事，却没有进入意识，没有成为认识的对象。我看到一个人，这个人进入我的意识，但我并没有意识到我看到了一个人。我没有意识到我"看到人"这件事，我只是"看到人"。"看到人"只是直接感性活动，只是自在地、自发地发生着的我的存在。只有当我开始谈论这件事，观念地站在这件事外面并意识到这件事的时候，"看到人"这件事才被我"看到"了。它作为对象在我的意识中存在，它不再是感性现实，而是观念中的反思性意识，即观念的存在状态。此时，这件事从感性实践活动变成观念中的认识对象，变成自觉的了。进入了反思性状态，意识才认识到"看到人"这件事的诸多要素，形成了诸如主体、客体、过程、目的、动机、后果等把握这件事的范畴，而在前反思、前概念、前逻辑的直接性中，"看到"就是感性的存在活动本身。人并不必然意识到自己"有世界观"地跟世界打交道，而可能只是有世界观地"自在"地"存在"。就其有世界观而言，他的存在已经不是"自在"；就其世界观还没有进入意识而言，我们还可以将他看成是"自在"的存在。

人总是有世界观地生活，只有当世界观在反思性的认识中作为对象的时候，世界观才进入自觉状态。进入了自觉状态的世界观才可能被自觉地思考、改变和建构，才可能构成反思性的理论体系。人总是能看到世界，总有关于世界的世界观。但世界观还不是哲学，哲学是世界观的反思性理论化形态。世界观成为对象，世界进入意识这件事情本身进入意识，成为反思性的认识对象，这才意味着哲学可能产生。当我们说哲学是一种系统化、理论化的世界观时，最基本的意思是说哲学以世界观为对象，将自在的世界观提升到反思的层次，对世界观进行的对象性再思考，思考人类对于世界的思考。通过这种再思考，哲学建构对世界的反思性认识。哲学的这种反思性决定了哲学的诸多特征。哲学不再指一般的观念，一般的世界观，而是关于世界观的知识体系，一种理论化的观念体系。

　　然而，问题的关键不仅在于世界作为对象进入意识，人反思性地意识到这种关于世界的意识，而且还在于人依据他关于世界的意识"在世"和"历世"。也就是说，世界进入了对象性意识指引的对象化活动领域。在直接的感性生存活动中，在非反思性的生存关系中，关于世界的意识已经作为对象化活动中的因素自在地存在了。我有了心仪的人，我们约会，看电影，喝咖啡，我们"有"二人世界。这个"有"世界，讲的是生存和创造。我在创造和改变着我们之间的存在关系和存在状态。在这个过程中，我的意识没有作为对象，我没有意识到我的意识，它只是自在地作为存在活动中的因素存在，并且参与构成新的存在关系和存在状态的过程。我自发地通过"我看到"和"我想到"的一切与世界打交道，在改变世界的同时改变着我自己。那些自在地存在着的关于世界的看法不是关于世界的图像，而是生存在世的基本方式，是人在世和历世的内在要素。世界观就在生存的世界之中，是存在对我显现并且构成世界的基本环节。世界观参与组建世界，它参与的各种组建活动构成生活及生活世界。

　　在各种组建活动中，世界观参与现实世界的构成，现实世界是世界观的展开。其中包含两个要点：其一，人是存在的一道光亮，他照亮了存在，并使存在作为世界向人显现，通过世界观组建起来的作为可能存在之总体的存在领域就是世界；其二，人是存在的一次裂变，存在通过人的我思我想展开为未完成的可能世界，人使世界成为展开中的世界。

因为有了这种在世界中同时又出离于世界的意识，存在作为世界被人看见了，人还看见了在世界中生存的自己。这个"看见"划破了自在存在的原始同一性，世界在人的光亮中被照亮并被展开，人按照自己的想法行动。存在不再是自在，而是因人的存在成为可能的存在，成为对人而言的世界。世界的罪与恶是由人的存在而展开的世界之状态。没有人意识到自己以及在这种意识的指引下所从事的行动，就无所谓罪恶与罪责。善恶美丑乃是根源于人的生存本身，根源于人的对象性意识和对象化活动。① 因此由人展开并且人始终在其中展开的世界，也是可能性存在，是人的生存展开的共在。世界始终是作为共在的人的生存存在。这不过是说，作为世界对人"显现"的存在是由人的生存展开的可能存在，没有作为人的存在就没有人的世界。在这个意义上，我们说人的存在是能在，世界就是能在的世界。能在是人作为人的存在。人，就是以能在的方式在世和历世的特殊存在者。

当然，人并非一开始就意识到人是能在，并且世界也是由能在生存展开的可能世界。人的存在是能在，人作为能在，使存在作为世界显现因此始终是可能存在。这件事进入意识是历史性的事件。反思性地意识到"人是能在"因此"世界也是能在世界"这回事，真正说来是现代的成

---

① 在基督教原罪说中，人与作为绝对存在的上帝之分离，可以看成人作为人本身的真正诞生，也就是人成为人的过程。人的所谓原罪，本质上源于人原初的那个偏离上帝的"行"，源于他的自作主张，源于通过说"不"的否定性行为成就自己的"能"。"原罪"概念中已经意味着人作为能在的"能"了。人作为能在能够说"不"，是否定性的超越生存，因此需要担责，并且必须担责。所谓原罪只是人之为人对自己必须承担的责任，是人的存在本身的规定。唯其如此，才能与人作为人的存在相关，才是"原罪"。人所是的存在因此才是能在，是能"不"因此能"要"的超越生存。能够"不"就是他的能够"要"。

果，是现代性的世界观。这件事情的发生体现了建基于世界历史之上世界观的根本变革。它意味着人在总体化的世界历史过程中看到了人在其中的世界以及人本身是超越性可能存在的这一存在事实。这一变革集中地体现在作为反思性世界观的哲学存在论形态的历史演变之中。存在论是哲学作为理论化形态的世界观的基础和核心，是以概念的形式表达出来的根本的时代精神和时代原则。在这个基本意义上，存在论的历史从属于存在的历史，存在论的变迁体现了存在历史的变迁本身。哲学史是存在观念的历史，或者说是存在历史的观念。在作为哲学典范的西方哲学迄今为止的演变中，存在论经历了两个基本环节，第三个环节就是"能在作为存在概念"进入意识，即能在论成为存在论的当代形态。能在论是存在论扬弃前两个环节的历史真理。哲学从本体论经历认识论到能在论的演变史，就是能在概念生成的历史，是存在被理解为"能在"这一基本存在观念得以形成的历史。①

直接形态——本体—自在

存在论是哲学的根基，是关于存在的知识体系，即最一般意义上的关于存在之为存在的科学。然而，问题恰恰在于，人们对"何为存在"有着不同的理解。因此，出现各种不同的哲学"存在论"，也出现存在论的不同历史形态。立足于存在概念形态学差异的领会，我们将哲学存在论

---

① 能在概念作为存在概念的第三种历史形态，不是前两个环节的简单综合，甚至可能不会在西方哲学的内部自发地生长出来，而是需要曾经外在于西方世界的思想的激发和增补。因此我们看到，海德格尔以及一些后现代的思想家批判形而上学存在论的时候，不仅回到古希腊的前苏格拉底时代，而且常常到东方思想中寻找智慧。他们也许已经预示了一种可能有效的思想方向。在这个最根基的哲学领域，即存在论问题上，中西思想的相互介入和碰撞也许会撞出一种根本性思想，一种根本性的存在之思来。

的第一个历史形态称为"本体论"，即原初意义上的存在论概念。在这个形态中，存在被理解为自在"本体"，即抽象的绝对同一的存在本身，即"一"。被领会为本体的存在概念具有三个基本特征，即本源性、自在性和外在性。存在不是指某种在时间空间之中存在的具体存在物或存在状态，而是指作为世界的本源开端、绝对本质或普遍规定的自在实体或绝对原则。[①] 因此，存在是先在于或外在于经验现象和具体事物的"自在—存在"，是"存在"本身，而不是受规定和限制的任何一种"存在者"。这种自在性尤其在与人相对的非人意义上被强调。在各种形态的本体论中，观念中的本体概念被非反思地看作本体自身。这是一种简单意识。世界和世界观，或者说存在和存在论的差异还没有进入意识成为问题。非反思性的同一性、抽象的同一性被朴素地坚持着。观念被等同于观念指示的对象本身。在这个意义上，本体论思维是一种直接性意识，直接的肯定性意识。谈论的存在是否是存在本身，在谈论的观念之外存在是否存在，也就是说，关于存在的意识与存在本身是否有差异进而是否同一，还没有反思性地成为根本问题。意识自发地将观念中的"存在"作为观念对象的"存在"本身来把握。当且仅当思维与存在的差异发展成为对立并进入意识的时候，存在论便进入第二个历史形态，即存在概念的反思性形态。在这一形态中，意识以反思性的方式追问存在观念与存在对象之间的差异，并且自觉地意识到那个被当作存在的东西，其实只是意识自身中存在的观念。内在意识由此成为哲学的出发点和根据，存在概念原则上进入了以笛卡尔为代表的"我思"阶段。

———————

　　① 见本书第一章第一节之具体阐释。

反思形态——我思—我在

存在论是论存在，是关于存在的观念体系。当观念中的"存在"是否作为那个被观念地思考的"存在"这件事情本身进入意识时，也就是说，存在与思维之间的关系成为意识对象，思维与存在发展成为对立，哲学以解决这一对立作为新任务时，哲学便进入反思哲学和批判哲学阶段。[①] 在此阶段，朴素的确定性和同一性意识被动摇，怀疑论和反思性承担起理性启蒙的重任。"一切都必须在理性的法庭面前为自己的存在作辩护或者放弃存在的权利。思维着的知性成了衡量一切的唯一尺度。"[②] 意识认识到：意识中的存在不是那个自在的存在本身，而是关于它的观念。存在论中的存在只是关于存在的观念，而不是观念之外的存在本身，思维所思维的东西其实是思维自身。当存在被用于指称与思维相对的外在对象时，思维中的存在就只是思维。这样，思想的重心就从"存在"转到了"思维"，即意识这一端。存在需要思维去把握，而思维能够把握思维自身，被把握了的存在已经是思维，思维成了确定性的根据。这就是现代哲学的"我思"的开端。[③] 作为确定性根据的我思就是我在，存在概念被领会为我思—我在。在反思性的认识论哲学中，存在作为意识存在，或者说存在是作为存在的观念存在，是意识中的存在，而

---

① 参见［德］黑格尔：《哲学史讲演录》第 4 卷，贺麟、王太庆译，5、7 页，北京，商务印书馆，1978。

② 恩格斯：《反杜林论》，见《马克思恩格斯选集》第 3 卷，355 页，北京，人民出版社，1995。

③ 按照海德格尔的说法，"我思"主体性被当成确定性的根据，笛卡尔因此成为现代的起点。（海德格尔的相关阐释参见《海德格尔选集》（下），孙周兴选编，791、876 页，上海，上海三联书店，1996）

不是外在的自在存在本身。① 简单性和直接性被超越了，我思—我在概念的基本特征是内在性、观念性和对象性。朴素的同一性问题发展成反思性的内在论问题，人类思维从抽象的直接性进展到抽象的反思性。

既然存在观念并不是存在本身，那么，在意识之外的存在是否存在，关于存在的意识与存在本身是否同一，以及二者在何种意义上具有同一性就成了根本问题。对于思维之外的存在是否存在的回答采取了两种形式：一种是信仰，康德式的我相信它存在，但我无法确证它存在，因为确证作为认识活动总是内在性的；另一种是悬置，胡塞尔式的我们既无法肯定也无法否定它存在，因此把它放到括号中存而不论。这就是反思哲学中确立的我思—我在原则遭遇的存在论困境。② 思维与存在的二元论抽象，从寻求确定性开始，最终却对自在的存在概念没有确证的

---

① 马克思曾经说，意识总是被意识到了的存在。（参见《德意志意识形态》中的相关阐释，见《马克思恩格斯选集》第1卷，72页，北京，人民出版社，1995）这个说法往往被理解为物质本体论的基本命题，似乎是说物质"在先"因此物质"在外"。事实上，肤浅的唯物主义者没有意识到，这个命题一方面是说意识总是关于存在的意识，另一方面也是说，谈论存在总是谈论被意识到了的存在，要意识确证一个先在并且外在于意识的自在存在是抽象的反思哲学面临的困境。绝对自在是反思性哲学之前的本体概念，本体论非反思地肯定本体存在。马克思是反思哲学的后人，他对反思哲学的批判不是回到非反思这种直接性观念中。马克思显然知道，离开意识、在意识之外的孤立存在只是观念中的抽象，是非现实的存在，因此只是"非存在"。

② 张志扬先生有一个"语言两不性"的观点，即语言既不能证明本体之有，也不能证明本体之无。语言的这种两不性，其实就是反思在哲学建制中抽象的绝对我思被封闭在自身的内部的理论，并提出外在于我思的对象就会导致逻辑上的悖论。这就是海德格尔提出的内在性贯穿问题。反思哲学构建的我思内在性必然导致本体论说的这种两不性。这就是传统形而上学思维中本体论和认识论的困境。对此我们在其他著作中有过相关讨论。（参见罗骞：《告别思辨本体论——论历史唯物主义的存在范畴》，245～247页，上海，华东师范大学出版社，2014）

办法，竟然产生二元论、独断论或怀疑论。日常生活中的独断主义、相对主义或虚无主义不过是这种存在论观念的具体表现。用海德格尔式的说法，我思哲学的建制所遭遇的困境就是意识内在性的贯穿问题，即内在性的意识是否能够确证并达于外在存在的问题。康德的批判哲学，费希特的自我哲学，黑格尔的同一哲学，胡塞尔的现象学，包括海德格尔的存在论都是这一哲学建制的历史征兆。站在存在论的最前端，海德格尔经由胡塞尔，将存在论的基础从意识移居到"此在"，通过瓦解意识的内在性问题，为新的存在概念之确立做出了巨大贡献。①

　　问题不在于外在于意识的存在被抽象为本体，还是意识本身被抽象为"我思"从而成为根据和原则，而在于抽象本身，在于脱离生存实践关系，因此，脱离社会性和历史性的抽象本身，在于由绝对的抽象构成的抽象"绝对"。马克思曾经指出，抽象的极端从来不是存在的真理，而只是观念的思辨建构。② 只有超越这种思辨的观念论建制，存在概念才能

---

　　① 晚期的海德格尔指出："如果要对此—在谈些什么，这里的'存在'(sein)一词是什么意思呢？与意识(Bewusstsein)的内在性相反——识—在(Bewusst-sein)中的那个'存在'就表达了这种内在性——此—在中的'在'表达了在……之外……存在(Sein-ausser-halb-von……)。那个于其中一切可被称作物的都能自身前来照面的领域是这样一个地带，它把明明白白地'在那儿外面'(dort draussen)的可能性让渡给该物。此—在中的存在必须守护着一种'在外'(Draussen)。因此《存在与时间》中的此—在的存在方式是通过出—离被表明的。因而严格地说，此—在的意思就是：此出—离地在(das Daek-stalischsein)。于是内在性就被贯穿了。"([法]费迪耶等辑录：《晚期海德格尔的三天讨论班纪要》，丁耘摘译，载《哲学译丛》，2001[3])

　　② 马克思在《黑格尔法哲学批判》中曾经说过："任何极端都是它自己的另一个极端。抽象的唯灵论是抽象的唯物主义；抽象的唯物主义是物质的抽象唯灵论。"在马克思看来，成为极端这一特性，必然包含在与它对应的极端的本质之中，因此它对另一个极端并不具有真正现实的意义。(《马克思恩格斯全集》第3卷，111页，北京，人民出版社，2002)

走出我思—我在的内在性反思形态。存在作为现实不是外在的自在本体或内在的我思—我在，也不是此—在或识—在（即意识，Bewusst-sein）的优先性或自在性问题，而是在生存实践中统一的物质—精神、自然—思维或者存在—意识，因此，存在是在实践中展开的社会历史过程。我们称之为存在概念的"实践—能在"形态。也就是说，"实践—能在"是扬弃"本体—自在"和"我思—我在"并作为二者统一的存在概念的真理。

统一形态——实践—能在

在批判反思性哲学时，黑格尔曾经讥讽康德的物自体不可知的观点。黑格尔说："连动物也不会像这种形而上学家那样愚蠢，因为动物会扑向食物，捕捉它们，抓住它们，把它们吞食掉。"[①]马克思十分认同对反思哲学的这种批判，强调主客体在感性实践活动中的统一性。人首先是以感性实践活动的方式与对象打交道的，而不是以反思性的认识方式。[②]离开感性活动，以反思的观念方式面对存在时，才出现观念抽象中的主体与对象之间难以贯穿的对立问题。对象和主体之间无法调和的对立本身是观念抽象的结果，是反思性哲学在思维中建构的思想事实。这种二元论的困境只是反思性的抽象思维建构起来的思想悖论，是存在

---

① ［德］黑格尔：《自然哲学》，梁志学等译，13页，北京，商务印书馆，1986。

② 科西克在《具体的辩证法》中说："实在最初不是作为直觉、研究和推论的对象（与它相反相成的另一极是存在于世界之外的超越世界的抽象认识主体），而是作为人的感性—实践活动的界域呈现在他面前，这个界域构成实在的直接实践的直觉的基础。"（［捷］科西克：《具体的辩证法》，傅小平译，1页，北京，社会科学文献出版社，1989）以感性的实践活动概念把握"思维与存在"的统一性是马克思在存在论问题上的基本出发点和重要思想贡献。关于这一点，最为直接的文献就是马克思的《关于费尔巴哈的提纲》。

论上的思想困境，而不是存在中的事实。存在没有悖论，悖论是思维的困境。悖论的东西不是感性的事实存在，而是话语中的逻辑窘境，是抽象思维自身无法解决的思想问题。① 存在本身没有问题，问题只是生存着的人从特定的生存语境提出来的，是他在世界中与世界打交道的生存方式。只有人是有问题的存在，只有人才能提出问题并且解决问题。存在也不会出错。只有人可能做错，或者问错。放弃抽象观念论中思辨的问题，我们也就摆脱了观念思辨构建的思想困境。马克思说，凡是将理论引向神秘主义的神秘东西，都可以在现实的实践中得到合理的解决。② 从认识论的思辨抽象中撤退，思想解决不了的困境在历史中、在实践中被消解。思想中难以回答的问题，本身只不过是思想脱离现实的感性实践观念地构成的结果。第一个人从哪来，世界上先有鸡还是先有蛋，诸如此类问题都是抽象主义的反思性建构。放弃这种抽象主义和还原主义，就意味着放弃了由这些抽象主义思维方式产生的问题，不再陷

---

① 中国古人"自相矛盾"的故事最简明地说明了这一点。"楚人有鬻矛与盾者，誉之曰：'吾盾之坚，物莫能陷也。'又誉其矛曰：'吾矛之利，于物无不陷也。'或曰：'以子之矛，陷子之盾，何如？'其人弗能应也。夫不可陷之盾与无不陷之矛，不可同世而立。"（《韩非子·难一》，见《韩非子》，高华平等译注，530 页，北京，中华书局，2010）最坚固的盾和最锐利的矛只是观念的存在，是思维抽象出来的相互对立的绝对。这样的一对"矛"和"盾"在现实中不可能存在。楚人无法解决的困境只是思想和话语构成的困境。因此，自相矛盾是思维的悖论现象，是一种话语的、逻辑的现象，是特殊思维方式构成的思维困境。自相矛盾或者说悖论不会作为客观的事实存在。楚人的盾能否抵挡他的矛，或者说他的矛能否击穿他的盾，只要在实践中一试便见分晓。外在于主体的自在之物是否可知的问题就会导致这样一种思想之中的悖论。

② 参见马克思《关于费尔巴哈的提纲》第八条（《马克思恩格斯选集》第 1 卷，56 页，北京，人民出版社，1995）。

入这种观念论的困境和难题。① 消解近代思辨认识论构成的内在性困境，只需要走出这种认识论的思辨方式本身。②

　　存在并不是以抽象的方式存在于观念中的存在观念，也不是以思辨的方式被规定的观念之外的自在事实。在统一的生存实践中，存在就是世界，就是以意识为指引，在对象化活动中展开，并通过对象性意识呈现的可能世界。我们感性地生活于其中的现实世界，并非是不以观念为

---

　　① 在《1844年经济学—哲学手稿》中马克思指出，创造观念中"谁产生出了第一个人和整个自然界"的问题"本身就是抽象的产物"，马克思说："请你问一下自己，你是怎样想到这个问题的；请你问一下自己，你的问题是不是来自一个因为荒谬而使我无法回答的观点。请你问一下自己，那个无限的过程本身对理性的思维来说是否存在。既然你提出自然界和人的创造问题，你也就把人和自然界抽象掉了。你设定它们是不存在的，你却希望我向你证明它们是存在的。那我就对你说：放弃你的抽象，你也就会放弃你的问题，或者，你想坚持自己的抽象，你就要贯彻到底，如果你设想人和自然界是不存在的，[Ⅺ]那么你就要设想你自己也是不存在的，因为你自己也是自然界和人。不要那样想，也不要那样向我提问，因为一旦你那样想，那样提问，你把自然界的和人的存在抽象掉，这就没有任何意义了。"马克思还说："所以关于他通过自身而诞生、关于他的形成过程，他有直观的、无可辩驳的证明。因为人和自然界的实在性，即人对人来说作为自然界的存在以及自然界对人来说作为人的存在，已经成为实际的、可以通过感觉直观的，所以关于某种异己的存在物、关于凌驾于自然界和人之上的存在物的问题，即包含着对自然界的和人的非实在性的承认的问题，实际上已经成为不可能的了。"(《马克思恩格斯全集》第3卷，310、311页，北京，人民出版社，2002)

　　② 关于这个问题，维特根斯坦有过形象的说明。当然，他要说的不只是陷入思辨困境的认识论哲学，而是哲学本身。"陷入哲学困境就像这样一种情况：一个人在房间里想要出去，却又不知道怎么办。想从窗户跳出去，可是窗户太小；试着从烟囱爬出去，可是烟囱太高。然而只要一转过身来，他就会发现，房门一直是开着的！"(参见[美]诺尔曼·马尔康姆：《回忆维特根斯坦》，李步楼、贺绍甲译，61页，北京，商务印书馆，2012)所以，在维特根斯坦看来，哲学的任务在于治疗，就是给苍蝇指出逃出捕蝇瓶的道路，放弃哲学本身。"真正的发现是这一发现——它使我能够做到只要我愿意我就可以打断哲学研究——这种发现给哲学以安宁，从而它不再为那些使哲学自身的存在成为疑问的问题所折磨。"([英]维特根斯坦：《哲学研究》，陈嘉映译，78页，上海，上海人民出版社，2001)

中介的自在存在，也不是唯灵论的观念本身，而是在实践中展开的作为二者统一的可能性空间。离开感性现实的孤立的自在物质或者自在精神，只是观念中的抽象，而不是感性的现实，实际上只是"无"。人是通过自己的生存照亮并开启世界的存在者，因此，人的存在使世界成为可能世界，并因此具有可能性的存在。存在因人的存在而成为开放性的能在时空，成为世界。世界从空间性上被把握为社会，被领会为存在之"界"，即在物性中不断超越物性的存在领域；在时间性上被把握为历史，流变之"世"，即在现实中不断超越实存的存在过程。世界就是社会历史，就是在总体性的意义上作为能在共他者而在的共在总体。在这种立足于感性生存实践的意义上，由于人的存在是能在，由能在照亮和展开的世界也就是能在的世界。这就是存在作为实践—能在的统一性形态。

存在概念经历了作为存在自身的本体论哲学形态，作为反思性意识的认识论哲学形态，如今已进入后形而上学的能在论哲学形态了。在作为存在论当代形态的能在论中，以生存实践为基础的社会和历史成为根本的存在范畴，社会性和历史性成为根本的存在论范畴。存在被把握为人的生存实践中超越自在存在和自在意识的可能世界，亦即作为统一现实的社会历史。存在因人是能在而成为能在的世界，或者说，世界是能在论意义上的总体存在概念。通过以感性实践为基础的历史性和社会性意识，能在概念瓦解了本体论和认识论哲学中以自在性、抽象性和同一性为基本特征的存在概念。存在不再被理解为抽象同一的自在实体或自在观念，而是感性实践中可能性、具体性和差异性的状态和过程，即现象世界。在现象世界之外和之先没有抽象同一性的本体，也没有超验的彼岸世界。存在就是现象差异，就是我们生活于其中的感性现实及其生成。在能在的生存实践中，存在不仅被理解为可能状态，而且是实践中辩证展开的可能过程。在思想趋向现实和现实趋向思想的双向对象化活动中，存在就是开放的辩证循环状态和循环过程，我们称之为存在论循环。存在论循环概念揭示了对象性意识与对象化实践之间交互作用的辩证展开过程，社会历史的展开过程就是存在论循环过程和循环状态。①存在通过能在的对象性意识和对象化活动展开为现实世界，世界就是辩证循环中展开的超越性时空。

对象性世界是能在超越生存的境域。在这个由对象性意识和对象化活动构成的境域中，不仅人作为能在是超越性存在，而且此境域就是超越性的存在境域。此种超越性讲的是，被组织进意义时空的实在是超越自在的社会—历史性存在。这是一种内在超越，内在于社会—历史时空的状态和过程，而非绝对自在和绝对先在意义上的、不受经验时空限制的那种超越性。在这种内在于实践的超越中，人作为能在构成的经验和现象是可能过程和可能状态，而不是被完成和被规定了的同一性实体。后形而上学的存在概念是世界，即由人作为能在开启的存在领域和存在过程。存在论成为能在论。能在论不去谈论人不在，但它还在的绝对真

---

① 存在论循环这个概念我们在先前出版的著作中已经提到并且初步阐释过了。这一概念的提出受到了海德格尔和伽达默尔解释学循环概念的影响。我们将解释学中的理解结构运用到存在论上，将存在领会为实践中主客体之间辩证的循环过程，也即在人作为能在的生存中，对象性意识与对象化活动交互作用的开放循环过程。正是在存在论循环中，"思维"与"存在"达到了统一。在这个意义上，关于理解结构的解释学循环仅根源于存在论循环才是可能的。或者说，它只是构成存在论循环的一个环节。关于解释学循环可见伽达默尔在《真理与方法》中的相关阐述（[德]伽达默尔：《真理与方法》，洪汉鼎译，373~376页，上海译文出版社，1999)，关于存在论循环的进一步阐释参见本书第八章第一节。

理和绝对存在，而去揭示能在的生存世界，把握作为生成的现实。对于能在之超越性的现象学揭示，就是对能在作为个体和作为人类的存在论描述，就是能在论的社会—历史现象学。人的存在是能在，能在是人作为人的存在。人的存在作为能在本身是超越。

二、能在之为能在，超越

（人之存在作为能在；社会—历史现象学；对象性意识；对象化活动；能在作为对象性意识与对象化活动之统一的对象性存在；能在即"使对象……"的超越；社会—历史，世界概念的初步规定）

人的存在是能在，存在因此被看成是由能在展开并在其中生存的可能世界。在存在概念走向能在的途中，马克思的实践概念和海德格尔的此在概念具有关键性意义。能在概念不过是进一步说，此在是对象性存在，因此是对象性意识与对象化活动统一的生存实践中的"在此"。此在的生存，即对象性意识和对象化活动直接统一的实践就是超越。人的存在作为此在，因此是能在，是始终以不断超出自己的方式成为自己，并且展开世界的超越生存。能在概念中包含的"能"不是统计学上讲的出现概率——出现或不出现的可能性多大，而是说人的存在是自我的展开，并且是展开世界的创造性、不确定性和未完成性，因此是超越，是永远在"是"与"不是"、"实是"与"应是"之间循环往复的悬浮状态和开放过程。人通过不是自身的方式成为自身，人始终在成为最终不可能完成的自己。

所谓的"成己成物"只是一个开放的可能过程，因此是辩证的存在论循环。

海德格尔的"此在"着眼的是如何"在此"。这个如何"在此"之"此"意味着现象和经验中的差异性之"在"。此在既不是抽象的同一性实体，也不是作为自我意识内部旋转的"我思"及其展开，而是"生存"，是作为现象展开的可能存在。此在概念固然必须守护着一种"在外"，此在就是"此出—离地在"（das Daek-stalischsein）。① 然而，"此出—离地在"同时必然是意识，即"识—在"（Bewusst-sein）。人首先不是以观念论反思的方式面对世界，而是通过关于存在的意识在世界之中存在并与世界打交道。也就是说，人在其存在中有"意识"。存在的意识和存在本身统一于人感性的生存实践。人的生存就是意识与对象直接统一着的感性活动。前反思、前概念的感性活动本身就是意识与对象相统一的现实，即实践。在生存的实践中本来就有并且才有海德格尔所谓的"此—在"和"识—在"的统一，不可能找到或者"移居"到没有意识的淳朴的此在之中，没有这样淳朴的此在本身。能在讲的不是与意识，即海德格尔讲的"识—在"（Bewusst-sein），相对的"此在"（Da-sein），而是作为生存实践中"识"与"在"的统一，是人的"能—在"。内在意识与外在对象之区分是反思观念中的事情，是看待统一存在的不同视角，是这种不同视角观念地切割出来的抽象要素。"识—在"就是对象性意识，就是作为我思的我在；"此—在"就是对象化生存活动，就是作为我在的我思；"能在"就是作为对象性意识和对象化活动之统一的人的存在，就是人作为人这种特

---

① ［法］费迪耶等辑录：《晚期海德格尔的三天讨论班纪要》，丁耘摘译，载《哲学译丛》，2001(3)。

殊存在者的存在。

　　能在不是内在与外在分离之一端，而是统一之展开过程和展开状态。如果此在只是作为"此出—离地在"与"识—在"相对，而不是同时作为"识—在"的话，它就根本不能"出—离"，就是无所谓的"出—离"。同样，此在作为"此出—离地在"，如果不是在对象化关系和对象化结构中得到理解，而不能走向"社会"和"历史"的话，就仍然不能穿透个体的内在体验、感受和领悟，不能突破自身的内在性从而与外在仍然对立。那么，此在就只是他的"此"本身，仍然没有真正的"外在"和"在外"，它就不可能真正离开那个孤立抽象的此在自身。不管生存体验在宗教、伦理还是艺术领域中展开，均可能被看作属我的内在性，而没有获得客观的社会—历史性。① 如果社会性和历史性没有成为存在论的基本原则，作为存在范畴的社会和历史没有获得本质地位，并且对此在的描述还只是一种非历史和非社会的领悟状态的描述，那么，此在就只能是非历史的抽象个体，尽管人们试图以它揭示个体生存的具体性和丰富性。如果没有达

---

　　① 比如在克尔凯郭尔和布伯那里，以及海德格尔的《存在与时间》中，存在主义对近代理性形而上学的批判都是从生存体验出发的。(关于这个问题的具体阐释，可以参阅 Paul Roubiczek, *Existentialism: For and Against*, London, Cambridge University Press, 1964)在一定意义上可以说，这种从内在感受体验出发阐释存在的路向仍然居留于自我主体性的内部，而没有走进对象化的存在关系和存在结构。因此，从这一路向对于理性主义的批判就极易陷入非理性主义甚至反理性主义的窠臼之中。关于这个问题，萨特在《辩证理性批判》中谈到克尔凯郭尔时也曾经指出过："实际上，主观的生命由于是被体验的，所以永远不能成为一种知识的客体；它基本上不能被认识，教徒和超验性的关系不能用超越(dépassement)的形式来理解。这种自以为在反对任何狭隘的和无限深邃的哲学中表现出来的内在性，这种在言语之外作为每个人在他人和上帝面前进行的个人冒险而被重新发现的主观性，就是基尔凯郭尔说所的存在(existence)。"([法]萨特：《辩证理性批判》，林骧华等译，13页，合肥，安徽文艺出版社，1998)

到社会性和历史性的客观概念，此在生存的时间性就只是此在的先验结构。[①] 个体的生存本身是构成性的，既构成同时又被构成，是对象性意识中的对象化活动。作为能在构成环节的对象性意识和对象化活动，应该在超越自我体验的内在性、社会性和历史性的维度上得到理解。人的存在在展开社会历史的同时，本身也在社会历史中展开。能在是社会存在和历史存在，而不是以个体内在的生存体验为核心的生存(existence)[②]。因

---

① 没有客观性的社会维度和历史维度的引入，海德格尔对于此在的生存之阐释就达不到真正的具体性。马尔库塞晚年批评海德格尔时指出："海德格尔哲学中的具体性在很大程度上是虚假的——我们再次碰上了先验哲学的变种(而且是在更高的层次上)，在那里，有关存在的范畴丧失了它们的鲜明锐利，被中性化，最终消散于更大的抽象之中。"(Marcuse, *Heideggerian Marxism*, edited by Richard Wolin and John Abromeit, Lincoln and London, University of Nebraska Press, 2005. p. 176.)著名神学家蒂里希也在同样的意义上评价过海德格尔。他说："海德格尔的概念表面上显出[与超历史的概念]对立的一面，即历史性的概念。但他把人从一切真实的历史中抽象出来，让人自己独立，把人置于人的孤立状态之中，从这全部的故事之中他创造出一个抽象概念，即历史性概念，或者说'具有历史能力'的概念。这一概念使人成为人。但是这一观念恰好否定了与历史的一切具体联系。"(《蒂里希选集》上卷，57～58、111页，上海，上海三联书店，1999)也就是说，海德格尔的历史性概念本身脱离了具体的历史关系，是非历史的。代表着20世纪存在论哲学高峰的海德格尔，并没有真正以历史的具体来理解"此在"，或者说对此在的存在论阐释并没有真正深入到历史的维度之中。(参见罗骞：《面对存在与超越实存——历史唯物主义的当代阐释》，36页，北京，人民出版社，2014)

② 从如下马克思的一些基本说法中，我们可以看到，马克思在理解人的存在时，社会性和历史性范畴具有根本的重要性。"人的本质不是单个人所固有的抽象物，在其现实性上，它是一切社会关系的总和。"(《马克思恩格斯选集》第1卷，60页，北京，人民出版社，1995)"人是最名副其实的政治动物，不仅是一种合群的动物，而且是只有在社会中才能独立的动物。"(《马克思恩格斯选集》第2卷，2页，北京，人民出版社，1995)"社会本质不是一种同单个人相对立的抽象的一般的力量，而是每一个单个人的本质，是他自己的活动，他自己的生活，他自己的享受，他自己的财富。"(《马克思恩格斯全集》第42卷，24页，北京，人民出版社，1979)"首先应该避免重新把'社会'当作抽象的东西同个人对立起来。个人是社会存在物。因此，他的生命表现，即使不采取共同的、同其他人一起完成的生命表现这种直接形式，也是社会生活的表现和确证。"(《马克思恩格斯全集》第42卷，122～123页，北京，人民出版社，1979)

此，能在论的现象学需要更追本溯源地展开人作为能在的社会—历史性存在结构和存在过程。在这个意义上，能在论对能在的阐释就是社会—历史现象学，而不是生存的现象学。

以马克思的实践概念为基础，引入历史性和社会性，得出的结论是人的存在是社会历史性的。能在概念将人的存在放置到社会历史中进行理解，人被社会历史地构成的同时参与构成社会历史。实践不过是人作为存在者，如何在以及如何去在的在之状态和在之过程。在人的生存实践中，对象性意识和对象化活动在辩证循环中展开为世界，即可能的存在领域。世界之为世界的可能性当然意味着作为能在自我展开的历史性，同时意味着人作为能在超越物性的社会性。在能在生存的社会空间性升华和历史时间性展开中，由于能在之"能"和"在"，存在不再被理解为"实在"或"实存"，而是能在超越中的可能状态和可能过程。可能性成为基本的存在论意识。此种可能性意识乃是对绝对主义和相对主义的双向克服，同时也是确定性和流动性在实践中辩证统一的真理。实践概念乃是这种可能性存在论意识的思想基础。

能在是能够"看到"身在其中的世界，并依据这种"看到"在世界中生存。也就是说，能在是对象性意识和对象化活动的统一。对象性意识和对象化活动是我们用来领会能在之为能在的两个现象学上的环节，是我们把握能在"现象"的两个概念。经由此两个环节的统一，能在才能依据它的"能"去"在"出自己来。它的生存是实践，即感性的对象化活动。在作为感性活动的生存中，对象性意识与对象化活动并不存在时间上或者逻辑上的先后和轻重，它们是能在之为能在"同时性"的规定，或者说是被我们同时领会到的存在现象。我们只能现象地描述二者及二者之间的现象联系，而不能在现象联系之外追问为什么，追问发生学上的根源，诸如人为什么有对象性意识，人的活动为什么是对象化活动等。当然也不能在本体论的意义上追问二者绝对的先后，它们没有逻辑上或时间上的绝对先后，而是相互规定的对象性关系。然而，描述或叙事却总有先后，总是在言说的顺序中展开并置和同时存在。就像绘画或雕刻一样，总是在空间和时间顺序中渐次展开一个整体，但刻画的先后并不意味着对象本身构成的先后。在此，尽管我们先说对象性意识，但不意味着对象性意识在存在论上先于对象化活动。①

对象性意识

对象性意识说的是人在差异的世界中能够将他者和自身作为对象"看到"，因此总能"看到"，其存在乃是超越实在的能在。② 当对象没有进入意识，不是作为人看到的对象存在的时候，它们都只是一般的"物"，都是没有意识之维的"在"本身，它们无所谓存在与不存在。彼与此之间的差异不是作为差异存在的，它们只是"在着"而已。人的存在使差异成为差异，使对象成为对象。因为人作为"在着"的我思与对象打交道，对象才作为各种不同的对象显现给我，成为对象性意识中的存在，

---

① 理论叙事的起点并不意味着事实上的起点，也不意味着客观逻辑上的必然起点。有时它是叙事体系的逻辑必然，有时就是一个随意的方便选择。先说的东西里面常常意味着甚至包含了后说的东西。同样，后说的东西总也意味着先说的东西。这都是常见的事情，有时甚至是必然的，因为相关的事物之间总是内在关联和相互规定的。叙事的起点是相对性的，不具有绝对的意义。

② 这就是马克思所说的人所具备的类意识，即"把类——他自身的类以及其他物的类——当作自己的对象"，同时使自己的生命活动本身变成自己意志的和自己意识的对象。"有意识的生命活动把人同动物的生命活动直接区别开来。"（马克思：《1844 年经济学—哲学手稿》，见《马克思恩格斯选集》第 1 卷，45～46 页，北京，人民出版社，1995）

或者说通过对象性的意识对我存在，而不再是它们自身。能在就是拥有对象性意识的人的存在，即通过对象性意识把握对象的人的存在。对象性意识不是人之为人拥有或者获得的偶性，而是人作为人存在的存在论要素，因此是能在的构成环节。没有对象性意识的"人"不是作为能在存在的人，或者说只是人的非人存在，只是存在物而已，而不是"人"。因此，在夸张的意义上，中国人骂无精神意志者为行尸走肉、酒囊饭袋，甚是刻薄，也甚是贴切。

对象性意识包括两种情况。其一，人非反思性地看到了对象，将对象（包括作为对象的人自身）作为对象看到了，感觉到了，思考到了。他将对象观念纳入自身，作为自身存在的对象和自身存在的显现。但是，这种对象性意识还是感性的直接性、自发的、自在的感性活动，它们没有作为对象进入反思性的自觉。也就是说，看到对象，或者说意识到对象这件事本身并没有成为对象，没有被意识到。对象性意识活动只是作为直接的感性活动发生着，是我存在着的活动本身。虽然还属于感性的直接性，这种对象性意识活动已经是能在特有的了。其他存在物不具有这种对象性的关系，只有人作为能在能够"看到"并依据这种"看到"处理与对象的关系，形成对象性意识，从而将人的活动同他物区别开来。①

第二种对象性意识是反思性的，即人看到了自己将对象看成对象这件事。也就是说，对象性意识本身作为对象进入意识，人以一种抽身远

---

① "有意识的生命活动把人同动物的生命活动直接区别开来。正是由于这一点，人才是类存在物。或者说，正因为人是类存在物，他才是有意识的存在物……"（马克思：《1844年经济学—哲学手稿》，见《马克思恩格斯选集》第1卷，46页，北京，人民出版社，1995）

离的方式观察到了直接的对象性关系，看到了"看到"这件事情。这种对象性意识就是反思性的意识。人在这种对象性意识中不是直接与对象统一的，而是置身事外，以旁观的方式看到了直接的对象性意识，看到了他自身与对象之间直接的感性活动关系，并且分析、总结、预判着这些关系。能在与对象之间直接的感性统一性被瓦解了。反思性的"看到"是观念地把握对象，能在不再直接地与对象发生关系，而是以从这种直接关系中抽身出来的方式去把握这种关系。反思的对象性意识以"抽身"方式与直接的非反思性意识区别开来，成为一种自觉的意识。反思性的对象性意识进一步标示了人之存在作为能在的特殊性。人在观念中把握到了他对对象的观念把握，能够依据这种反思性的观念去生存，从而在改变对象的同时改变自身的存在。

对象化活动

对象性意识是讲能在能够"看到"对象，能在能够观念地把握对象，能在与对象处在这种观念的对象性关系之中。能在有意识——一种是感性的直接性意识，另一种是间接的反思性意识。在对象性意识中，对象是作为对象自身进入意识的，尽管意识可能改变和影响对对象的领会，但意识还是像一个容器一样只是接纳对象。能在因为这种能接纳成为对象性存在，它处在能够看到对象的对象性意识关系之中。对象化活动则不同，它指的不是在意识中对对象的把握，而是指能在依据自己关于对象的意识参与和改变对象，将自己关于对象的意识在对象身上展开，使对象成为能在生存中的对象，成为属人的对象。能在将对象作为对象而化对象，对象由此成为能在的对象。能在以自己的意识化对象，因此意识成为对象化了的存在对象。对象在能在的生存活动中成为可能性的存在物，成为不断地超越自身的对象化存在。

对象化活动也包括两种情况。其一，感性直接性的对象化活动，即直接的同一性生存活动。也就是说，在现实的生存活动中，能在的对象性意识直接对象化在对象的身上，使对象成为对象化的存在。能在改变对象这件事只是直接地发生着，是一种非反思性的现实过程。这一过程根本没有以反思性的对象性意识为指引。这种直接的对象化活动当然有意识的中介，活动中有意识，但整个过程并没有反思性的自觉。在这种非反思性的意义上，它是自在的、自发的。它只是在非反思性或者说非观念化的意义上是自发的，因为其中有直接的非反思性的对象性意识。对象化活动已经不是本能活动，不是心脏正常的跳动、血液正常的循环等。

我上一次课，正常来说，不论课上得好坏，我的意识和我的活动是直接统一，浑然一体的。上课的时候我并没有意识到我在上课，就像我走路时没有意识到我在走路，吃饭时没有意识到自己在吃饭一样。但是，上课、走路和吃饭中当然有意识。家门关着，我用钥匙开门。在这个过程中，打开门的意识变成了门的被打开。整个过程"自然"地发生，我甚至都没有，也根本不需要考虑钥匙在锁孔里是往左还是往右转，门吱呀一声就打开了。

但是，如果有一次上课我发现学生对课程不感兴趣，或者我开门的时候发现门打不开了，我的行动受阻，自发性中断，我的活动便一下子进入意识。我审查、检视，分析其中的问题，依据我的分析重新采取行动，并以反思性的对象性意识指引我的行动。于是，对象化活动不再是直接的感性活动，而变成一种反思性的自觉活动。我开始用我的想法观念地、有意识地指导我的行为，对象化活动就进入了自觉状态。这就是第二种对象化活动，即理性的、自觉的对象化活动。当对象性意识从直接的对象性意识进入反思性的对象性意识的时候，能在对直接对象性意识的审视成了能在在世活动的指引。能在依据这种反思性的指引与对象打交道，能在的"在"成了自觉观念指导下的活动，这就是反思性的对象化活动、自觉的对象化活动。这种对象化活动就是通常意义上讲的实践。实践就是以反思性意识为基础的有目的、有意识的自觉的对象化活动。① 理性的自觉意识就是实践的内在因素。感性直接性活动的对象化活动也是能动的，因为它也包含着能动的意识，但它还不是自觉的能动性，而是一种前反思的直接状态。我们有时说某人做事没脑筋，不动脑子，说的就是作为能在没有进入自觉的反思状态，而是凭着直觉和感性行事。所有的对象化活动中都有意识，但有的是直接的对象性意识，有的是反思性的对象性意识。理性的对象化活动，将对象化活动本身作为对象，经过反思性思虑，最终可能做对也可能做错，但它是"有脑子"的。也就是说，它是经过反思性的意识指导的，是自觉的。在这个意义上，它是对象化活动的高级形式。我们讲人的活动具有自觉的能动性，讲的就是这种反思性的对象化活动，就是实践。它不是直接的感性活动，而是主观有意识地见之于客观的活动。②

————————————

①　列宁说过："实践高于（理论的）认识，因为它不仅具有普遍性的品格，而且还具有直接现实性的品格。"（《列宁全集》第55卷，183页，北京，人民出版社，1990）列宁强调实践是以理论认识为基础，同时又超越理论认识的对象化活动。这并不意味着理论与实践的对立。列宁还说过，没有革命的理论，就没有革命的实践。

②　关于这个问题，毛泽东也说过："思想等等是主观的东西，做或行动是主观见之于客观的东西，都是人类特殊的能动性，这种能动性，我们名之曰'自觉的能动性'，是人之所以区别于物的特点。"（《毛泽东选集》第2卷，477页，北京，人民出版社，1991）

能在作为对象性意识与对象化活动之统一的对象性存在

对象性意识和对象化活动只是从不同视角描述人作为能在存在的现象学概念。对象性意识讲的是能在能够观念地把握对象，能够看到自身和自身生存于其中的世界。人之外的存在物只是自在，它的存在与自身的活动直接同一。只有人能够看到对象性关系。对于人之外的物来说，关系根本就不是作为关系存在的。① 动物的"饿"和"饱"直接作为事实存在，它们直接"饿着"或"饱着"，由饿和饱驱使的动物与猎物的关系就是一种直接的物性关系。动物意识不到自己的饿和饱，饿和饱不是它们有意识的对象，当然也意识不到它们与猎物的关系。天亮了就亮了，动物不会想到天曾经黑过，而且还会再一次天黑。动物不能对象性地"意识到"自身和自身所处的世界。② 动物根本就没有自身，也没有世界。"动物世界"是人将动物世界化，就像自然界、生物界等概念一样，是人看到了不同于人的各种相互差异的存在领域而已。对象化活动讲的是，能在实践地面对对象，改变对象，使对象不仅在观念上而且在实践中成为自我的对象。被我的意识所规定的对象在实践活动中被规定，能在依据对自身和世界的看法在世界中存在，在改变世界的同时改变着自身。由此有了世界，亦即有了在物性实在中超越物性的能在世界，有了社

---

① "凡是有某种关系存在的地方，这种关系都是为我而存在的；动物不对什么东西发生'关系'，而且根本没有'关系'；对于动物来说，它对他物的关系不是作为关系存在的。"（马克思：《德意志意识形态》，见《马克思恩格斯选集》第 1 卷，81 页，北京，人民出版社，1995）

② 所以德里达说，动物赤裸着，却不在赤裸之中。（参见［法］雅克·德里达：《我所是的动物》，见夏可君编校：《解构与思想的未来》，115 页，长春，吉林人民出版社，2006）也就是说，赤裸着的动物因为没有赤裸的意识，根本就不在赤裸之中。

会历史。社会历史就是在能在对象性意识中通过对象化活动构成的存在领域，就是能在的世界，就是能在作为类存在的共在状态和共在过程。

能在的对象性指的就是这种对象性意识和对象化活动相互规定的双重关系。对象性意识是对象化活动中形成的对象性关系，而对象化活动是对象性意识指引下的对象性关系。能在先看到世界并依据对世界的看法在世界中存在，还是相反，先在世界中存在而后看到了它在其中存在的世界，这是一种抽象的本体论提问方式。能在之为能在，既不是先有意识，然后再依据意识才有意识中介的活动，也不是先有活动，然后在这个活动中产生了意识。有意识的属人的活动和属人的活动中的意识同构。对象性意识和对象化活动只是从人作为人的视角对人自身的把握，是我们看到的人作为人存在的"现象"，因此出现此种存在现象，我们将人作为人的存在把握为能在。这种把握有三重含义：第一，就人作为能在而言，它必须同时包含这两种规定，二者是从不同角度对能在概念化，我们无法将某一种规定作为不包含对方的绝对起点。也就是说，对象性意识和对象化活动具有循环构成的特征，它们是人这种存在者特定的存在现象，能在概念只是从二者相互构成的现象出发领会人的存在，其中并没有一个比另一个更本质，一个比另一个更原始，它们是将人的存在理解为能在的现象学环节。这个理解具有现象学的性质，而不是从本体论或者发生学上说的。第二，人的存在被领会为对象性意识和对象化活动的现实统一，因此能在是一种历史性的存在论叙事，一种现代性的"人生观"，根源于历史性的存在领会，而不是一种非历史的、对人本质的规定。这一规定的历史性不仅意味着将人的存在看成历史性的存在，而且意味着将这样一种对人存在的理解本身看成是历史性的。第三，这种对人的概念化，像其他各种关于人的存在概念一样，是以人的自我为中心的，以此为规定划出的人作为能在与他物的边界是相对的。也就是说，被人为地规定的人与非人的存在物之间的差异是相对的、流动的，以相互构成的对象性意识和对象化活动来规定人的存在，只是一种观念的规定和叙事，从属于能在对自身存在的领会。哺乳动物的心理与人的对象性意识之间的差异有多大，动物的行为模仿与人的学习行为之间的差异有多大，实际存在中没有绝对的断点，不存在绝对的边界。差异只是被领会到，因此被规定和凸显出来的差异。边界虽然总是不确定的，但又是能够把握的，相对稳定的。通过对象性意识和对象化活动理解能在，意味着观念中的一跳，意味着抽象和概括。我们只能跳过那连续的不确定性，将模糊变成确定，将流动变成静止。规定总是相对的，是将流动性和连续性裁断，观念地将边界确定下来。概念是思想对存在的暴力分割，定义和本质都是观念论层面的范畴。也就是说，都是对象性意识中人作为能在对对象的规定。人作为能在，包括了对象性意识和对象化活动两个环节，这本身就是人的对象性意识对自身存在的领会和规定，因此是相对性的规定。

能在在对象性意识和对象化活动中面对对象，通过观念和实践两种方式规定对象。没有能在的这种"能规定"就不会有对象，就没有对象性意识和对象化活动中被规定的对象。能在"规定"对象就是对对象实施"暴力"。对象性意识是一种观念的"暴力"，就是在观念中限制对象。通过意识对对象做出强制区分，把对象作为对象切开来，并进行命名。通过命名，对象性意识的对象不再作为与他物混同的存在者，而是被照亮并相互区分的。此时差异被凸显出来，物才作为物对人存在，物才作为物"是什么"。① 对象因为能在的对象性意识脱颖而出，不再是自在的存在，而是因能在的"看到"进入能在的超越性之中。因为能在的对象性意识，万物不是万物自身，不再是万物自身自在的同一性，而是在对象性意识中成为对象性的存在，成为能在超越境域的存在。亦即说，对象通过被看成什么，被把握为什么与自身区别开来。它在对象性意识中作为具有不同对象性特征的存在者存在，通过不是它自身而成为它自身。

　　万物由同观之，则为同，由异观之则异。② 一个男人当然只是一个男人，但在现实世界中，他可能是一个善良的父亲，一个狡猾的政客，一个机灵的商人，他是什么取决于从什么角度，把他放在什么样的存在关系和存在活动中去看待。离开特定视角的对象只是概念中的抽象，只是没有规定性的存在本身，同时只是无。当然，即便在这个意义上的"有"和"无"，仍然是能在的对象性意识中的对象，是观念的结果，是能在领会世界的概念。没有人作为能在的存在，就无所谓"有"或"无"。离开对象性意识的纯存在概念存在着逻辑上的困难。因为，当我们说"纯存在"只是存在而没有规定什么存在的时候，已经将把握"纯存在"的能

---

　　① "唯当表示物的词语已被发现之际，物才是一物。唯有这样物才是(ist)。所以我们必须强调说：词语也即名称缺失处，无物是(ist)。唯词语才使物获得是。"(〔德〕海德格尔：《海德格尔选集》，孙周兴选编，1067 页，上海，上海三联书店，1996)翻译有变动。"ist"原译为"存在"，我们觉得这里译为"是"更恰当一些。因为这里讲的是，有了语词，才能对物进行判断，物才是什么或者不是什么。

　　② "天下何思何虑？天下同归而殊途，一致而百虑。"(《周易·系辞(下)》，见《周易译注》，黄寿祺、张善文译注，664 页，北京，中华书局，2016)

在作为未经反思的前提了。也就是说，是能在在对象性意识中将纯存在把握为纯存在，这种把握本身就是对象性意识，是能在同能在把握到的"纯存在"之间的对象性意识，因此能在已经在着了。① 马克思说："非对象性关系中的存在物是非存在物。"②能在只能在对象性的关系中将对象把握为对象性意识中的存在，存在物在能在对象性意识构成的对象性关系中存在，对象性存在物在不同对象性意识中的位置和结构差异构成空间。能在在空间意识中领会自身的存在位置和自身共他人而在的共在状态。在空间性意义上，能在共他者而在的共在总体就是社会。在存在论意义上，社会概念是指由能在对象性意识不同层次构成的共在总体，但它侧重于揭示这个共在总体作为超越生存的共在状态。社会就是能在作为可能存在展开的空间总体。

能在的"看"，即能在在对象性中对对象的把握已经是超越的了，因为对象的存在已经从自身的自在存在成为能在眼光中的存在。此种超越是由能在的"看"，由能在通过它的意识之光点亮的。对象性的"看"只是一种比喻的说法，讲的是人作为能在能够观念地把握对象这样一种存在论性质。在这种观念的把握方式中，对象在能在的感知、言说、认识、评价等对象性意识中成为对象，被放置于能在的对象性意识框架之中。因为被能在的框架所架构，对象成为对象性意识中的对象，就是说对象

① 关于这一点可以参见黑格尔《小逻辑》对纯有和纯无的讨论。（［德］黑格尔：《小逻辑》，贺麟译，189～192 页，北京，商务印书馆，1996）

② 见马克思《1844 年经济学—哲学手稿》中的相关讨论。对马克思来说，现实的存在只能是对象化关系中的、对象性的具体存在，非对象性的存在物是"非存在物"，"是一种非现实的、非感性的、只是思想上的即只是想象出来的存在物，是抽象的东西"。（《马克思恩格斯全集》第 3 卷，325 页，北京，人民出版社，2002）

不再是它自身，而是超越关系中的对象性存在。书店里一本我并不感兴趣的书，仍然在我的对象性意识中存在，它被我以"不感兴趣"的一种方式作为对象被我看到，也可能以有人对它爱不释手的方式存在。现实存在就是由各种对象性意识关系构成的意义整体，这个意义整体就是在实在中展开的超越实在的世界。

对象性意识也可以说是一种对象化关系，即将对象作为对象观念地把握，以特定的眼光和特定的视角构成对象，在对象性空间中确定对象的存在，从而使对象成为特定关系中的对象，成为确定的什么。然而，更加深刻的是，或者说我们用来与这种意义的对象化相区别的是对象化活动概念。能在之为能在还在于他根本不只是蹲守在某物的旁边观看、欣赏、思考，而是与存在者一道"共在"。对象不再只是被对象性意识建构成为的对象，而且被能在实践地改变。我在书店里对一本书感兴趣，它的装帧到目录到定价，在我看来都很合适，我买下了它，我认真地阅读它，我因此获得精神的愉悦。在对象性意识的基础上我现实地改变了与该书的存在关系，它被我买下，被我阅读，被我珍藏，被我作为废物处理等。它通过我的现实行动与我同在，成为兴趣爱好的表达，成为学习研究的对象，成为传播知识的工具等。它在各种行为中获得一种新的存在属性、存在方式和存在意义。我也因为它的存在而改变自身，我被它感动，被它武装起来了。走进我书房的朋友很惊讶，哇，这本书您也看过啊！于是我们敞开心扉，交流阅读体会，切磋砥砺，成了志同道合的知己。对象化活动使对象成为一种新的存在关系中的对象。对象由此超出自身，成为在各种不同意义关系整体中的对象。对象化活动也是能在使对象仍然是自身的同时超出自身的超越方式。

能在使对象成为能在的对象而超越自身。这个作为能在之在的"使对象……"便是能在的"能"，便是超越。能在作为人所是的存在就是"使对象……"的超越。能在使对象超出对象，使作为对象的自身也超出自身。能在和能在的对象都因能在而成为可能的存在，是自身的同时却又超出自身。人的存在作为能在就是超越。能在在改变对象的同时自身也成为被改变的对象，对象的改变与能在自身的改变是同一个超越性的过程。①通过对象化活动，任何存在物都不再是自身存在，而是能在的近邻，它们在能在的光亮中共能在而在。存在逻辑不再是自在的必然性逻辑，自在的必然性逻辑成为能在超越应然原则得以展开的一个环节，因为能在依据对存在的对象性理解将对象对象化，将自己的意志外化到对象上。世界就是自在和应在在双重逻辑中展开的现实空间，因此是"也许"和"尚未"的可能性领域。现实就是能在在对象性意识和对象化活动的相互构成中辩证展开的存在论循环状态和循环过程。这种由实践展开的循环状态构成了能在共在的社会空间，循环展开过程就是历史时间。社会这个概念是从横向空间的角度揭示人作为共在存在的总体性概念，而历史这个概念是从纵向时间的角度揭示人作为共在存在的总体性概念。就像社会概念一样，作为存在论范畴的历史表达的是，能在通过对象化活动在变革现实中展开的时间性过程。人类历史就是人作为能在的超越生存展开的历世的存在总体。

———————————

① 马克思曾经简明地指出过这一点。马克思说："环境的改变和人的活动的一致，只能被看作是并合理地理解为变革的实践。"（《马克思恩格斯选集》第1卷，59页，北京，人民出版社，1995）

在能在对象性意识和对象化活动构成的时空结构中，存在不再是自在，而是在能在之"能"中的超越性"在"。这不是说存在本身就是超越，而是说存在因能在之"在"而成为超越性存在，向能在显现为能在的世界。能在只能在世界中在，并且只能在世界中知。世界只能是通过能在的"在"和能在的"知"在着的世界，是超越性的存在。这个超越性不是讲世界"在"到能在的外面去了，或者说它本来就绝对地外在于能在，而是说世界是在能在之中的，是超越了自身存在的，作为能在共在总体的存在。能在论的世界概念是指空间性的社会与时间性的历史构成的超越性的存在总体。世界就是超越实在并且仍然在实在中展开的社会历史时空。能在的对象性意识和对象化活动构成的空间性和时间性不是自在存在的自在属性，而是能在超越实在的在世结构和超越实存的历世结构，是能在领会和把握世界的存在论范畴。在这个意义上，世界是有空间的，也是有时间的。当然，世界观也是时间性的，空间性的。这种作为能在在世的时间性和空间性，就是社会性和历史性。人们只能社会地、历史地理解存在和关于存在的意识，就是说，存在和关于存在的意识，总是在特定的社会历史时空中被构成，因此受到了时间和空间因素的制约。当我们反思性地意识到存在和存在意识的这种社会性和历史性时，当我们自觉地以社会性和历史性作为存在论、认识论和方法论的基本原则时，物质和意识不再被分离地理解为自在绝对或自在本体，而是被理解为能在超越中辩证总体的构成环节。

能在就是超越。能在之能，就是可能；能在之在，就是超越。这可能意味着能在不是被规定了的确定性存在，它永远是"也许"；超越意味着能在不是静止的完满性存在，它永远是"能够"。这种永远走在不确定途中的作为"也许"的"能够"之"在"就是能在，就是超越，就是自由的生存。能在在之中的存在因此成为超越实在和实存的世界。超越不是能在的一种偶性，而是能在的"能"和"在"本身，根源于能在的对象性意识和对象化活动的存在本身。在能在的"能"和"在"中，存在成为能在世界。能在作为超越，展开世界并且在世界中展开。能在在对象性意识关系和结构中超越"实在"，开启意义空间，展开为社会空间的不同层次和结构。能在在对象化活动的过程中超越"实存"，开启了历史时间，展开为历史时间中的不同历世形态。理解能在的超越性需要社会空间层次和历史时间维度相互交织的双重视角。相互构成的超越层次和超越历程是从不同角度揭示能在超越性的存在论范畴。能在论就是社会—历史存在论，也就是社会—历史现象学。

三、能在"在世"的空间性及其超越层次

（由对象性意识构成的社会空间的空间性；能在在世的社会空间层次：事实性，实在对象领域；规范性，交往活动领域；感受性，内在体验领域）

能在能够观念地将对象把握为对象，使对象成为对象性观念中的对象，成为意识中的存在，即"识—在"（Bewusst-sein）。对象在对象性意识中作为"识—在"显现给能在，对象性意识本身就作为"识—在"（Bewusst-sein)的存在。能在能显现，对象被显现。能在将对象把握为对象性意识中的显现。对象只因显现并被规定才是对象。在这种对象性意识的显现关系中，对象只是作为对象存在着，尽管它已经不是自在存在，而是由于能在的"看"超越了自在存在。能在依据自己的"看"显现和规定对象。相同对象在不同的对象性视角和对象性结构中成为不同对象，对象超越了自身，既是它自身，同时又不是它自身；既是其所是，又是其所不是，不是其所是。对象性意识的这种使对象在观念中成为不同对象的超越性构成意义空间。能在在这个超越的意义空间中领会存在，因此构成了不同的存在论领域。当然，这种意义空间本身是在对象化活动的时间中构成的，是对象性意识中的，或者说是作为对象性意识的存在空间。对象性意识中的空间概念是在区别于流动过程的、相对静止的状态中领会存在的，它揭示的是对象性意识中存在对象并置而在的差异性和层次性，即存在领域在对象性意识中的"不同"，有"空着"的"之间"隔着它们。这个"之间"说的是它们在概念逻辑中的本质差异，而不是说它们在物理的空间之中的相互外在。

作为能在论范畴的空间是能在在世的共在结构，既不是指作为自在存在的物理空间，也不是指作为内在意识之感知方式的直观形式，而是能在将对象观念地把握为对象时所构成的存在论结构。对象性意识中形成的空间性恰好是物理空间和内在空间意识的存在论基础，因为在能在的生存中才展开并形成关于物理空间和观念空间的观念。立足于超越生

存的空间概念是物理空间和意识空间的统一，是能在在世的方式。[①] 能
在的对象性意识通过空间概念将存在领会为有差异和层次的存在总体。
这就是社会。社会就是从空间形式领会的能在在世构成的共在总体，在
物性世界中展开的超越物性的意义空间。社会是能在在世的空间总体，
社会空间是能在在世的共时结构，是由能在的对象性意识构成的领会生
存超越的存在论范畴。能在超越的层次所讲的就是能在如何构成这种对
象性的社会空间，以揭示在这个对象性的空间中作为独具特色的存在
者，即人之存在作为能在如何，就是超越。

能在将对象观念地把握为对象，对象作为对象进入能在的对象性意
识之中，能在照亮并看见了对象。这种照亮和看见讲的是能在特有的存
在方式，包括诸如认识、评价、赋义等基本环节。通过这些环节，对象
"是什么"在能在的对象性意识框架中显现并被规定。这个"是……"作为
断定，是能在在对象性意识中把握对象时对对象进行的规定，因此是能
在与对象之间的一种对象性关系，而不是对象本身的是之所是。在这种

---

　　① 生活中的现实空间是在能在超越生存中被构成的。用海德格尔的话来说就是此
在的在世活动"设置空间"。海德格尔在《存在与时间》中说："对在世起组建作用的'让世
内存在者来照面'是一种'给与空间'，我们也称之为设置空间。这种活动向空间性开放上
手的东西。设置空间的活动揭示出、先行提供出由因缘规定的可能的位置整体性，于是
我们能够实际上制定当下的方向。如果我们把设置空间领会为生存论环节，那么它就属
于此在的在世。"([德]海德格尔：《存在与时间》，陈嘉映、王庆节译，129 页，北京，生
活·读书·新知三联书店，1999)不过，海德格尔的这种设置空间主要讲的是对物理空间
的设置，即在物理空间中对物理空间本身的设置。我们这里谈及的在能在超越生存中构
成空间，讲的是社会空间的"设置"，即能在超越在物的空间中构成不同的社会存在领
域，即不同的社会空间。这就是说，人的存在作为能在意味着超越"实在"，在物性实在
中展开超越物性的意义空间。这种超越生存才使物理空间超越了物理性，在物理性中展
开了超越物理性的存在领域。

对象性关系中，对象通过与能在相关联的方式获得它的"是什么"，从而不再是它本身，而是以超越自身的方式成为其所是。对象总以"是……"的方式成为能在的对象。① "不是"也是"是"的一种特殊方式，即褫夺形式，"是"也是一种"不是"的情况。我们经历一片沙漠，沙漠作为对象在不同的对象性意识层面显现，既可以在地形地貌的认识背景中显现，也可以在内在感受的审美层面上显现。"大漠孤烟直，长河落日圆"的名句，呈现给我们的就是一幅情景交融的壮阔画面。抽象掉了对象性意识框架作为"物自体"的沙漠不是现实的我们生活于其中的存在，它"对"我们并不存在。② 不同的对象性意识框架"设置"对象所处在的不同位置，对象只能在，并且只是在对象性的意识中有其位置并成为对象。能在的

---

① "对象如何对他来说成为他的对象，这取决于对象的性质以及与之相适应的本质力量的性质；因为正是这种关系的规定性形成一种特殊的、现实的肯定方式。眼睛对对象的感觉不同于耳朵，眼睛的对象是不同于耳朵的对象的。每一种本质力量的独特性，恰好就是这种本质力量的独特的本质，因而也是它的对象化的独特方式，它的对象性的、现实的、活生生的存在的独特方式。因此，人不仅通过思维，而且以全部感觉在对象世界中肯定自己。"(《马克思恩格斯全集》第 3 卷，304~305 页，北京，人民出版社，2002)

② 马克思在《德意志意识形态》中说自然是工业历史的产物，强调实践活动对自然概念的中介。(参见《马克思恩格斯选集》第 1 卷，76~77 页，北京，人民出版社，1995)事实上，仅仅从自然如何在人的意识中被观念地把握来说，也就是从人对于自然的领会来说，自然已经受到对象性认识框架的规定，因此是社会性的，历史性的。当然，不仅在对象性意识而且在对象化活动中，自然都是对象性的自然，因此是人化自然。对此，海德格尔讨论此在的历史性时有深刻的揭示。海德格尔指出："只要此在实际生存着，世内被揭示的东西也就已经照面了。上手事物与现存事物向来已随着历史性的在世界中存在的生存被收入世界的历史。……但就连自然也是有历史的。但说自然之有历史恰恰不是当我们说起'自然史'时的意思，它倒相反是作为村园、居住区和垦殖区，作为战场或祭场而有历史。这种世内存在者本身就是有历史的，它的历史并非意味着某种'外在的东西'，仿佛它只不过伴随着'心灵'的'内在'历史似的。"([德]海德格尔：《存在与时间》，陈嘉映、王庆节译，439 页，北京，生活·读书·新知三联书店，1999)

这种对象性意识构成在物性中超越物性的社会空间。首先，这个空间讲的不是广延性的体积、位置、顺序等，而是指由人的能在"在"出来，并且仍然在其中"在着"的那个由对象性意识领会的存在领域。对象"显现"给对象性意识的时候，或者说在对象性意识中作为显现存在的时候，不论能在是否使用概念等理论思维，对象作为对象在显现中或者说作为显现，就已经进入了对象性意识的框架了。能在依此框架定位和把握事物，把对象观念地放到观念的空间之中进行定位。多元的对象在这个空间中显现并且构成这个空间。在这个空间中的位置决定着对象的对象性存在。我们如何在这个空间中将对象对象化，决定了对象"是什么"。当人们谈到要具体问题具体分析的时候，说的不过是要注意把握对象的这种社会空间性，要社会地看问题。

其次，能在之所以能够在对象性意识框架中把握对象，形成把握对象的社会空间意识，是因为能在的存在本身就是对象性的共他者而在，能在的对象性意识框架和结构根植于并且揭示着能在的共在。这不仅是说，我所使用的比如"明月"根源于能在的共在，如果能在不是共他者而在的对象性存在，就没有明月这个词本身，[①] 而且是说，使用明月这个语词的时候本身就揭示着能在如何共他者共在。我们在何种意义上与明月共在，我们就在何种意义上共享明月。

最后，这种有意义的、由能在的对象性意识构成的空间领域只有从能在的存在本身出发才得到揭示。能在通过命名、区分、排序、评价、

① 语言哲学中有关于所谓私人语言的讨论问题。语言的前提是能在，是作为共在的能在。在这个意义上，根本就没有孤立的"私人"，当然就没有私人语言这回事情。

移情、赋义等方式揭示对象，对象因此在对象性关系中以不同的方式而存在。没有能在的揭示方式，存在就是一片孤寂和黑暗，没有能在特定的揭示，对象就是混沌和模糊的同一，而不能在意识的空间结构中有明晰的位置。只有能在的照亮和特定的显现，才有了敞开的结构空间。

能在的超越生存通过对象性意识将对象观念地把握为特定位置关系中的对象，由此构建了能在在其中的社会空间。能在论的空间概念将能在在其中的共在总体具体化为意义关系和意义结构的总体。我们用能在的超越层次这个概念来揭示这种空间的结构关系。层次概念揭示了能在领会和把握对象的不同方式，在存在总体中构成了不同的存在领域。在能在超越"实在"的超越中，构成了真假、善恶、美丑的意义空间，能在便在这个意义空间中看对象。对象在这个意义空间中被对象化为对象性的存在，因在社会意义空间中存在而成为社会性存在。能在超越的不同原则和能在不同的自我存在形态构成了不同的存在论领域。依据能在把握对象的对象性意识方式以及能在自我展开方式的不同，能在超越了生存构成的社会空间，其中包括了事实性、规范性和感受性三个层次。事实、规范和感受体现了能在的不同生存层次，因此意味着能在建构的不同存在领域，可以在各个不同的领域以不同的方式领会存在并且去存在。

A. 事实性，实在对象领域

能在通过对象性意识观念地把握对象，首先将对象把握为外在事物。事实性就是对象作为对象自身显现的对象性层次。对象被看到，能在"看到"的对象就被认为是对象自身。在这种对象性意识中，能在甚至被看成一个空洞的容器，对象被放置到这个容器中与它在这个容器之外的时候是一致的。对象如其所是地被能在看作对象，能在与对象之间在显现与被显现的关系中构成一种内外一致的同一性。对象本身就是根据，对象及其逻辑被认为在能在之外自在地存在。① 对象虽然通过能在的对象性意识显现，但却被确认为是外在存在，能在需要摆脱自身的主观性以确认和服从对象的外在性。能在的"能"在此只意味着这种确认和服从。我们称能在与对象之间的这种对象性意识构成的领域为实在对象领域。问题的关键不在于对象本身是实在对象，而在于能在以事实性方式领会对象的存在。事实性的核心范畴是"真实"。所谓真实，就是对象作为对象如其所是地存在，并且能在"让对象像对其所是地存在"。能在"听从"对象，让对象自身显现。②

宗教和科学是以事实性这种对象性意识构成的两个基本存在领域。在宗教领域，神被看成是依据自身存在的存在，他是在能在之前和能在之外支配着能在的绝对存在。基本的对象性关系是服从，就是能在对绝对性的神圣存在及其原则的信仰。对科学而言，对象性意识就是证明，

---

① 关于这种事实性的对象性意识，黑格尔谈到对于自然界的认识时，提供了清晰阐释。黑格尔说："关于自然界我们承认：哲学应该照它的本来面貌去认识它；而哲人之石所隐藏着的地方，就在自然界本身某处；自然界本身是合理的；知识所用研究而用概念来把握的，就是现在于自然界中的现实理性；它不是显现在表面上的各种形态和偶然性，而是自然界的永恒和谐，即自然界的内在规律和本质。"([德]黑格尔：《法哲学原理》，张企泰译，4页，北京，商务印书馆，1996)不过，我们这里的事实性作为对象性意识的一种形式，显然并不仅止于认识自然界，而是把握所有存在对象的对象性构成形式，它构成了能在将世界对象化的一个实在领域。

② 海德格尔在谈到真理时说："一个命题是真的，这意味着，它就存在者本身揭示存在者。它在存在者的被揭示状态中说出存在者、展示存在者、'让人看见'存在者。命题的'真在'(真理)必须被理解为揭示着的存在者。"([德]海德格尔：《存在与时间》，陈嘉映、王庆节译，251页，北京，生活·读书·新知三联书店，1999)

就是能在对外在对象之必然性规律的客观认识。信仰和认识都以确认对象的外在事实性为前提。能在确认对象的外在性，并接受外在性的约束，这个外在性是能在的绝对边界。因此，事实性在这种对象性意识中，或者说实在对象性领域是一个"必然王国"，能在的意志表现为服从对象，只是表现为能够服从，能在还没有"任性"。如果在这个领域中能在还谈得上自由的话，这个自由就是接受和服从，就是接受被理解为自在存在的绝对边界。能在通过服从免遭惩罚，不论是来自上帝的惩罚，还是来自自然的惩罚。黑格尔和恩格斯认为自由是对必然的认识，讲的都是这种事实领域的自由，是能在依据事实性的原则在实在的对象性领域中对自由的领会。

在这种事实性逻辑中，屈服于外在存在和外在原则的能在岂不沦落为奴？它如何可能还是超越，或者还是自由的呢？能在通过事实范畴将存在理解为外在于并先在于自身的存在，这种通过自身存在的存在是实在。实在对象被人看到，被人把握到，其本身被看成是绝对的自身存在。它不依赖能在而在，相反能在依赖它才在，能在在实在中存在，并且能本身也是一种实在。绝对实在最初被命名为本体，进而被命名为上帝，后来被规定为物质自然。这种变化当然意味着某种进展，但就三个概念相同的思想前提来说，它们都以事实性的方式看待存的对象。能在将存在把握为脱离人的绝对，能在意识到自身与此绝对存在的差异，并且通过服从（信仰和遵守）建立与此绝对存在之间的同一性关系以获得自由。在这种差异与同一的限度意识中，能在将自身的生存领会为服从。信仰中的"相信"和科学中的"遵守"是获得自由的方式。在服从中，能在以事实性的对象性意识理解对象，将关于对象的意识理解为对对象本身的描述，并依据这种理解来规定自身对对象的服从关系。能在接受他者的规定以肯定自己的存在，能在因此就是超越的存在了。能在将对象把握为外在对象，而将自身的自由领会为服从，并依据这种领会在世，能在意识到它的服从，并通过服从获得自由。在事实层次上，亦即在实在对象领域中，自由就是服从。

B. 规范性，交往活动领域

在事实性这种对象性意识构成的实在对象领域，能在的对面矗立着具有绝对权威性和外在必然性的神或物。对象性表现为事实性，事实性是对象性意识构成社会空间的第一个层次。宗教信仰和科学知识就是对实在对象的确认和肯定。信仰和认识是能在的在世活动，神意和规律规定着能在的生存。能在通过对这种外在事实性的认同自觉地服从宗教戒律和科学规律。所谓生存有"道"，这个"道"与能在无涉，却被能在内化和遵从，成为能在的处世之道。在能在"依据"此道的在世生存中，对外在权威的服从已经将能在自我作为潜在的目的了。也就是说，当能在以事实性的方式构成实在对象领域的时候，"服从"对象这种对象化活动中已经包含了未被提升为原则的能在之目的性，服从已经是能在的"为了……"而服从。不过，在事实性领域，能在还是自在地为了自己，还没有自觉地将自身领会为目的和动力，能在的意志和目的还表现为他者的目的和意志，能在本身的目的性还没有成为能在理解和构成世界概念的内在因素。世界还表现为必然王国。服从意志还只是走向意志自主的一个阶段。服从中当然已经有自主性，但这种自身没有成为原则的自主性只是自主性的褫夺形式，是能在自由超越的一种形态、一个领域，能在将自身交付给外在的事实性存在和原则以实现自身。在实在对象领域，尽管目的性与必然性还处在外在的联系之中，并且目的性仍屈从于必然性，但是目的性毕竟已经存在了。

但是，在事实性原则构成的实在对象领域，虽然人作为能在是被动的存在，却为了自己使自己服从，这其中已经有了能动性和目的性，而不是本能的活动。当这种目的性和能动性进入意识，当能在将生存世界看成是由能在的目的性参与构成的对象化世界的时候，就诞生出一种新的对象性意识，一种新的存在层次和存在领域，即规范层次和与之对应的交往活动领域。规范性成为事实性之后能在构成世界的第二种对象性方式，并以此构成世界的交往活动领域。规范性活动并不在事实性之后、之上或者之外展开，而是受到能在目的性的支配，能在在由事实性构成的实在世界中展开规范性的交往活动领域，在实在世界中构成了一个超越实在的意义空间。在其中，作为规范的道德伦理、法律制度、习惯风俗等，成为能在在世的原则。规范性的核心范畴是"善好"，也就是交往活动领域中依据公认的适当原则达到的良好状态。①

所谓规范性是指能在在事实性的基础上，观念地把握世界的对象性意识的一种原则。人被领会为规范的目的和规范的创造者，并在规范层次上构成了必然世界受目的性中介之后的存在领域。规范层次是由道德法制等构成的共在空间，是人们交往活动构成的存在领域。交往活动领域是社会概念最基本的含义。社会最初就是能在超越自身的交往活动构

---

① 这里用"善"作为规范性活动的核心原则，相当于英文中的"good"，而不单单指道德仁爱中的"善良""善意"等，而是包括了"良好""善好"等意思，比如说"善治""良政"等用语中"善"的含义。因为规范性领域中不仅有道德还有法制等意义上的"善好"。这个领域显然不同于事实性领域中的真假，因为它涉及的是功利的目的性领域。

成的关联关系和关联状态。① 对象化的交往关系和交往状态是事实性和目的性的统一，既是能在超越的结果也是能在超越的客观限制。在这个领域，能在仍然在事实性之中同时又超越事实性，并将事实性扬弃为目的性的一个环节。因此，交往活动领域是应然的价值原则与实然的事实逻辑相统一的领域，是服从事实性逻辑的基础上以人的目的性为基本尺度构成的社会空间。这个空间的原则是由交往活动形成的规范，能在通过遵守这些共识性规范与同样作为能在的他者打交道，并存在各种不同形式规范共识。作为共识的规范意味着差异与同一的辩证统一。有些规范是在历史中不自觉地形成的习俗，有的是协商订立的合同公约，还有的是权力机构制定的法律制度等。不论是哪一种形式，规范作为行为的原则不像戒律和规律，不是绝对外在的存在物，而是生存活动的产物，是能在在事实性中依据目的性构成的结果，是能在作为类存在的自觉或不自觉的自我规定。

以规范性为原则的交往活动领域不具有自在存在的性质，而是能在构成的超越物性实在的社会，是能在在事实性基础上的创造，体现了能在作为能在的必然逻辑。规范性蕴含能在作为目的的一个基本观念，是不违背事实性逻辑却要求实现人的主观意志这样一个超越性的层次，规范性比事实性更加深刻。在这个层次上，能在的在世原则从外在的事实性进展到自身的内在规范性，并逐渐得到提升。社会规范被理解为人类的共在意志，甚至就是自我意志的直接表达。比如在民主制度中，一些

① 在这个意义上，马克思曾经说过："社会——不管其形式如何——是什么呢？是人们交互作用的产物。"（《马克思恩格斯选集》第 4 卷，532 页，北京，人民出版社，1995）

决策和法律制度，被理解为民主对话和协商达成的共识。不仅形成规范，而且遵守规范，都表达了主体的意志和意愿。在规范层次上，能在作为能在的超越性有着更充分的体现。规范不再是外在的非人的绝对原则，而是内在应然原则的外在化。能在不只是消极地服从戒律和规律，而是创造规范并遵守规范。法律制度等规范对能在的限制实际上是能在作为超越的自由实现，是能在的自我规定，而不应单纯地被理解为外在因素强加给人的绝对原则。即便在专制制度中，能在总是被他者设定的规范强制，但它毕竟是人对人的强制，而不是外在的神或物对人的强制。

因此，规范性领域是一个真正"有我"的领域，是能在作为能在以目的性中介事实性，以创造性超越自在性的活动空间。在这个空间，能在以规范作为行动的边界来捍卫自我和实现自我。表达自我意志和实现自我目的是规范性领域的基本功能。利益、权利和欲望作为能在生存的要素，通过规范被规定和实现。形成规范并接受规范的约束表明了主体性的自觉和自由。以调整自我与他者的关系为目的的规范性领域，虽然是在事实性的领域中建构起了的超越性的活动空间，相对来说它已经是内在于能在的共在了。但是，这个领域相对于能在的内在自我而言毕竟仍然还是外在的，它表现为一种客观的存在状态和存在关系。能在通过在这种建构起来的外在空间中实现自身，能在的自由在规范的约束中获得行为自由。自由不过是对各种规范的遵守以维护自身的存在，实现自身的目的。在这个意义上，规范性领域中的自由固然比事实性领域的自由更加深刻，但它仍然只是能在超越的一个层次，是自由的一种境界。能在在获得这种社会性自由的基础上，终究会走出这种社会性自我，扬弃外在的规范性，深入到自己的内心。对象性由此进入一个新的层次。新层次完全超越于外在的必然性规律和功利性目的等，进入以自我的内在感受为根据的内在精神生活领域。我们可以称之为能在超越的感受层次。能在超越事实性和规范性的制约进入自在的生存状态，构成内在的生存体验领域，展开了一个多彩的精神世界。

C. 感受性，内在体验领域

这里的感受性讲的是能在超越事实性和规范性，领会世界的对象性意识，由此种对象性意识构成能在生存的内在体验领域。在这个内在领域，能在的生存作为体验超越了客体与主体、事实与价值以及描述与评价等的区分，在更高的层次达到同一。能在作为内在体验而存在，人作为能在的存在就是这种体验状态本身，并在这种高度同一的体验中实现和领会自身的存在及意义。"我"不再只是作为外在对象的信仰或者认识者去服从对象，也不再作为交往活动的行为主体与他人打交道，而是沉入物我一体、情景交融和物我两忘的生存体验之中。这是一种内在的自由状态。在这种状态中，人的存在作为能在超越了事实和规范，仅仅作为感受存在。内在的精神世界仍然在实在对象领域与交往活动领域之中展开，但它以内在体验和感受的方式构成对世界和能在自身存在的理解，超越事实性的"真"和规范性的"善"。感受性的核心范畴是"美"，是能在在与对象（包括人自身）的相处中体验到的生存状态。

以体验方式存在的能在将事实性和规范性领会为存在的环节，并且观念地超越这些外在的环节，不再感受到自我与事实和规范的对立，甚至不再感受到自身的存在以及自身与对象之间的二元区分。人作为能在的存在仅仅是自己的感受状态本身，扬弃了他者和外在束缚，因此是超越于事实性和规范性的更高的对象性层次。也就是说，我不再是作为与对象对立中的自我被领会，我的自我不再作为对象，而是隐退到存在的同一世界中。不是没有，而是超越中的自我隐退，我不再看见我了。当我看不见我自己的时候，对象也不再作为对象被我看见。当我不再执着于我自己的时候，外在的事实性和规范性也就不再是自由存在的束缚。能在的这种超越不是直接的对象性，也就是说，不是在非反思的意识中我看不到我，但我看到了对象那样一种直接的对象性，而是对象本身不再作为对象，自我不再作为自我，它们一体地融合成和谐统一的体验状态，在我的对象性意识中隐退了。当然，它们也会重新回到我的对象性意识中。在感受性这种对象性意识中，由事实性和规范性树立起来的内在与外在、事实与价值、对象与主体的边界被超越了，能在不再将自身理解为处在事实性与规范性的对立中，不再概念地将对象把握为对象，将规范把握为限制，而是进入一种齐生死，齐万物，万物与我一体的同一状态。能在有感而发，率性而为，随心所欲而不逾矩，在内在的精神领域达到高度超脱的状态。

　　内在体验领域的基本方式是感受，就是在沉入对象之中与对象一体，进入一种"美"的存在状态。此种作为生存基本方式之一的"感受"不是所谓的"审美"，更像是我作为一个认识的主体以一种特殊的认识方式去"审"对象，因此审出一种味道。恰恰相反，这样一种意义上的审美必须奠定在作为能在在世活动的感受基础之上。能在以感受性的方式存在和面对存在，要比艺术化的审美方式原始和根本，它构成了作为内在体验的精神世界。能在在作为感受的存在和感受性的对象性意识中产生艺术，而艺术又丰富并改善能在的感受性，以此才存在所谓生活的艺术化和艺术的生活化。在感受性这种对象性层次中，能在按"美"的原则生存。这是一种能在论意义上的审美，是作为能在之在的"感受"。我们在老庄思想以及禅宗思想中都可见到这种在能在论意义上的美感思想的端倪，它们与仅仅作为感性认识活动的审美无关，更与作为一门知识体系的艺术美学无关，而是事关人的生存体验本身，事关作为以感受性方式在世的能在生存。

对象性意识是能在对象化活动中对世界的观念把握，把握对象世界的不同对象性意识的方式构成了不同的存在领域，即能在在世的不同生存空间，我们称之为能在超越生存的不同层次。从事实性的这种对象性意识构成的实在对象领域，到规范性的对象性意识构成的交往活动领域，再到感受性构成的内在体验领域，能在的生存由外至内构成了一个不断超越的空间结构，构成能在在世的存在领域。这个存在领域在作为能在共在总体的意义上就是社会。能在超越的层次及其结构还是一个没有纳入能在对象化实践活动的静态结构。对象性意识并不在对象化活动之外展开，我们已经说过，对象性意识在对象化活动中与对象化活动同在。能在改变自身及其对象的对象化活动本身导致对象性意识的改变。这就意味着在对能在超越的分析中，不仅需要在对象性意识构成的超越实在的社会空间层次中展开，而且必须在对象化活动构成的超越实存的历史时间维度中展开。否则，能在超越的层次就只是一种非历史的静态结构，一种没有时间性的能在的"在世"状态。从时间的角度理解能在的超越，能在的生存自由便体现为历史性过程。相对于空间层次中能在的超越是"在世"，在这个意义上，能在的超越就是"历世"。由于人的存在作为能在"在世"并且"历世"，其存在就是社会性的，并且是历史性的。能在超越生存展开的世界就是社会历史。

四、能在"历世"的时间性及其超越历程

（以对象化活动为基础的历史时间概念；时间维度和能在历世
的三种存在样态：过去，曾在；未来，将在；当下，现在；作为对
象性存在的能在之不同的对象性方式）

我们用对象性意识表示能在观念地面对世界的方式，它以事实性、
规范性和感受性三种不同的原则构成了能在生存的不同对象性领域，即
实在对象领域、交往活动领域和生存体验领域。这些相互关联的对象性
领域构成作为能在之共在展开的社会空间，即在物性实在中展开的超越
物性的意义价值空间。能在超越首先表现为这种社会空间的构成。社会
空间是以能在对象性地把握对象的不同方式构成的超越自在存在的领
域。或者说，社会空间层次及其相互关联的状态是能在的在世结构。人
的存在作为能在是空间性的。对象性意识构成这个空间并在这个社会空
间中存在。存在因在这个对象性的空间中被看见和把握，因此不再只是
自在的实在，而是被能在点亮的存在领域。能在在这个由自身"在"出来
的意义空间之中"在"着。并不是先有这样一个空间，然后人被抛到这个
空间中，因此是被动的存在。相反，能在与能在的意义空间共属一体。
没有在这个意义空间中"在着"的能在，就没有能在在之中的意义空间。
一花一重天，一人一世界。你的生活世界是由你自身"在出来"的你自身
的对象性现实。

所谓的"在出来"，还意味着人作为能在不是被放到固定的结构框架
之中因此静止地在那里，而是在对象化活动中改变自身及其周遭的世

界。能在自身和由他展开的社会空间都是"变化"的。我们称能在这种自我改变着的生存为"历世"。能在超越不仅表现为社会空间中"在世"的层次差异，而且表现为历史时间中"历世"的历时性。历时性源于能在实践地变革对象的对象化活动，实践地改变对象的对象化活动过程所给出的历史性时间。能在的"在世"必然是"历世"。从这种时间性出发，可以看到对象性的历史性变化，看到能在在世和历世的历时形态。空间性的社会概念和时间性的历史概念成为世界概念的双重视角。世界是能在超越中的流动时空，就是能在在世和历世的展开状态和展开过程。在这个意义上，世界概念就是能在论的根本存在范畴。或者说，世界是能在论意义上的存在概念，它意味着存在不再作为存在本身，或者说自在的存在者总体来理解。

历史性是由对象化活动规定的过程性，而不是事物的自然进展或逻辑演绎中的先后顺序概念。前者如亚里士多德意义上的时间概念，后者如黑格尔逻辑学意义上的过程概念。这两种过程概念都是在自在实然性的意义上理解持续性的，时间和过程是指能在之外的自在持续性。能在超越在时间之中发生，时间本身则被看成是外在于能在超越的自在过程。在这种观念中，能在能被放到空间之中，因此同样也能被放到时间之中，时间和空间是外在于能在超越的存在形式和存在规定。在这种意义上，超越不再被理解为能的存在本身，不再被看成是可能性的开放过程，而是被领会为诸如发展、进步、演化等所谓自发的客观过程。就其从事实性的层次来领会时间和空间来说，这样的时间观念固然不错，但它也就是停留在事实层次的自在过程性上而已。这种描述对象的实在观念甚至不能形成"光阴似箭，日月如梭"般的存在论意识。

　　能在论不是在这种意义上把握过程性的。能在论立足于超越概念，将过程看成是能在对象化活动的展开和演变。能在论的时间性概念不是一种线性的先后顺序，而是能在作为对象性存在的历世结构。能在论将能在理解为对象化活动的超越生存，也就是不断使现实变成非现实，通过自身的存在改变自身并且改变对象的否定性过程。时间是能在领会对象化过程中的这种否定性"变化"的对象性概念。由于对象化活动，对象在自身尺度范围内的变化以及由此物变成彼物的变化是时间概念的形成基础。因此，把握时间形态的时间概念总是同与能在对象化活动相关的存在概念紧密相连的。过去意味着曾在，当下意味着现在，而未来意味着将在。能在依据对存在形态变化的理解"去"世界中"在"，因此总是携带着曾在和将在从而成为现在，将现在建构成指向"也许"的"尚未"。以人作为能在领会到的生存时间为基础的历史性概念，比一般的过程性概念更深刻。在这个意义上，时间是能在的存在结构。时间是以能在的对象化活动为基础的历史性的生存时间。能在在自己生存时间之中，并且本身就是时间性的。

　　能在在对象化活动中使对象和自身发生变化。对象化过程的展开就是历史，是个体或共在意义上的历史。历史性是能在超越生存的历世过程性，历史是在表达对象化活动中展开的持续性和过程性的存在范畴。人是有时间的，因此人有历史。动物没有时间意识，动物不生活在时间之中，动物没有历史。松鼠也为冬天藏松果，候鸟沿着同样的路线迁徙。但它们没有时间意识，它们不会记忆，它们也不会想象，不依据关于曾在记忆和关于将在的想象构成现在。他们的生存活动不是以"为了……"为对象性意识的对象化活动，因此它们没有历史。当人谈论它们的历史时，是由人作为能在的对象性意识构成的属于人的能在历史。也就是说，是能在以时间性的历世结构作为对象性意识方式把握对象的结果。动物看不到自身，看不到自身引起的对象和自身的改变——尽管它们确实引起了这些变化——因此它们没有时间性的历世结构。它们只是存在着，它们的存在与自身直接同一。它们不会将自身的存在在对象性意识中对象化，更不可能以对象性的意识指引改变自身和对象的对象化活动，从而具有时间性的历世结构。它们不记忆，也不谋划，它们当下的活着根本就不表现为"现在"。没有作为历世结构的总体性时间意识，当下是不可能表现为当下的。只有在过去、当下和未来三重时间维度中，现在、曾在和将在才共同构成能在把握对象存在的三种存在样态。能在的时间是三维的，任何一维只有在总体的对象化活动中才成为一维，因此才构成存在的一种样态。能在超越的历程所讲的就是能在如何有此历世的三维时间结构，以及如何在此结构中成为超越生存。

在层次结构的意义上，能在的对象性意识构成了社会空间的层次性；在时间维度的意义上，能在的对象化活动构成了历史过程的形态性。可以在三重意义上理解能在超越的时间维度：首先，能在对象化活动中的超越体现出来的历时性。也就是说，时间是能在的历世结构。能在的超越生存构成时间并且在时间之中存在。其次，能在历世的这种时间性成为意识，时间成为能在在对象性意识中把握对象世界和自身的一种对象性范畴。也就是说，能在总是把对象放在时间维度中进行把握，对象总是在时间维度中成为某种样态中的存在。① 最后，时间性意识进入存在论，能在能够历史地把握事物，不论在对象性意识还是对象化活动中都具备一种历史意识，拥有历史眼光，历史地看世界。作为能在超越历程所谈论的时间，是在存在者层次上讲的时间，时间被领会为能在的历世结构。在存在论的层次上讲时间，时间性被阐释为能在领会存在的存在论原则。能在的历世，是能在超越在三维时间中的展开，因此能在之在也就是可能世界之所以"可能"的内在依据。没有能在就没有能在"在"出来的可能世界，就没有人生，也没有历史。

在空间化的时间观念中，时间是由过去、当下和未来构成的一种持续性，是各个部分之间非间断的连续，不能复返和穿梭地构成四维时空中的一维。这样的时间概念乃是一种作为自在存在的时间概念，是"存在是自在"的本体论思维中的时间。这种观念不过是将物理意义上的空间并置概念移到时间上去理解，时间是一种空间并置中的连续性。无关乎能在之在与不在，这个时间都在。无关乎能在本身如何在，时间都是三者的连续并置，而不是相互构成的。能在像在物理空间中一样穿越这

---

① 在英语中，表示存在的动词具有时态的变化，区分为曾在、现在和将在几种时态，表明了事物的存在总是在时间维度之中的某种存在样态。不在时间中的"Being"就被称为绝对的存在自身，也就是什么也不存在的存在范畴本身，而不是指空间和时间中的具体存在样态。时间中展开的存在者只是某种样态的存在，它们只能是曾在、现在或将在之一种。在汉语中，这种存在样态的变化不是通过动词形态的变化来表示的，而是通过时间副词来表示。我们这里的"曾在""现在"和"将在"，分别由表示存在的动词"在"加上一个表示时间维度的副词构成，作为名词表示不同时间维度中存在者的存在样态。在特定的情况下也做动词用，表示存在者具体是如何地存在的。（英语中的"ontology"是关于"Being"本身的知识体系，而不是研究时空中的具体存在者，因此本体论是范畴论的，必然与辩证法、逻辑学和方法论联系在一起，是三者的统一。这个意义上，黑格尔的《逻辑学》是完美的典范，因此被看成西方形而上学的集大成者和完成者。）

种物理意义上的时间，占据着客观时间中的一段。在基督教思想中，人类是被放置于先在的空间和时间之中的，不在时间中的上帝先创造了时间然后创造了人。在自然科学那里，同样自在的时间矢量作为存在的方式存在于人之先和之外，不再被看成是上帝的造物，而是始终存在。这种时间观念面临的质疑和困境是，不依赖于人的意识而存在的时间，人如何知道它在还是不在？仅仅因自我意识到时间因此时间在，没有被意识到的他物意识者不可能知道它在还是不在。与从自在存在的本体论思维进入反思性的认识论哲学相关，本体论的时间概念也过渡到了主观性的时间概念。在康德那里，时间被看成是认识主体先天配备的一种感知对象的直观形式。这种先天的时间观念与本体论的时间概念构成逻辑上的对偶，它们分享的共同前提是时间的绝对性，只不过绝对性以先天直观形式的概念转移到了主体意识的内部。时间仍然是先天配备的，与人作为能在的对象化生存活动无关。也就是说，此种时间概念仍然将时间看成绝对自在，是主体先天的一种能力。这仍然是非历史的时间概念，但其中的主体认知直观形式的时间并不具有主体的构成性，而是先天的。时间没有被理解为能在主体自身在世的历世结果，不是主体自身对象化生存活动的收获，因此不表明能在自身作为能在的超越性。此种认识论哲学的时间概念面临的困境是内在时间意识是否是被构成的，以及是如何被构成的。不管是作为意识形式还是意识对象，如果时间意识不能被看成能在对象化活动中历史地构成的对象性意识，它的根源就会被追溯到无根的先天性或者神意的神秘性。

我们说人的存在是能在，能在是超越。能在作为超越生存意味着对象性意识中的对象化活动。作为能在超越的对象化活动过程给出了历史性的时间，而这种作为能在历世结构的时间又被能在在对象性意识中对象化。也就是说，这种能在之在的时间性本身被能在观念地把握。在能在论看来，自在的外在时间和内在时间之间的对立只具有抽象的意义，它们都不是由能在构成并且能在在其中的现实时间，而是从这种现实的时间总体中抽象出来的极端。现实的时间总是对象性意识和对象化活动的统一。能在只是通过对象化活动作为超越生存过程，时间观念只是这种超越生存过程的对象性意识。时间概念是领会超越活动中"变化"的意识形式。也就是说，是对象化活动中的变化进入意识而形成对象性的时间意识，并由此进一步抽象出了时间概念。因此，只能以能在的对象化活动概念为基础领会时间和时间性。对象在能在对象化活动中的不同"显现"方式给出了作为能在历世结构的时间性，在时间的三个维度中形成三种不同的"显现"。我们称之为三种存在样态，即曾在、现在和将在。能在作为时间性存在就是能在能够在自己的生存中将不同存在样态的领会总体化为当下的现实，使它们超越一种空间式的并置关系同时存在。能在作为这种总体化的生存，不是孤零零的此刻，而是在对象性意识的指引下，通过曾在、现在和将在的存在领会同时到场和同时在场的对象化活动，因此人的存在作为能在是超越生存的。

过去，曾在

曾在不再"现实"，不再存在，或者说曾在只是存在的否定性样态。曾在作为"曾经—存在"，已经"过去"了。但曾在不是虚无，而是对象不论是作为一种状态还是实体隐藏或者消失不见了，它曾经显现但不再显现。曾在是曾经在场，但"此时"不在场，不再在对象化活动中显现，不再现场地在场。但是，在对象性意识中曾在仍然"在"，仍然被"看见"，被记着，被想起，甚至十分鲜活。没有能在的对象化活动和对象性意识，就没有曾在。说某物"曾在"，说的是它不在能在的对象化活动中显现，但仍然显现在对象性的意识中。能在把握曾在的对象性意识的方式是记忆。记忆就是对"过去"了的曾在在观念中的留存。曾在能够被回忆起来，在能在的记忆中当下显现的曾在给出了"过去"概念。曾在就是在能在的对象化活动中不显现，而必然在对象性意识中显现的存在。不论是非能在的对象还是作为对象的能在被领会为曾在，都意味着消逝和虚无化。曾在在对象性意识中越发被照亮，能在就越发领会到存在就是在时间中的虚无化过程，越发地留恋和不断唤回那些不在了的事物，因此伤时感事。能在在这种领会中生存，能够将不再存在的曾在带到自身当下的"在"，指引着自身对象化的现实生活，它有故事地活着。在不断地将自身的曾在当下化的过程中，能在之超越生存不过是梦回过往的一段乡愁，是带着乡愁渐行渐远的流浪，是时光流逝中的流逝本身。因为这种流逝，能在有未来，能在在它的"过去"中谋划它的"未来"，它始终是在到来中完成不了的"将在"。

未来，将在

相对于曾在，将在是还不存在，是尚未到来的"将要—存在"，将在是存在的可能性样态。与作为存在否定性样态的曾在不同，将在是以"应该会……""一定会……"等方式同能在的对象化活动相联系而显现在对象性意识中的存在样态，只是作为"尚未"而不是"事实"存在。因此，能在把握将在的对象性意识既不是记忆，也不是反映，而是"想象"。能在只能在观念中构想将在，并依据这种构想指引对象化的生存实践。将在作为由能在的对象性意识和对象化活动展开的"存在"是可想象而不是可证明的，指的是"尚未"的可能样态。能在关于将在的想象本身是建基于对"曾在"和"现在"的领会，而不是单纯的凭空想象。能在依据这些领会构成关于将在的"想象"以指引对象化的实践。能在之去存在就是在开放的可能性中把将在带入当下，并因此超越当下而以历世的方式生活在历史性中。这种带入当下，意味着将在从当下出发被构成的同时参与当下的构成，因此成为"现在"的组建环节。将在不是孤零零地在当下之外的独立存在，每一个现实的当下都意味着是"将在"。它曾经是"现在"并且作为当下指向将在。唯因如此，能在才是向未来敞开的不断超越的可能性。能在总是带着曾在生活在当下的未来可能性中。能在的对象化活动就是超越过程。在这种总是超越当下的意义上，能在总是将在。将在作为存在样态对应的时间维度是未来，能在之所以作为能在，就是因为它总是作为将在存在于每一个当下。每一个当下总是超越自身，因此总是通过不是自身的方式指向作为可能存在的"将在"。

当下，现在

"现在"作为"现—在"，就是现在存在，就是当下显现着的存在者的存在，是存在的现实样态。① 通常意义的存在概念就是指"现在"这种存

---

① 在"现在"这个词中，"现"指的是作为时间副词的此时此刻，当下，即现代汉语中通常意义的"现在"；"在"的意思是存在，即显现着的在场。所以，这里的"现在"指的是"现—在"，现在存在，就其字面来讲，指的是此时此刻的存在，也就是此时此刻显现着、呈现着的存在，我们用它来表示"当下"这一时间维度中存在者的存在样态。当然，也可以从另一个角度来看，将"现"理解为其原始的含义，"现"即"见"，既指存在者本身的"显现""呈现"或者说"在场"，也指存在者的这种显现是显现给作为特殊存在者的人本身，显现就是指被人"看见""听见""闻见"等，本身意味着存在者在人这种特殊的存在者面前的当下"现身"，因此"现在"仍然意指显现着的存在者的当下存在样态，与曾在和将在区别开来。

在样态，就是指当下的在场。在此种存在样态中，存在者显现，存在者"在着"，不仅在对象性意识中而且在对象化活动中直接显眼地"在着"。在超越的意义上，我们指不出现在，或者说没有绝对的现在本身，因为作为现在之时间范畴的"当下"是在过去和未来中被领会的，能在作为现实本身也是曾在和将在总体化过程中的流动本身。在流动的超越中，当下要么已经过去，要么还没有到来。看似确定的现在实际上是曾在和将在的同时到场。现在只是将流动的曾在和将在当下化的一种把握存在的对象性概念。现在就是流动本身。从被言及的此刻已经过去而言它是曾在，就被言及的此刻即将过去而言它又是将在。在纯粹的流动中不可能有一个静止不动的点，存在者停在那里，之前是曾在，而之后是将在，而在暂时停着的此刻，其存在形态是"现在"。相反，"现在"在流动的时间中，既存在又不存在，或者说既是曾在又是将在。正是这种"既不……也不……"或者"既是……又是……"的存在方式，使得"现在"成为理解存在的基本样态，成为三维时间的枢纽。曾在作为过去不再是当下的"现在"，将在作为未来尚不是当下的"现在"，只是在这个意义上它们都被理解为"不"存在。存在通常指的是当下显现，即"现在—存在"，直接呈现在能在之对象化活动和对象性意识中的在场。曾在曾经在场，而将在尚未到场。只有现在是存在的。曾在和将在被看成是现在存在的褫夺形式，只有"现在"才意味着存在者在对象性意识和对象化活动的双重超越中同时显现，当下在着才是存在。说某物存在，说的是"现—在"，是"当下"它在对象性意识和对象化活动中直接在场，直接显现。因此，能在把握"现在"的对象性意识方式是直接的"反映"，是看见、听见、闻见等，这个"见"就是在感性直观中的显现。

能在的现在只是三维时间维度中存在的一个维度。在能在总体化的超越生存中，现在与曾在和将在同在。刚刚回到家，妻子就问我，你办公室的茶杯还在吗？我首先想到的是今天中午我还用着。我说在，因为我依据它的曾在想象着它还在。但是，确切地说它到底在还是不在，我只有通过我明天的直接看见或拿着等一系列活动才能确认。我认为它明天还在，我明天上班的时候就不会再从家里带一个茶杯去了。妻子之所以问我，是因为今天单位同事送了她一个杯子，她因此想到上次在我的办公室没有看到杯子，想把它给我用。我说我的杯子还在，是我依据曾在想象着它的将在，至于它现在"在"还是"不在"，即便我很有信心，但我却不能确证，我的确信依靠的是记忆和想象。能在依据与对象的不同对象性意识和对象化活动关系将存在把握为三种样态，存在在三重时间维度中显现为能在的对象，被能在构成。三重时间维度构成了能在在世的历时结构。也就是说，三重维度的时间只是能在依据它与对象的对象化关系在对象性意识中把握对象的方式。不论是曾在、现在还是将在，它们都在能在不同的对象性意识中存在，并且在能在对象化活动中处于不同的显现状态。

能在总是能够将自身把握为曾在、现在和将在，并依据此种把握作为"在世"的存在去"历世"，因而具有历史性。历史性不是一般意义上的在时间之中的"历时"并因此经历时间，而是指能在作为在世存在的超越者因其"历世"的展开构成历史，并且有历史意义上的时间性。当然，历史性的能在也在物理的意义上"经历时间"，诸如个体生老病死，文明产生发展消亡等。历史性是指在这种时间性之中同时超越这种时间性的时间性，是能在自身的曾在、现在和将在在对象化生存中相互构成的同时到场的历时性。能在在这种同时到场中经历着时间。能在的"在"是曾在和将在在现在中的同时到场和在场，能在的此种"在"意味着能在超越性的"能"。在能在三维时间性的绽出中，人作为能在不仅将自身作为对象，而且将非自身的对象作为对象一同带到当下，一同出场。记忆、反映和想象构成能在当下在场的生存时间，因此，能在的存在不是直接的当下"实存"①，而是总体化的超越生存。在能在总体化生存中，各个时间维度的存在样态之间相互构成，并在能在超越中获得意义。曾在、现在和将在本身就是对对方存在的规定和镜像，它们相互映照着规定对方成为自己。成功人士喜欢传播他们的成功经验，回忆他们的早年经历，甚至预测未来。那些被反复传播的成功经验和励志故事，之所以显得非凡，并且试图为人们提供经验和意义，根本不在于这些经验或故事本身，而在于今天的成功使过去作为今天的过去在现在到场，并且为未来的预见背书。现在的辉煌照亮了遥远的过去和可能的未来，话语中呈现的"过去"和透支的"未来"其实一同是"现"在，只是因为主人翁现在的成功才赋予并加重了他的"过去经历"和"未来预见"的分量。

　　能在是能够将曾在和将在当下化的超越生存。能在依据他对对象和自身的理解构成对象化活动的基础以变革现实，存在因此是流动中的可能性过程。由曾在和将在凝固成的经验和思想成为对象化活动的要素，使对象化活动成为反思性的能动实践。现实就是这种实践状态和实践过程本身，是能在主体依据自身对世界的理解改变环境的同时，改变自身

---

① 实存即实际存在，仅仅意指实际地、现实地存在着的一切，它对存在者是什么本身没有做出规定，因此不同于本书中的"实在"概念。实在是指广延性意义上的物性存在者的存在。

的超越过程。在这个双向的对象化过程中，代表未来的思想趋向现实本身，这就意味着现实趋向可能的未来。能在超越是开放的循环过程。思想向现实开放，现实也向思想开放。能在的对象性意识和对象化活动相互内在地构成能在超越的现实，能在就这样超越地"在"着。对象性意识形成的思想和对象化活动构成的现实相互规定地成为能在的在世状态和历世过程。没有现实的思想以及没有思想的现实都是抽象的观念。现实世界就是在能在超越之层次及历程中展开的社会历史。对于能在的存在论分析就是描述能在之在世状态和历世过程的社会—历史现象学，能在论只有作为这种社会—历史现象学才是可能的。

社会概念用于表达能在超越生存的空间总体。这个空间总体是在能在的对象化活动中由不同的对象性意识参与构成的意义空间，是在物性实在中展开的超越物性的存在领域。依据能在对象性意识的不同对象性原则，社会空间由不同的层次构成，被分为实在对象的领域、交往活动的领域和内在体验的领域。能在同时在不同的对象性存在领域中在世，形成共他者而在的共在整体。作为共在总体的社会概念是抽掉了时间维度的抽象结构，能在超越还只表现为无历史性空间层次的构成。历史概念是抽象掉横向空间层次的能在超越的时间维度，是能在通过自身的对象化活动构成的历世过程。由于能在的对象化活动不仅改变对象而且改变自身，因此存在呈现出曾在、现在和将在同时在场并到场的总体化状态。以能在对象化活动中的变化和流动性为基础，历史概念揭示的是能在共他者而在的过程总体。能在的在世结构是在历世的过程中的展开，而能在的历世过程只是能在在世结构的展开。能在超越作为在世的同时必然是历世。能在超越就是在世的状态及历世的过程。能在超越作为在世—历世的展开就是社会历史，就是由能在超越构成并在之中存在的世界。社会历史是由能在超越的空间层次和时间维度构成的能在世界，即由能在的对象性意识和对象化活动之超越构成的能在在之中存在的历时性空间。在社会历史亦即世界之中，人的存在作为能在就是超越。能在超越讲的不过是人的存在不是既定的存在。能在不断克服自在存在的物性限制，开拓出属于自身的意义空间，并携带着自身的过去不断突破自身建构的当下状态，将自身投向永恒的未来。因此，能在论的社会—历史现象学就是描述作为超越层次和超越历程相统一的能在存在的对象性方式，揭示能在如何以不同的对象性方式在世并且历世，从而构成社会历史，展开世界。

对象性意识和对象化活动是构成能在之为对象性存在的基本环节。对象性意识以不同的原则领会对象，构成了不同的社会空间层次：A. 事实性，实在对象领域；B. 规范性，交往活动领域；C. 感受性，内在体验领域。能在超越的时间维度形成了三种不同的存在样态：1. 过去，曾在；2. 未来，将在；3. 当下，现在。在同一社会空间层次上，不同历史时代的能在依据不同方式在世，因此构成了能在在世活动的历史变迁。在同一历史时代，不同社会空间层次的能在也依据不同的对象性方式在世，因此构成了能在在世状态的社会差异。依据这种社会层次—历史维度的差异，能在包含九种基本的对象性方式。[①] 能在超越作为对象性意识中超越实在的状态和对象化活动中超越实存的过程，表现为能在作为对象性存在之对象性方式的变化。此种超越中的变化乃是人作为能在不断成己成物的自我形成、自我规定和自我实现的状态和过

---

① 见附录 1 基本范畴表。

程。这就是自由的历程。人将自由领会为自身存在的意义。人的存在作为能在就是超越，因此就是自由展开的状态和过程。

五、自由作为领会超越生存的能在论范畴

（作为能在论范畴的自由乃是人作为能在对自身存在意义的根本领会；自由历程，自由作为能在的超越状态和超越过程；"由自己"的自由活动之三重要素：我知道，我掌控，源于我）

黑格尔在法哲学中将自由规定为意志的本质。在他看来，意志就是自由，自由并不是意志的偶性。意志就是把自己转变为定在的那种思维，作为达到定在的冲动的那种思维。① 换句话，黑格尔讲的意志就是要实现自我的那样一种自我意识。黑格尔从内在的主体性理解自由的本质及其实现。这种对自由的理解奠基于笛卡尔的"我思"。意志作为主体性的内在规定对象化为定在的过程就是自由及其实现。自由就是作为人的主体能够自我设定和自我实现。从观念论的意志自由概念出发，以外化环节为中介，黑格尔将经验世界编织进观念论的理性主义体系中，经验和现象的历史被看成是绝对理念的展开。这是同一性在先的演绎逻辑，主体性的意志自由消失在逻辑的必然性中。自由意志虽然需要对象化的过程，但本身没有直接被看成历史发展的结果。在此种意义上，黑

---

① ［德］黑格尔：《法哲学原理》，张企泰译，12 页，北京，商务印书馆，1996。

格尔自由概念展开的过程性和总体性不具有真正的历史性，实质上是没有对象化活动之可能性和偶然性中介的逻辑过程。也就是说，自由概念没有在人作为能在的超越生存的这种存在论基础之上展开。自由本身是不自由的，自由历程被理解为理念在先的逻辑进展。黑格尔的法哲学是对以天赋人权为基础的现代自由思想的思辨化，是现代政治原则在形而上学体系中的完成。黑格尔强调要正确地在整体和过程中理解意志自由的展开和实现，但问题是这个整体性和过程性本身应该是历史性的。也就是说，自由意志本身应该在能在的对象性意识和对象化活动过程中去理解，而不是一种先天（自然）规定。只有将人的存在理解为能在，即作为超越生存，同时人的生存是对象性意识和对象化活动中的自我形成、自我规定和自我展开，人才能将自身的存在理解为自由，才能将自由理解为存在的价值。由此，自由概念才不至于消失在冰冷的必然性之中，消极地被理解为是对必然性的认识及遵从，也不至于被理解为内在的主观任性，或者单面化为需要得到捍卫和展开的抽象权利。

对象性意识和对象化活动是人的存在被理解为能在的两个环节。一方面，能在通过对象性意识观念地把握存在，构建起超越实在的意义空间。能在把握对象的不同对象性层次本身就是能在生存自由的不同层次，它们揭示了能在如何在实在的世界中超越实在建构起属人的存在空间。在这个空间中，能在的生存因为是对实在的超越而获得不同层次的自由，因为是对实在的不同超越而获得不同的自由。一方面，能在不再是物性僵死的存在，也不再是千人一面的抽象同一性，而是异彩纷呈的多样性和独特性存在；另一方面，能在通过对象化活动实践地把握对象。在能在不断地变革实存指向未来的开放性中，能在不是静止的完美存在，不是千年不变的固定物，而是展开着的可能性和开放性的不确定存在，人在不断超越中成为永远完不成的自己。人作为能在的"能"和"在"就是此种双重意义上的超越，因此就是不断自我成就的自由生存。自由是能在领会自身作为生存超越的本质范畴。自由说的就是人作为能在的超越性。只有人是自由的，因为只有人的存在是能在，是不断超越的"能"和"在"。作为超越实在的意义空间和超越实存的历史时间中的能在之自我领会，自由既是能在"在"之状态，亦是能在"能"之历程。自由不是能在的某种先天权利或抽象意志，而是人对自身存在作为超越的存在领会。人所是的能在作为超越乃是自由概念的存在论基础。对自由的领会只有深入能在超越的对象性方式中，把握其社会性差异和历史性变迁，自由才能被理解为一个揭示能在之超越生存的基本能在论范畴。自由的存在论阐释就是能在论作为社会—历史现象学的展开。

　　人作为能在的超越生存就是自由的历程，就是自由的成长和自由的实现。实现就是成长，它不意味着存在一种先在的原则或状态，然后在时间和空间中被经验地展开出来，或者说最终被达到。实现就是作为成长的生成过程本身。在这个过程之先和过程之外没有先验的原则或存在者作为看不见的手掌控这个过程，不管这只手被命名为上帝、自然或者理性，否则，就无自由可言，能在就不是能在。自由作为能在生存的自我领会揭示了能在的"能"和"在"。在能在开启的可能时空中才能谈自由，自由就是能在超越中的可能性和不确定性。能在之"能"和"在"如何成为开放的可能性，因此成为生成的自由的呢？我们当然要从能在这种独特的存在者之存在中去领会。人作为能在的超越层次和超越历程的揭示足以表明，自由之不同空间层次的视角根源于能在之对象性意识构成的社会性，而自由之不同时间维度的视角根源于能在之对象化活动构成的历史性。不论自由在不同层次的提升还是不同阶段的展开，都根源于人作为能在的"能"和"在"这种超越的存在本身。

能在通过对象性意识"看到"对象，在社会性的空间关系中观念地把握对象，使对象不再是自在存在。同时，能在通过对象化活动改变对象，在历史性时间中实践地变革实存，使它不是静止的现在。这里说的"同时"，绝对不是说能在以双眼看到对象因此产生超越自在状态的自由，以双手改变对象因此产生了超越自在过程的自由，而是说对象性意识的"看到"与对象化活动的"改变"只是把握同一过程的不同视角，两种方式相互构成因此同时同在。改变已经包含着"看到"，而且"看到"也已经是一种改变。被看到的、被改变的事物都不再是事物自身，而是被能在规定并因此超越了对象自身的存在，对象在能在的对象性关系中以不再是其自身的方式成为其自身。正是在能在对象性意识与对象化活动的"规定"中，能在超越作为自由展开的状态和过程才是可能性的、不确定的，并永远在路上。

自由不是人作为能在的偶性，不是先天赋予或后天获得的权利。自由是能在的存在本身。在这个意义上，我们生而自由。自由首先无关乎价值上的好坏，把自由理解为一个好词或一件好事，恐怕是过于简单了一些。难道人不也常在自由中感到漂泊无根，甚至迷惘无助吗？人的生存作为能在本身只是悬浮着的可能，自由不过是这种悬浮着的沉降和摇摆的可能性。把自由说成是值得人类追求的永恒价值，是现代人，或者说现代一部分人对生存的领会。他们只是看到了作为抽象之观念设定的应当，而没有真正理解自由为何。不仅人曾经并不那么看重自由，而且人甚至可能因害

怕自由而逃避自由。① 在这种对自由的逃避中，天堂成了观念想象中的避
难所，人们将自己的命运交给了上帝。在世俗政治中，选民通过民主将权
力交给政治强人，尘世的极权主义成为民众的人间天堂。极权主义总是民
粹主义的孪生兄弟。然而，这种害怕自由和逃避自由本身也体现了人作为
能在的自由，其中有"意志"，也是能在"在世"的一种方式。也就是说，自
由是人之为人的存在论条件。这不是说没有自由人就得死，而是说只要人不
死，人的存在作为能在就是自由超越，人作为人在着就有自由，就是自由存
在。对自由的存在论阐释就是对人的生存的现象学解释，就是对人作为能在
之社会—历史性存在关系、存在状态、存在过程和存在观念的揭示，就是揭
示在不同的社会空间和历史时间中，能在在世—历世的不同对象性方式。

　　离开人作为能在的超越，把意志看成绝对的逻辑起点或终点，这是一
种非历史性的观念。现实不是自由理念的展开，自由理念根源于对能在超
越的基本领会。在能在超越中，作为对象性意识的对象性观念指引着对象
化活动，而对象化活动又成为新的对象性意识得以形成的基础。在这种双
向构成的超越中，并不存在所谓思维与存在或者精神与物质之间的抽象对
立，现实存在只是双重因素辩证循环中展开的自由历程。现存的条件作为
超越的界限被超越，超越中新的对象化关系和语境又成为即将被超越的条
件。自由讲的就是存在论循环中能在的这种生存状态和过程本身。在能在

_____

　　① 关于这个问题的阐释，可见赖希的《法西斯的群众心理学》和弗洛姆的《逃避自
由》。他们都探讨了法西斯主义产生的社会心理基础。在他们看来，由于民众无法忍受无
所适从的自由，便将希望寄托在领袖的身上，于是才产生了极权主义。拓宽一点讲，个
体以他人的意见为意见，以普遍的理想为理想，不愿独立地面对自己，独立地承担责任，
也是一种对自由选择和自由决定的逃避。这就是海德格尔《存在与时间》中"沉沦"和"常
人"等概念要表达的基本意思。

的"能"之中，所有限制作为边界只是被扬弃的可能性。能在面对的是流动的地平线，始终处于流动之中。能在之"在"就是不断打破边界的能在之"能"。卢梭的《社会契约论》开篇即道："人是生而自由的，但却无往不在枷锁之中。"①与其说此命题揭示了自由矛盾，毋宁说它揭示了人作为能在的本质性存在状态和存在结构。人的生存作为自由状态和自由过程，并不是不受规定的任性。界限是自由的条件，自由只是不断越过既定界限的超越可能性。

能在超越不过是自由的生存，生命就是一场对自由的苦恋。不是说挣扎着为了实现彻底的自由，而是说这个超越界限的挣扎就是自由。是的，能在就是自由的挣扎，就是永恒的斗争。彻底和平与全面自由只是慰藉灵魂的乌托邦，想象中的上帝之城，人们仰望着这个永恒的理想城邦生活。作为绝对主义因此同时也是虚无主义的根源，完美的乌托邦不过是想以彻底自由的名义彻底逃避自由的观念论神话。放弃绝对主义的妄念才能医治虚无主义的绝望。能在的超越作为自由讲的是永远开放的可能性，讲的是人作为能在的存在本身，而不是外在于能在的某种终极状态。因此自由是永远的斗争。在有限与无限、权力与责任、依赖与独立、束缚与放任、服从与反叛、沉醉与清醒之中的永恒挣扎就是自由的展开，就是生活本身。生存永远走在自由的途中，我们总是在自由之中走向自由。只要人作为能在而在，他就是可能性，就是超越的自由。能在之"在"就是不断地依据对世界的领会去变革实存的过程，能在的自由就是改变一切被他领会为限制的存在状态和存在规定的持续过程。

————————————

① ［法］卢梭：《社会契约论》，何兆武译，4 页，北京，商务印书馆，2005。

　　这个过程就是主体的目的性和选择性与客体的必然性和事实性在实践中的辩证统一。能在的存在作为实践就是这个统一。非反思性的对象化活动也已经是统一了。反思性的对象化活动是这种统一的自觉形态，是能在主体将自己的意志自觉对象化为定在的过程。在这种反思性的自由超越中，自我作为意志和自我作为目的两个方面被对象化为对象性的定在。定在是我的定在，是由我的对象性意识和对象化活动规定的我的定在。能在总是一种活动，对象性的观念活动或对象化的实践活动，并将对象在对象性意识中把握为超越实在的自我的对象，将对象在对象化活动中把握为超越实存的历史过程中的对象。依据能在主体与自身活动的现实关系来看，能在活动在多种不同的意义上是"我的活动"，是我的自我规定的活动，在能在的自由生存中具有不同意义。作为对象性意识指引的对象化活动，才是具有自由意义的能在的在世活动。此种活动应该具有自觉、自主和自因三个基本要素。这些要素一个比一个深刻，构成了能在对象化活动的基本环节，充分地体现了能在在世的自由。

　　"我知道"，自觉

　　自由活动首先应该作为对象在能在的对象性意识中存在，我必须自觉地意识到它。我的有些"活动"，作为"我的"活动或者说动作，虽然发生在我的身上，或者说由我的身体发动，但我根本就没有"看到"它们，比如夜游症患者的夜游，神经病患者在患病期间的行为，正常人在非正常的白日梦幻想中发出的幸福微笑等。或者说，虽然我看到了它们，但我根本就控制不了它们，它们不是我有意识的活动，甚至可以说算不上是活动。因此，它们只是在"形式上"属于"我的"，而不是"我的"现实，我甚至可以不对它们承担责任。自由的活动必须是自觉的，我知道是怎么回事，我意识到我在做什么，它们是在我的意识的指引下进行的，而不是在我的不自觉的、非清醒的状态下完成的"活动"。自觉是自由活动的前提条件，它意味着活动必须包括对象性意识环节。能在不自觉的活动无所谓自由可言，不自觉的活动甚至还称不上是"活动"或者"行为"。自由绝对不是无意识的无拘无束，只有被能在主体意识到了的自觉活动才可能称得上是自由的。当然，自觉还不意味着自由，而只是自由之为自由的前提条件。

"我掌控"，自主

自由的活动是我不仅自觉地意识到的并且在我的意识指引下进行的活动，而且应该是不受外在意志支配的我的自主活动，我必须能够自己掌控。有些活动，我看到它们了，它们发生的时候我就看到它们是我的活动，是我自己做出的活动，可它们超出了我的控制，我并不真正希望它们发生。但是，我无能为力，一些外在的因素影响着我，甚至控制着我，让我不能完全地做出自主的决定。我不同程度地受到了诱惑、怂恿、逼迫和强制，这个时候我的活动并不是我的真正意思的表达，我只是从众、随流或者被逼，我表达的意思有一种非我的因素在里面，虽然它是我意识到的且有意的活动，但我不是自主地活动，倒像是一个听命的木偶在表演。因此，这些活动既是我做出的，但又不完全是我的，它们甚至可能根本违背了我的真实意志。我不想这样，我不愿意这样，我虽然这样做了，但不是出于我的动机，我只是被动地卷入了某种行动，出于某种职务、命令和强制，不得已才这样做。自由活动必须是自主的活动。自由取决于在多大程度上我能够自主，取决于在多大程度上我能选择和决定我的行为。自觉但并不完全自主的活动相对来说，虽然没有真实地表达我的意志，但它们是通过我的自觉的意识指引的，无论如何是我放任它们发生的，总是体现了我一定的意志在里面，因此我不能完全地推卸我的责任，把它们彻底归因为外在的因素，而应该为我的顺从和平庸承担责任。①

"源于我"，自因

在自觉自主的基础上，自由的活动还要符合行动者的目的，清晰地表现行动者的主观动机，因此是内在意志的对象化。自因意味着活动是按照我的意志实现着我想要达到的目的，我就是我的活动的内在根据。我不仅意识到我的活动，不仅能控制我的活动，而且我的活动也完全符合我的内在意志，因此活动本身就是我的自我规定和自我实现。"自因"本身就是意味着"由自己"，是自由活动的最高条件。自因意味着"因我自己"和"为我自己"，同时也就意味着是自觉的、自主的。自因的活动是我的意志的实现，它在最彻底的意义上是"我的"，我在这样的活动中是真正自由的。自由活动体现为对象性意识和对象化活动的内在统一。对象化活动中自觉、自主和自因的程度不同，体现着能在自由实现程度的不同。

自由总是社会性和历史性的。我们要在历史过程和社会关系中把握自由的现实状态和观念原则，以及两者相互之间的关系，以获得具体性

---

① 犹太哲学家汉娜·阿伦特提出的"平庸之恶"（Evil of banality）大体就涉及这种情况。1961年4月11日，以色列政府对纳粹分子艾希曼在耶路撒冷进行了长达一个多月的审判。艾希曼5月31日被判处绞刑，并于1962年6月1日被处以绞刑。阿伦特受《纽约客》报社的委托全程旁听并报道了这次著名的世纪审判，1963年出版了《艾希曼在耶路撒冷——关于艾希曼审判的报告》。阿伦特提出了"平庸之恶"这一概念。艾希曼执行了纳粹灭杀犹太人的任务，罪恶深重，但反复地强调他只是在执行命令，完成任务，因此不应该承担罪责。平庸之恶就是指这种不反思、不判断、盲目服从命令而被动地卷入的恶行。作恶者放弃了自己的主体地位，放弃了思考和判断，作为平庸之人完全地被他者裹挟犯下恶行。这些行为虽然不是自因的，但一定程度上却是自主的，是行为者一定可以避免和可以掌控的，因此他应该为自己的平庸之恶承担责任。

和确定性的自由概念。就个体而言，自由关涉的是生命境界的提升问题。我们怎样理解我们与世界和自身的关系，并依据这种理解去生活，从而展现出来不同的生存状态和生存境界？能在之为能在就在于，这种生存境界是可以不断在实践中被改变和提升的。同样年龄阶段的人可能生活在不同的自由境界上，而同一个人在不同的年龄阶段也可能有不同的生存境界。自由讲的根本不是能否受到约束限制的问题，因为约束限制始终存在，而是如何扬弃社会空间和历史时间中的各种界限不断超越的问题，是能在以什么样的对象性意识和对象化活动方式与世界和自身打交道的问题。就能在之历史性展开而言，自由的历史体现为社会形态变迁中人作为类存在生存境遇和生存原则的变迁。人类存在不仅表现为同一历史阶段上不同社会的存在差异，而且表现为同一社会实体在不同历史阶段的差异。在社会历史中，横向空间的差异常常表现为历史形态的差异。不同文明在同一个历史时间点上同在，完全可能仅仅是在"历时"的意义上"同在"，本质上却处在不同的历史形态中。这就是通常所谓的发展阶段不同，也就是能在超越的自由展开程度的不同。

六、能在作为共在，政治概念

（能在超越天生地包含政治；政治作为能在共在之实践：维持，改良，革命；作为能在共在之领域；作为能在论视角的政治）

能在是对象性意识中的对象化存在，能在因此在社会空间和历史时间中在世和历世。能在在"在世"中历世，在"历世"中在世。就能在的"在"是在世和历世而言，能在必然是"共在"，共他者而在，与非能在的他者和作为能在的他者同在。因为能在始终在共在中作为共在存在，能在之在才是"能"。能在看到对象并且在与对象打交道中才有世界。世界是能在的所在之"世"和所能之"界"，即超越实在的价值空间和超越实存的历史过程。人作为能在在世界中存在，世界就是能在共他者而在的共在总体。人不能遗世独立，所以俗语才说，离开社会独立存在的要么是魔鬼，要么是天使。能在观念地构想的地狱和天堂只是能在所在世界的投影，是能在共在的幻象形式。能在在共在时空中存在并构成这个流动的共在时空。能在在共在空间中"在世"并通过共在空间的变革"历世"。共在不是说能在先作为"单子"存在，然后这些"单子"被放入公共容器之中而在一起，或者这些单子依据想在一起的意志建立了公共性关系，而是说，在世和历世就是能在的"在"之状态和"能"之过程本身。因其只有作为共他者而在的在世和历世，能在才是"能"在，而不是说能在先"在"，然后"在"出一个世界来。能在在世界中"在"，世界就是能在的共在总体，能在的"在"必是共在。

能在论的存在概念是以人作为能在为基础的世界概念。世界作为能在论范畴是对本体论中的"绝对存在"和认识论中的"绝对观念"的双重扬弃，它是以能在的对象性意识和对象化活动为基础的存在论范畴。简言之，能在的超越生存是世界的基础。世界不过是能在超越生存中构成和展开的社会历史。社会历史是在物性实在的基础上构成和展开的存在领域，世界范畴揭示的就是这样一个由物性实在与价值超越统一的可能性空间和可能性过程。由于人的存在是能在，因此世界是"出离于"物性实在同时又在物性实在中展开的社会历史。这个"出离于"是个别扭的说法，说的是既超出同时又在其中之意，而不是指离开便再无瓜葛。能在既是实在同时又是非实在，能在作为能在超出了实在却又仍然还在实在之中，并且作为实在存在。能在作为共在在对象性意识和对象化活动中构成世界，世界和世界中的事物本质上成为"可感觉而又超感觉的"①。能在建构的世界超出了实在却仍在实在之中，是自然性和人为性的统一。能在世界与物性实在就是这种超出和同在的差异与同一关系。没有能在的在世和历世，即没有这种超出并在之中的超越生存就没有世界。

在这种存在论意义上，实践构成世界。实践构成能在的在世状态和历世过程，是能在以对象性意识为指引的变革现实的对象化活动本身。人通过实践构成对象性的社会空间，同时通过实践变革这一空间构成流动的历史。不是说先有一种活动，然后由它构成了社会历史，而是先有社会历史空间，然后实践在其中得以展开。在社会历史中展开的实践构成社会历史并且本身又在社会历史中展开。"实践是社会历史性的"与"社会历史是实践性的"这两个命题只是观看世界的视角不同，究其基本的意义，二者是相互规定的。实践是社会历史性的：一方面，能在的对象化活动是在对象性的社会现实关系中发生的，而不是离开社会现实的孤立行动；另一方面，实践是在特定的历史语境中发生的，而不是脱离

① 参见《资本论》第 1 卷，见《马克思恩格斯全集》第 44 卷，88~89 页，北京，人民出版社，2001。马克思曾经用这个说法来讲商品的本质，强调商品作为物性的使用价值和超物性的交换价值的统一。前者是商品的自然属性，后者是商品的社会属性。商品的自然属性是社会属性的基础，但社会属性才是商品之为商品的本质。借用这个说法揭示由人的存在展开的世界和世内存在者的存在。

历史时代的抽象行为。这两个方面意味着能在的对象化活动的约束性、具体性和现实性。社会历史是实践性的，不过是讲社会历史并不是一种先在和外在的自在状态，而是人们追求着自己的目的的活动状态和活动过程而已。社会历史是由人作为能在的对象化活动构成的开放的可能状态和可能过程。历史之外没有决定历史的超越力量，也没有某种绝对完满的存在状态等待人去达到。能在的对象化活动规定了社会历史对象化的客观性、可能性和开放性。在这个意义上，形而上学的命定论和完善论历史观就终结了。

能在论的实践概念将社会历史看成是能在作为共在状态和共在过程的统一。不论是个体生命境界的提升还是人类自由历程的演进都是在人作为类的公共空间中发生的。学习、教化和积淀不仅在公共空间中展开，而且本身就是公共空间和公共存在的建构过程。人通过这种公共性的对象化活动构成公共空间，展开公共生活，处理公共事务，形成公共权力，培育公共观念。作为共在存在，能在只是作为共在存在才是能在。世界的政治性根源于能在的这种共在。能在的在世—历世将"他者"作为与自己一样的对象来与之打交道，从而构成共在的社会历史。政治就是立足于人不可还原的复数性产生的共在关系和共在活动，是人作为共在在世—历世的对象性领域和对象化活动之基本形式。人的存在作为能在只是在共在关系和共在活动中的在世和历世。人的存在作为能在就是政治性的。正是在这个意义上，亚里士多德讲人是天生的政治动物，马克思补充阐释说，人是"只有在社会中才能独立存在的动物"①。只有在能在论的基础上理解，此命题才能被领会为深刻的洞见，其中藏而未显的意义才能根本地显现出来。在能在超越中，政治形态可以发生改变，但人作为能在乃是政治性的存在这一点不会发生改变。人能够"在"出不同的政治形态来，但不会"在"到政治的外面去。能在的超越生存构成政治并始终被政治地构成。在此种意义上，我们说政治是人之为人的存在论条件，因此是建基于能在超越概念的基本存在论范畴。不仅只有在能在论视域中政治才能得到更加本质的理解，而且能在论作为社会—历史现象学也只有通过政治环节才能得到具体展开。

作为能在之共在活动的政治

政治作为构成活动讲的是政治因素渗透到了社会历史的方方面面，能在本身和作为能在之"共在"的社会历史是被政治地构成的，因此是政治性的，而不是说政治是社会空间诸领域中的一个领域，或者说构成社会整体的一部分。作为能在，共在的社会历史政治地被构成，作为能在之共在活动的政治通过维持、改良和革命等基本实践构成社会历史。如果我们将政治看成是维系社会存在和变革社会现实的公共力量和公共实践，维持、改良和革命就是从社会历史变迁角度而言的三种主要政治活动，是政治构成社会历史的三种基本方式。

维持

能在只能作为社会空间中的共在而存在。能在"共他者而在"。这种

---

① 马克思：《〈政治经济学批判〉导言》，见《马克思恩格斯选集》第 2 卷，2 页，北京，人民出版社，1995。

共他者而在以不可还原的复数性为基础在对立统一中构成社会空间。能在本身的"差异"和"同一"使这个空间可能风平浪静，也可能跌宕起伏。政治作为共在方式维系着公共空间相对的稳定和持续。能在作为"在一起"的共在本身就是政治性的，政治就是维系能在"在一起"的共在活动。也就是说，不论作为规范制度的建设还是直接的现实活动，政治的首要职能就是维持。政治发挥着社会管理职能，保证着社会作为共同体不至于陷入无序和混乱。这是从中性角度理解的政治基本职能。然而，社会空间并不是均质和平滑的。由于人们之间不可还原的复数性经常导致对立乃至冲突，因此，即便是中性的维持功能本质上也总是意味着统治。维持现实的有序就是对既有统治关系的确认和肯定。一般情况下，社会历史总是处在漫不经心的常态进展当中，维持是政治最基本和常见的功能。在社会历史变革的关键时期，由于占统治地位的力量要维护既有的统治关系和现状，拒绝根本变革，因而维持常常会表现为赤裸裸的暴力镇压。统治者为维护自己的统治秩序会将政治力量的触角深入社会生活的各个角落，甚至以意识形态建设的方式推进到灵魂深处。马克思就说过："统治阶级的思想在每一时代都是占统治地位的思想。"[①]统治阶级将自身的意识形态上升为整个社会占统治地位的主流意识形态，以维系社会稳定的方式维系着特定的统治秩序。当然，这并不一定总是成功的。当统治者不能再继续统治下去，而被统治者不愿意继续被统治下去的时候，社会变革的时代就来了。面对社会变革的巨大压力，统治者往

---

① 马克思、恩格斯：《德意志意识形态（节选）》，见《马克思恩格斯选集》第 1 卷，98 页，北京，人民出版社，1995。

往首选的是改良的方式。

改良

这里的改良是一个特殊概念，并不是统治者完善和改进统治的各种措施和方法。在这种宽泛的意义上，政治始终就是在改良。这里的改良说的是，当社会的分裂和矛盾相当激化，统治者和被统治者都意识到现有的社会难以维系下去，因此通过一种有限妥协的方式渐进地变革现实的政治实践。改良的目的是指向超越现实的未来，它主张以渐进方式改变现在的社会关系和社会状态。就改良主体的角度来看，改良往往是统治者为了维系自己摇摇欲坠的统治关系自上而下采取的革新运动。因此，改良需要一种渐进的历史理性，需要折中和妥协。一般来说，改良是社会代价最小的政治变革方式，历史上也有成功的实例。但是，由于统治者不愿触动自己的既得利益，改良政治往往是在统治难以维系的时候才提上日程的。在这种时候，各种社会问题积重难返，冲突激烈，社会各方都以自己的利益为绝对，以为自己掌握着绝对真理，因此不愿意妥协和退让。温和的妥协和折中常常遭到社会对立各方的质疑和批评。因此，真正成功的改良在历史上并不多见，改良大多只是延缓了飞跃的到来。从渐进改良的中断进入残酷的飞跃，这就是社会革命。政治革命是社会变革的激进方式。

革命

革命并不是政治实践的常态，变革社会秩序和社会状态的政治常态是维持和改良。代表着历史跳跃的革命是连续性的中断，是社会通过非常态的方式跃进新状态和新结构。因此，作为维持和改良失败的产物，革命是在被统治者不愿意继续被统治，而统治者不能继续统治的情况下，由被统治者推动的自下而上的剧烈变革。[①]　通过政治革命，社会结构被瓦解，社会秩序被打乱，社会组织被解散，社会共识被抛弃，社会迅速变革并重组，最终建立起新的秩序和平衡。政治革命是解决社会根本矛盾的一种极端方式。对于革命者来说，革命是人民的盛大节日，是历史前进的火车头。[②]　当然，革命作为一种变革社会和创造历史的政治实践，它本身根植于能在在世的对象性关系和对象性意识，并不只是一种自在必然性的结果，也不是主观意识鼓吹造成的历史过程。革命不是主观地告别得了或者呼唤得来的。革命的发生具有社会历史的存在基础。只有深入社会历史主客观状况地具体分析，才能把握到历史的脉动，形成合乎实情的政治决断并采取合适的政治方略。

作为能在之共在领域的政治

政治作为能在之共在方式，是构成社会历史的内在维度。这个讲的是能在存在的公共性，即使个体作为个体存在，在某种意义上也总是公共性的。我们的吃穿住行等所有生存活动都不在政治外面，而是被政治地构成

---

①　关于革命产生的形势和客观条件，列宁在 1913 年对革命形势进行分析时指出：(1)统治阶级不可能照旧不变地维持自己的统治；"上层"的某种危机，即统治阶级的政治危机，给被压迫阶级的愤怒和不满造成一个爆破的缺口。光是"下层不愿象原来那样生活下去"，对革命的到来通常是不够的；要革命到来还须"上层不能象原来那样统治和管理下去"。(2)被压迫阶级的贫困和灾难超乎寻常地加剧。(3)由于上述原因，群众"不愿象原来那样生活下去"。（参见列宁：《革命无产阶级的五一游行示威》，见《列宁全集》第 23 卷，313 页，北京，人民出版社，1990）

②　这是马克思主义关于革命的基本观点。但这并不意味着马克思主义是从道德上颂扬革命暴力，更不意味着马克思主义是唯意志论的革命理论。好像在任何的条件下都只有革命才是本质性的、能够开启新时代的政治实践形式。关于这一点见《面对存在与超越实存——历史唯物主义的当代阐释》一书第 7 章中的阐述。（参见罗骞：《面对存在与超越实存——历史唯物主义的当代阐释》，北京，人民出版社，2014）

的，本身是政治性的。除了这种构成意义上的政治以外，政治也常在社会存在领域的意义上被理解。政治被理解为与其他社会领域相并置的一个领域，是社会生活总体中的一部分。尤其到了现代社会之后，政治被理解和构建为一个相对独立的领域。我们常常讲经济、政治和文化，政治属于规范性的交往活动领域，它介于社会的经济生活和文化生活之间，是社会整体结构中的中间地段。这种在当代社会中普遍的政治概念具有广泛而深远的影响。

政治作为存在领域的概念在古希腊思想中就有发端。现代政治概念是由古希腊的城邦概念发展出来的。所谓城邦就是具有紧密共在关系的公共空间，在这个空间中处理公共事务相关的活动，诸如战争、协议、立法等，就是政治。① 政治作为公共事务与非公共的私人事务是相对分开的，涉及的是非生产性的、以多元个体差异为基础的公共事务。这种事务必然是公共性的，属于交往活动的领域。诸如物质性的生产活动等属于所谓家政学，亦即"经济学"的范围，与政治没有关系。政治最初作为公共领域和公共活动，大体已经意味着理性和权利，因此是排斥奴隶、妇女和小孩的。在西方思想的传统中，演讲、对话、辩论被看成政治活动的基本形式。在多元差异中寻求共识，做出决定，制定规范，古希腊城邦政治成了民主政治的发端和典型。在这种政治概念的公私区分中，已经具有了领域化的现代政治概念的萌芽。经历了古希腊民主制度的衰落，以绝对真理和绝对权威为核心原则的专制和神权的结合，西方中世纪的政治成为一种极权的神权政治。神权力量并不只是停留在规范

---

① 这一点我们从政治这个词语的古希腊词源中可以看到。政治由古希腊的城邦这个词演变而来。politics 是从 polis 而来，是从古希腊语 πόλις 和 πολιτικα 演变而来的，指的是城邦的事务。

性的公共领域，而是深入人们观念意识的内部和个体生活的方方面面。大体说来，这个时候没有独立的政治领域。世俗权力服从于神权。只是到了现代，发生了政治国家和市民社会分离这一根本变化①，政治与宗教生活分离，政治与经济生活分离成为这一变化的基本内容，并由此确立起自由信仰和自由市场的原则。

　　在这种作为相对独立领域的政治中，形成了市民社会中的市民和政治国家中的公民。市民社会私人的信仰、利益、情感等仍然相互分化，人们生活在差异性和多样性的相互冲突和矛盾之中。但作为政治国家的公民，人却获得了抽象的同一性，个人在公共生活中享有同等权利。市民不同的出身、教育、信仰、财产等不再是参与政治生活中的条件，公民是抽象掉了这些具体规定的抽象人格。当时，正像马克思说的那样，当你的财产和信仰不再成为政治生活的条件的时候，你便拥有了财产和信仰自由的权利。② 政治公民与市民的分离要求政治只是作为补充性的

---

　　① 关于市民社会与政治国家的分离这个问题的相关论述可见马克思早年的论文《论犹太人问题》。在《论马克思的现代性批判及其当代意义》第一章第二节中，我们对这个问题也有较为详细的论述。（参见罗骞：《论马克思的现代性批判及其当代意义》，上海，上海人民出版社，2007）

　　② 马克思在《论犹太人问题》中说："人是把宗教从公法领域驱逐到私法领域中去，这样人就在政治上从宗教中解放出来。……人分为公人和私人，宗教从国家向市民社会的转移，这不是政治解放的一个阶段，这是它的完成；因此，政治解放并没有消除人的实际的宗教笃诚，也不力求消除这种宗教笃诚。"（马克思：《论犹太人问题》，见《马克思恩格斯全集》第3卷，174～175页，北京，人民出版社，2002）在马克思看来，在人没有从宗教中获得解放以前，现代国家却可以从宗教中获得解放，在人没有从私有财产中获得解放以前，人可以获得政治上的解放。成为政治上拥有等同权利的公民是现代解放作为政治解放的本质。参见《论马克思的现代性批判及其当代意义》中第一章第三节的相关阐释。（参见罗骞：《论马克思的现代性批判及其当代意义》，上海，上海人民出版社，2007）

社会结构并承担守夜人的角色，不得干预市民社会的私人生活，尤其是现代以资本主义市场机制为基础的经济生活。这就是现代政治解放的基本观念和基本原则。这种二元论的区分逐渐发展成为经济、政治和文化这样一种三分结构。①

政治作为社会结构中的一个领域或者说一个部分，不仅只是一种狭义的政治概念，而且是一种概念的抽象。就真实的存在关系和存在活动而言，即便社会具有结构层次和构成领域的分化，各层次之间也不是一种板块化的结构关系，而是相互构成的。现实的总体本身并不存在着界限分明的分化，不是由不同的层次拼合而成。社会作为有机总体本质上是与环境互动并且自身内部互动的动态整体。不能在机械论的意义上理解马克思的经济基础、政治结构和社会意识之间的相互关系。三者之间并不能相互分开然后外在地相互联系在一起。从能在的对象性意识和对

———————

① 政治是处在社会经济基础和观念的上层建筑之间的一个部分，一个特殊的领域。这种观点似乎在马克思主义的社会结构理论中被牢固确立起来了。马克思说："人们在自己生活的社会生产中发生一定的、必然的、不以他们的意志为转移的关系，即同他们的物质生产力的一定发展阶段相适合的生产关系。这些生产关系的总和构成社会的经济结构，即有法律的和政治的上层建筑竖立其上并有一定的社会意识形式与之相适应的现实基础。物质生活的生产方式制约着整个社会生活、政治生活和精神生活的过程。不是人们的意识决定人们的存在，相反，是人们的社会存在决定人们的意识。"（马克思：《政治经济学批判·序言》，见《马克思恩格斯选集》第 2 卷，32 页，北京，人民出版社，1995）从一种狭义的角度看，马克思的确是在与经济和文化相区分的意义上理解作为领域的政治概念。但这里需要明确的是，马克思这个比喻的说法，并不意味着不同社会空间层次之间是一种相互分离的外在关系，更不意味着它们之间是一种以外在分离为基础的因果决定性关系。关于这个问题我们在其他地方已经阐释过了。（参见罗骞：《面对存在与超越实存——历史唯物主义的当代阐释》，119～120 页，北京，人民出版社，2014，以及罗骞：《告别思辨本体论——论历史唯物主义的存在范畴》，73～74，上海，华东师范大学出版社，2014 中的相关阐释）

象化活动在超越生存中的辩证统一来看，社会空间从来不是由相互外在的事物构成的物理空间。就像历史性时间是曾在、现在和将在的同时在场和到场一样，社会空间中的事实领域、规范领域和感受领域这三个不同层次也是同时到场和同时在场的。即使一个简单的经济事实也常常由事实性、规范性以及感受性这几种不同对象性意识构成，而不是抽象的经济事实。今天，随着人类对象化活动的深度、层次、范围的改变，人类存在的公共性越来越强。与此同时，私人性的意识也越来越强，政治因此也就越来越成为人们生活的现实。它不仅可以被理解为生活中的基本领域，更应该被理解为构成生活各个方面的要素。我们应该政治地理解世界，理解现实，将政治性把握为存在论意义上的一个方法论原则，也就是理解存在的一个基本视角。

作为能在论视角的政治

在后形而上学的存在论视域中，政治哲学成为第一哲学。这个命题说的不过是，由于政治成为基本的思想视角，因此政治性成为世界观的基本原则。也就是说，政治不仅被理解为社会历史的构成维度，进而被理解为构成社会的一个基本领域，而且政治性成为看待世界的一个基本方法论原则。能在论意味着政治地理解能在作为共在的超越，也就是政治地理解能在作为共在在社会历史中的自由展开。能在论视域中的政治概念不仅意味着哲学存在论进入能在论的后形而上学阶段，同时意味着关于政治的理解获得了存在论的高度，政治哲学成为能在论社会—历史现象学具体展开的基本环节。

谈论能在的超越而不触及政治是根本不可能的。同样，在哲学的意义上谈论政治而不触及人作为能在的超越和自由是更不可能的。关于政治哲学这个概念，不仅是政治地理解哲学，并且是哲学地理解政治的争论。这种仅仅在方法和对象之间进行的颠倒，即在所谓哲学地研究政治还是政治地研究哲学中的颠来倒去。由于政治和哲学本身的规定都还处于相互外在的似是而非状态，政治哲学当然也就只能处于一种无根基的似是而非状态。在后形而上学的能在论视域中，因人被理解为在世—历世的能在，世界就被理解为由能在的对象性意识和对象化活动展开的社会历史总体。能在的世界作为社会历史就是由能在超越生存构成的对象性存在状态和对象化存在过程。能在超越的展开就是能在自我成长、自我规定和自我实现的自由生存。

我们说过哲学的根基是存在论。存在论形态的变化意味着哲学的根本变化。传统哲学将存在概念理解为自在的抽象存在或者观念中的纯粹意识，而不是在人的超越生存中的对象性存在。在这个意义上，哲学存在论是缺失实践意识的，因此抽象掉了社会性和历史性的抽象形而上学。因此，思辨本体论和先验认识论成为哲学的基本形态，它们将自己的任务规定为揭示非时间性的绝对存在和绝对真理。以存在和世界为对象的哲学本质上离开了现实的真正存在，离开了生活世界本身，成了绝对的抽象观念和抽象原则。以能在为基础，存在展开为世界，世界展开为社会历史。社会历史就是能在之共在状态和共在过程的展开。对能在之在世—历世的存在论分析就是社会—历史现象学，哲学存在论由此就进入后形而上学的能在论阶段。能在论中的"存在"不再是脱离现实社会历史的"存在"本身，而是现实社会历史的存在状态和存在过程。因此存在就是现象，就是在社会历史中展开的社会—历史现象，现象之外和现象之先不再有所谓的存在本身。

　　在能在论中，亦即在作为能在论的社会—历史现象学中，政治实践被理解为能在共在的在世活动，是构成社会历史的基本维度，因此，政治哲学就成为后形而上学思想视域中能在论展开的基本环节。政治在能在论的视域中不仅成为哲学研究的对象，而且政治性成为世界观的基本视角。一方面，政治被理解为是构成社会历史的基本维度，政治具有了存在论内涵和存在论的担当，而不再只是围绕利益和权力展开的权术。政治关系和政治实践构成社会历史的基本状态，维系人类的存在，提升人类的文明。因此另一方面，政治就成为理解社会历史的基本视角，政治性就成为世界观的方法论原则。能在政治地存在，不仅能在生存的世界是被政治地构成的，而且关于世界的意识也被政治地构成，因此，需要政治地理解能在生存于其中的世界。在世界观原则中，实践为基础的社会性和历史性的展开，必然意味着政治性成为基本的思想视角。能在论政治地理解事实性领域、规范性领域和感受性领域，政治性地理解作为存在之绽出样态的曾在、现在和将在。对不同存在领域和存在样态的理解总是受到政治立场、政治权力、政治利益、政治观念的中介。作为政治动物，人政治地生活，因此政治地理解生活、观看世界。实践中介的存在概念和政治概念内在地融合在一起，政治哲学和哲学存在论不再被看成相互外在的知识领域，而是总体性的知识形态，一种领会我们在其中存在的社会历史的新方式。通过前面对能在、超越、自由、政治等概念特定内涵及其相互关系的阐述，现在到了可以为本书提供基本框架的时候了。

七、对象性方式作为本书的主导线索

能在是后形而上学存在论的基本概念。超越是存在论意义上人之存在作为能在的基本规定。自由则是人作为能在对自身超越生存的意义领会，是能在论视域中基本的存在论意识。在这个意义上，自由是一个奠基于存在论的价值论范畴。将自由领会为生命的意义，同将人领会为能在并因此领会为超越生存一样，是后形而上学存在论即能在论阶段的存在论事件。能在始终是超越，因此始终是自由生存。但是，超越和自由进入意识，成为人反思性地领会自身存在的存在论范畴只是后形而上学时代的思想事件，是历史性事件。人作为能在不仅是能在而且意识到自己的存在是能在，这才是一个存在论意义上的事件。依据此种存在论意识去在世和历世，生命领会才成为人作为能在共他者而在的自觉指引。自由作为人对自身能在之"在"和"能"的领会成了能在去存在的先行原则。不论在世还是历世，能在都是自由并且要自由。能在就是自由存在。自由说的是能在的自由，能在超越就是自由生存，说自由不可能是说能在之外什么别的东西的存在。人是自由的，并且只有人是自由的。超越生存就是人的自我规定和自我实现。

自由成了能在领会自身及其共在关系和共在过程的核心范畴。也就是说，自由成了存在论的本质范畴，同时成了理解政治的本质范畴。专制也好，极权也好，都是生存自由展开的一种方式，不过都是自由的褫夺形式，就像罪恶也是一种道德现象因此具有道德属性一样。今天看来，规范性的政治制度和变革现实的政治实践都以自由作为叙事的价值基础。非自由不可，即便是专制和暴政也以自由的名义才得以横行。没

有人不要自由，只是你有你的自由，我有我的自由。当自由的普遍性被
确立起来的时候，也总是自由被空心化的时候。罗兰夫人有一名句，
"自由，多少罪恶假汝之名以行"。这并不可以单纯看成对自由本身的谴
责，而是对自由普遍性的确认，它揭示了就连恶行也认同自由并以自由
之名横行的普遍状况。只有作恶者盗用善名，岂有行善者借恶名行善？

当然，当自由作为抽象的价值被绝对化之后，自由就可能走向自己
的反面，为了自由而毁掉自由。在法国大革命中，自由走向了自由的反
面，不仅是说断头台以自由的名义毁掉了自由，而且是说那些走向断头
台的革命者以自由的名义无视自身生命存在的价值，本身也悖论式地陷
入了自由的对立面，为了自由而失去自由，陷入了令人震颤恐惧的虚无
主义。自由是作为人对自身存在的基本领会，而基于此种领会的能在实践
却可能带来与此背道而驰的后果。绝对的自由就是自由的丧失，自由必有
其社会历史的边界才能成为现实的自由。对自由观念的反思并不只是一个
观念论的任务，而是直接关系到当代人的命运，关系到人类以及在这个类
中存在的个体之命运。对自由概念的存在论阐释就是立足于当代的生存语
境对能在之在世和历世的能在论分析，就是从社会性和历史性视角描述能
在之对象性方式的差异和演变。这种分析和描述，试图以一种奠基于能在
论的自由概念为政治提供思想基础，揭示政治的内涵、特征、功能和意
义，将政治阐释为能在之共在的基本方式并赋予政治高尚而沉重的存在论
使命。

在作为价值论范畴的现代自由概念中，自由被理解为绝对先验的天
赋权利，被看成没有社会性和历史性规定的绝对价值。自由被理解为个
体的抽象规定，单面化为规范性领域的权利概念，它只涉及交往活动领

域中主体之间的相互关系。如今，这种自由概念成了主流，也成了政治叙述的核心概念。捍卫和实现自由权利成了政治的基本职能和基本目标。在现代政治哲学中，不论自我实现的积极自由（free to），还是自我保护的消极自由（free from）概念都处在这个层面上。仅仅处在以权利为核心的交往活动的层面上，实际上是现代对自由概念的狭隘规定。在这种规定中，个体也在公民这一概念中被规定为抽象的独立人格。共在关系成为原子个人之间的外在关系，自由的核心就是己他关系中抽象权利的承认和保障。自由和政治概念都单面化了。自由是能在对自身超越生存的意义领会，此种领会进入反思性的状态是能在在世和历世的结果，而不是先验的规定。在社会空间性和历史时间性中揭示作为能在对象性意识和对象化活动之统一的对象性方式，揭示能在超越的展开状态和展开过程，这才是自由生存的社会—历史现象学。在能在的超越生存中，以空间性和时间性为形式规定的总体性自由概念，意味着不仅仅是在规范性的政治领域中理解和规定自由，似乎还涉及个体之间的权利义务关系，支配服从关系等。同样，在这样一种新的思想视域中，以自由为核心范畴的政治也不仅仅围绕着权利或权力展开，而是在不同的能在之对象性方式中表现为不同的具体形态。

政治的核心范畴是人作为能在的生存自由，自由的展开是政治哲学的实体性内容。在这个意义上，作为存在论进入能在论形态之后展开的第一步，政治哲学其实是以能在超越和能在自由概念为核心展开的社会—历史现象学，或者说是社会—历史存在论。我们甚至可以说不再有学科分化中专一的政治哲学本身。在能在的超越生存中，自由在社会空间层次和历史时间维度中的具体展开，是存在论政治哲学的实体性内容。这一实体性内容决定了本书的逻辑和结构，本书不过是这一实体性内容的理论展开。自由是在能在超越中对象性意识和对象化活动的展开状态和展开过程，而不是先验的观念悬设。在能在超越生存的展开中，同一历史形态的自由概念空间层次化，不同层次的自由概念历史形态化，并构成立体的总体自由概念。作为能在对象性意识和对象化活动之统一的能在对象性方式的变化就是自由的历程。从最抽象的角度来说，我们可以用他者、自我和超我来表示这种形态学意义上的自由展开历程，以此揭示不同阶段，不仅是不同历史阶段而且是不同个体生命阶段的自由状态和自由原则。作为共在展开的自由之历史在一定程度上是个体生命自由历程的再现。从对他者绝对地位的肯定到自我意志的逐渐形成，从自我意志的逐渐觉醒到自我中心主义，再到对自我中心主义的扬弃，我们看到的是自由历史的复杂和艰辛，看到的是人作为能在始终是无限的超越和有限的存在。作为能在在世—历世的九种不同对象性方式之历史和逻辑的展开，本书由三编、每一编又由三章构成。

他者

自由成为能在反思性的自我领会是历史的结果，即能在自我超越取得的成果。在能在将自己把握为创造者和推动者之前，能在只是自在地超越。这种超越经历复杂过程并历史地形成意志，通过内在意志的形成，能在最终才将自身领会为存在的目的和存在的动力，即成为存在论意识的根据。第一编揭示的是自由意志形成的历史和逻辑，它将表明意志的成长和对自我的压抑如何构成自由发展的内在机制。对外在绝对权威的肯定是通过自我克制的能动性来实现的。也就是说，能在越是通过压抑和否定自身的存在以肯定外在的绝对他者，便越是使能在走向内在的意志自由。内在意志自我克制的超越性与认同外在他者的绝对性同构。越是肯定外在的绝对性权威就越需要强大的内在意志来压制自身存在。能在的绝对意志恰好变成了对能在作为能在的否定，能在通过有信仰和道德在实现自我的同时否定了自我，成为单纯的工具和唯灵论的存在，最后通过对外在他者的观念否定在精神体验领域确立了绝对自由意志。我们称这一自我成为根据之前的能在超越为他者阶段，外在他者是存在论意识的核心。人的生存围绕着他者展开，并且以他者为叙事的轴心。以他者为叙事核心的对象性意识和对象化活动在事实性、规范性和感受性的不同层次上构成不同的对象性方式，即绝对性、利他性和趣味性。在这一阶段上，政治作为能在的共在既没有发展为独立的领域，也没有成为捍卫个体权利的力量，可以说还是一种非政治的政治。这种所谓非政治的政治包括神权政治、德性政治和浪漫政治三种形态。神权政治实际上是公共空间，并由被树立为绝对存在和绝对原则的上帝占据，自由表现为内在意志，并通过压抑自己服从绝对权威获得安全和温暖的依附状态。德性政治则是通过道德他律和自律达到仁善秩序的教化政治。在超越绝对性和利他性基础上的感受层次上，能在超越生存的对象性方式是趣味性。在这种对象性方式中，作为自我超越的意志到达了绝对的自我否定，我只是作为无意志的意志存在，成为自我同一的内在精神。这种否定自我的绝对意志之高潮就是作为目的的自我消失为不存在的虚无，物我两忘的逍遥就是唯灵论的绝对自由。以这种内在精神的完美性为原则构成的政治叙事就是浪漫政治，或者说是美学政治。

自我

通过自我努力扬弃自我，最后达到无我状态，绝对意志隐身到绝对的无意志后面，他者阶段也就结束了。在这一阶段的终结处，能在只是在内在的观念中确立了绝对的自己，形成了绝对的内在意志。在这种意志的绝对之有和绝对之无的对峙中，能在以绝对意志为起点步入新的超越阶段。这就是自我的阶段。本书第二编将讨论这一阶段。在这一阶段，作为能在之共在展开的政治之基本特征就是功利性。已经获得的自由意志成为实现自由生存的手段，能在将自身理解为推动者的同时将自己理解为目的。能在不再是通过压抑自身的理性、欲望、利益和权利去服从绝对权威和绝对原则，而是将所有这一切理解为自身存在的目的和根据。意志服从和服务于能在自身的存在，作为能在的人将自身理解为动力的同时理解为目的。我为了我自己而存在，我规定和追求我自己。这就是个体的自我成熟阶段，也是人类文明将自我确立为根据的现代，即通常所说的主体性时代，自由的时代。神圣的信仰、利他的道德和精神的逍遥都向现实的利益和欲望让步，人从各种束缚中解放出来成为在各个生活领域中自我实现和自我肯定的主体。科学民主都成为实现功利性目的的方式，世俗主义、个人主义、实证主义和实用主义成为现代的基本精神。这是以自我为中心的功利时代。自由不再是自我压抑和自我节制，而是自我扩张和自我实现，一切现实的束缚都作为自由的障碍成为被抛弃的对象。"做自己的主人"成为现代基本命题。那些不得不被承认的规定和原则只是表现为自我实现中的消极限制，是可能成为被改变并逐渐被改变的障碍。在这样一种实用和实证的精神中，能在的自由表现为解除束缚，实现自我的能力。解除了各种束缚的人最后只是被理解为物，即绝对不可还原的本能和欲望。自由变成向动物性的回归这样一条赤裸裸的原则。在存在论的根据建立在能在主体性之上的阶段，政治成为"为我"的政治，也就是以自我为叙事中心的功利政治。个体不再为先验存在和先验原则活着，也不再为他者活着。自由不是自我抑制的服从，而是自我张扬的实现。于是，以原子式的个体为根本原则形成的"竞争"和"合作"成为共在的基本方式和基本状态。通过共识产生的规则，规范个体的理性、利益、欲望的实现，政治为这种实现提供形式的保证和机会，而不再提供和建构超越个体和实在的价值空间。这种以自我为中心的原则，显得现实而平庸。马克思就说过，现代相对于古代，甚至可谓庸俗的时代。① 在走向自我的过程中，那个作为超越实在的超越性本身被超越的同时被彻底地否定了。这就是现代面临和遭遇的困境。

超我

宗教、道德和审美本身是人的能在自我超越的存在形式，通过这些领域建构起了超越实在的意义空间，提升并加重了人的存在。但是，这种超越最终成为异己的力量压制了能在的"能"和"在"。通过自我启蒙和自我确立，人最终从这种超越性的统治中挣脱出来，回到自身的现实，回到世俗存在的利益欲望，回到他的实在。但是，这种自我确立的最后逻辑却是颂扬人的物性，人被作为物来看待。人被作为物来看待并且以这样一种物化意识指引生存的时候，超越性也就仅仅剩下能够否定超越性本身了。如何在这种物化生存中重新建构意义，不仅需要维护人作为类的存在——因为人类能否继续生存，今天已经成为最现实也是最重大

---

① 参见马克思：《1857—1858 年经济学手稿》，见《马克思恩格斯全集》第 30 卷，479～480 页，北京，人民出版社，1995。

的问题——而且需要开启新的自由历程，这是能在论的一项本质任务。本书第三编将探讨如何面对并超越这一现实。我们用"超我"这个范畴来表达能在超越的新形态。[1]因为在这个新的形态或者说阶段上，能在将不再是唯我论的，也不再像第一阶段一样是唯他论的，而是成为二者的统一。能在将由此超越自我主义、物质主义和现实主义，在超越自我的他者、超越物质的意义和超越现实的未来意识中达到一种辩证的总体性自由观念和自由生存。能在不再从绝对性和先验性的视角规定生存，而是将生存的自由看成是能在自身建构的超越过程。这意味着能在理解自身存在的现实性和有限性时，立足于这种现实性和有限性来构想可能的意义空间，构想可能的未来。人不再将自身降低到自在物性的水平，当然也不以献身于绝对原则来理解生存的价值。在新的生存意识中，辩证的总体性自由被领会为能在的真理，是真善美的统一，是能在作为共在维系和建构自身存在的可能性过程。这种可能性的根源就是能在超越的"能"和"在"。作为共在之现实方式的政治因此被看成建构世界历史的基本力量。由此出发，自由和政治概念将发生根本性变化。我们用建构性政治概念来概括和揭示这种根本变化。建构性政治被阐释为能在论视域中政治概念的本质形态。

　　能在作为能—在，不论从作为类的历史还是个人的生命历程来说，是始终在途中的超越生存，不可能有终极全面的自由。只要人还作为能

---

　　[1]　"超我"这个概念，在这里是指能在超越生存的特定形态和特定阶段，代表的是他者定向和自我定向经历了对立之后走向的统一。因此，我们使用这个词语最表面的中文意思，意在揭示唯我论之后超越唯我论的能在论意识及其生存原则。尽管我们也勉强使用"superego"来翻译这个词，但并没有弗洛伊德主义心理学赋予这个词(*Über-Ich*)的那层意义。

在在，他就是可能性存在。自由只是有限生命无限的超越历程。人生不过是对自由的一场苦恋，意义只在追求的过程之中。只要人类还在，生存自由就始终在存在的途中呈现和展开。所谓彻底完满的自由状态，其实只是观念的乌托邦，是对现实和历史的绝对虚无化。一旦我们不再期待完美，不再有绝对的乐观，就不会产生虚无的情绪或遭遇绝望的困扰，而是活得坦然、淡定和从容。说到底，人生不过是一场终将彻底输掉的抗拒死亡的斗争，人类存在的历史也不过是物质的一次会心的微笑，它的起点和终点都是虚无。如果真有所谓终结状态，那就是人作为个体的死亡和作为类的毁灭，就是存在进入永恒无边的黑暗成为虚无本身。这种寂灭甚至根本无所谓虚无。体会和认同了彻底的无望，将生命价值建立在虚无的基础上，我们便不再奢望，不再天真，不再顽固，而是一点点添加、创造和经营。在生命的谦卑、包容和豁达中，也许我们倒是可能发现乐趣，创造意义，看见希望。

人的意识和活动之外的存在对于人而言是无。人的存在作为能在点亮世界，人生活在自己的光亮点亮的世界之中。这就是希望。因此，人作为能在就是怀抱希望的存在。能在论就是希望哲学，以能在论为基础的政治就是希望政治。

第一编

他者

引　论　|　自由意志的形成

黑格尔在《法哲学原理》中说，法的基地是精神的东西，它的确定出发点是意志，而自由是意志的本质。在讨论法哲学的这个确定的出发点时，黑格尔批判了经验主义以意志的表象作为前提得出意志的规定的方法，认为这种方法不如直接地规定自由意志作为出发点来得方便。说人有意志，意志的本质是自由，这是抽象规定，或者说是理论体系的抽象出发点。在黑格尔那里，自由意志作为法哲学的出发点，也只是整个思想体系的一个环节，只有在与整体的联系中才能得到理解。① 范畴作为思想体系的节点只有在整个

① 参见[德]黑格尔：《法哲学原理》，张企泰译，10～13页，北京，商务印书馆，1996。

思想体系中才能获得自己的规定性。孤立的语词本身不是范畴。黑格尔的辩证思维本身体现了整体性和过程性的意识。不过问题在于，理论只是以观念的方式构成对象并将对象对象化，思维中作为逻辑联系的过程性本身还不是生存时间中的历史性。黑格尔正确地将自由意志作为思想发展体系中的环节，并且通过法哲学来具体展开这一环节。黑格尔意志自由的观念体系本身是逻辑的演绎过程，是自由意志作为理念，从抽象到具体的必然展开。黑格尔没有将自由意志领会为能在超越的生成性结果和过程，而将其看成是人本身的先验规定。他抹掉了生存的时间性和历史性，将历史的结果作为历史展开了的前提。这样的理论后果是，具有辩证意识的黑格尔虽然构建了以自由意志的实现为内容的法哲学体系，但这一体系仍然没从根本上超出天赋人权这样一种先验论。自由没有真正被理解为能在生存的历史性状态和历史性过程，自由意志没有被看成是历史的产物，而是历史的起点。其实，黑格尔的自由意志是现代人在观念上被做成主体这件事的哲学表达，因此，是现代人权思想的哲学表达。

黑格尔以辩证的过程性批判抽象本体论的同一性，但他的过程思维本身还没有立足于能在的可能性和历史性意识，并不能真正克服抽象理性和抽象意志的绝对主义。黑格尔本质上还是一个柏拉图主义者。① 在

---

① "黑格尔是彻头彻尾的希腊人"，"在逻辑学基本部分、尤其在'本质逻辑'中透现出柏拉图-亚里士多德思想的积淀，在'存在逻辑'中透现出爱利亚-毕达哥拉斯思想的积淀，而且是指整体的构成原则都透露出直到概念用词上的爱利亚-柏拉图辩证法的遗产。这就是各种对立的表面化，它体现为思维的自我运动的能动原则"。（[德]伽达默尔：《黑格尔与海德格尔》，邓晓芒译，载《哲学译丛》，1991[5]）

现代，正是由于上帝死了，人在观念中被做成绝对根据，以绝对的意志自由概念才得以领会个体存在，并依据这种领会改造现实带来的巨大历史灾难。黑格尔本身已经意识到这一点。不过，他将这样的现实灾难看成是抽象理性没有发展到真正的辩证理性的结果。以个体意志为出发点的共同意志最终破坏了绝对神物的绝对权威和绝对尊严。[①] 这里的意志本身被看成绝对的权威并具有绝对的尊严。如果说黑格尔的绝对神物本身仍然被理解为绝对意志的话，这样一种作为绝对意志的国家是否也会因为其绝对而破坏为绝对意志的个体尊严呢？问题的关键不在于是个体被提升为绝对，还是国家被提升为绝对，而在于这种没有历史意识和可能性意识的绝对意志本身。事实上，被黑格尔作为绝对意志去实现的国家恰恰是个体意志因此产生并力图去克服的对手，所以个体自由意志的确立在现代才被理解为解放。时至今日，这种绝对的个体自由意志仍然被作为解放思想的叙事基础，没有因为黑格尔在法国大革命之后的反思而产生真正进步。灾难仍然不断以自由的名义上演，层出不穷。

反思意志自由的关键在于，通过历史性意识将自由意志理解为能在超越生存的结果，而不是抽象绝对，以造就一种辩证的历史理性，一种真正内在于历史的理性精神。意志和自由意志不是先验的，因此不是绝对的，而是能在生成性的历史规定。意志自由只是用来理解能在历史性

---

① 黑格尔一方面批判法国大革命从卢梭的绝对个体自由意志出发，违背了国家作为绝对神物的绝对权威和尊严，导致了巨大灾难，原因是从这种想象的理性出发，一切存在着的东西被推翻。黑格尔看似走向了历史性，但是，当他搬出国家作为绝对的神物与想象的理性相对的时候，那个作为理性和解的绝对伦理国家只能是更加具有想象性质的理性想象。（参见［德］黑格尔：《法哲学原理》，张企泰译，255 页，北京，商务印书馆，1996）

生存的范畴。这种对能在生存的理解本身是历史性的结果。这就是说，不仅意志本身是生成性的，而且意志进入存在论意识，成为能在自我领会和自我规定的基本范畴也是生成性的，是在社会空间和历史时间中发生的存在论事件。因此，对自由意志的揭示必须深入能在超越的历史性和社会性之中，瓦解那个非生成的绝对性和先验性观念。超历史的绝对只是观念的空洞抽象，没有人生来便意识到我就是我本身，因此我拥有自由的意志。人作为能在在超越生存中成为"我"，意志自由是"我成为我"的一个基本规定。我不是先有绝对的自由意志然后去实现这种自由的意志，自由因为这种展开而被充实起来。相反，我只是在超越生存中将这种超越领会为自由，并将这种超越生存的自由最终领会为意志，领会为需要展开的内在意识。也就是说，那个看似先验的自由意志实际是社会历史的产物。个人自由意志的形成是社会历史因素在个体生命历程中的凝聚和显现；就作为类存在的人类而言，作为基本存在论意识的自由意志，也是能在自我超越的历史产物。只是到了现代，人类才真正从自然和神意的统治中解放出来，在观念上将人本身变成根据，自由意志才反思性地进入意识，成为人类自我领会和自我规定的基本范畴。探索自由的历程，首先就是揭示自由的历史性，描述能在超越的生命历程本身。

能在论的揭示和描述不是再现历史的经验现象本身，不是对逻辑的历史复原，当然也不是用历史来证明逻辑，而是将历史的现象和经验过程上升为范畴，将历史过程表现为范畴之间的观念进展，并且时刻意识到范畴逻辑与历史存在之间的差异与关联。范畴之间的逻辑联系看起来是先验的必然结构，实际上却是对现象的抽象。① 范畴反映存在规定和存在形式。范畴体系只为认识存在提供一种对象性的知识形式，并且为对象化活动提供一种对象性指引。对象世界通过思维凝固为范畴及其关系和结构，范畴揭示的思想通过实践对象化为能在的超越过程。能在论对自由意志之社会性和历史性的描述，依赖的不是神经生物学，不是实验心理学，也不是历史谱系学，而是辩证的能在解释学。也就是在思维与对象之间的辩证对话中，思维走向对象的同时，对象也走向思维的开放式循环过程，以范畴的方式将能在超越的社会空间性和历史时间性凝固起来，使之表现为一种观念化的存在结构和存在过程，这实际上是对能在超越生存的对象性把握。只有在对自由社会性和历史性的把握中，我们才能真正领会自由意志的内涵，领会它的生成性，而不是将它看成超历史或非历史的先验原则或存在规定。②

　　能在作为在世和历世是空间性和时间性的。这种空间性和时间性是由能在作为超越生存给出的，因此时间和空间是社会—历史性的时间和

---

　　① 马克思在《资本论》第二版跋中指出："当然，在形式上，叙述方法必须与研究方法不同。研究必须充分地占有材料，分析它的各种发展形式，探寻这些形式的内在联系。只有这项工作完成以后，现实的运动才能适当地叙述出来。这点一旦做到，材料的生命一旦观念地反映出来，呈现在我们面前的就好像是一个先验的结构了。"（马克思：《资本论》第1卷，见《马克思恩格斯全集》第44卷，21～22页，北京，人民出版社，2001）

　　② 批判先验的自由意志，并不是否定自由意志的存在本身。这里的批评也不是从价值论上说的，不是说人不应该拥有自由的意志，因此拥有自由的权利等。从存在论上讲，自由意志不论就个体还是类来说都是在历史时间中形成并在历史时间中展开的，我们只是用这样一个范畴来领会能在的超越生存，它本身不具有存在论上的先验性。从认识论上来讲，我们不可能提供出一种对自由意志的绝对证明，因此最多只是一种主体的内在确信规定，建基于"我相信……"。正是在这个意义上，康德才将自由排除在纯粹理性之外，放进超验领域。

空间。能在在的社会空间层次和历史时间维度的超越就是自由的历程。从个体生命的生存空间性来说，自由意志的形成是能在对生命自由的领会从事实性、规范性到趣味性的升华过程。作为能在生存境界的提升，这一过程实际上是从外在的规定逐渐走向内在感受的超越。从人类意识发展的时间性来讲，自由意志的形成就是能在从绝对他者的确信，走向自我确立和自我超越的过程。任何一种能在状态都是社会性和历史性因素的同时呈现。个体对生命自由的领会体现社会性空间层次的同时，也体现了历史性的时间维度。我们用"他者"表示能在超越过程中"非我"的存在论阶段，也就是自我没有成为叙事的中心而是围绕着他者旋转的阶段。在这一阶段上，构成能在生存空间的事实性、规范性和感受性三种对象性层次中的对象性方式分别是绝对性、利他性和趣味性。以绝对性、利他性和趣味性三种对象性方式描述能在的超越，揭示了自由的展开过程和展开状态，涉及的不只是个体生命境界的提升问题，同时也包含人作为类的历史存在维度的展开问题。

从人类历史存在的维度来看，他者阶段是对前现代存在论意识的普遍抽象。亦即说，在现代确立之前，人类认为在自身和现实的世界之外具有一种绝对自在的存在者和存在原则，这种绝对的存在者和存在原则不受具体时间和空间的规定，但作为绝对的命运主宰着经验现实和生命过程。人作为能在，通过抑制自己的欲望、需求、本能等，去信仰、服从或者超脱这些先在的存在者和存在原则。此时，能在超越不是向外的自我拓展和自我实现的自由，而是内在的自我抑制和自我收缩。这种抑制和收缩本身也意味着意志的形成。这种意志的形成以确立他者存在的优先地位为基本前提，在自我克服中自我实现，在这种超越中形成内在的自我意识。经历绝对性、利他性环节，能在最终在无欲无知的趣味性中达到内在的精神超脱，我仅仅作为内在体验的自我而存在，作为一种空洞的意志自由而存在。

绝对性

能在是对象性意识和对象化活动中的超越生存。不管是通过对象性意识还是对象化活动，被纳入能在关系中的对象因此总是被规定的对象、有限的对象。能在和能在对象都是时间和空间中的对象。对于能在来说，对象和自身都是被给定的，都是"定在"，都是具体的有限存在物。是什么"给定"了这些"被给定"的存在物？有限的存在物如何成其为有限的存在物？在这些有限的存在物之先和之外有什么绝对的存在者？或者说，有限世界的最初根源和最终的归属何在？"它"或许不能再叫作存在者，甚至不能被称为"它"，因为"它"不能是处在对象性关系中的众多存在者中的"一个"，它只限制而不能被限制。通过超出经验的有限性思考存在世界，能在在对世界的惊诧中领会世界并依此领会生存的第一种对象性方式，我们称之为绝对性。在绝对性这种对象性方式中，经验世界只是流变的、不真实的现象界。经验事物根源于绝对存在及其原则，这种"绝对"是不在时间和空间中的普遍，是展现和贯穿到万物之中规定着万物的存在。绝对就是绝对，没有限制，因此既不在何处也不在何时，但同时又意味着无时无地不在。绝对存在和绝对原则不受时间和空间的限制，时间和空间中的具体事物由绝对产生并受绝对限制。绝对性不仅是一种对象性意识，同时意味着相应的对象化生存活动。以绝对性的方式将存在对象化，领会存在并且依据这种领会去存在，能在的"能"和"在"就在于体认和服从这种绝对，相信和臣服它的权威性，以达到自身的安宁与和谐，由此获得生命的自由。绝对是不能改变且不能被理性证明的，绝对性这种对象性方式的基本形态是宗教，尤其是西方的基督教。信仰不仅是观念地领会世界的对象性意识，而且是以此领会为指引的能在的基本在世活动。

利他性

在他者阶段，事实层次表现为能在以绝对性的方式将存在对象化，而规范层次则是能在以利他性的对象性方式将世界对象化。在利他性这种对象性方式中，世界不再只是纯粹绝对外在的世界，而是能在交往活动构成的生活世界。在这个生活世界中，成为存在论意识中心的不是超验的神圣对象，而是同样作为人存在的现实的他人。我们称之为小写他者。由于意识到作为小写他者存在的他人在存在论或价值论上的优先地位，利他性超越绝对性成为能在的对象性方式。人们自觉地以利他的意识和行为生活处世、待人接物，社会便成为依据道德规范和原则构成的共同体。在利他性这种对象性方式中，道德规范还不能被看成是属人的创造，而是被看成先天绝对原则或意志在社会生活中的具体化和体现，保留着绝对性的痕迹。中国古代有所谓的天数人副，以德配天等，讲的就是人世伦理是天道原则的体现。但是，能在超越构成的经验世界成为对象，世俗生活按照能在共他者而在的现实德性展开。人需要自我修养和社会教化，以习得各种道德规范，发扬本身具有的天性和善端，以成为人。这就是利他性这种共在生活的基本要求。在利他性这种对象存在方式中，小写他者代替人类之外的大写他者成为存在论意识的核心，个体自身没有被理解为存在的"根据"。在利他性方式中，虽然事实层次的绝对性意识还在，但内在的自觉已经逐渐开始取代神秘信仰。从他律通过自律到克己奉公、舍己为人的德性生活，能在通过自我的修养练就抑制自我的超越意志，自由表现为自律过程中形成的道德自觉，表现为能在在世的"仁爱"。社会因此被理解为作为共在的伦理实体，政治则被理解为以这种伦理实体的建构、维系和提升为目的活动，是一种以教化为本质任务的德性政治。

趣味性

规范层次的利他性主要是把握交往活动领域的对象性方式，涉及的是个体之间以及能在生存于其中的共在实体之间的交往关系。能在的自由是通过自律遵守道德规范和伦理原则。对规范的自觉遵守表现了能在的主动性，同时也表现了能在的被动性。能在的欲望利益等被能在主动压制，这是主动－被动一体的辩证法。在这种辩证法中，能在并没有在道德自觉的能动性中表现为彻底超脱的存在，而是受到各种道德规范的束缚。在极端情况下，利他性以奉献牺牲原则忽视个体自身的利益和欲求，道德规范成了个体生存的严重束缚，以至于出现道德吃人的现象。这时，否定各种外在存在和外在原则的新的对象性方式就出现了，能在超越绝对性的信仰和利他性的仁爱，依据自己内在的感受来生活。我们称他者阶段感受性层次的对象性方式为趣味性。趣味性是人以超越外在大写他者的绝对性和小写他者的利他性的对象性方式，依据自身的内在品位领会对象并依此领会指引自己的生活。人与神或者人与人的相处不再是根本关注的领域了，扬弃外在世界的人面对的是内在的自己，"我"不再是与宗教戒律对立的"我"，不再是受道德规范性束缚的我，而是"忘掉"这一切与对象直接同一的我的生存体验本身。我的存在作为能在就是领悟，作为感性活动的领悟就是趣味性方式中能在的基本在世活动。在趣味性的最高体现精神逍遥中，超脱各种外在束缚的生存就是内在生活的绝对自由，就是能在作为绝对自由的意识存在，我就是这种绝对内在的自我本身。这个抽象的自我是扬弃了绝对性和利他性的纯粹意志，即无规定的自我本身。它将超越他者阶段，向外去开拓，在自我阶段展开为更加具体和丰富的现实意志，成为现实的自我本身。

从绝对性到利他性再到趣味性的超越过程，实际上就是内在自由意志的形成过程。在这个过程中，每一种观念地把握世界的对象性意识都意味着与此相应的能在在实践中把握世界的对象化在世方式。对象性意识和对象化活动相统一的对象性方式，作为辩证地展开的总体性状态和总体化过程，就是能在的超越，就是能在生存自由的展开。在这种超越中，能在通过自我抑制形成的自我意志最终在观念中摆脱了他者的统治，作为内在精神的自我成为根据。我在忘我的超越性中成为抽象的我本身，即纯粹的自由意志。这个意志是那样绝对，因此是那样空洞和不确定，它将在新的阶段再度充实起来，重新回到能在超越的起点，走上不同的事实性、规范性和感受性的历程。到那个时候，各个对象性层次的根据就不再是"他者"，而是被现实地充实起来的"自我"本身了。

第一章 | 绝对性

　　我们经验到的世界本身是复数性的、差异性的。复数性和差异性意味着存在不仅是实体而且是关系。能在作为对象性存在的对象性也只是关系性的一种典型样态。对象性意识和对象化活动是能在作为对象性存在的两个基本环节。对象性意识是能在在观念中将对象建构为对象的一种存在关系，而对象化活动是能在在实践中将对象建构为对象的存在关系。本源的对象性意识还不是说能在有意识地在观念中构成对象，而是对象在能在的意识中自然地呈现为对象。人首先不是以反思性的方式在这个关系之外看着这个关系，而直接就是在这种关系中的现实存在者。人作为能在通过对象性意识直接地面对给定的世界。能在对自己被抛于其中的世界感到惊诧，感到了自己与世界的分裂，并且感受到现象世界本身的复数性和差异性，世界只是在意识或者活动中显现给能在的存在者的总名。超越差异、多元和具体，绝对性是能在在分裂的意识中形成的第一种对象性方式。首先，能在通过观念的抽象形成了绝对同一性的概念，并将它看成绝对存在和绝对原则，这就是原始的"一"。这个原始的"一"被理解为绝对起点和最终根据。它不在具体的时间和空间之中，因此本身不是关系中存在的存在者，而是超越关系规定的"绝对"，即所谓存在本身。绝对就是无对无耦，就是中国哲学中所谓的无极或太极。绝对性这种对象性方式本身就是超越，就是对经验存在的观念超越。其次，在对象化活动的意义上，人以绝对存在和绝对原则作为自己存在生命的指引在世并历世，人作为能在服从这个绝对，能在的"能"突出地表现为能够"听命于……"或"服从于……"。一方面，能在在绝对面前似乎也就只剩下服从了，因此是被动的存在。但从另一方面看，能在在绝对面前仍然是超越的存在，其超越性在于能在能够有意识地与绝对保持同一，将绝对性意识作为自身存在的指引。在这种同一性中，能在的自由表现为在对绝对的信服中摆脱孤独和不安，求得心灵的安宁和谐。能在坚持绝对原则，通过根源于信仰的自我修为和外在强制超越自身经验的实在性，从诸如本能、利益、生死等物性规定中超越出来，成为在神与物性之间趋向神性的超越存在。绝对性这种对象性方式的首要环节是作为绝对存在的本体。本体不过是没有规定性的存在作为存在本身，因此是绝对。抽象的本体观念转化为人格化的上帝，这是绝对性这种对象性方式的第二个环节。能在的生存就是相信绝对，仰望着神而存在。因此，信仰是绝对性这种对象性方式的最后环节。由于绝对规定和绝对信仰，作为能在共在的政治就是以神权政治为典型的专制主义。

一、本体概念的三重规定

（作为"存在之为存在"的本体概念；本体概念的三重规定：绝
对本源、绝对普遍、绝对本质；本体论—形而上学思维方式的基本
特征）

现实的存在物是在差异和多元关系中的存在。能在在诸种关系中并
且能够看到这些关系。诸种关系作为对象性的关系与能在相关联而存
在。能在在诸种对象性的关系中面对世界。能在首先看到的不是他自
身，而是他置身于其中的世界。能在在他置身于其中的世界中看到自身
并形成关于自身的观念。这不是从本体论上说，先有世界而后有我，而
是从意识发生学的角度来说，"我"是在我所面对的世界中被我发现和认
识的。"我"并不首先对我存在。"我"在他者中成为自己，我是那个先于
我的给予者给出的。我首先看到非我的存在，然后才发现这个非我的世
界中还有我，继而进一步发现我还拥有关于我和我在其中的世界的意
识。我意识到我的时候我就在世界之中了，世界和我都是我必须接受的
事实。哪怕我悲观厌世因此自杀离开世界，放弃我自己，这种放弃仍然
以存在的事实性为前提，并且突出地显示着这种事实性。我是"被抛"并
且能够意识自己的这种"被抛"的存在。

我如何理解这种不被我给予，而是被给予我的世界和自身？在意识

观念或者实践活动中，我碰到、经验到了作为我的对象呈现给我的世界和我自己。我把握到它们，它们显现给我，它们存在着。显现给我，因为这种显现，我才说某物存在。由此产生几个根本性问题：其一，以显现言及的在场作为存在概念讲的只是某种具体的存在者的存在，存在本身并不是作为具体的存在者的"在场"。在这些具体的存在者之"上"有没有作为存在的存在本身，各种具体的存在者只是存在本身的"显现"？其二，作为显现，在场谈论的只是存在者的存在，这些存在者是如何获得它们的存在从而能够在起来的？在所有的存在者存在之"先"是否有一个作为绝对起点的存在者，由他产生具体的存在者？其三，显现总是存在者的显现，存在者通过显现在场，存在者的显现是不是就是存在者自身的存在？作为显现的现象之"外"还有没有规定这个现象作为本质的存在本身？人被抛入人经验到的世界之中，存在表现为显示给人的存在。但是，在被经验到的对象性存在之上、之先、之外，是否存在没有经验到的存在本身作为这个世界的根源、依据和本质，使这个"存在本身"产生、规定和表现为一个此般的经验世界？如果有，这个"存在本身"才是世界之所以如此这般的绝对根据，它不能也不必在循环解释的链条中再被解释，而是不能被限制的"绝对"。作为绝对，它就是它自身，就是为万物奠基而本身不需要被奠基的最终根据。"存在本身"不在具体的时间和空间之中，因此不是关系中的对象性存在，而是作为绝对普遍、绝对本源和绝对本质的绝对存在，因此是不能被规定的规定者，是无限者。这就是"本体"概念。本体概念是事实的第一种对象性方式绝对性的核心概念，我们可以从三个方面来领会本体作为绝对存在的基本内涵。

绝对普遍性

人是对象性存在，人作为能在能够在对象性意识中把握存在。对象性意识中显现的总是具体存在者，是在时间和空间中相互区分的事物，是绝对的差异性和复数性。在对象化活动中人也只是与具体事物打交道，呈现给人的也总是具体的存在者。我们邀请人吃水果，看到的、吃到的总是具体水果，而非现实中一般的水果。水果作为概念，是对存在物共性的抽象，是抽象掉具体和差异的作为观念的"名称"，所指的是作为不同抽象层次的共性，这些共性通过个别事物存在，但其本身并不是实体意义上的存在。现实的存在者只能是具体事物。概念用来表征不同事物具有的共同性，这种被把握的共同性不是时间和空间中的具体存在，而是对具体存在之普遍抽象。概念作为能在对象性意识在观念中把握世界的一种方式，总是概括与抽象的。即便我们使用最具体的"这一个"概念，但作为概念已经意味着抽象，因此已经包含普遍意识。[1] 概念是被能在对象性意识中介的普遍存在，或者说存在者具有的普遍性。我们说苹果存在，只是说一些具有某种共同特征的具体事物被归为一类，它们存在并且被称为苹果。苹果这个概念并不先在于更不外在于这个类中的某个具体苹果而存在，或者说苹果本身并不存在。离开具体物，普遍实际上并不作为实体存在。[2]

然而，从不同视角和不同层次可以形成不同的普遍性概念。万物毕

---

① 黑格尔在《精神现象学》中对此进行了充分的讨论。（参见［德］黑格尔：《精神现象学》，贺麟、王玖兴译，63～73 页，北京，商务印书馆，1997）

② 关于这个问题可以参见马克思在《哲学的贫困》中对于形而上学抽象主义的批判。（参见《马克思恩格斯选集》第 1 卷，138～139 页，北京，人民出版社，1995）

同毕异，由同观之，则万物皆同，由异观之，则万物皆异。① 普遍本身仍然存在差异性和相对性，存在着不同层次的普遍性和共同性。定义一般就是依据差异按照属加种差的方式揭示事物在普遍性框架中的特殊性。世间万物最大的共同性或者说最高的普遍性是什么呢？我们用什么样的概念把握这种最大共同性和最高普遍性？"最高"和"最大"讲的是绝对的普遍性和共同性，这种共同性不再属于什么。它不再是特殊，不再有比它更高的普遍性，因此不能再被限制和规定，最高的普遍性就是至大无外至小无内的共同性。这就是"纯存在"或者"纯有"，即不存在什么或什么也不存在，除了存在之外没有任何规定性的存在本身，或有本身。② 我们说事物是这样或那样的，因为事物有这样或那样的特性，因此被归为某一类。所有的归类都是限制，因此都是相对的。是什么同时就意味着不是什么，因此就意味着多样性和差异性中的相对和有限。所有的事物都具有的，因此不能用于限制和区分的特性就是"存在"本身，就是存在作为存在本身。即便谈论的是"不存在"这种情况，"不存在"也需要作为一种谈论的对象存在我们才能谈论它，并存在着不存在这种情况。不存在只是存在的一种否定形式，不存在本身作为一种存在情况存在。存在是最普遍的范畴。存在本身不是这，也不是那，它是所有事物的"是"本身，而不是任何一种具体的事物。"存在本身"就是绝对、绝对

---

① 《庄子·天下》："大同而与小同异，此之谓小同异；万物毕同毕异，此之谓大同异。"（《庄子》，方勇译注，585 页，北京，中华书局，2010）

② 这就是黑格尔逻辑学的开端。（[德]黑格尔：《小逻辑》，贺麟译，189～192 页，北京，商务印书馆，1996）《逻辑学》从纯存在（纯有）范畴开始，由一个范畴逻辑地产生出下一个范畴，必然地展开具体范畴之间的关系。黑格尔的逻辑学就是存在论和辩证法的统一。

普遍，也就是绝对抽象。① 形而上学研究存在本身，亦即存在之为存在，探究无形无相的绝对存在，而不是存在什么，不是具体的存在物。不受时空限制的存在本身就是没有具体规定的"普遍"，关于存在之为存在的科学就是探究最普遍的存在范畴②，而不是相对性关系中的差异性和复数性的具体事物。形而上学研究的是存在本身及其不受时间和空间限制的普遍规定，本质上是关于存在之为存在及其逻辑展开的思辨演绎，所以是本体论、逻辑学和辩证法的统一。差异性和复数性的现实领域只是现象，只是经验，而非真正的存在本身。存在本身不是现象，反而规定现象。这一存在论思路规定了西方传统哲学的根本特征和根本任务。绝对普遍性就是超越时间和空间规定的抽象的绝对同一性，也就是存在之

---

① 有时存在概念也常常等同于"物质"，即在时间空间中具有广延性的存在。在这个意义上，存在与意识或精神相对，只有物质存在，精神不存在，世界就是一个物质的世界。精神只是高度发达的物质即人脑的功能。但是，在一般的情况下人们仍然问，精神现象存在不存在，思维存在不存在，意识存在不存在？很显然我们说存在。这里的存在仅仅是"有"的意思。世界上"有"精神，只是精神不是以广延性的方式存在。在这个意义上，物质和精神，或者物质和意识均是"存在"的下位概念，是两类不同的存在现象。抽象掉了物质性和精神性规定的存在本身才是最普遍的范畴，才是存在之为存在本身，才是本体论意义上的本体。

② 正是在这个意义上，亚里士多德讲到哲学追求最高的普遍知识，"而最普遍的就是人类所最难的，因为它们离感觉最远"（[古希腊]亚里士多德：《形而上学》，吴寿彭译，5 页，北京，商务印书馆，2009）。亚里士多德的这个说法强调了形而上学知识的抽象性和普遍性。"它们离感觉最远"这个说法，我们只能在比喻的意义上理解，因为形而上学的普遍知识不是通过感觉获得的，而是产生并且始终存在于思辨理性的概念论之中，因此感觉本身不能作为尺度。在这个意义上，康德谈论本体论问题时使用了"超验"（transcendent）概念，最深刻地揭示了这一点。当然，这种超验性本身包括双重方向，一方面具有超越感性经验的意思，另一方面有超越知性认识能力的意思。也就是说，"存在本身"作为理性抽象的范畴本身既超越了感觉也超越了知性本身的认识能力，因此只能"相信"。

为存在本身。这是本体概念的第一种基本规定，是抽象地把握对象世界最普遍的抽象。因为这种绝对的普遍性，"存在"是不可定义的，因为存在既不能用定义的方法从更高的概念导出，又不能由较低的概念来表现。①

绝对本源性

在对象化活动中产生历史性的时间，人作为能在通过记忆、反映和想象构成过去、当下和未来的时间性认识框架。能在面对的不只是空间中并置而立的存在物，也不只是作为差异存在普遍抽象的绝对同一性。通过历时性的对象性意识，能在还构成时间流动中的曾在、现在和将在这三个揭示不同存在样态的存在概念。存在者的存在总是表现为时间维度中的不同存在样态，能在以对象性的时间意识把握存在者的存在，具体的存在者是有时间的。对象性意识超越直接的当下性，在三维的时间中把握世界以及在世界中的存在者的存在。存在者总是在时间维度中有其位置，因此也总是时间中的"具体"。问题是这个时间的端点在哪里？从何处产生一个有时间的世界？时间中的万物在没有时间之前从哪里来？如果说，差异和多元世界中的存在物之间有一种引起与被引起的因果关系或者说推动与被推动的关系，因此千变万化，那么，是什么产生了并推动了这个世界？相对关系中的事物相互规定因此互为因果，那么，规定了这个纷繁复杂的因果世界的最初原因是什么？既然是"最终"或"最初"，就意味着它不在时间性的因果关联之中，而是万象变化的端点，是作为端点的端点本身。它是产生万物的原因，而它本身就是没有

---

① 参见海德格尔在《存在与时间》的导论中对这个问题的讨论。（[德]海德格尔：《存在与时间》，陈嘉映、王庆节译，5页，北京，生活·读书·新知三联书店，1999）

原因的原因，是绝对出发点和绝对原因，它之前不再有其他的存在者作为它的出发点，因此它是绝对的端点，是时间意义上的绝对本源，是非时间性的，从而给出时间的本源存在。这个本源甚至不能在我们的对象性思维中被称为端点，因为它不在引起与被引起的相对关系中，它产生世界而自己不被产生。万物的存在可以倒推和归因于它，而它的存在不能再归于其他事物。它就是作为世界之绝对本源的存在之为存在本身。现象的世界从这个绝对的本源而来，最终又复归于这个绝对本源。作为世界的绝对本源是本体概念的又一层规定，它是时间意义上的绝对先在者，或者说是在时间之外创造时间之中的存在者的绝对存在，也就是作为绝对创造者的第一存在者或者第一原则。①

人常常在滚滚的时间洪流中感叹生命的短暂②，叩问世界的始终。

---

① "作为第一原则的这个事物不可能是产生出来的，因为一切事物的产生都必须源于第一原则，而第一原则本身则不可能源于其他任何事物，如果第一原则也有产生，那么它就不再是第一原则了。进一步说，由于第一原则不是产生出来的，因此它一定是不朽的，因为如果说第一原则被摧毁，那么肯定就不会有任何东西从中产生出来，假定第一原则的产生需要其他事物，那么也不会有任何东西能使第一原则本身重新存在。"（[古希腊]柏拉图：《斐德罗篇》，见《柏拉图全集》第 2 卷，王晓朝译，159 页，北京，人民出版社，2003）作为绝对本源的创造者，本体概念是超越相互作用按照单线的因果思维方式得到的绝对存在概念，它以绝对抽象的方式终结了单向因果思维方式的无限递推及其困境。关于这种递推及其导致的思辨困境，《庄子》中有经典的表现："有始也者，有未始有始也者，有未始有夫未始有始也者；有有也者，有无也者，有未始有无也者，有未始有夫未始有无也者。俄而有无矣，而未知有无之果孰有孰无也。今我则已有谓矣，而未知吾所谓之其果有谓乎？其果无谓乎？"（《庄子·内篇·齐物论》，见《庄子》，方勇译注，31 页，北京，中华书局，2010）古希腊哲学的本体论就是以绝对抽象的第一原则和第一存在终结了这种无限倒推。这个作为绝对第一的存在概念，的确如海德格尔所言，是以思考存在者的方式思考存在。这是西方传统形而上学存在论的基本特征。

② 陈子昂《登幽州台歌》之所以寥寥几句成为千古绝唱，就在于这种有限在无限面前被击碎的悲怆。"前不见古人，后不见来者，念天地之悠悠，独怆然而涕下。"

通过对世界始终的追问引起对自身存在意义的思考，这就是哲学最初的使命。超越经验追问世界的绝对起点构成了人类思想的主题。众多神话、寓言和宗教都有对世界之最初本源和末日的思考。本体这个概念的提出意味着对世界起源的思考达到了绝对高度，表明了对象性思维超出自身的有限性，抵达根本的那样一种根本努力和最后结果。在早期古希腊自然哲学家提出的始基概念中，水、气和火等自然的物质形态被看成是世界的本源。但这种把时空中的存在物看作绝对本源的努力没有彻底摆脱有限性与具体性。产生经验世界的本体要成为端点就必须不在时间和空间规定的世界之中，不能是某种具体之物。思想史上由此有了"道""极"和"上帝"等终极本体。但唯有存在之为存在方可作为最普遍的绝对本源。因为存在之为存在首先作为共同性的绝对抽象才能超越各种具体的存在者，是所有存在者最普遍的同一性。"上帝"意味着"有上帝"或者说"上帝存在"，"无极"意味着"有无极"或者说"无极存在"，"无"也意味着"无存在"，它们逻辑上在存在之后。只有逻辑上在先的存在之为存在才可能在时间上绝对在先，因此才可能是世界的最终创造者和规定者，是创造万物的非时间性的绝对本源，是存在世界的最初根本，是时间性的万物由之而出而本身不具有时间性的原初起点。这就是作为存在之为存在的本体概念的第二层含义，世界的绝对本源性。

绝对本质性

能在经验到的世界是差异性和多样性的世界，并且在这个意义上我们说存在就是现象。超越差异性和多样性，能在形成了绝对普遍性和绝对本源性两个概念，这两个概念与时空关系中的相对存在相区别，它们表达的不是相对关系中被规定和呈现的现象存在，而是现象之先和现象之上的本源和普遍，是绝对存在。本源和普遍作为绝对通过具体的经验现象体现出来，在现象中得到展现。相对于本源，能在能够直接经验到的世界对象是派生性的；相对于普遍，能在直接经验到的世界是具体性的。能够被能在经验到的派生的具体的存在被称为现象。现象概念意味着差异、多元、相对和具体。现象显现并展示。现象显现并展示现象自身还是现象之外、之先的东西？在现象的背后存不存在着规定现象的、作为现象根据的存在者？认为被现象显现和展示的不是现象，而是现象之为现象的根据，这就是与现象相对的本质。本质是现象的规定，本质支配并决定现象，在现象界之外和之先被认为存在着规定现象界的本质世界。世界的本质并不在时间和空间中发生改变，而是不变的绝对根据和绝对原则。这就是本体概念的第三层含义，世界的绝对本质。

　　本质规定现象并在现象中得到展现，本质本身却不依赖现象，而独立于自在的实体和原则。变化的是现象，决定现象的本质不变。具体的事物拥有具体的有限本质，规定世界本身的本质就是绝对本质，就是世界的绝对根据，决定了世界成为如此这般的现象世界。绝对本质是被理解为绝对逻辑和绝对原则的绝对本体，因此，本体不仅意味着普遍性、本源性，而且意味着绝对的本质性。不是说有三个不同的本体概念，而是说绝对的本体概念具有这三种相互关联的本质规定。本体就是具体事物中的普遍共性，产生万物的最初根源和规定万物之所以如此的绝对本质。作为普遍性和本源性统一的本质性是本体概念最深刻的内涵，本体概念不再只是在时间和空间的意义上被规定为绝对，而是被规定为世界存在的根据本身。它不仅产生出世界来（本源性），不仅体现在世界中

（普遍性），而且规定着现实的世界成为如此这般的一个世界的根本原则，它就是世界的绝对根据本身。

面对经验世界，能在的对象性思维超越当下的、具体的、相对的现象，从时间性、空间性和本质性上理解世界。通过本体这个概念，能在的对象性意识抵达了相对性思维无法最终抵达的绝对，即普遍存在、最终本源和绝对本质。在本体论哲学中，真正的存在就是存在本身，而不是与本体相对的具体规定、派生事物和经验现象。本体作为存在的存在、存在本身，并不是实体性的在时间和空间中的相对之物，而是"绝对"。最一般地说，研究存在之为存在本身的理论或者说科学就是本体论。在这个意义上，本体论是存在论的最初形态。存在论最初就是本体论。① 本体论以存在之为存在作为对象，逻辑地展开超时空的本体及其原则，揭示的是超时间的绝对真理。本体论就是形而上学，形而上学就是本体论、逻辑学和辩证法三者一体的形上之学。

本体论将存在理解为纷繁流逝的现象之外的绝对存在。本体论的本体概念反映和体现了人类对象性思维的绝对主义形态，代表着思维进展到了普遍抽象的阶段，而不是说经验生活中的个人都使用本体、始基这样的抽象概念来理解存在。本体概念是能在超越自身经验对存在世界无

---

① 本书用存在论来表示一般，而用本体论来表示特殊，本体论是存在论的一种形态。本体论以绝对主义的方式谈论存在，因此将存在还原和抽象为绝对普遍、绝对本源和绝对本质。本体论就是逻辑地展开抽象的绝对本体范畴及其原则的理论。本体论就是形而上学，至少是形而上学的地基和核心。本体论的本体概念是存在概念的一种绝对主义形态，因此是形而上学的存在概念。一种非形而上学或者说后形而上学的存在概念反对这种本体论抽象，主张存在就是现象，就是经验中存在的具体，就是展开的现实过程本身，因此意味着另一种形态的存在概念和存在论。

限性的极度抽象。本体概念中体现的绝对性意识，揭示了能在意识到自身存在的有限，在有限的世界之外存在着规定这个世界的绝对，是一种无法触动和不能冒犯的权威。存在者总是具体的实存，而本体论所论及的本体并不是具体的存在者，不是诸种存在者之一，而是绝对存在。本体论论及绝对存在及其绝对原则，因此形成绝对真理，是不受时间和空间限制的绝对知识即绝对逻辑。真正说来，并不是世界具有绝对本体，而是能在以一种特殊的绝对性思维方式理解世界，观念地建构了世界的本体。在这个意义上，本体是本体论思维方式的结果，本体论意味着能在对象性意识的绝对主义形态。本体论思维方式具有抽象主义、本质主义和基础主义三个相互关联的基本特征。

抽象主义

能在将对象观念地把握为对象就是思维，对象不再仅仅以感性的直接性显现，而是在思维中形成概念。概念就是对象在思维中的抽象存在。思维总是抽象，作为思维把握对象的概念也总是抽象。合理的认识抽象不是抽象主义。抽象主义是指将作为抽象思维结果的思维抽象当成自在存在的这种观念论的思维方式。它认为只有不受时间空间制约的观念本身才真正存在，才具有真正普遍性。形而上学就具有抽象主义的特征，本质上是一种绝对的观念论。① 所谓独立自主的理念、灵魂和精神

---

① 马克思批判这种抽象主义的方式说："形而上学者……说，世界上的事物是逻辑范畴这块底布上绣成的花卉：他们在进行这些抽象时，自以为在进行分析，他们越来越远离物体，而自以为越来越接近，以至于深入物体。……既然如此，那么一切存在物，一切生活在地上和水中的东西经过抽象都可以归结为逻辑范畴，因而整个现实世界都淹没在抽象世界之中，即淹没在逻辑范畴的世界之中，这又有什么奇怪呢？"（马克思：《哲学的贫困》，见《马克思恩格斯选集》第 1 卷，139 页，北京，人民出版社，1995）

等，实际上是对现实存在的观念抽象，离开了现实存在本身没有任何意义。然而，在抽象主义中，真正存在的是逻辑范畴及其相互之间的关系，现实存在本身反而成了颠倒的、不真实的现象或假象。在抽象主义思维方式建构的观念论体系中，哲学作为绝对真理，研究思考的是普遍性的理念及其相互关系，它将思维抽象的结果以及最空洞的范畴当成最真实的存在。

本质主义

抽象主义认为经验中的存在物不是真正的存在，不是存在本身，它们是变化无常的相对存在，认为感性经验直观到的只是现象。在现象背后存在支配着现象的内在根据，这个根据本身不会随着时间和空间发生变化。这就是本质。本质主义认为，在现象之先存在着一种固定不变的绝对本质支撑和规定着现象存在，真正的认识不是直观现象，而是透过现象抓住现象之后的不变本质。本质主义就是这样一种在抽象主义构成的现象与本质二元论的基础上，追寻事物不变本质的认识要求和思维方式。本质主义是抽象主义的必然结果。

基础主义

相对之上有绝对的普遍，现象之中有绝对的本质，能够成为普遍之普遍和本质之本质的是什么呢？因为没有时空性限制的普遍性和本质性本身还处在对象性的关系规定当中，抽象主义和本质主义的思维方式不仅抽象掉经验中的时间性和空间性，而且不断抽象掉作为观念存在的关系本身，还原到不能还原的绝对存在，也就是非但不在时间空间的关系中，而且不在任何关系规定当中的绝对存在。这个存在作为本体和出发点，被看成是现实世界的最终和最后的基础。最终，本体不但是绝对的本源，而且意味着绝对普遍和绝对本质。本体论就是以抽象主义、本质主义和基础主义思维方式构建起来的抽象的哲学存在论。一种世界观关于世界的看法同它看待世界的思维方式是一体的。内容和形式是一体的。

　　本体论是以绝对性这种对象性意识看待世界，从而形成的哲学形态。简言之，是绝对主义世界观系统化理论化的哲学表达。这种本体论形态的存在论因为它的抽象主义、本质主义和基础主义而被称为形而上学，与现象学具有根本差别，现象学意识的兴起使存在概念走出了思辨本体论，进入后形而上学的思想视域。当然，本体论并不是一种历史的迷误，或者是认识上的错误，好像古代人不如我们现代人聪明，从根本上把问题搞错了。相反，本体论及其思维方式从属于能在的历史性命运。各个文明或民族文化的发展大体都有本体论的思维方式，只是在以古希腊为开端的西方文明中更为系统因此更为发达而已。在这一开端处形成了本体论的形而上学。西方哲学史以本体论开始。绝对性是能在超越具体的生存经验领会世界的第一种对象性方式。绝对性这种对象性方式中第一个范畴是本体。本体是绝对性这种对象化方式的起点，它将在自由的超越历程中展开。

二、本体的人格化

　　能在以本体论方式理解存在，本体就是绝对存在。能在在对本体的领会中意识到自己是相对的存在。能在本身是有限存在，有限的能在无法从根本上形成对绝对本体的绝对认识。也就是说，本体作为绝对存在不可能完全被能在的对象性意识所把握。本体超出能在相对的对象性意识，在能在的对象性意识之外永远有无法把握的剩余。显现给能在的不是存在本身，存在本身并不作为有限的对象直接显现。绝对性是能在将本体对象化的对象性方式，它揭示的恰恰是本体不能被观念地规定和证明，有限的时间和空间意识无法规定无限的绝对。能在从自身的有限中认识到有绝对，同时从绝对中认识到自身的有限。本体不是具体的什么存在，不存在具体的什么，而是超越具体的存在本身。本体作为绝对不能被彻底地认识，却能够彻底地规定作为对象性意识和对象化活动的能在。作为存在之为存在的本体是万物存在的根据，万物因他而存在并且在他的怀抱中存在。这个不能被规定为是什么，却规定了万物是什么的绝对大写"他者"，在基督教中就是上帝，上帝是本体概念的人格化。

本体作为绝对普遍、绝对本源和绝对本质就是基督教神学中的上帝，上帝只是人格化的哲学本体，只是本体具有了人格化的神圣意志。基督教就是人格化了的哲学本体论。基督教神学主要是依托柏拉图或亚里士多德哲学对基督教的哲学阐释，哲学成为神学的婢女。上帝作为本体就是绝对同一性，就是绝对自洽的意志。作为创世者的上帝将古希腊哲学中作为第一因、第一推动者和绝对的目的的本体概念人格化。上帝作为人格化的本体本身就是绝对存在和绝对意志。上帝创造并规定世界，世界只是上帝意志的表象。作为造物主的上帝是全知、全能、全善的绝对本体。本体的绝对性在基督教信仰中表现为上帝的神秘性、神圣性和权威性。对此我们可以在中世纪杰出神学家托马斯·阿奎那对上帝的阐释中看到。阿奎那对上帝五种属性的阐释和对上帝存在的五种证明①，都可以在古希腊哲学家那里找到根源。②

---

① 在《神学大全》中，阿奎那阐释了上帝的五种属性。上帝是简单的，并没有各种组成的部位，例如身体或灵魂，或者物质和形式；上帝是完美的、毫无破绽的，上帝与其他事物的差异便在于完美无瑕这个特征上；上帝是无限的，上帝并没有如其他事物一般有着实体上的、智能上的或情绪上的限制；上帝是永远不变的，上帝的本质和特征是无法改变的；上帝是一致的，上帝自己并没有多样的特征存在。阿奎那在《神学大全》中还阐释了关于上帝存在的五种证明：1.“从事物的运动或变化方面论证”。在世界上，有些事物是在运动着的，这在我们的感觉上是明白的，也是确实的。凡事物的运动，总是要受其他事物的推动，因而任何运动都是由在它之前的另一个运动引起的，这样一直推论下去，“最后追到有一个不受其他事物推动的第一推动者，这是必然的”。此第一推动者就是上帝。2.“从动力因的性质来讨论上帝的存在”。在现象世界中，我们发现有一个动力因的秩序。这里，我们找不到一件自身就是动力因的事物。动力因，也不可能推溯到无限，因为一切动力因都遵循一定秩序。第一个动力因，是中间动力因的原因；而中间动力因，不管是多数还是单数，总是最后的原因的原因。如果去掉原因，也就会去掉结果。因此，在动力因中，如果没有第一个动力因(如果将动力因作无限制的推溯，就会成为这种情况)，那就没有中间的原因，也不会有最后的结果。所以，必有一个最初的动力因，此最初的动力因就是上帝。3.“从可能和必然性来论证上帝的存在”。世界万事万物都是存在，又是不存在，是可能性，又是必然性。而任何事物都是从其他事物获得其存在和必然性。照此推论下去，“我们不能不承认有某一东西：它自身就具有自己的必然性，而不是有赖于其他事物得到必然性，不但如此，它还使其他事物得到它们的必然性”。这个东西就是上帝。4.“从事物中发现的真实性的等级论证上帝的存在”。世界上一切事物都在不同程度上是好的、真实的、高贵的，其标准就在于它们与最好、最真实、最高贵的东西接近的程度。“因此，世界上必然有一种东西作为世界上一切事物得以存在和具有良好以及其他完美性的原因。我们称这种原因为上帝”。5.“从世界的秩序(或目的因)来论证上帝的存在”。世界上一切事物(包括生物)都为一个目的而活动，其活动总是遵循同一途径，以求获得最好的结果。显然，他们谋求自己的目标并不是偶然的，而是有计划的。如果它们不受某一个有知识和智能的存在者指挥，那么它们也不能移动到目的地。“所以，必定有一个有智慧的存在者，一切自然的事物都靠它指向它们的目的。这个存在者，我们称为上帝”。(参见《西方哲学原著选读》上卷，北京大学哲学系外国哲学史教研室编译，261~264 页，北京，商务印书馆，1982)

② 海德格尔曾经指出：“赫拉克利特论逻各斯的学说起了新约全书约翰福音第一章所论的逻各斯的前驱作用。逻各斯就是耶稣基督。……‘随着真理以耶稣神人的形态现实显现出来，希腊思想家关于逻各斯支配一切在者的哲学认识就被确认了。此一证实与确定就指明了希腊哲学的经典性。’”([德]海德格尔：《形而上学导论》，熊伟、王庆节译，127、128 页，北京，商务印书馆，1996)

上帝本身是对超越有限存在的无限绝对概念的人格化。上帝不是时间空间关系中存在的"有"，它"有"在时间和空间之先，创造了时间和空间以及在时间和空间中存在的事物。上帝创造世界并且创造奇迹，上帝及其创造性是在能在有限的相对性意识之外的。上帝不能被有限的理性规定和证明，只能以启示的方式为理性接受。[①] 而理性本身就来源于上帝的启示。相对性意识在思考绝对存在时遭遇的困境和悖论，在上帝创造世界的观念中被绝对的权威性和神秘性阻断、遮蔽了。不能被追问的上帝缝合了当然同时也就封闭了进一步追问的可能性，不必也不能再去问不可问的问题。能在在其中的有限世界和能在的理性本身是由这个绝对上帝创造的，在能够理解的有限世界之外还存在无限永恒的超验世界。作为被创造的人不能完全把握绝对的创造者。能在经验到的、理解了的世俗世界不过是神圣意志的展开，是超验世界的副本，是超验世界从自身出发最终又回归自身的一个非本真性的环节。基督教神学这种循环论的世界历史概念与古希腊哲学中本体展开为具体万物，万物最终又回归到终极本体，讲的是相同的道理。

《圣经》的《创世记》开篇就讲上帝如何创造世界。但是这个"如何创造"是直接被宣告的，它超出了理性的逻辑证明和阐释。这种宣告毋宁说是对有限的理性不能解释的绝对给出绝对的解释。《圣经》中说宇宙开始的时候神创造了天地，这个说法比中国古代盘古开天辟地的

---

① 费尔巴哈曾说："作为上帝的上帝，作为精神实体或抽象实体的上帝，亦即是非人性的、非感性的，只能为理性或理智所接受……"（[德]费尔巴哈：《费尔巴哈哲学著作选集》上卷，123 页，北京，生活·读书·新知三联书店，1959）

说法要本源和抽象得多。盘古开天地的说法并没有提出存在的绝对起点，而只是言及了一种存在状态和存在方式的变化，由混沌而清朗，由同一而分割。神创造世界的说法却宣告了绝对起点，以这种方式肯定的同时也就终结了追问。在没有天地之前神存在于哪里呢？有限的理智总是超越自身的有限去思考无限的问题，追问开始的开始，追问原因的原因，按照这种线性的因果逻辑，最终陷入无限的倒退和还原。在这种还原式的线性思维中，有限的相对意识构成了把握绝对时的思想悖论。宗教创世说或者类似的神话传说，便是神以绝对的名义阻断认识的无限倒退，以信仰终结理性的追问，通过肯定认识的有限来宣布认识在把握无限问题时的无效。上帝的存在及其意志的体现是有限的理性不能够完全认识的，有限的知性应该停留在有限的现象范围之内。神作为绝对存在是最后的确定性根据。创世论和末世论都是被直接给出的，是启示的真理，只能相信而不能理性地证明。人类的理性认识总有它的边界。在经验中显现却又在理性边界之外的东西就被称为"神迹"。神迹就是经验到却又无法用理性揭示的存在显示。神迹确证神的神秘性和神圣性。

神的神秘性和神圣性是能在以绝对性方式把握世界采取的宗教形式，是能在揭示和领会自身存在的相对性和有限性的镜像，是能在对象性意识自我揭示出来的边界和限度。人在自我的有限性和相对性中观念地建构了与之相对的绝对存在。在这个意义上，是人按照自己的形象创造了人自身所不具备的、无限完满的上帝。全知、全能和全善的上帝是人的自我形象的异化，是人在观念中成为他在现实中不能实现的自己。① 人以上帝的存在解释了以理性的方式能够解释的东西和以理性的方式还不能够解释的东西。因此神本身在理性的认识之外，相对于本体论哲学的本体具有了神秘性、神圣性和权威性，是本体论存在概念的神圣化和人格化。

逻各斯

本体是绝对同一性的"一"，由此绝对同一性的"一"产生了现象世界的"多"。这个多意味着不同，多样性不仅指空间层次上事物之间的差异性，而且包括时间维度上事物本身的变异性。差异和变异揭示具体事物是关系中的存在者，因此是有限存在和相对存在的。在这个充满差异和变异的相对世界中，什么是不变的呢？是什么创造并规定着这个瞬息万变的多元的现象世界呢？由多样性构成的世界是永恒运动的，只有在这个现象之先创造了这个世界的创世者是绝对不变的。在古希腊哲学中，本体是指万物由之产生而又复归于它的绝对存在者。产生和消亡走在由绝对者规定的绝对道路上。变化有其节奏、尺度和分寸。尺度和分寸就

---

① 关于将宗教看成是人的本质的自我异化可见费尔巴哈对宗教的论述。费尔巴哈说："对上帝的信仰，就是人对他自己的本质之无限性及真理性的信仰。属神的本质就是属人的本质，并且，是处于其绝对的自由与无限性之中的主观地属人的本质。""上帝的人格性是手段，人借以使他自己的本质之规定及表象成为另一个存在者、一个外在于他的存在者之规定及表象。上帝的人格性，本身不外乎就是人之被异化了的、被对象化了的人格性。"（[德]费尔巴哈：《基督教的本质》，荣震华译，237、294页，北京，商务印书馆，2011）马克思在《〈黑格尔法哲学批判〉导言》中应用和转述了费尔巴哈的观点。马克思指出："反宗教的批判的根据是：人创造了宗教，而不是宗教创造人。就是说，宗教是还没有获得自身或已经再度丧失自身的人的自我意识和自我感觉。"（《马克思恩格斯选集》，第1卷，1页，北京，人民出版社，1995）

是变化中绝对的不变者，它贯穿在现象世界之中因而规定现象的世界，是本体自我展开的必然道路和必然逻辑。本体创造世界的概念中已经包含变之中的不变者，这就是逻各斯。逻各斯就是命运，就是绝对本体自我展开的绝对逻辑。绝对逻辑像绝对本体本身一样不受时间空间的限制，是现象的普遍本质，是存在的绝对原则。逻各斯就是万物的存在之道，必由之路，就是中国古代哲学中的道。①

神意

如果说必然性、逻各斯、命运和道这些概念还似在说一种纯粹事实性的话，当本体转化为人格化的上帝之后，这些范畴就逐渐集中于上帝意志这个概念了。道就是神的绝对意志。《约翰福音》说："太初有道，道与神同在，道就是神。这道太初与神同在。万物借着他造的，凡是被造的，没有一样不是借着他造的。"（《约翰福音》，1：1）万物作为受造物依靠"道"被创造，并且依靠这个"道"存在，在"道"中存在。这不是说上帝之外还有一个道，上帝遵循这个他之外的"道"创造万物，而是说上帝的意志本身就是"道"，上帝的存在本身就是作为绝对意志的"道"本身。② 上帝创世就是"道说"，上帝说要有什么，于是便有了什么。逻各

---

① 老子说："有物混成，先天地生。寂兮寥兮，独立而不改，周行而不殆，可以为天地母。吾不知其名，强字之曰：道，强为之名曰：大。大曰逝，逝曰远，远曰反。"（《老子》，汤漳平、王朝华译注，95 页，北京，中华书局，2014）老子接着说，人法地，地法天，天法道，道法自然。不是说道之外还有自然，而是说道就是自然，自然而然谓之道，道就是逻各斯。

② 摩根："'太初有道'这句话主张智慧的存在。'道与神同在'这句话说出智慧的位格化。'道就是神'或可以用希腊语译成'神就是道'。这就是说智慧的性质，就是这一'位'的性质，'智慧'在祂里面藏着。"（《约翰福音》，11～12 页，上海，上海三联书店，2012）

斯的绝对性在这里就是"道"作为上帝意志的神秘性、神圣性和不容置疑的权威性。"道"在基督教中就是上帝的绝对意志。世界不过是上帝意志，即绝对逻各斯的体现和展开。奥古斯丁在论证上帝意志的绝对性时说："没有什么事物能以任何方式脱离至高的创造者和安排者上帝的法则，这位创造者是宇宙和平的引导者。"①在《论秩序》中还说过："上帝是至高至真的，他以不可违抗、永恒不变的法则主宰着宇宙万物，使肉体服从于灵魂，灵魂和其他一切事物都服从于他自己。"②《新约》中也说："神要怜悯谁，就怜悯谁，要叫谁刚硬，就叫谁刚硬。"（《罗马书》，9：18）

当然，上帝意志的绝对性并不意味着人没有意志的自由。人作为能在具有选择的自由意志，那是因为神创造人的时候使人具有了这种意志，具有了选择的权利和能力，但是这种权利和能力必须同时承担自由选择带来的责任和后果。在《创世记》中，神告诉人不能吃智慧树上的果子，但仍然让人有选择是否食用的自由。因为吃了智慧果，人有了原罪，人因此承担罪责，并且需要通过最后的审判决定是否获得救赎。神赋予人自由，但人需承担由此自由带来的责任。拥有意志自由的人能够"背道而驰"，但要承担这种背道的责任。责任不是消极的惩罚或报复，而是你的"应得"。神的意志是绝对的，不是说你不可以违背，而是说背

① St. Augustine, *The City of the God*, XIX, 13, vol. 2 影印版，870 页，北京，中国社会科学出版社，1999。

② St. Augustine, "On the Magnitude of the Soul", cited from Dennis R. Creswell's *St. Augustine's Dilemma：Grace and Eternal Law in the Major Works of Augustine of Hippo*, New York, Peter Lang, 1997. p. 10.

逆这个意志就要担责。"不听我的劝诫，藐视我一切的责备，所以必吃自结的果子，充满自设的计谋。"(《箴言》，1：30—31)因此，神的意志与人的自由意志并不矛盾。宗教以神意的绝对性概念表达了自由与责任、权利与义务之间的现实关系。

圣言

绝对意志通过圣言得到宣告和体现，圣言是神意的显示，就是被道说出来的"道"。奥古斯丁在《忏悔录》中曾经说过："你创造天地，不是在天上，也不在地上，不在空中，也不在水中，因为这些都在六合之中；你也不在宇宙之中创造宇宙，因为在造成宇宙之前，还没有创造宇宙的场所。你也不是手中拿着什么工具来创造天地，因为这种不由你创造而你借以创造其他的工具又从哪里得来的呢？哪一样存在的东西，不是凭借你的实在而存在？因此你一言而万物资始，你是用你的'道'——言语——创造万有。"①也就说是，神意和道是一体的。② 神说要有光于是便有了光，圣意和圣言创造世界根本就不需材料，也不受外在于神的规律制约，因为圣意圣言就是绝对的"道"本身，上帝只是一说便创造了世界。有限的人只是时空规定之中的具体存在，只是按照经验的方式来理解上帝，因此才陷入不解。神作为超验存在，需要有限的人经验到、看到，需要中介过程和环节，这就是道成肉身。耶稣基督的诞生，就是圣父、圣子和圣灵三位一体，体现了《旧约圣经》的预言。《圣言》通过先

---

① ［古罗马］奥古斯丁：《忏悔录》，周士良译，235～236 页，北京，商务印书馆，1987。

② 狄德罗就指出过："将近三千年前，雅典的哲学家就已经把我们叫作'圣言'的叫作'道'了。"(《狄德罗哲学选集》，江天骥等译，45 页，北京，商务印书馆，1983)

知使徒们的言行得到传播和实现。《圣经》是经过归纳整理出来的圣言集成，神的意志通过先知使徒的手和口，被记录和传递。人们通过《圣经》的学习领会圣言，遵从神的意志。圣言被听从，神意被实现。先验的存在及其意志转化成世人能够知道的圣言及各种神圣的符号，神通过这种方式与人同在，并且成为人内在的导向和目标。超验世界到经验世界再到超验世界之间的联系就建立起来了。

哲学本体论中的绝对存在作为绝对是没有形象的，这种绝对存在有时还通过具象的东西来表达，甚至通过多种存在物之间的相互关系来表达。而宗教中的绝对存在作为本体具有了人格化的形象和意志。这种人格化形象的绝对却是超验的绝对存在。"万有都是本于他，倚靠他，归于他。"（《罗马书》，11：36）神作为绝对同一性是完满的存在，他的绝对性是通过人格化的权威性和神秘性体现出来的。他的权威性在于他是绝对真理，绝对原则，绝对意志。我们必须遵从神意，听从圣言，不得违背。这个不得违背，不是说人无选择的自由，恰恰是信不信由你，神给了你自由。但是，你的不信就是罪责，只有信才能得救。这种绝对性作为神秘性表现在，神的存在和意志作为绝对总是超出人们的理解能力，超出有限的理性认识。① 人只能接近神，瞻仰和分有无限的神光，而不是试图用有限的理智去界定神的存在本身。神说的话和神的行迹不能被理解，只能被接受。人必须信，必须依靠这种信仰望着神而存在。

超越自身有限的意识能够意识到无限的存在，但这个无限存在本身

---

① "深哉，神丰富的智慧和知识。他的判断何其难测！他的踪迹何其难寻！谁知道主的心？谁做过他的谋士呢？"（《罗马书》11：33—34）

只是有限存在的对立物，它不能被有限意识完全地把握，其实是人作为有限存在者自我领会的镜像。人在这种绝对性的对象性方式中领会自身的有限，领会自身存在的相对性。正是在绝对和无限中，在存在之为存在中，相对和有限的存在才存在。神是绝对性这种对象性方式的人格化本体，能在将绝对存在作为超越性的人格化存在来信仰。信仰是绝对性这种对象性方式中人作为能在的基本在世活动，是人的存在作为能在的基本方式之一。在信仰中，人相信并且仰望着绝对存在的生活，由此获得的安全感、归属感和永恒感，是能在超越生存的初始自由。就像孩子在父母的怀抱中感到的温暖和依靠一样，这种自由既意味着无限的安全和放心，也意味着无限的依附和服从。这就是成长中的惬意和烦恼。

三、信仰作为绝对性意识指引下的在世活动

（信仰即"相信并仰望着……而在"；信仰对象，绝对存在和绝对真理；信仰中的意志自由；信仰机制：宣教、修炼和规训）

人作为能在在世界中存在，首先感受到的是它在之中存在的世界和世内存在者。人看到存在的世界，又在存在的世界中看到自己。世界和在世界中的自己在对象性意识和对象化活动中显现，世界和能在已经先于能在的意识"在着"了。对能在的对象性意识来说，它们是被"给予的"，能在对世界和自己已经"在着"这件事无能为力。海德格尔所谓的"此在"作为被抛的存在这个想法，大体说的就是这个意思。能在只能接

受这种被抛，不论在对象性意识还是在对象化活动中，都是绝对事实。当能在看到世界和自己的时候，他首先看到的是这个事实，是在他周遭的"被给予者"，他自己被"给予"。能在看到这些事实性的被给予之物和自己，这只是具体的非反思的直接性。当对象性意识超越这种直接性试图去把握最终存在的时候，形成了以绝对普遍、绝对本源和绝对本质为基本内涵的本体论概念。本体作为最终存在，是能在以绝对性方式把握世界形成的哲学世界观层次的存在范畴。本体范畴是对象性意识超越具体性和直接性的结果，是最为抽象的思维范畴的实体化，将绝对的普遍性、绝对的本源性和绝对的本质性三个维度的思维抽象一体化为绝对存在本身。这个绝对存在就是无限者。人依着这种绝对性的对象性意识的指引，仰望着绝对存在在世和历世，这就是作为绝对性这种对象性方式的能在之信仰。也就是说，信仰是绝对性这种对象性方式的基本在世活动。

不能被限定的本体，作为所谓的绝对本身，实际上是能在有限性的思维自我限定的一种方式。也就是说，能在在有限的存在和对象性意识中跃出这种有限去领会世界的时候，他意识到他始终能够看到并理解到被他看到和理解到的存在，超越有限能在的绝对存在，不仅就对象性意识来说，而且就对象化活动来说，不能够被直接把握。绝对存在作为本体，除了是绝对、无限之外，它不能是具体的什么，或者说什么都不是也不能是，实际上只是能在超越自身的有限反观自身的一种对象性方式，而不是实存。意识总是对象性意识，意识到的总已经是在意识中的相对存在。流动变化的相对性意识和相对性存在本身揭示着无限的绝对存在，或者说只是在绝对无限的镜像中被领会。绝对存在通过相对存在而存在，是相对性意识认识到了自己的相对性产生的绝对概念，在绝对性中才有对自身相对性和有限性的意识。绝对是无法抵达并无法穿越的能在有限性的边界，因为它本身没有绝对确定的边界可以抵达和穿越。有限的边界只是流动和可能性本身，它揭示边界之外的绝对存在，并通过抽象的绝对性概念得到揭示。相对性意识想象到相对性意识之外的"有"本身，这个绝对的有其实只是相对意识对绝对无的抽象。① 能在永远在相对之中因此达不到绝对存在，绝对存在作为绝对，永远不能被相对意识和相对存在穷尽和达到。绝对是不可以达到的，可以到达的地方和时间都不是绝对，只是被我们圈住了的相对。

　　意识陷入"认识到了"绝对存在却又无法对绝对进行认识这样一个悖论之中。所谓"认识到了"讲的是能在通过相对的对象性意识认识到了超越相对的绝对性。绝对性是与能在自身的有限存在相对，同时在相对性意识中被领会到的。所谓无法认识讲的却是，这个绝对本身是对相对性的超出，因此不能在相对性意识中被完全把握和限定。规定就是限制，就是有限，绝对作为本体本身不能被限制，它在有限意识中被意识而又超出有限意识。因此，能在对绝对存在的确认不是依靠确定性的理性证明，而是我相信，我无法不相信，不相信就说不通。所谓的相信恰恰意味着我虽然通过我相信的东西说通了我说不通的东西，但是，我所相信的东西本身恰恰是我无法理性地说通的。相对性的意识认识到了绝对性

────────────

　　① 费尔巴哈曾经清楚地指出过这一点。"神性之理念并不是位于感性、世界、自然之始端，而且是位于其终端——'自然结束之处，就是上帝开始之处'——，因为上帝是抽象之最终界限。我再也不能进一步加以抽象的那个东西，就是上帝——我所能够理解的最终思想——就是最终者、至高者。"（[德]费尔巴哈：《基督教的本质》，荣震华译，127 页，北京，商务印书馆，2013）

无法被认识，我只能相信。能在与绝对存在在认识论上的关系只能是相信。相信是对象性意识以主观的方式确认绝对存在，是放弃日常理智的认识。相信作为认识论范畴本身也是对认识有限性的确认，并根源于认识的有限性。不是认识认识到，而是对根本不可能认识到的东西的认识，因此只能并且只是"我相信……"而已。相信的不一定绝对存在，但对绝对存在只能相信。

"相信"这种确信方式其实是确认了绝对存在的绝对性，也就是神秘性、权威性和神圣性。神秘性是说不能完全认识，因为绝对是超越于我们有限理性的存在。权威性是不能怀疑的，因自我的理智告诉我必须认可绝对存在，否则理智就会陷入无法自拔的困境。具有绝对神秘性和绝对权威性的就是作为绝对神圣性的存在，就是绝对的一，就是上帝。宗教的世界观不过就是神本论，其根本的或者说典型的形态就是一神论的基督教。因为作为世界本体的神只能是一，神或上帝就是本体存在的绝对人格化，是人格化的绝对存在。泛神论和多神论本身要么是没有成熟的神本论，要么就是神本论的反动。神具有绝对的神秘性和权威性，人对神的关系是"信然后知"，只有依照信仰，才能看见看不见的主。对神的任何一种认识都只是源于对神存在的相信，只是源于对无限的领会，是在神的显圣中感受到神在和神意。因此，对上帝的认识只能是相对的类比和描述。在神学家阿奎那看来，任何能使人类认清真理的智慧都是由上帝先行赋予的，上帝赋予我们相对的智慧使我们能够感知上帝的存在。上帝创造事物的时候有些是被隐藏起来的，而另外一些则显现出来因此能够被人类认识和观察。上帝本身是不能被人们认识和观察的，但人们可以通过类比从能够被观察认识到的事物中感知上帝的存在。

对上帝只能相信，能在在相信中类比感知上帝的存在。信徒相信神存在，信徒在他们对神的相信中存在。神不仅是绝对的创造者而且是存在的绝对归属。人作为神和物之间的存在者向往着神而存在。神是生命存在的绝对指引。相信并且仰望着的生存就是信仰。信仰不只是认识上的相信，而且是生存上的"相信并仰望着……而在"。对上帝的信仰就是相信上帝存在并仰望着朝向上帝而存在，不仅是知而且是行。《新约》中说："身体没有灵魂是死的，信心没有行为也是死的。"（雅各书，2：26）信徒的相信本质上是信仰，是付诸行为的仰望着上帝去存在的信心。任何一种宗教都是一种信仰体系，是以神为统一核心的知识体系、价值体系和规范体系的总和。宗教不是迷信，也不是神话，而是被理论化了的、人格化了的本体论，是一种知行合一的在世方式。宗教体系的建立本身提升并促进了人类社会的进步。通过让人类从直接的物性实在向上提升和指向超验世界，宗教以信仰绝对存在的方式加重了人类存在的分量。从这个意义上讲，宗教本身属于人类超越的存在历史。就信仰体系来说，基督教一神论代表着绝对性世界观体系神圣化的成熟形态，因此可以看成是西方本体论哲学之后人类思想发展史上独立的一章。基督教的信仰体现了所有信仰体系的典型特征和基本机制。

信仰对象，绝对存在和绝对真理

信仰产生于人作为能在存在的有限性。通过对绝对存在的确认，能在的有限性被能在体会为自身存在的相对性、具体性和此岸性等。宗教信仰的对象是超越有限存在的神，是无限的绝对存在。绝对存在之所以被信仰，是因为能在体会到了自身存在的有限性和自身意识的有限性。宗教信仰是能在超越自身的有限存在而与绝对存在之间建立的生存关系。能在通过信仰在超越的生存中趋向无限的绝对存在，这个被信仰的绝对存在为有限的能在提供超越自身的存在意义。这是信仰与一般相信的根本差异。一般相信只是说，某种东西虽然超出了我的认识范围，但我确信它是真的，它真的存在，真的如此等，我只是无法提供足够的证明而已。相信不仅与被确信的东西本身是否绝对无关，更与我作为能在的超越生存没有必然的关系，我可能只是相信而已。信仰则不一样。在信仰中，相信的对象总是我对之有生存论上的领会，并且是自我生活指引的绝对存在者。信仰是存在论的真理，而不是认识论的知识。某种信仰就意味着由此种信仰规定的生活。能在在信仰中通过让渡自己的方式实现自己。

宗教信仰的第一个环节是作为能在仰望着去存在的绝对存在和绝对真理，也就是作为对象和内容的信仰。信仰的对象是绝对性的。这种绝对性体现在三个方面：第一个方面，信仰对象本身不是时间空间中的存在，而是作为绝对普遍、绝对本质和绝对本源的存在本身。比如基督教的上帝，它虽然体现在有限的存在之中，但又是超越有限存在的绝对。第二个方面，对于信徒来讲，那个被信仰者的存在是确定无疑的。如果信仰对象存在的确定性没有被有效地确立起来，就还不是信仰，或者说没有真正地信仰，作为对象和内容的信仰是信徒绝对确信的存在和真理。因此第三个方面，信仰总是确定地信，不包括似信非信的犹豫状态，犹豫徘徊只是不信而已。作为绝对性这种对象性方式的基本在世活动，信仰是诚心诚意地"相信并且仰望着……而在"。它的本质要求是虔诚，即以绝对的态度对待绝对对象。虔诚是信仰这种对象性在世活动的基本原则。黑格尔指出，虔诚就是"内心生活所特有的对绝对对象的态度……虔诚态度是教众崇拜的最纯粹最内在最主体的形式，在这种崇拜里客体性相好像被吞食消化了，客体性相的内容脱离了客体性相本身而变成了心胸情绪所特有的东西"①。费尔巴哈在《基督教的本质》里说："真正的信仰不会有丝毫的怀疑。……在信仰里面，怀疑之原则本身也绝迹不见了，因为，对信仰来说，主观的东西自在自为地就是客观的东西、绝对的东西。信仰不外乎就是对人之神性的信仰。"②

绝对真理通过各种具体形式和环节在不同层次上展开为信仰的体系。就像黑格尔所说的那样，真理是过程和总体。这个总体由根本命题、核心命题、主要命题，再到外沿命题，构成一个相对稳定的系统。信仰通过信仰体系的展开才可能被信仰者领会，并成为信仰者仰望着生存的人生指引。上帝存在，上帝的意志通过圣言体现，圣言集中地记载在《圣经》这部传世的经典中。信仰上帝，就是信仰《圣经》中记载的体现上帝意志的圣言，因为圣言就是神意，圣意就是道，就是神的存在本身的体现。其实，世俗信仰也大体如此，只不过世俗信仰的绝对性不再表现为人格化的权威性和神秘性，而是被理解为客观真理的绝对性。虽然世俗的信仰讲理，但这种绝对性仍然超出了能在存在的有限性和意识的有限性，不可能被个体的有限经验地经历和论证，因此只能是信仰，只能通过理想和信念的方式展开。真正生活在乌托邦社会中的人不会产生也不需要产生关于乌托邦的信仰。乌托邦作为信仰是因为它超出了信仰者的经验和论证，只是信仰者确信并仰望着它去生存的理想。乌托邦是

---

① ［德］黑格尔：《美学》，第 1 卷，朱光潜译，132 页，北京，商务印书馆，2011。
② ［德］费尔巴哈：《基督教的本质》，荣震华译，165 页，北京，商务印书馆，2013。

永远也不可能到达的乌有之乡，能够到达的就不是任何形式的乌托邦。一种宗教和理想作为信仰被确信的时候，总存在着不被信仰的可能。信仰在这个意义上总是被信仰，总是信仰者的选择，不存在被强制着的不得不信的信仰，那恰恰是真正的不信。选择一种信仰并坚持一种信仰本身包含了意志自由这一环节，必须是真正的相信并且自觉地仰望着所信者生存。信仰必须要保留着不信的可能性空间，是自觉自愿的诚信。否则，信仰会变成屈服和投机，会变成伪装和表演，并因此最终毁掉信仰。

信仰中的意志自由

信仰不是一种抽象的观念体系，而是超越性的生存实践，并且作为观念体系的信仰能够落实到信徒日常的生命活动中。信仰是能在对绝对的确信并且依循这种确信超越当下的生存，是"相信并仰望着……而在"。信仰只能是真的确信并且依照这种确信虔诚地生活，因此是根源于内心的自觉和自愿，而不是一种外在的强迫。① 在这个意义上，所信者可能有真假，而信仰本身没有真假。信仰只有真信，源于各种外在原因的假的信仰根本就不是信仰，它玷污了信仰这个美好的词语。为了避免涌入各种伪装和表演，保持自身的纯洁本质，信仰必须留下不信的可

---

① 康德曾经从启蒙主义的立场出发，认为基督教包含了一种"自由化的思想方式"，他指出，"基督教作为目标的是：要为普遍遵守自己的义务这一事业而促进爱，并且还要把它创造出来；因为基督教的创立者并不是以一个要求别人服从自己的意志的司令官的身份在发言，而是以一个博爱者的身份在发言；他要把他的同胞们很好地理解到的意志置于他们的内心之中，也就是说，如果他们能证明自己恰当的话，他们就可以根据它而随心所欲地自行行动。"（［德］康德：《历史理性批判文集》，何兆武译，93～94 页，北京，商务印书馆，1996）

能性空间，进退自在，而不是通过强力征服和包围。因此，信仰的第二个环节是自由意志。意志包含了决断、选择和修养，因此与超越的自由联系在一起。谈到意志说的就是自由，就是出自于自我的自我坚持和自我主张。信仰中的意志自由，一方面是说，人在信仰中仰望着超越之物，在物性世界中坚持将生存意义指向超越的对象；另一方面是说，这种困难的坚持始终有不坚持和坚持不住的可能性，因此它必须是出于自己内在的执着和信服，信仰终归只是自己自由的生存决断，以可以不信为前提。没有意志自由就无所谓信仰与否。① 一个没有自由意志甚至是没有意识的人即使每日走进教堂，也不过是肉体走到了那里，像一个移动的木偶，没有人会将他的礼拜看成是虔诚信仰的表达。在形式上的承认甚至是伪装和表演中，祷告词不过是嗡嗡的飘浮之声，或毫无意义的空气震动。

在以自由意志为基础的信仰中，能在将自身的存在指向超越的生存，信仰作为超越生存的环节加重了生命存在的分量。能在展开并且生存在超越物性的意义空间之中。信仰是能在展开世界的一种方式，是绝对性这种对象性方式中能在的基本在世活动。信仰是相信，并仰望着超越自身有限存在的绝对存在而生活。这个被相信且被仰望的绝对存在或绝对真理必须依赖于信仰者内在的自我确信，是信仰者生存的决断，是自由的选择。无论有多少复杂的环节或因素，最终决定着信仰的一定是

---

① 黑格尔曾经指出，真正的信仰，只有潜退自修的个人能够独立生存而不依赖任何外界的强迫权力的时候，才可能存在。在这个意义上，黑格尔认为中国宗教没有西方宗教的性质，因为还缺乏最内在的自由。（参见［德］黑格尔：《历史哲学》，王造时译，122 页，上海，上海书店出版社，2006）

自己相信，信什么或不信什么，继续信还是不再信，都是人的自由意志的决断，是一种依据来自灵魂深处的呼唤而进行的生存决断。人知道他可以信或不信，而且知道，这个被信仰的绝对不是他有限的存在或者有限的智慧能够确定地达到或把握的，因此信仰是一种本质的决断，是对绝对存在之呼声的来自于灵魂深处的呼应。信仰是关乎内心和灵魂的事情，它源于内在的认同与信服，并且自觉地依此去做和行。一个信仰体系可以通过各种手段强制性地逼迫人服从于它，使之看起来强大，但也只是看起来强大而已。强制服从本质上恰恰是不信、不服，以此维系的信仰常常是极度虚弱和腐烂的。强力可以通过限制人的言行举止、伤害人的身体，甚至威胁剥夺人的生命使人屈服，但万马齐喑、人人俯首的局面绝对不是信仰，也带来不了信仰，而是对信仰的败坏。相反，真正有坚定信仰的人，即使剥夺他的生命也改变不了他坚定的信仰，因为信仰是对他的自由意志的确认和肯定，是一种不能被剥夺的内在信服。

信还是不信，是自由意志的决断。但信仰不是瞬间的事情，而是对决断的坚持，甚至是虽九死而未悔的执着。拥有某种信仰意味着仍然可能放弃这种信仰，信仰只是一种始终还信着的决断状态。在信仰中，人始终拥有自由意志，做出决断的意志和坚持决断的意志。信仰只是两可中的决断状态，并且始终处在两可的未决断的可能性中。没有意志自由的物也就无所谓超越物性的信仰。信仰本身是能在的超越生存。在信仰中，仍然会有诸多的困惑、矛盾、曲折、考验，甚至灾难，信与不信，信得深还是浅，始终在于你的意志。信仰体系告诉了你诸多信条、戒律、规范，从与不从，始终在于你的选择。你需要经验各种考验，排除各种困难，抵挡各种诱惑。你信，你就依照去做；不信，你也依照你的决定去做。依照你的内心呼声去做，你的信就是真信，你的不信也是真的不信。信仰原则上必须是自由的，信仰中就有自由。自由是决断和选择的可能性。你如何在你的行为中将这种可能性变成现实？当你做出此种或彼种决断的时候，你听从什么做出决断？一个信仰的体系如何在意志自由中使自己被信仰？信仰需要展开的机制。

信仰机制：宣教、修炼和规训

信仰包含自由意志环节，这还是抽象的规定，还是一个简单纯朴的原则。这个规定只是说最终的信还是不信必然而且必须是决断，是你信还是不信的自我规定。但是，信仰本身意味着不得不信的绝对，因为你将它看成并且相信了这个绝对，你在你的自由意志中决定着信它，并且不得不信。这个"不得不信"首先不是外在的强制，而是内心的自由选择，是你听到了值得让你信并且不得不信的绝对呼声，就像《圣经》里说的那样，上帝"既叫万物都服他，就没有剩下一样不服他的"（《希伯来书》，2：8）。然而，如何才能听到这个呼声并且依照这个呼声去做呢？人并不天生就是一个信徒。信仰体系都有自己的宣教、修炼和规训机制。信仰通过这些机制让人听到绝对者的呼声，让人相信并且仰望着绝对者生活。

信仰作为知识体系、价值体系和规范体系的统一，从观念的形态成为生存实践中的现实，成为以自由意志为中介的在世活动，并且首先需要宣教，通过各种方式宣讲得到传播。宣教是一种正面的展示和宣告，是一种广而告之的劝勉和教化。就基督教而言，有教会、教堂、学校、圣像、礼拜、圣餐、募捐等各种机构、人员、活动和符号在传播信仰，基督的精神、观念、教条、规范通过各种渠道和方式被人们认识接纳，建立起信仰。信仰机构和实体作为信仰的普及者、组织者和传播者，首先承担的就是这种宣教功能。通过解释、说明、对话、论辩等方式起到巩固、传播和协调等多种作用。宣教只是信仰传播的外在环节，信仰要成为信仰，最终需要内化为个人本身的意志，被个人真正认同。这就需要个人的修炼。通过自我的修行体认教条、教义，人才能逐渐将各种外在的宣教内化为内在的信仰。

信仰总是有关于个体修行和提升的方式，它提供必要的理论、方法和手段使信仰的对象和内容被内化，使信仰真正成为建立于信徒自由意志基础之上的"我信"。宗教往往都有基本的戒律甚至是具体的行为规范，要求人们遵守，通过坚守戒律和规范而巩固和强化信仰。基督教的礼拜、佛教的坐禅、道教的闭关等都是自我修炼和提升的方式。个体通过对教义的学习体会和身体力行，以坚持和强化自己的信仰，最终能够做到教不离心，虔诚笃信的境界。个体通过绝对的信仰获得安全感、归属感和认同感。这就是在信仰中实现的自由。当然，通过信仰获得的确定性、安全感、归属感和无限性，同时也意味着让渡，在信仰的坚持中放弃自己，自愿地将自己交给自己所信的对象，让他指引和规定我们的生活。从这个意义上讲，这是一种自我逃避和自我实现的辩证机制。因为害怕自由，不能承受自由之重，人将自己托付给所信的对象，服从和相信这个绝对，将自己的所得所失都看成是神意的体现，因此是以放弃自由的方式实现自己的自由。越是通过强有力的意志坚持着信仰，也就越是彻底地放弃了自己的自由。自由放弃得越多也就实现得越多。这就是信仰中自由的辩证法。最极端的情况是，当所有遭遇和行为都被看成上帝意志体现的时候，看上去是上帝主宰了一切，上帝其实成了一个空名，一个永远缺场的不在家的家长，他什么也没有管着。一切都在上帝的名义下发生，也就无所谓对上帝意志的违背或服从了。绝对的信变成了绝对的不信。[①] 生活中随处脱口而出的"My God!"就像中国人"妈呀！"的惊呼一样，不再具有原初的信仰意义了。

单纯通过外在宣教和自我修养这种正面的积极方式强调信仰中的自由意志是不够的，信仰体系也往往通过犯罪感、恐惧心、因果回报等软性的规训方式维系和强化信仰，比如基督教的得救理论，佛教的轮回说，道教的长生观念等。信仰为了确保自己的绝对性和权威性，往往也有硬性的惩戒。各种惩戒方式和惩戒机构不胜枚举。对于某一神教而言，惩戒的对象甚至包含异教徒和非教徒。很多宗教战争就是因信仰的冲突而起。惩戒通过硬性的强制方式保持信仰的纯正，不只是对于犯戒者的惩罚，而且承担了一般的警示功能。这是确保信仰的外在方式，甚至可以说是一种极为消极的方式，它通过暴力的方式达到震慑。如果信仰本身只是一种源于内在意志的确信和敬仰的话，这种惩戒的作用便太过于外在了。它能在言行举止的外在表现上发挥作用，却未必有助于确立真正的内在信仰。在现代社会，强制性行为规范逐渐由世俗的法律来规定，暴力惩戒权让渡给了国家，信仰更多地成为自由精神的事情了。现代解放的一个成果就是宗教信仰的自由和宽容，那是在现代解放确立

---

① 关于有神论、泛神论和无神论之间的关系，费尔巴哈有一个精彩的说法："'泛神论'是神学(有神论)——彻底的神学的必然结论。'无神论'是'泛神论'、彻底的'泛神论'的必然结论"，"'无神论'是颠倒过来的'泛神论'"，"泛神论是站在神学立场上对于神学的否定。"(参见《费尔巴哈哲学著作选集》上卷，101~102 页，北京，商务印书馆，1984)

自我独立的主体性地位之后。

以绝对性为原则的社会，各种公共机构和组织甚至拥有生杀予夺的权力，本来以自由意志为基础的信仰变成了强制，变成了强力笼罩下的不得不信。信仰不仅因此成了自由的对立面，而且成了科学的对立面。"人奉献给上帝的越多，他留给自身的就越少。"①信仰渐渐变成绝对专制的力量，窒息了超越生存的自由，成为生存的障碍，而不是超越的实现。由于信仰的强制性，信仰本身政治化，或者说政治生活神圣化，权力成为根源于绝对存在和绝对原则的绝对权力。这就是能在的共在生存的专制形态。神权政治是以绝对性意识为基础的专制主义政治最为典型的样态，政教合一是宗教社会的基本特征。

四、共在展开的绝对主义形态，专制

（绝对主义真理：哲学王；君权神授作为神权政治的核心观念：政教合一；世俗的专制主义：绝对王权）

绝对本体转化为神圣意志，统治世界的绝对意志需要绝对信仰。然而，绝对信仰本身包含内在张力。一方面，信仰必须绝对地立足于内在的自由意志，是我信仰，是我自己觉得不得不信所以才信了。违背了意志自由的信仰不是信仰，那只是被迫的服从或虚伪的表演；但另一方

---

① 《马克思恩格斯全集》第 3 卷，268 页，北京，人民出版社，2002。

面，任何一种内在的信仰本身不可能从内部自发地形成，更不是一种主观的任性，信仰中的意志自由选定的恰恰是不得不信，恰恰是在超越自己的绝对存在面前放弃自己的意志。内在自由意志的绝对性与外在神圣意志的绝对性之间的这种张力始终是一对矛盾，超验的原则要变成经验的内在信仰，这其中必然需要现实作为中介环节。即便是灵光一现的突然皈依，也是以长期的积淀和熏染为前提的。在信仰确立和传播的过程中，逐渐产生了强制性机构、制度，宗教的宣教、惩戒等成为公共性的力量，超验的信仰体系就与世俗的公共权力结合在一起了。信仰通过公共权力体系在现实生活中展开，公共权力依赖信仰体系提供正当性基础。政治具有了宗教性，同时也意味着宗教具有了政治性。政治权力成为宗教性的权力，宗教权力也就成为一种政治权力。这就是政教合一。神权政治或者说神学政治就是政教合一的形态。在政教合一中，政治以世俗权力的方式确保神圣意志得以实现，宗教以绝对性的意识形态为政治权力提供正当性的基础，政治权力成为立足于神圣意志的绝对权力。作为政教合一的神权政治是绝对性这种对象性方式中的典型政治形态，它以神意为根据确定了公共权力的绝对基础。[①] 绝对性这种对象存在方式在政治的形态上就是专制主义，就是以绝对性意识形态为基础的绝对权力对共在生活的控制和管理。

专制主义政治的核心概念是绝对权力。绝对权力是绝对性这一对象

---

① 费尔巴哈清楚地解释过这一点。"'世界来自上帝'这一命题与'国王来自上帝'这一命题是同一的东西。天赋王权，也和天赋的世界一样是真实的。幻想的原因在那里被放置在自然的媒介、条件和原因的地位上，而在这里则被放置在政治的媒介、条件和原因的地位上。"（《费尔巴哈著作选集》上卷，597页，北京，商务印书馆，1984）

性意识把握政治的核心概念。绝对权力是超验的绝对存在以及绝对真理在政治领域的体现。也就是说，在以绝对权力为核心概念的政治形态中，公共空间被认为受到了绝对原则的统治和支配，经验中的政治权力不过是绝对原则的体现。权力以绝对的名义实施统治，以此获得正当性和权威性。一方面，权力因为是绝对的体现和落实，因此本身具有绝对性质，成为绝对权力，具有绝对权威，它必然以排除阻碍的各种方式强制性地自我展开；但另一方面，它本身并不是绝对，而是绝对意志和绝对原则的被授权者和被委托者，只是绝对权力展开的中介，因此又具有相对的性质。超验的绝对存在和绝对意志支配和管束这种经验的世俗权力。超验的绝对存在才是权力的最初来源和最终指向，经验中的权力服务和服从于这个绝对存在。政治权力是这种绝对存在在经验生活中的体现。以绝对性概念将世界对象化，将政治看成是绝对原则的体现，如何处理和看待世俗权力和绝对原则之间的关系，就成了政治概念的核心问题。在前现代社会，政治哲学的核心主题就是争论超验的绝对原则与经验政治之间的关系，为世俗的政治提供形而上学基础。政治是一种绝对政治，即绝对主义或者专制主义的政治。从思想发展的进程来看，绝对政治主要有绝对真理的统治、绝对神意的统治和绝对君主的统治三个形态。绝对真理的统治是走向君权神授的前奏，而世俗专制是君权神授的异化版本，是绝对权力最终被瓦解、走向彻底世俗化的过渡形式。

绝对主义真理：哲学王

从具体到普遍、从现象到本质以及从个体到本源的这样一种抽象主义、本质主义和还原主义的本体论思维方式构成了思辨本体论。本体论中的本体是绝对普遍、绝对本质和绝对本源三位一体的同一性抽象。本

体就是绝对存在，就是作为存在本身的绝对（the absolute）。绝对本体的
自我展开和自我实现意味着绝对逻辑和绝对真理。这就是逻各斯，就是
绝对本体自我展开的必然道路。逻各斯是不变的本体展开为可变世界之
中的不变者和绝对者，它规定具体的经验现象和经验事物。绝对本体的
绝对性体现在这种自我展开的绝对逻辑中，绝对本体和流变世界之间以
不变的绝对逻辑为中介相互联系。这是几乎所有的本体论思维都具有的
共同逻辑。虽然绝对本体和绝对逻辑的具体名称常常不同，但本体论思
维的这种内在结构和内在逻辑则是相同的。在早期古希腊自然哲学中，
始基和逻各斯就是绝对本体和绝对逻辑的最初名称。世界是绝对本体的
具体展开，这个展开遵循着绝对的必然逻辑，这种必然逻辑在现象和经
验之先和之外存在，不受时间和空间的制约，但又支配并统治经验的现
象世界。"存在"（Being）与"变异"（Becoming）就这样被统一起来了。这
种存在与变异、本体与现象之间的统一关系在古希腊早期自然哲学中已
经基本定型，并且影响和主导着对后来的社会历史的理解。

　　当哲学的目光从自然宇宙的生成和变化聚焦到作为人类生存时空的
社会历史领域时，古希腊思想界便产生了一场争论。这就是有着能动性
和多样性特征的社会实践领域是否仍然遵循必然性的绝对逻辑，社会历
史中的规范和法律只是实践性的相对意见，还是绝对真理？这场争论意
味着能在生存的世界与自在世界之间的差异和联系进入意识之中。属人
的世界是否像自然世界那样受到绝对存在和绝对逻辑的统治？为此，古
希腊的智者与哲学家之间发生了"争执"。智者主张相对性，强调语言修
辞技巧只提供得到认同的相对意见。以苏格拉底为代表的哲学家则强调
绝对性和确定性，辩证法通过论辩揭示绝对真理，而不是达成相对共

识。在苏格拉底看来，经验具体的现象之后存在着绝对理念，现实事物只是对绝对理念原型的分有和具体化。哲学的理性认识就是在揭示这些理念之间的绝对关系，把握绝对真理。苏格拉底关于善、美、正义等的论辩都是要发现和认识这些绝对理念，而不是认识作为这些理念之表现的具体现象。关于现象的认识不是知识，即不是真理。真理的认识道路就是通过回忆再现先在和自在的绝对理念。真理是关于理念的知识。如果说，政治民主代表的是一种意见共识，而不是哲学真理的话，苏格拉底被投票判处死刑代表着意见共识战胜哲学真理取得相对的胜利，而苏格拉底无视这种死刑的判决，并视死如归地坚持真理，则意味着哲学最终的胜利。

如何看待哲学与政治，绝对真理与相对意见之间的关系，就成了苏格拉底的学生柏拉图面临的根本问题。苏格拉底的死甚至因此被看成是政治哲学在西方产生的标志性事件。柏拉图书写的苏格拉底的哲学对话，实际上是对哲学真理的捍卫，目的在于确立绝对真理对相对意见的统治地位，确立哲学对于政治的优先地位，让哲学的绝对真理成为政治实践的指导原则。这就是柏拉图"哲学王"的要义之所在。哲学王不是说哲学家得到了政治的承认而被拥戴为王，因此可喜可贺，而是生活在真理世界的哲学家转身回来面对现象世界，牺牲自己下降到政治的世界，为政治带去真理。① 通过理论的沉思追求绝对正义和真理的哲学要高于

① 阿伦特曾说："哲学家先是在政治面前转身离去，随后，他们又转身回来，把他们自己的价值标准强加于人间事务，这便是政治哲学传统的开端。"（[德]汉娜·阿伦特：《传统与现代》，见贺照田主编：《西方现代性的曲折与展开》，397 页，长春，吉林人民出版社，2002）

政治，政治应该摆脱相对意见的支配，接受哲学的绝对真理。哲学以先验的绝对真理来规定和提升经验世界，好的社会便是符合先验原则和理念秩序的社会。专制主义的思想原则就这样初步地确立了。

在柏拉图这里，理念论本质上意味着一种绝对主义的政治哲学。绝对真理的统治通过哲学家为王的方式实现，实际上是对民主政治中意见左右了真理的这样一种现实的批判。它要确立绝对真理的绝对统治，通过掌握真理、代表智慧的哲学家实施统治，以形成良好的社会，并维系社会的和谐稳定。不过问题是，哲学家是具体的个人，绝对的真理与这些经验生活中的具体个人之间是一种什么样的关系？作为个体的哲学家如何可能成为真理的代表和化身？如果说，理念世界是绝对真理的世界，而现实世界是政治的世界，两者之间存在着冲突和不同的原则，为什么不是以经验世界的意见和经验为准，而是相反？因为我们毕竟生活在经验世界中，经验世界就是我们生活于其中的现实世界。如何可能实现哲学家代表真理为王？如果哲学家是否"为王"本身只能从理论上得到诠释，能不能"为王"实践上仍然由拥有政治权力的人说了算，① 那么，绝对真理也就虚弱到只是停留在应然状态了，它只是在想象中存在，并

---

① 康德在《论永久和平》中呼吁实践的政治家要让理论家发表意见，不要嗅出什么对国家的危害，倾听他们的忠告，而不是要给予哲学家优先地位。康德还直接地质疑了柏拉图哲学王的思想："不能期待着国王哲学化或者是哲学家成为国王，而且也不能这样希望，因为掌握权力就不可避免地会败坏理性的自由判断。但是无论国王们还是（按照平等法律在统治他们自身的）国王般的人民，都不应该使这类哲学家消失或者缄默，而是应该让他们公开讲话；这对于照亮他们双方的事业都是不可或缺的，而且因为这类哲学家按其本性不会进行阴谋诡计和结党营私，所以也就不会蒙有宣传家这类诽谤的嫌疑了。"（参见［德］康德：《历史理性批判文集》，何兆武译，97、129 页，北京，商务印书馆，1996）

没有真正拥有绝对权力。[①] 尽管如此，这样一种绝对真理统治的理念在西方基督教神学中却得到了强化，演变成君权神授的神权政治。上帝的绝对意志通过世俗的政治权力得到贯彻和落实，世俗权力服从和实现上帝意志并以神学为基础，基督教神权政治以政教合一的方式成为绝对政治的典型。

君权神授作为神权政治的核心观念，政教合一

哲学家为王的概念试图确立真理在政治生活中的统治地位。然而，具体而有限的哲学家个体并不是绝对真理本身，他也无法确立自己的绝对统治地位。他们的有限存在与其试图言说的绝对真理之间存在着无法弥补的缝隙。因此，哲学真理的绝对权力只是一种理念。当这种理念与一神论的宗教相结合时，它就变成了真正的现实力量。君权神授是绝对真理统治这一观念通过人格化宗教的现实化。在哲学中还只是作为应然存在的理念通过神意的绝对权威变成了现实力量。政治生活被看成是神意的安排，世俗的统治权力被看成是执行神的意志。神意成了政治正当性的基础和有效性的保证。在政教合一的中世纪基督教理论中，上帝作为绝对的意志拥有绝对的权力。世俗权力只是神意在世间的代表，它因为神的授权而实现神的意志，因此拥有了绝对权力，具有了绝对的权威

---

① 所以，我们可以看到，面对"我认为世界上任何地方都找不到这样的国家"的质疑，柏拉图在《国家篇》第 9 卷中只能借苏格拉底之口说："也许在天上有这样一个国家的模型，愿意的人可以对它进行沉思，并看着它思考自己如何能够成为这个理想城邦的公民。至于它现在是否存在，或是将来会不会出现，这没有什么关系。反正他只有在这个城邦里才能参加政治，而不能在别的任何国家里参加。"（［古希腊］柏拉图：《国家篇》，见《柏拉图全集》第 2 卷，王晓朝译，612 页，北京，人民出版社，2003）

性和神圣性，是绝对真理和绝对信仰的实现者和捍卫者。[①]　君权神授的政教合一制度包括以下几个基本环节：

上帝主权。上帝就是绝对，即大写他者。所谓绝对即是讲只有唯一的上帝，且唯一的上帝就是绝对存在和绝对真理本身。绝对不是神的一种属性，而是说神就是绝对存在本身。神作为绝对存在和绝对真理意味着拥有绝对权威，本身就是绝对意志和绝对权力，是世间万物唯一的创造者和唯一的主权者，"万有都是本于他，倚靠他，归于他"(《罗马书》，11：36)。"天上地下所有的权柄都赐给我了"(《马太福音》，28：18)。主耶稣基督不仅是天上的大君王，也是地上的大君王，万有都在他的掌管之下，上帝"使他为教会作万有之首"(《以弗所书》，1：22)。神拥有绝对权力，世俗权力只能根源于神的授予。神不是将权力转移给世俗的君王，君王和教会只是代表神在地上统治，他们的统治得到了神的认可和赋权。

公共治权。神作为绝对存在是信徒确定的信仰。信徒的绝对信仰不仅意味着相信神在，而且意味着神作为绝对真理必须在经验的生活中绝对实现，是在着的现实。通过君权神授，世俗王权来源于神的授权，执行神的意志，王权因此获得了神圣性和权威性。但是，得到授权的君王并不拥有主权，他不与上帝分享权力，他的权力只是一种公共治权，而不是一种完全自主的权力。《新约》告诫人民："在上有权柄的，人人当顺服他，因为没有权柄不是出于神的，凡掌权的都是神所命的。所以，

---

① 当然，思想原则的实现是漫长的历史过程，就以君权神授的确立来看，又岂止是漫长而已？简直是一部血与火的斗争史。

抗拒掌权的，就是抗拒神的命；抗拒的必自取刑罚。"(《罗马书》，13：1—2)君王拥有尘世的治权，因此有了权威性，但他本身必须依照上帝启示的信条和律法来统治。因此世俗的治权只是上帝主权下面的有限权力，它的权威性和神圣性来源于神的授权，不能违背神的意志。

依律而治。世俗的王权得到了宗教的认可，具有权威性和圣神性。但是它本身必须服从宗教权威，依据上帝启示的戒律和律令进行统治。基督教认为，不论世俗社会的个人还是组织都必须遵守上帝的律法。谨守神的戒律，这是人所当尽的本分，因为人所做的事，无论善恶，神都必审问。(参见《传道书》，12：13)这种守法是遵照所有神启示的律法，各种戒律都具有相同的绝对效力，因为"只在一条上跌倒，他就是犯了众条"(《雅各书》，2：10)。所立之王也不例外，他只是依据神的立法来治理自己的国度。"他登了国位，就要将祭司利未人面前的这律法书，为自己抄录一本，存在他那里；要平生诵读，好学习敬畏耶和华他的神，谨守遵行这律法书上的一切言语和这些律例。"(《申命记》，17：18—19)。

在西方长达千年的政教合一体制中，政治在宗教的名义下实施统治，教会本身也拥有强制性的公共权力，二者一体化是政治的专制主义和极权主义形态的典型。不仅如此，在各大宗教中，仍然有一些信徒试图以宗教的绝对教义介入现实政治，并且要求世俗的政治指向超越的神性目标，以宗教立国或者以宗教建国。虽然说现代政治解放的一个根本内容是政治权力从宗教中解放出来，政教合一制在思想原则上已经瓦解，但这并不是说君权神授作为绝对主义政治的典型形态已经完全是过去的事情。

世俗专制主义，绝对王权

绝对真理的统治最初只是作为哲学应然理念出现，在这个意义上，绝对真理真正说来恰好缺乏绝对权力，并没有成为现实力量。这一理念通过人格化为神圣的绝对意志，再以君权神授的方式变成现实力量。绝对真理穿上神圣的外衣走进世俗政治中去。神权政治成为绝对主义政治哲学的典型形态，世俗政治被纳入宗教神学的叙事框架之中，世俗权力在神圣权力的规范下运作。通过神的绝对主权、君权神授和依律而治三环节，神权政治完成了从超验的神圣权力向世俗政治权力的转化，宗教神学为公共权力的正当性提供了基础。绝对神意被理解为政治权力的来源和服务的目标。公共权力只是中介和过渡，是神实现自身意志的一个环节，世俗的政治本身被神圣化了。

然而，那个超验的神圣存在及其原则不过是能在有限性的体验，是作为这种有限性之镜像的绝对无限性的人格化和神圣化。简言之，是人按照人的想象创造了上帝同时又赋予上帝超人的绝对权力。就其本质来说，统治始终是世俗的统治，政治就是世俗的实践。神权政治只不过是政治自觉或者不自觉地采取了神秘化的绝对形式罢了，只是世俗政治以神圣的名义实施的统治。尽管权力有绝对化和神圣化的特点，但君权神授并不是专制主义政治的唯一形式，后者也有世俗的非宗教形式。它们有时弱化，有时甚至没有人格化宗教的论证，而是直接诉诸自然性，比如以血统为根据的世袭制等。这就是世俗专制，世俗的绝对主义政治。在这个意义上甚至可以说，君权神授是绝对权力在西方一元论宗教世界中采取的政教合一形式。在其他世界中，比如古代的东方社会，世俗专制是绝对性政治的主要形式。

　　世俗专制只是相对于君权神授的政教合一体制而言的。它强调权力的绝对权威，但并不将这种绝对性的正当性基础追溯到上帝，而是将王权本身确立为绝对权。中国古代也有"以德配天""天副人数"等说法，这只是统治者对自身统治力量有限性的承认，因此是一种自我投射的异化形式，或者说是一种象征和类比。它不是说王权要受到制度化的神权约束，更不意味着君权要得到宗教的授权，遵守宗教的戒律。世俗专制权力的绝对性主要不在于它的正当性基础是绝对神意或天意，而在于其权力的运作机制和效力本身直接就是独断的。君主本身就是绝对主权的拥有者，即所谓"普天之下，莫非王土；率土之滨，莫非王臣"。绝对权力既不来源于民众在多元基础上的认同，也不依赖于绝对神意的授权，而是君主意志依靠强力直接提升为绝对。世俗专制实际上是绝对权力的"任性"形式。作为一种绝对政治，它摆脱了绝对真理和绝对神意的制约，世俗权力本身成为绝对，即君主的个人意志被提升为绝对，因此是绝对的任性。权力的运行已经不建立在君主的内在信仰和神权约束的基础上，而是赤裸裸的强制服从和专横任性。①

　　这种绝对任性，更具有偶然性特征。当然，绝对偶然性本身也意味着无法左右的命运，因此是无法左右的必然性命运的褫夺形式。比如说，在封建王位的长子世袭制中，皇权建立在血统这个看似必然实际却

————————

　　① 关于这种专制制度，费尔巴哈曾经指出："在一个一切以专制君主的慈悲和专横为转移的国家中，每一个规章都会变为朝令夕改的，关于'永恒的道德律条'的观念、关于德行的必要性的信念会从灵魂里连根拔掉；关于对任何人都一视同仁的严格公正的必要性的信念将会连根拔掉；自主感、勇气和对于德行的憧憬将连根拔掉。无限制的君主国乃是无道德的国家。"（《费尔巴哈著作选集》上卷，596页，北京，商务印书馆，1984）

是纯粹偶然的基础上，不仅跟神意没有关系，甚至跟个人主观意志也没有关系，而是一个自然随机的小概率事件。这似乎倒也可以看成是一种绝对神秘意志的体现。当然，这种神秘大体就是迷信，而不是宗教的神意。到了此种地步，专制的纯粹任性已经将纯粹偶然把握为必然的命运了。由于这种偶然，中国古代有不少天生为帝的君王，上演了一出又一出历史悲剧。其实，他们有的适合于写诗，有的更适合于做木匠，成为帝王实在是辜负了他们的性命或才华。① 专制权力作为绝对权力绝对到了"任性"的地步，绝对到了可以认同绝对偶然性的地步，可见专制之为专制是绝对性的了。世俗专制是将权力绝对到真理，或者将自身的强力作为绝对真理。就其本质来说，世俗专制作为权力的绝对形式是绝对真理统治的异化，使非真理的绝对权力成为真理本身。

绝对性是从超验的绝对存在和绝对原则出发理解经验世界的对象性方式。它处于事实层面，以绝对性的意识确认超越于能在的自在存在与自在本体，因此以信仰或作为信仰之异化形式的屈服，处理能在与绝对原则之间的关系。绝对性政治的核心概念是绝对权力，权力以绝对的名义或者本身作为绝对实施统治。这种绝对权力的绝对性表现在权力的正当性、权威性和目的性，来自于绝对的普遍真理甚至是超验的神圣世界，在具体个体或经验世界面前具有绝对力量，不可置疑和违背。其积极形式是通过理性的思辨或内在的信仰来实现的，其异化的形式是通过暴力高压下的屈服得以实现的。在这种情况下，个体要么是绝对服从，

---

① 比如说，王国维在《人间词话》中谈到后主李煜时说："词人者，不失其赤子之心者也。故生于深宫之中，长于妇人之手，是后主为人君所短处，亦即为词人所长处。"（王国维：《人间词话疏证》，彭玉平撰，411 页，北京，中华书局，2011）

积极地信服或者被动地屈服，要么绝对反抗。能在的自由相当狭窄并有限。^① 能在的自由大体也就只剩下信或不信、服或不服这种被迫的二元选择了。但是，否定性的决断在绝对权力的面前总是带来灾难性的后果，不仅有精神上的恐惧，肉体上的惩罚，甚至还有死亡。

那么，在绝对性中能在是否就只是被动存在，因此绝对性就纯然是人类的灾难呢？当然不是这样。世界通过这种绝对存在和绝对原则的提升从经验现实中超越出来，指向并建构一个超越物性的意义世界。甚至可以说，世界因此才真正成为世界，才有作为能在超越的社会和历史；并且，人作为能在通过自身的压制和约束指向超验世界、服从绝对权力，在压制自我的过程中，自我意志便得到了锻炼和强化。自我在自我否定中自我成长和自我肯定。自我越能坚定地否定自身去信服那难以信服的东西，自我否定自身服从绝对权威的力量就越大，即自我在绝对面前越发显得谦卑和无力，同时也就意味着自我意志的越发坚定和强大。战胜自己，这是内在本质的强大。^② 自由意志就是在这种自我牺牲和自我战胜中不断形成和发展起来的。当自我的意志强大到不需要外在绝对权力的强制，而是能够完全自觉行事，做到随心所欲而不逾矩的时候，能在生存的超越也就进入规范层次的利他性这种对象性方式了。

---

① 这就是费尔巴哈说的："为了使上帝富有，人就必须赤贫；为了使上帝成为一切，人就成了无。"（[德]费尔巴哈：《基督教的本质》，荣震华译，58页，北京，商务印书馆，2013）

② 老子在《道德经》第33章中写道："知人者智，自知者明。胜人者有力，自胜者强。知足者富，强行者有志。不失其所者久，死而不亡者寿。"（《老子道德经注校释》，王弼注，楼宇烈校释，84页，北京，中华书局，2008）

第二章 | 利他性

在绝对性这种对象性方式中，人们处理的是自身的相对存在与绝对存在之间、经验世界与超越世界之间的关系，并按照绝对主义的方式理解世界并经历世界。随着自我意志的成长，人不再将外在世界看成是绝对实体的展开，因此不再将生存实践看成是对绝对意志和绝对权力的信仰和服从。生存的原则开始从外在的绝对强制逐渐转向内在自觉，人开始"摸着自己的良心生活"。在这种生活中，虽然个体自身还没有被看成直接的目的，而是以小写他者为目的，但是能在超越已进入了以内在良心为根据的阶段。在这个阶段中，能在关注的不再只是能在与绝对存在和绝对意志之间的关系，不再只是自身与外在自然之间的关系，而是具体社会生活中个体与他者、个体与群体在交往活动中形成的经验关系。能在的眼光从超验的神圣意志或者说绝对自然上回到经验现实和内在意识。经验到的世界就是能在在其中的现实，就是能在在其中构成的现实社会。人发现自己不只是生活在绝对的神意或绝对的自然之中，社会才是现实的家园。他在这个现实的家园中与他人相处。这个生活的社会家园不过是对象化活动的产物，因此是各种规范关系和规范活动构成的生存空间。这是在物性世界中展开的超越物性的存在领域，个体在这个空间中生存并依据构成这个空间的原则在世。能在对世界的理解便从事实性进展到规范性的交往活动层次，世界概念也就从实在对象领域过渡到交往活动领域了。通过这一过渡，能在在世的原则发生了变化。不是符合绝对的律令或者绝对权力，而是不违背自己的良知和道德规范成为行为的尺度。在心安理得中能在获得内在的道德自由。不过，内在的自我意识刚刚从绝对权威的束缚中解放出来，人还没有将规范看成社会实践的产物，也还没有将自身确立为活动的直接目的和根据，因此还处于规范性的初级形态。能在还是以既定的外在性来理解各种规范，自觉地依据规范行为处事，并通过自我约束甚至舍己为人的奉献与他者相处。能在的个体自身还隐藏在他者的身后，没有真正走到生活前台。他处处为他者着想，却没有胆量直接地肯定和宣布自己的存在。能在他者阶段规范层次的这种对象性方式我们称为利他性。在利他性方式中，在绝对性中成长起来的自我摆脱了大写他者的统治，尽管仍然匍匐在小写他者的阴影之下，但立足于内在良心的仁爱成为能在的基本在世活动，而不再是服从于外在权威的信仰了。仁爱这种在世活动的基本原则是奉献。人在超越生存中又走出自我确立的重要一步。利他性方式也可以分为三个基本环节，即作为内在良心的善良意志、作为践行实践的修为和作为对象化共在状态的伦理实体。在作为伦理实体的社会中，与利他性对象性方式相应的公共生活就是德政，也就是德性政治。德性政治的基本职能是德育和教化，倡导个体在德性的生活中实现人格升华，获得道德上的自由，目标是塑造超越自我利益的道德人格和良序社会。

一、从信仰到仁爱，善良意志

（"自为地存在的自由"，善良意志即良心；善良意志的人性论基础；以奉献为原则的善良意志；道德人格）

绝对性这种对象性方式以绝对意识把握世界的本源性、普遍性和本质性，形成了绝对本体、绝对意志、绝对信仰、绝对权力等一系列概念及相应的对象化生活方式。人将现实的具体世界及生活于其中的自身看成是某种绝对本源和绝对意志的实现和展开，生存必须信仰绝对意志，坚持绝对真理，服从绝对权力。人的生存受到超验的大写他者的绝对统治，因此，在绝对性这种对象性方式中，人作为能在的超越生存仅仅是指能够意识到绝对存在，并且通过自身的约束将生命过程指向这个绝对。人作为能在的超越生存活动就是信仰。一方面，人没有真正成为自己，因为他将自身存在的根据安置在了超验的绝对上面，从而在有限和不确定的生命中获得确定的安全感和归属感，通过信仰享受着在自我放逐中获得的自由；另一方面，人通过这种向往着超验绝对的信仰提升自己的存在，超越物性的必然性领域，成为意义和价值的存在。绝对存在和绝对意志作为绝对力量，是通过信仰中的内在意志来实现的。使自己信，是一个矛盾过程。顽强地放弃自己，皈依绝对神意，在对绝对存在的信仰中人的内在意志得到磨炼并逐渐成熟起来。能够彻底克服自己皈依上帝的意志当然意味着能够彻底远离上帝成为自己。成熟起来的内在自我最终会走到相信自己因此成为自己的那一天。但他还有艰辛的路要走：他首先要摆脱超验的神圣性，在与他人的相处中以他人为前提，摸着自己的良心过一种以奉献为基本原则的德性生活。

人开始相信某种绝对存在，比如绝对本体、绝对真理、绝对意志等，以绝对性方式理解世界和生存。有限的相对个体不可能形成与绝对存在完全同一的认识，因为使绝对成为被限定的相对，是违背构成绝对的那种绝对性意识方式的。居于绝对存在与相对认识之间的这种矛盾，能在只能"相信"绝对存在。这种"相信并且仰望着……而在"就是信仰。在宗教信仰中，人相信神存在，并满心虔诚地仰望着神生活，神是生活意义的根本来源。在这个意义上，信仰作为人的能在方式本质上不是绝对的知识，而是一种绝对的情感，是信徒对所信者的绝对的爱戴和依恋，信徒爱着这个唯一的所信者去生活。[①] 纯洁的信仰不是与所信者之间达成交换的默契，而是包括了无条件的奉献和牺牲。就像纯真的爱情，付出并不是为了回报，纵使其中总会有真诚的回报。绝对完美的上帝爱所有的人，根本上并不是因为他需要我们为他做什么，而是爱本身，是不得不信的这样一种绝对和神秘的精神联系。所以，当上帝要亚

---

① 《新约》上说："没有爱心的，就不认识神，因为神就是爱。"（《约翰一书》，4∶8）

伯献上以撒的时候，亚伯便献上了；基督被钉上十字架为众人赎罪，仅仅是因为绝对的爱本身，而不是交换。这种源于信仰的爱不只是在人与神之间，而且要成为普世的生活原则。对所信者绝对的爱恋通过经验生活中信徒之间的互爱得到体现。在宗教信仰中已经有了以神圣的名义发布的道德要求，基督教要求爱我们的邻人，甚至爱我们的敌人①，佛教旨在普度众生等。

不过，信仰毕竟还是信仰。不仅各种道德规范的来源被看成绝对的神意，而且规范的遵守也是绝对的。宗教对违规犯戒都有一定的方式和程序进行忏悔或者赎罪。不仅末世审判，下地狱等教义利用人们的恐惧心理来维系自己②，一些戒律甚至通过宗教组织和机构强制性执行以维系自己的权威。宗教中的教义虽然包含了仁爱的道德要求，但本质上却不是世俗意义上的道德。相对于宗教信仰中的道德因素，世俗道德有两点不同：一是道德规范的产生不是来源于超验的绝对意志，不是神意的规定和要求，而是来源于经验的生活世界本身，是人们之间交往活动的产物和进行交往活动的基本规定③；二是道德规范的遵守主要依靠的是

---

① 《新约》说："亲爱的弟兄啊，神既是这样爱我们，我们也当彼此相爱。从来没有人见过神，我们若彼此相爱，神就住在我们里面，爱他的心在我们里面得以完全了。"（《约翰一书》，4：11～12）

② 关于这个问题可以参见康德对万物终结论的论述。在康德看来，世界的终结之所以是一个恐怖终结乃是建立在人性腐化的见解之上，末世审判的恐怖才是与最高智慧和正义相称的唯一手段。（参见［德］康德：《历史理性批判文集》，何兆武译，84～85 页，北京，商务印书馆，1996）

③ "德者，得也。行道而有得于心者也。"（朱熹：《四书集注·学而篇》，北京，中华书局，1983）这种对道德根源的理解最明显地表明其经验基础，它不是将人们之间的道德情感和道德规范看成是神意的展开和体现，而是来源于现实生活。

"有得于心"的内在自觉，而不是依赖于有组织的强制暴力。也就是说，德性的前提是内在意志的自由，这不仅是说遵守道德规范要靠自觉，而且是说规范的确立本身源于经验生活中的自觉。按照黑格尔的说法，道德的观点是"自为地存在的自由"，从其形态来看就是"直观意志的法"①。人不再出于对绝对意志的敬畏和信仰遵从道德的原则，他所敬畏的是自己内心中的"道德律"，是内在的良心。不论是从绝对信仰到道德自觉，还是从宗教世界到伦理世界，都是从绝对意志到内在善良意志的形成过程。从神秘性到现实性，从超越性到经验性，从外在性到内在性，从强制性到自觉性，人作为能在不断摆脱外在绝对的强制——不论观念的强制还是制度的强制——逐渐形成了自觉的善良意志，这就是所谓"良心"。良心是能在自我树立的内在神明。中国有个形象的说法叫"摸着自己的良心做人"，就是讲以内在的善良意志为根据待人接物，我们才能获得心灵的自由。昧着良心，就会寝食难安。

从自我抑制的绝对信仰中磨砺出来，人作为能在开始将内在的善良意志确立为根据。这种内在的善良意志就是良心。此种以内在善良意志为根据的对象性方式，我们称为利他性。在利他性中，能在还没有将自己本身作为目的，而是以生活经验中对他者的确认为出发点，自愿地通过内在的意志约束自己以尊重和肯定他者的存在。人作为能在不再是通过绝对性的意识理解存在，接受神圣意志的规定，而是肯定生活经验中的有限的小写他者，将现实中的小写他者领会为自身存在的条件。与绝

---

① 参见［德］黑格尔：《法哲学原理》，张企泰译，111 页，北京，商务印书馆，1996。

对存在作为大写他者不同，这些小写他者现实地存在于个体的外面，人通过他们确认并且领会自己的存在及其意义。自我本身也是他人的他者，没有他者就没有自我。人通过小写他者认识自己和实现自己，小写他者是人自我确认的前提。这种经验上的小写他者的优先地位取代了绝对的大写他者，成为存在论意识的核心。不再是对绝对存在的信仰，而是对小写他者的仁爱成为能在的基本在世活动。利他性是以对己他利益关系的领会为基础，通过超越自身利益实现的对小写他者的积极肯定。利他性中的"他"之所以说是小写他者，因为对大写他者即绝对本体和上帝而言，根本不存在对他有利或者有害的问题。

善良意志的人性论基础

利他性是以他者利益的优先性作为根本出发点的对象性方式。在利他性方式中，以奉献精神为特征的仁爱是人作为能在在世的基本在世活动。人打交道的不是作为绝对存在的上帝或真理，而是像他自身一样在世和历世的生命个体。人不再将对上帝的信仰，而是将人性和经验生活的理解为能在处事原则的基础。行为的规范本身逐渐被理解为交往活动的产物和条件，而不是天启或神意的规定。人性问题而不是神性问题成为交往活动领域的基本问题。利他性中关于人性的理解不是一般地谈论人的本质，谈论人不同于物的超越性或者不同于绝对存在的有限性等，而是从相互交往的角度谈论人的特征，是从处理己他关系的角度形成的对人的根本看法。人性概念的论域不是人与物或人与神的领域，而是对象化活动构成的交往活动领域。也就是说，人性是从不同个体之间相互对待的规范层次中，去领会人作为能在的存在论范畴。人性概念不是一个实然的描述性概念，而是包含了生存领会的规范概念。它揭示的是人作为能在超越的可能性。对于人性的理解存在着不同的立场，同时涉及利他性对象性方式的思想根据。

本体论立场。本体论是以还原主义、本质主义和抽象主义为特征的思维方式及其思维结果的统一。绝对性是本体论立场的对象性形式。也就是说，本体论以绝对性的对象性意识方式认识对象。在人性问题上，本体论思维认为人具有天生的本性，即所谓"生之所以然者谓之性"[①]，去除了后天才情习性等经验差异性的抽象同一性才是人之本性。人性被看成是人之为人共有的不变本性，它不仅是先天的、普遍的，而且是本质性的，比如孟子所谓的"四端"即是。当然，对于这种天生的本然之性是什么，则有性恶论和性善论两种典型观点，以及由这两个基本对立的极端主张衍生出的性无善恶论、有善有恶论等中间型理论。中国古代任何一部道德学说的发展史，主题都是人性善恶论辩证展开的历史。不论哪一种理论基本都以本体论的思维方式肯定人性的确定性和绝对性，并且作为善良意志基础的人性被看成不变的本然之性。

反思性立场。人是否具有天生不变的本性，本性是否意味着一种普遍的空洞抽象？与本体论立场相反，问题不在于主张人性本善还是本恶，而是先天的、普遍的本质性的人性概念本身受到了质疑。在反思性立场看来，善恶只是人类用来称谓具体人类行为和关系的观念，是能够约束人的交往活动的观念发明。脱离具体存在关系和活动状况的抽象人

[①] 关于这种本体论意义上的人性，荀子有许多精彩的论说，"生之所以然者谓之性""不事而自然谓之性""性者，天之就也""不可学、不可事而在天者谓之性。可学而能、可事而成之在人者谓之伪。是性伪之分也"。（《荀子译注》，张觉撰，473、490、500页，上海，上海古籍出版社，1995）

性并不存在。因此，只有某个具体的评价主体在面对具体评价对象的具体行为时，才可以做出善恶的评价。问题不在于人性本身是善还是恶，而在于用"善"和"恶"这对概念将人类的具体行为进行归类，并以此臧否人物。善恶评价是对象性意识，因此是相对性的价值评估。由此种立场来看，争论人性的善恶本质上是一个认识论上的错误，善恶本身只是交往活动中形成的经验生活现象及其评判。当然，这并不意味着否定人性争论的社会历史影响和现实意义。而只是说，关于人性的任何论断都不意味着认识论上的必然真理，而只是以描述性的方式表达了存在论的领会。

能在论立场。问题的关键不在于是否存在或能够找到这种天生人性，或者说肯定人性的相对性或不确定性，而在于对人性的追问本身是人作为能在的超越生存中的"能"和"在"本身，是人在世的一种方式。人是自身的存在对其成为问题的存在。通过对人生人性等问题的不断追问和实际生活实践中的具体解答，人才不断在超越生存中成己成物。不论经验上存在多少的恶人恶事，能在的超越生存在对本性的追问和追寻中总导向善良，并且构成德性世界。向善是能在超越的道路。即便恶人作恶也总是披着善良的外衣，恶也是德性世界的显现形式。当然，像反思性立场所说的那样，善恶固然是观念的创造，但观念创造本身不是主观任性的发明，而根植于能在的超越生存本身，因此是指引能在生存实践的能在论范畴。从能在论的立场来看，善恶既不是人性中自在存在的绝对的有，当然也不是观念想象中生出的价值，而是能在对自身超越生存的存在领会，即便是性恶论者最终也会想方设法地培养和论证出善良来。人是善的或者说向善的，人有善良意志，或者说善良意志是能在规范层次上自我确证的真理，这就是良心，或者良知。中国人的良知就是良心。所

以，问题的关键不在于性本善还是性本恶，而在于人的存在作为能在本身
是悬浮在善恶之间的可能性。仁爱的生活并不是人存在的天然状态和天然
要求，人不是天生有良心，依据良心的仁爱生活却是在超越生存中能在的
基本在世活动。在仁爱的生活中，人才能作为能在超越于实在的物性之
上，世界才成为德性的伦理世界，利他性才会成为能在的对象性方式。

以奉献为原则的善良意志

良心，即善良意志，是能在领会自身超越生存的能在论范畴。只是
在超越的可能性意义上我们说能在有良心，人作为能在应有良心地为人
处世。人可能没有良心恰恰是因为人将良心领会为自身存在的内在根
据，亦即能在超越的存在论条件了。人在其存在领会中是而且必然是有
良心的。良心是人作为能在存在的内在根据，是人作为能在的在之中已
经据有，并且不断仰望着它去存在的在之可能性。说人有良心，并不是
说事实上个体时时处处都是善良的。因为人有良心，是人作为能在本质
的可能性之一，能在总是在良心的呼唤或者谴责中"在着"。能在带着他
的良心在世，能在的基本在世活动是仁爱。人依据他的良心来看这个世
界，这就是评价。道德评价的核心是人能否超越自身的立场，通过自我约
束甚至自我牺牲的奉献来满足和实现他者的利益。道德的内在尺度是作为
良心的善良意志。道德的善恶评价实质是从利他性的角度对具体行为进行
评估，看一种行为是否体现了奉献精神，因此是否出于内在的善良意志。

能在的对象化活动是内在意志的外化。人通过内在意志的外化实现
自己的存在。内在意志是行为的动机。道德行为是自觉的对象化活动，
包括了内在的动机和作为这种动机之实现的外在后果两个方面。无论是
动机还是后果，只有涉及自身与他者关系的行为才具有道德的意义。不

管是强调动机还是后果，一种道德的行为基本上都是指自愿奉献的利他性行为。历史上也有利己主义的思想，我国古代的杨朱提出了利己或"贵己"的主张。[①] 利己主义的思想可以进行道德的评价，具有道德的意义，但不能说利己主义行为本身是道德的、善良的。利己也有不同的情况，是损人利己，还是利己但不损人等，情况比较复杂[②]，但无论如何以利己为目的的行为从来不被看成道德的行为。道德行为是一种以利他为目的、善良意志为根据的奉献行为。因此，利他性方式中仁爱这种基本在世活动的原则是奉献。

道德人格

为人的善恶只是在后天的经验中养育和教化的结果，而不是一种先天不变的普遍规定。关于人性善恶的不同理解根源于人们对生存的领会，意味着人的存在作为能在具有的那样一种超越实在和超越自身的可能性。这种可能性在超越生存中的展开就建构出一个超越物性的德性空间。人是德性的存在，人具有内在的善良意志。这种善良意志不是说人一定就是善的或者恶的，而是说德性是超越生存的一个存在论的维度，

---

① 在杨朱看来，"古之人，损一毫利天下，不与也；悉天下奉一身，不取也。人人不损一毫，人人不利天下，天下治矣。"（《列子译注》，严北溟、严捷译，186～187 页，上海，上海古籍出版社，2016）

② 贺麟先生在评价杨朱学说时认为："不拔一毛以利天下，即极言其既不损己以利人，以示与损己利人的利他主义相反，亦不损人以利己，以示与损人利己的恶人相反，而取其两端的中道。"吕思勉先生在评价杨朱"不利天下，不取天下"时指出："夫人人不损一毫，则无尧舜，人人不利天下，则无桀纣；无桀纣，则无当时之乱；无尧舜，则无将来之弊矣。故曰天下治也。杨子为我说如此，以哲学论，亦可谓甚深微妙；或以自私自利目之，则浅之乎测杨子矣。"（李季林：《杨朱列子思想研究》，38 页，合肥，安徽人民出版社，2012）

人并不只是生活在事实性的层次。交往行为建构的活动空间遵循特殊的行为规范。在他者阶段的交往活动领域，行为规范的内在根据是以利他为核心的善良意志。以利他性为原则的能在之在世的生存方式就是仁爱，就是德性的生存。人性追问和利他性的善良意志，指向的都是道德理想人格的塑造。

理想的道德人格是善良意志的外在形象，是以人格化的形象展现出来的善良意志。理想人格代表了社会行为的基本类型。比如说，在中国古代，我们就有小人、君子和圣贤的区分。这三种不同的理想人格分表代表了道德人格谱系上的不同层次，它们的价值观、生活规范、人生理想都有显著的差异。理想人格往往通过一些典型的形象体现出来，这些典型是理想人格的代表，道德生活的楷模。道德楷模有些来源于艺术创造，有些是经验生活中真实的典型。善良美好的理想人格和典范为能在超越性的生存实践提供了学习和效仿的模范。人们常常依据这些理想人格和典型进行道德评价，规范自己的日常行为。中国古代有立德、立功和立言三不朽的说法，被尊为"上善"的生命理想乃是成为道德生活的典范，成为人之为人的标杆。当然，三不朽本身不是截然分开的。立德者常常有奇功有良言留世。在典范的身上浓缩凝聚了特定伦理实体的道德生活理想和道德生活规范。典范简直就是道德生活本身的形象化，或者说是特定伦理实体人格化了的道德生活本身。

理解一个民族的道德原则，我们只要了解它日常生活中将什么样的人物作为道德典范和英雄楷模，以及它怎样对待自己的道德典范和英雄楷模就足够了。如果一个民族和国家，人们都在拼命地怀疑、否定，甚至诋毁和抹黑自己历史上的道德典范和英雄楷模，它一定出了问题，甚至是走到了没有希望和未来的深渊！因为这种行为摧毁的不是典范和英雄，而是由他们代表的道德传统、道德信仰和道德原则本身，是这个国家和民族赖以自立的道德良心和自信精神。如果我们认同一个道德典范代表的道德理想，这个作为典范代表的个体有这样或那样的不足或瑕疵，会那么重要吗？我们不要误解了楷模和典范的意义，重要的不是被作为典范和楷模的具体个人，而是被投射和浓缩到这个个体身上的道德理想本身。虚无主义和怀疑主义的根子是绝对主义和完美主义，他们往往把不足和瑕疵作为否定模范的基础，并抓住某些局部和细节不放，以为这就是所谓的客观和理性，其实恰恰是主观的非理性。他们以一种抽象的完美要求否定历史上的民族楷模，摧毁掉了真正的善。其实他们并不真正理解理想人格和道德典范的意义。世界并不完美，人也并非皆善。但人应该仰望着美好和善良生活，崇尚理想人格，效仿道德楷模，在生活中锤炼和提升自己，循着自己良心的呼唤追求理想。

二、善良意志的形成和展开，修为之环节

（外在他律；内在自律；舍己忘我）

在他者阶段规范层次的交往活动领域中，能在的对象性方式是利他性。利他性的核心范畴是善良意志即良心，人作为能在依据自己的善良意志生活，就是仁爱。人遵循此良心的呼唤去存在而成为能在，成为能够不断超越的自由存在。当人呼应着自己的良心呼唤去存在的时候，德

性才成为人作为能在在世的一个超越维度。依此良心"去在"就是超越生存中的践行修为。每个人都可以自称为一个善良的人，如若只有向善的意志而无践行，其实也就根本没有善良的人了。只有内在的善良意志展开并规定了外在行为，才有现实的善良。

利他性原则的第二个环节是修为，也就是在对象化活动中善良意志的落实和展开。修为这个概念既可以指依据内在的善良意志在世，也可指在此德性生活中收获的道德品性。修为是德性修养和良心落实的过程。个人的道德层次和境界在修为中的展开，是一个生存自由得以实现的艰辛过程。以其展开机制和展开程度的不同，修为可分为三个环节，也可以说是三种不同的境界。能在越是自觉地以利他为出发点节制甚至是牺牲自己的利益，越能展示其生存的超越性，在这种超越中获得和感受到的自由也就越多。修为的三个环节依次是他律、自律和舍己。善良意志在这个由外至内、由低到高过程中展开。善良意志不是一张没有兑现、等待兑现的支票，它需要被兑现。所谓展开说的是成长和落实。没有修为中的展开，就没有善良意志。

外在他律

利他性作为他者阶段交往活动领域的对象性方式以内在的意志自由为前提。强迫可以使人做出利他行为，但这样的行为本身不是伦理意义上的利他性行为。道德行为的前提是自愿。就像在绝对性方式中强制只是信仰的异化形式，真正的信仰一定是被转化为内在意志的我信一样，利他性的道德也是以内在的自愿为前提的。因为道德规范的遵从已经不再以神圣意志的权威性和神圣性为基础，仁爱行为的利他性体现出更加成熟的自由意志，这就是自愿。他的行为不是出于对他者的恐惧和害怕，而是对他者的尊重和爱戴本身。当然，利他性奉献精神成为交往行为的根本原则，并且内化为作为良心的善良意志，并因此养成理想的道德人格是一个漫长的艰辛过程。不仅是就人类文明的教化而言，就个体生命的道德成长而言，本身也是一个漫长过程。这个过程以他律为起点。

他律不是通过外在的强制使之不得不做——我是被逼的——而是说善良意志和行为有一个由外而内的养成过程。虽然按照规范自愿地做事，但这些规范还是外在的，并没有成为能在在世的内在根据。道德性还只是表现为不违背既定的规范本身而已。人总是被自己和他人通过不同的方式提醒，应该如何不应该如何，他还生活在他者目光的凝视之中，自觉的道德行为基本上还是为了被"看见"，因此他的自愿总还是有太多的不自由。他律首先表现为规范的外在性，人作为能在被抛入其中的规范先于个人，并且是个人不得不接受的事实，诸如各种风规习俗、乡规民约等。能在需要不断地学习、遵守这些规范。这些道德规范实际就是能在生存于其中的社会现实。人受到这些规范的制约并且通过这些规范同世界打交道，在社会中历练成人。能在有时会因此觉得身不由己，处处小心，时时在意，如临深渊，如履薄冰。他律还表现为目的的外在性，因此表现为行为的异化。在他律中，道德行为常常不是自足的，不是以自身为目的的，而是指向这些行为之外的因素，某些善行只是达到其他目的的工具，甚至是沽名钓誉的手段。因此做出某个道德行为是为了被看见，是为了照亮和装点自己。除了规范和目的的他律性以外，他律还表现在约束机制的外在性上。能在还是生活在他者的凝视之中，虽然道德行为和道德规范没有直接的强制性，但能在总是看他人的脸色和眼光行事，希望被点赞和表扬，害怕被批评和谴责。当他为了某种功利目的行善的时候，总是期望被看到；反之，当产生不好的行为时，则逃避众人的目光，希望不好的作为不被看见。道德舆论像空气一样围绕在能在的周围，社会就是由规范和舆论构成的道德空间。舆论就像是落实道德规范的警察。舆论监督实际上是一种非暴力的暴力，软性的强制力量。不论舆论的褒扬还是谴责都是熟人社会维系伦理生活的基本方式。中国有个说法，金杯银杯不如老百姓的口碑，讲的就是舆论褒扬的力量；"众口铄金，积毁销骨"，在一个道德舆论强大的社会中，舆论杀人也是常见的事情。

舆论作为道德他律的方式必须以理性为基础，应该通过教养知道自己的边界。如果他律无视道德自愿，变成了一种纯粹的外在强制，道德也就失去了德性并异化为专制力量了。在这种情况下，道德与宗法和法律之间的边界就会变得十分模糊。中国古代的礼制、家规和民约有时都采用类似于法律的强制手段执行，甚至就直接作为律法发挥作用。古代有"礼不下庶人，刑不上大夫"的说法，明清时代中国皇室的宗人府拥有依照皇家家法处罚皇室成员的权力，而执掌司法的刑部却不得过问。大户人家的家规族规甚至也通过体罚处死等方法惩戒其家族成员。中国古代许多的纲常伦理，合理与否不论，从其实现来说，实际上被强化成为统治的手段，执行着法的职能。所以，将中国古代幻想成伦理社会的典范，好像它体现了道德温情因此比物化的现代更加优越，其实是误解了历史的实情，也误解了道德的自由本质。直至今天，仍有不少中国知识分子，感慨人心不古，道德败落，怀念甚至试图重建农村熟人社会的乡贤治理。这大概只是看到了满纸的仁义道德，而没有看到字缝之间的"吃人"

二字吧。①

内在自律

在道德他律中，异己的规范作为外在的东西在那里悬着。对于这些规范的接受和遵从大多情况下以不受谴责处罚或者说得到赞许表扬为目的，道德的行为还没有成为自足的行为，因此还只是道德的低级阶段。有的人终其一生也就只是停留在这一阶段上。更高的道德自由是外在规范的自觉内在化，依照自己的内在良心为人的自律。当然，有的人始终没有通过"他律"顺利地过渡到道德自律的层次，道德被看成能在超越的否定性因素，生存自由的束缚。所以，他不是消极地照单遵从外在道德规范而成为道德上的侏儒，就是不断地处在与这些规范的冲突之中，成为失范者。不论是遵从还是违背，规范始终是外在的，没有真正内化为道德的内在意识。面对现实，他始终不能感受到自由。道德自律意味着规范外在性的逐渐消解，能在通过自我修养和道德教化过程，将外在的规范内化为内在的道德意识并使之成为自觉的生活指引，能在从本质上超越了各种外在束缚，达到自觉自律。约束能在对象化活动的不再是外在舆论甚至道德审判，而是已经被内化为道德意识的规范，因此是那逐渐明朗起来的良心。做还是不做什么，遵守还是不遵守什么，看起来已经完全是自己听从内在意志的决断，而不是外在约束的考量。在这种发

---

①　关于这种吃人的历史，可以看《狂人日记》，也可以看看李大钊的《乡愿与大盗》，"中国一部历史，是乡愿与大盗结合的纪录"。当然，在不少古旧先生看来，不仅是写出了《狂人日记》的鲁迅先生，写出《乡愿与大盗》的李大钊乃至整个五四一代都不过是断了中华文化根脉的逆子，是文化虚无主义者而已。其实这些古旧先生从传统的立场否定近百年历史变迁的成果，何尝又不是一种虚无主义呢？虚无主义不仅意味着否定过去，而且意味着否定现实或者否定将来，不能实事求是地看到辩证的历史过程。

乎内心因而问心无愧的行为中，能在摆脱了各种纠结、焦虑、恐惧，获得了内在的安宁和自由。这是能在在利他行为中获得的犒赏。自律是一种内在的自由，它真正超越了绝对性方式中的信仰和利他性方式中的他律环节，体现了道德领域的自由展开。

当然，自律毕竟还是一种约束，哪怕是内在的约束。因为在这个阶段，能在还是能够时刻感受到自己与他者的差异，感受到自己所思所想与外在规范要求的不同。此时，他会通过理性进行反思和识别，克服自己身上的不道德不合理的期望和欲求，同时反思外在的规范，择其善者而从之，而不是盲目地迷信和遵从。能在甚至可能通过自己这种自律的实践影响环境，改变不合理的道德观点和道德规范，推动着社会道德生活的发展。许多历史上的道德楷模就是通过自我修养和改变环境成为历史进步的积极影响者的。自律道德也是一个反复循环渐次提升的过程，"吾日三省吾身"的自我修养过程，通过克己、慎独，能在的自律最后达到了随性的境界。

克己。自律首要环节是克己。从他律过渡到自律，能在开始还总是感觉到对立，尤其是感觉到自己的利益、欲望、需求等与他者的差异，常常有占他人便宜甚至将自己凌驾在他者之上的冲动。因此，自律的第一个环节是抑制这些欲望和冲动，是通过对自己的限制达到与规范的统一性。这种统一性表现为规范的实存和不受破坏，个体在对规范的尊崇中本身受到尊重，从而获得道德上的自由。自律者通过克己确认他者的存在，本身也在这个过程中自我教育和自我实现。[①]　在教化和内省的反复磨砺中，外在的规范逐渐变成能在自己的内在要求，由此达到更高的自律。我们称之为慎独。

　　慎独。克己毕竟还是被动的，是通过自我克制和自我修养实现的自律。与他律相比较而言，克己已经不再是外在强制，而是自己认同了外在规范之后，主动地克制自己，监督自己，自愿地使自己的行为符合这些外在的规范，从而获得外在认同，避免外在的负面评价。所以，克己的主动性里面包含的是"做给他人看"的外在性。当自我将外在性的规范领会为内心发现的时候，这种外在性就被超越了。能在行为彻底地摆脱了表演性质，不再是以他者为前置条件的克己，而是自己做给自己看，自己依据自己的良心做出审定。[②]　自己内在的意志是唯一的法官，真实地自己面对自己，非但不欺人，亦不自欺，诚心诚意，内外一致。因为行动者和裁判员都是内在的自我本身，也就不再存在任何意义上的表演和"作秀"。君子能够做到人前人后，表里如一，不做作不掩饰，因此自

---

　　①　黑格尔曾经指出："未受教养的人在一切事情中听从暴力和自然因素的支配，小孩不具有道德的意志，而只听其父母摆布，而有教养的和能内省的人，希求他本身体现在他所做的一切事情当中。"（〔德〕黑格尔：《法哲学原理》，张企泰译，112 页，北京，商务印书馆，1996）

　　②　关于道德领域的这种自由特征，黑格尔在《法哲学原理》中说："人都意愿别人对他按照他的自我规定来作出评价，所以不问各种外在的规定怎样，他在这种关系中是自由的。人在自身中的这种信念是无法突破的，任何暴力都不能左右它，因为道德的意志是他人所不能过问的。人的价值应按它的内部行为予以评估，所以道德的观点就是自为地存在的自由。"（〔德〕黑格尔：《法哲学原理》，张企泰译，111 页，北京，商务印书馆，1996）

觉而自由，这就是慎独。慎独是一种修养工夫，也是一种生命境界。①

随性。在慎独的修养中，能在以内在的良心为尺度自我审视，行为的约束不再是外在的规范，而是发自良心的内在自觉。不过，在慎独中，能在的良心意味着能在在应该与不应该之间还存在着根本的区分，两者还没有真正统一。能在总是用良心代表的"应该"来要求自己，监督自己。"做自己的主人"只是意味着自己根据自己的原则管好自己，是自己主人的同时也是自己的奴隶，受到内在的更高原则的束缚，同时更高的自主性意味着更加严格的自我审查。②

道德的自律通过克己和慎独功夫，已经将规范性建立在内在的良心中了。当能在通过自我的磨砺，在内在意志中进一步消除应然对自己的束缚，或者说应然变成了能在的自发原则本身，不再与能在的意志相对立的时候，道德自律最终就达到了随心所欲不逾矩的自由阶段，这是一种高度的道德自觉境界。我们称之为随性。在随性中，已经感受不到、因此根本也不需要规范制约和自我节制，自我审查。各种行为发乎内心，率性而为，却合情合理。这是一种完全内在的行为自觉，作为内在

---

① "小人闲居为不善，无所不至。见君子而后厌然，掩其不善，而著其善。人之视己，如见其肺肝然，则何益矣。此谓诚于中，形于外。故君子必慎其独也。"（《礼记·大学》，见《礼记译解》，王文锦译解，927 页，北京，中华书局，2016）

② 在《国家篇》中，"做自己的主人"讲的是节制品质，是美好事物的秩序和对某些快乐和欲望的控制。"不过在我看来这种说法的含义是，一个人的灵魂里面有一个比较好的部分和一个比较坏的部分，而做自己的主人这种说法意味着这个较坏的部分受到天性较好的部分控制。不管怎么说，这是赞美之词。但若由于教养问题或某些交往问题，这个较小而又较好的部分被较坏而又较大的部分控制，那么我们就要进行谴责，把处于这种境况中的人称作无节制的和放纵的。"（[古希腊]柏拉图：《国家篇》，见《柏拉图全集》第二卷，王晓朝译，405～406 页，北京，人民出版社，2003）

原则的应然已经成为能在的意志，意志内在地不再有分裂，不再有需要去克服的部分。在这个意义上，随性甚至可以不再被称为自律了。就其来自于内在的自觉而不需外在制约而言，它是自律，就其超越了内在的自我克制和慎独功夫而言，它是高度自觉，是无拘无束的自由境界。①

　　善良意志在他律和自律的道德实践中渐进形成并得到实现，而不再是能在超越在规范层次上的一个抽象规定。从他律到自律，到自律的最后一个环节——随性，内在意识的自觉自由达到了纯粹内在性的阶段。也就是说，规范性的基础建立在能在内在的良心之上了。善良意志成为德性的内在根据。自律中的自由随性不是"任性"和"顽皮"，而是在承认他者的基础上对外在规范的彻底内在化，是道德根据的真正确立。因为真正说来，他者阶段规范性层次利他性的仁爱就是以自觉、自愿和自由为特征的能在之基本在世活动。在德性的自律中，规范的外在性被扬弃了。在自律的随性中，这个所随之"性"恰恰是教化和自我修养的产物，是能在的良知良能之性，是"良心"。良心的本质不是关心自己，而是内在地确认小写他者的外在存在。也就是说，能在将对小写他者的肯定奠定在了内在德性的基础之上。"为了自己"不是德性的本质，奉献才是内在良心的根本原则。因此，在他律和自律之后，带着自己的修养为了他者达到忘我境界的时候，道德人格才抵达最高的完美形态。我们称之为舍己。舍己精神是在道德他律和自律之后道德修为的最后环节和最高

————————

　　① 关于达到这种道德随性的生命历程，诚如孔子对其人生的总结一样，是一个逐渐提升的过程："吾十有五，而志于学。三十而立。四十而不惑。五十而知天命。六十而耳顺。七十而从心所欲，不逾矩。"（《论语·为政》，见《论语译注》，杨伯峻译注，16～17页，北京，中华书局，2012）

境界。

舍己忘我

所谓良心，不是内在的空洞概念，而是道德实践中对能在之德性的抽象；不只关注自己心性修养，而且关注社会生活中对他者的奉献。能在本身是社会历史中的存在，能在的任何超越都不是独自的自我提升。真正的道德意识是在己他关系中超越自己的仁爱行为。仁爱是能在超越从独善其身到兼济天下，从自觉的自律进展到奉献他者的在世活动。经历了他律和自律后直接或间接地"为我"或者"有我"，利他性的仁爱最后达到了无我或者说忘我的舍己阶段。道德中的忘我不是审美境界中的物我两忘，而是以他者为核心自觉自愿地奉献的道德境界。舍己忘我是道德的最后环节，因为道德精神的本质就是奉献成为伦理实体中规范性的根本原则，而舍己是奉献的最高境界。

舍己阶段的特征有两个。首先是通过他律和自律形成的自觉自愿原则。一般地说，自觉自愿是道德的普遍原则。但是只有经过他律和自律阶段的磨砺，这一原则在舍己阶段才算真正成熟和巩固起来。在这个阶段，能在在舍己的德性行为中真正感觉到自由，对各种道德规范的遵行不再有任何勉强和强制，利他性行为完全是发乎本心的，因此真正是自觉自愿的。他的良心就是以他人为奉献对象的爱心。这种爱心只有形成于内部，才可能被作为爱心奉献出来。出于要求、算计、勉强和强制的行为都不具有舍己的性质，虽然在客观上可能是舍己甚至是利他的了。其次，舍己还意味着不仅尊重他人利益、将他人放在优先的地位，关键是能够自觉自愿地牺牲自己的利益成就他者。舍己的另一个根本要件是牺牲奉献，而不仅是自觉自愿地利他。自觉自愿地奉献牺牲自己成就他者的舍己，才体现出利他性这种对象性方式的精神本质。因此，道德实践的最后境界是舍己，而不是自律，甚至不是自律中高度自觉的随性。舍己作为道德的最高境界本身也有差异。大体说来，由舍己为他行为中"他者"从具体到特殊，从特殊到普遍的发展和过渡，舍己包括了舍己为人、大公无私和舍生取义等几种不同情况。

舍己为人。舍己行为指向的是具体事件中的具体个人。在处理己他关系的时候，舍己行为不仅一般地指尊重他人、关心他人等，而且指主动地将他人摆在高于自己的位置上，能够自觉自愿地牺牲个人的利益使他人的合理利益得到实现。舍己为人是一种常见的利他主义精神，也是道德生活的典型形式。几乎可以说，历史上任何国家和文明都鼓励这种利他主义的舍己为人精神。当然，利他主义也应该有边界，他人的利益应该是合理正当的，否则利他主义的泛滥会成为与之相反的利己主义的温床。舍己精神如果被利己主义者恶意地利用，就难以避免好人吃亏而恶人受益的状况。

大公无私。相对于舍己为人指向的个体对象，大公无私这种"舍己"的对象不是特定的个人，而是能在置身于其中生存的群体或组织。也就是说，在处理个人与集体利益关系的时候，牺牲自己的利益，维护集体利益的优先地位。大公无私是集体主义道德精神的基本内涵。社会中存在各种形式的"共在"，例如家族、社群、组织等，牺牲个体利益捍卫共在，就是大公无私。然而，国家等共在存在总是具有比个体强大的力量，往往强大到压制个体意志和个体利益的程度，个人常常在强大的集体面前不能成为自己，被迫大公无私。因此，大公无私作为一种道德精神，尤其应该以自觉和自愿为基本前提，而不是一种集体名义下的强制，不是多数对少数的专制和暴政。如果是被迫"大公无私"，假装"大公无私"，就无所谓"舍己"，也没有道德可言，甚至可以说这种被迫本身是不道德的。

舍生取义。相对于舍己为人和大公无私指向的是个别对象和特殊对象而言，舍生取义或者杀身成仁维护的不再是个人或集体的具体利益，而是更高层次的道德精神和道德价值，体现的是更加抽象的形上层次的精神追求。当然，舍生取义也可能由具体的人或事引发，但是，舍生取义捍卫的是体现在具体人事中的价值原则，而不是这些人或事本身。中国古代的仁人志士一直倡导这种舍生取义的精神①，到了现代的革命者身上也有"砍头不要紧，只要主义真"的英雄气概，舍生取义、杀身成仁的精神谱写了一曲曲壮烈的历史诗篇。当然，这是一种高标准的道德境界和极致的道德要求，是先进和特殊，而不是普遍的现实。唯其如此，非圣贤英豪不能为。此种道德精神的道德意义在于，它是一种理想的，因此难能的标杆。唯其难能，才能成为亘古的道德理想。此种道德精神具有一种引领性的作用，但不能用来剪裁现实，不能用来要求普遍的个人。

从善良意志到践行，利他性由内到外经历了两个基本环节，能在的善良意志在对象化的道德实践中形成并且得到根本历练。从他律、自律到舍己的道德成长纯粹就是意志的形成和磨砺的过程。在内在意志的成

---

① 孟子曰："生，亦我所欲也，义，亦我所欲也，二者不可得兼，舍生而取义者也。生亦我所欲，所欲有甚于生者，故不为苟得也。死亦我所恶，所恶有甚于死者，故患有所不辟也。如使人之所欲莫甚于生，则凡可以得生者何不用也。使人之所恶莫甚于死者，则凡可以辟患者何不为也！由是则生而有不用也；由是则可以辟患而有不为也。是故所欲有甚于生者，所恶有甚于死者。非独贤者有是心也，人皆有之，贤者能勿丧耳。"（《孟子》，万丽华、蓝旭译注，186～187 页，北京，中华书局，2010）

长过程中，亦即内在良心通过他律、自律和舍己诸环节对象化展开的过程中，能在的超越实践构成了人生活于其中的伦理世界，即在物性世界中展开了一个超越物性世界的空间。能在在世的原则已经是交往活动中形成的道德规范了。伦理世界不过就是由利他性的仁爱活动构成的社会空间，是对象化了的良心。从规范层次的利他性这种对象性方式来看，作为交往活动领域的社会就是善良意志和践行修为相统一的伦理实体。

三、伦理实体，作为共在的善良意志

（从宗教社会到伦理实体；伦理实体作为仁爱社会；伦理实体的超越性，伦理实体的总体性，伦理实体的可识别性，伦理实体的多样性）

世界观意味着观世界，同样，存在论意味着论存在。问题的关键不仅是观什么和论什么，而且是如何观和如何论。意识中的对象和构成对象的意识方式之间存在同构关系。"看"本身原始地包含着"看什么"和"如何看"的统一，因此我们看到的是什么已经同我们如何看相互内在地关联在一起了。对象只是我们"看到"的对象。我们永远不可能谈论一种对象性意识关系之外的对象。意识中的对象只是被我们意识到了的对象。即便是超越有限性的绝对的"无"，也同样只是被我们用"无"来谈论的对象性存在，仍然在意识规定的对象性意识之中。因此我们说，世界观和存在论的本质是我们在什么样的对象性意识中把握世界。在什么样的对象性意识和对象化活动中把握世界，世界就是什么样的。这里说的世界是什么样的，不只是在世界观念上被把握为什么，同时也意味着依此观念我们如何同这个我们身在其中的世界相处，打交道。世界是什么不仅根源于我们怎么看的意识，而且根源于在与这种怎么看的意识相关的对象化活动中的怎么做。社会作为伦理实体源于能在以利他性方式在对象性意识和对象化活动中的超越构成。

能在最初在事实层次把握世界，世界被观念地把握为由实在对象构成的存在领域。在事实层次的第一种对象性方式即绝对性中，实在对象就是绝对本体，本真存在，现实的世界被看成在经验现象中的展开。绝对本体、绝对真理和绝对意志等概念是本体论思维方式的结果。因此，在作为"绝对"存在的意义上，这些范畴具有等同的意义。与这样一种世界概念相应的是能在在世的绝对信仰和政治生活中的绝对权力。就在事实层面以绝对性把握世界的世界观而言，社会作为宗教或者准宗教社会，被看成绝对本体和上帝意志自我展开的一个外化环节。由于自我意志的成长，能在的生存从事实性进展到规范性，进入了交往活动构成的实践领域。到这里，大写的绝对他者被虚化了，经验生活中存在的各种小写他者成为个体率先确认的对象，能在以利他性的对象性方式领会交往活动中构成的实践领域，道德世界就是利他性方式中由对象化活动和对象性意识构成并在其中展开的伦理实体。伦理实体是能在自己营建并安居的温馨家园，是由仁爱构成的存在领域。伦理实体是表示以利他性的方式理解交往活动领域形成的社会概念。

社会作为伦理实体在宗教社会之后，因为规范层次的利他性这种对象性方式是在事实层次的绝对性意识之后的。在利他性方式中，能在的基本在世活动是以奉献为原则的仁爱，能在之间的关系是一种利他性的伦理关系，世界乃是由此种伦理关系和活动构成的存在状态和存在空间。人不是通过绝对信仰与作为绝对存在的上帝及其附属的存在者打交道，而是以利他性为原则、"仁者爱人"的仁爱方式与小写他者相处。那种在绝对信仰中培育的神圣"爱恋"变成经验中面对小写他者时的仁爱精神，变成仁爱中的尊重爱戴和牺牲奉献。尽管在道德原则和道德精神的论证当中，利他性常常以本体论的方式进行，但是，经验生活的现实已经开始提升为根本的对象和根据了。小写他者仍然被看成是个体之外的给定对象，具有道德意义上的优先性，但它已经不是彼岸世界中神圣的大写他者，而是此岸生活中的经验对象。世界的内在性或者说世界的此岸性已经走出了自我确立的第一步，彼岸世界只是在想象中才存在，甚至在想象中也不存在。例如，孔子的"未知生，焉知死""敬鬼神而远之"便对彼岸的世界及其存在者存而不论，早就将伦理世界本身的建构作为神圣使命了。中国前现代的熟人社会就是伦理实体的典型，道德人伦成为根本社会内容。

在这个意义上，我们不能同意黑格尔关于中国古代历史的说法。黑格尔在《历史哲学》中说历史要从中华帝国说起，这不仅因为中国是最古老的国家，而且最主要的原因在于他认为，中国历史代表的是"客观性"的"幼年时期"，客观存在和主观运动之间还没有发展成对峙，所以无从发生任何变化，还没有真正历史的东西，只能说是"非历史的历史"。他的意思是说，中国历史的进展仍然源于纯客观的自发性。在我们看来，相对于黑格尔等人的欧洲中心论，其实是中国历史率先进入伦理社会，而不是通过绝对性的宗教深陷在彼岸世界的幻想之中挣扎，这非但不是中国历史的迟滞，反而是中华文明先进成熟的标志。中国古代不但有历史，而且是比西方宗教社会领先前进一步的成熟历史，代表着历史发展更加成熟的原则和阶段。建立在内在善良意志基础上的德性生活难道不比凭借先验强制和心理恐惧维系的人伦关系更加自觉和成熟吗？这里的前进一步或者说更加成熟，并不是说道德原则和道德精神存在着优劣和好坏，而是说，利他性这种对象性方式已经建立在经验性和内在性的基础上，由利他性组建起来的伦理实体原则上是在超验绝对性组建起来的宗教社会之后。至于到了近现代，中华文明因为作为伦理实体的稳定性而没有像西方一样一跃而入到现代文明，那倒是另一回事。当然，即便考虑到中华民族在现代的遭遇，也不能因此说挨打是因为落后，甚至提出落后就要挨打的陋见。野蛮战胜文明，落后战胜先进的实例历史上并不少见。其实，对中国伦理社会的赞誉，就以西方学者为例，直到鸦片战争之前，俯首皆是。

伦理实体不是作为起点先存在然后展开为经验现实，而是善良意志通过践行修为对象化的客观现实。伦理实体这个概念不过是用来表示能在超越的社会性空间和历史性时间之统一体的一种特定称谓，是在规范层次上在利他性这种对象性方式中形成的社会历史概念。伦理实体中的"实体"只是说这是一种对象化了的存在关系、存在方式和存在状态，而不是一种停留于观念形态的思想。在这个基本意义上，它不是笛卡尔意义上具有广延性的物质实体，作为实体它恰恰不是物质性的，而是"伦理的"。伦理实体中的"伦理"不是一个简单的限制性或者修饰性的概念，而是赋予了实体这个概念全新的性质。这个实体讲的是规范性的、实践性的客观存在状态，是对能在超越生存空间的静态化抽象。因此，甚至可以将这个概念说成是实体伦理，也就是外化的、客观化了的伦理生活。伦理实体本身必然包含伦理精神原则，作为伦理精神的外化，它是在物性世界中超越了物性实在的德性空间。当然，伦理实体作为伦理精神的外化这个提法，并不是说在伦理实体之先和之外存在着一种精神的原则或实体，由它们产生出时间上在后的伦理生活，而是说，由能在超越生存的仁爱活动创造并置身于其中的现实本身超出了能在的存在，成为能在超越生存的德性空间。能在以利他性的方式理解世界并且在世界中存在的时候，世界就是伦理性的，就是作为伦理实体存在的德性世界。

伦理实体中的"伦理"讲的是社会存在具有的道德属性，是在规范层次上以利他性这种对象性方式把握世界。首先，世界不是在事实层次被理解为绝对性的、必然性的、客观性的物质世界，而是在规范层次上被理解为交往活动的产物，是在实践中形成和变化着的一系列观念、原则、制度、规范和行为所构成的动态总体。其次，伦理实体是以规范性的利他性方式去理解这个动态总体形成的概念，它突出的是这个实体所具有的道德属性。"伦理"突出了这一实体与同样是规范层次的公平性方式构成的"法制社会"概念不同。社会历史是能在构成并且在之中存在的世界，即由对象性意识和对象化活动之超越构成的能在在之中生存的历时性意义空间。伦理实体就是对这一历时性意义空间特定层次和特定历史性阶段的命名。在这里，社会历史作为能在构成并在之中生存的共同体被理解为道德性的存在，被理解为伦理实体，由此与宗教社会和法制社会等相互区别。世界当然还是同一个动态的世界，在伦理实体当中仍然有信仰和法律。伦理实体概念意味着能在把握世界的一种特定方式。以这种伦理性的眼光看待世界并且与世界打交道，世界就是一个伦理的世界，甚至世上万物都是有德性的。中国古代思想中的"以德配天""民胞物与"等思想就是这种伦理世界观的体现。

社会历史作为伦理实体是一个能在论视域中的存在概念。在能在论的视域中，存在并不是指抽象的广延性或者精神性的实体，而是指人作为能在超越的对象性意识和对象化活动中展开的现实状态和现实过程。所谓现实，是动态展开的总体，是综合。在这个意义上，社会历史作为能在论范畴讲的就是能在超越生存中的意义空间和动态过程。作为能在对象化活动的总体化状态和总体化过程，社会历史不仅将现在的存在物，而且将对曾在的记忆和对将在的想象都纳入到总体当中，构成一个层次化动态空间。社会作为伦理实体，不是独立于物性实在的另一个世界，而是在物性实在中存在和展开的超越物性的能在空间。伦理实体只是能在从仁爱的伦理角度上去领会的社会存在。当然，还会有其他多种把握以及构成社会存在的对象性方式。也就是说，还存在其他把握世界的对象性意识和对象化活动，因此还会有其他不同的命名，诸如技术社会、法治社会、欲望社会等。在将社会存在命名为伦理社会的利他性方式中，能在之作为能在生存的超越性已经欣然怒放了，那个曾经屈服于神性权威的能在已经开始将世界建立在能在自己构成的基础之上了。

在这个意义上，传统社会学关于社会的唯名论或者唯实论的争论已经不在能在论的论域之内了。它们不过是抽象本体论思维在社会学领域中留下的僵硬残骸。社会作为能在生存的历史性意义空间，就其不是抽象的观念存在，而是对象化的实际状态和过程来说，它不是一个唯名论的空名，而是实体；就其不是抽象的广延性存在，而是意味着在物性实在中超越物性的精神空间而言，它是一个伦理性的意义空间，是用来将这个意义空间概念化的概念，而不是独立存在的广延实体。所以，要从物质广延性角度理解存在，将存在等同于抽象的物性物质实体，则根本就没有社会存在，社会并不会作为这种意义上的实体存在。能在论的社会概念是扬弃了唯名论和唯实论的真理，就像能在论是扬弃本体论和认识论存在概念的真理一样。表达能在生存空间的社会概念乃是具体统一的存在论范畴，它立足于实践中介的统一哲学或者说综合哲学的基础上。只有立足于能在的超越生存，我们才能真正领会社会作为伦理实体的存在论特征。

伦理实体的超越性

伦理实体不是自在的、静止的物质实体，而是对象性意识与对象化活动的统一，是能在超越生存的共在状态。在此状态中，能在通过体现共同道德精神、道德意志、道德原则和道德情感的行为及其规范而关联在一起，因此是超越实在的共在总体。伦理实体在三重意义上是超越性的：其一，伦理实体是通过利他性精神超越物性实在的意义价值空间，是在物性的世界中超越物性的存在领域；其二，伦理实体是通过能在的对象化活动不断趋向未来的动态的超越性过程，而不是静止的完成状态；其三，伦理实体是超越了个体的作为客观存在状态的共在总体，而不是能在本身存在的伦理性或内在精神状况。这三重超越性可以通过规范概念得到理解。因为能在的行为规范并不是单纯遵循事实性的绝对性、必然性和客观性，而是凝聚了属人的知识、意志和情感等价值维度的行为原则。道德规范所指向的应然原则始终具有一种超越实在的指引性作用。伦理实体由此成为动态的超越状态和超越过程，是不断得到再生和发展的意义空间。

伦理实体的总体性

道德规范的三重超越性意味着规范性行为是不断总体化的活动。伦理行为将横向空间中的要素和纵向时间中的要素纳入动态的总体过程，从而使伦理实体成为一个内在关联的有机总体。总体化的过程就是社会整合的过程。一方面，人作为能在在与人或物的交往过程中，以伦理的眼光看待事物，赋予其道德的意义，并将它们整合到具有道德属性的共同体中；另一方面，这种规范性行为还能够在历史时间的意义上实现总体化，将记忆和想象的东西经过对象化的实践熔铸为一个总体化的现实。规范性行为遵循的道德规范就像居于纵向横向等多重整合作用的黏合剂一样，使伦理实体成为一个由空间层次和时间维度的构成的有机总体。这个有机总体在辩证的运动中始终保持着它的总体性，而不是一个机械实体。

伦理实体的可识别性

由于规范行为和行为规范的整合作用，伦理实体是一个辩证的有机总体。这个总体的总体性使之具有了很高的辨识度。也就是说，我们可以依据不同的道德文化、道德观念、道德规范和道德心理等区分出不同的伦理社会。不同的国家、民族、社群常常表现出与其他同类实体不同的伦理特征，从而能够在不同规模和层次上相互区别。对于来自相同或相近伦理实体的成员，大体也能够根据他们不同的道德习惯、伦理精神等进行识别。当我们说一个人的行为"很中国"的时候，大体说的就是这种伦理共性在他行为举止和思想观念中的神奇体现，而不是说他的长相是中国人，也不是说在政治上他是一个中国公民。长期历史积淀形成的道德文化构成一个文化实体最核心、最稳定的因素，因此可以将其看成是不同文化识别的重要方面。相同或相似的道德特性甚至超越地缘边界因素和政治制度因素，成为文化识别的要件。地缘和政治等具有较强人为性和可变性，而不像道德文化那样是长期的历史积淀的结果，具有较强的稳定性，因此成为伦理实体可识别的文化总体。所谓文化认同很大程度上是伦理认同。

伦理实体的多样性

伦理实体的超越性、总体性和可识别性本身已经蕴含了伦理实体的多样性。依据不同尺度可能区分出各种大小不同的伦理实体，因此伦理实体之间可识别的边界总是相对的。这个相对，可以说是相对确定的，当然同时也是相对不确定的。两个说法实际上是同一个意思。相对性可以看成确定性和不确定性的统一。从横向空间的角度，存在不同的伦理实体和伦理社会；同样，从纵向时间的角度看，同一对象在不同的历史阶段也会发展成为不同的伦理实体。也就是说，伦理实体的认同原则，具有社会性和历史性的差异，因此伦理实体是多样性的。不过应该强调的是，这种多样性只是一种水平差异，而不是垂直等级的高低差别。不同的伦理实体之间并不能说优劣好坏，它们之间的差异只是不同而已。这种不同有可能来自地缘因素，也可能是历史形态的变迁造成的。今天很难理解传统社会中对婚前性行为的禁止，但那是历史的社会产物，在当时时代普遍认为它就是道德的，就是正确的。即便在今天不同民族中还存在着一夫一妻制和一夫多妻制的差异。当然，这种差异不仅体现为道德规范的差异，有时也通过法律规范得到确认。这就要求我们用理性的眼光社会地、历史地看待不同的伦理实体，尊重他者的伦理生活，多些同情的理解。现在常有一种现象，讨论问题的时候，拒绝道德评价，甚至有道德绑架的说法，好像道德评价是一种不好的事情。其实，问题的关键不在于道德评价本身，而在于对道德现象本身不能从抽象的同一性原则出发进行评价，而是要培养一种历史理性，因此获得一种立足于理性的宽容精神。

从以善良意志为内在根据的道德实践最后到伦理实体，是规范层次上利他性这种对象性方式展开的三个基本环节。社会作为伦理实体的基本原则是奉献，以奉献为根本原则的超越生存就是仁爱。也就是说，利他性这种对象性方式的基本在世活动就是仁爱。利他德性规定着个体和整个社会生活的诸种方面。作为伦理实体的社会就其作为公共性的共在来说，其政治形态是仁政德治，我们称之为德政。在这种利他性伦理社会中的德政与古希腊时期的民主政治和德性政治存在着基本差异。它以中国古代政治为典型，不是强调人民的民主权利或追求个体的卓越，也不是以人民对上帝的信仰为原则，而是以善良意志为核心，倡导利他的奉献精神，突出地强调世俗政治在文明教化和社会和谐中的作用，因此是一种德政人治。

四、德政，伦理实体的构建与维系

（仁爱作为德性政治的基础；王道，为政以德；教化者，朝廷之先务；和谐，天下归仁）

从规范层次的利他性方式来看，社会作为能在生存的共在空间就是伦理实体。伦理实体是能在交互作用的空间。"仁者爱人"，这个空间中能在的基本在世活动——仁爱——本身即意味着人作为能在的存在是复数性基础上的共他者而在。能在在对象性意识中领会这种共他者而在，并且依据这种领会在对象化的活动中与他者一同"在着"。能在如何共他者而在的"如何"不仅是讲关系和状态，而且是通过这些关系和状态展开的社会空间和历史时间。利他性作为伦理实体的基本构成方式表明了伦理实体这个概念在将共在概念化时的社会空间层次和历史时间维度意识。从个体生存的角度来说，利他性根源于超越自身利益对他者优先性的确认。从个体作为"共在"存在的公共性来说，利他性意味着公共生活中的仁爱成为政治的基础概念，政治因此是德性的政治。德性政治是利他性对象性方式在公共治理中的展开，是社会作为伦理实体的根本体现。德政的核心是将仁爱确立为根本的治理理念，是倡导仁者爱人的治理实践。孙中山先生说过，讲到中国固有的道德，中国人至今不能忘记的，首先是忠孝，其次是仁爱，再次是信义，最后是和平。中国"固有"的政治也是围绕着这些基本德性展开的，本质上就是以这些德性为基础的政治。所谓的修身齐家治国平天下，都是讲私德与公德的统一，德性与政治的统一。张载的"为天地立心，为生民立命，为往圣继绝学，为万世开太平"的宏伟理想，就充分地体现了"德""学""政"之间的内在统一，将一个"德"字贯穿到社会生活的基本实践中。

德性政治以个体之间相互共在的伦理关系为出发点。在这种共在关系中，德性政治强调的是他者存在的事实性和优先性，因此鼓励个体超越自身利益甚至牺牲自己的利益成就他者。这种超越性不是来自于政治权力和其他外在强力的约束，而是来自内在的善良意志。善良意志只能通过不断的自我修养和外在教化形成和巩固起来。在德性政治治理的伦理社会中，个体之间不是对抗性的竞争关系，甚至不是一种合作共赢的功利性关系，而是彬彬有礼、温良恭俭让的和谐共处关系。个体的自我实现因此不是向外的凸显和扩张，而是道德修养的提升。政治要倡导的不是"索取"，而是"奉献"，不是权利和利益的捍卫与实现，而是以奉献为核心原则的人格修养和道德境界的提升。修养指向的是以仁爱为核心的道德人格，而不是个体的能力素质和知识技术。德性政治也讲精英统治，但这些精英首先是道德上的君子，是人格精英，而不是拥有专业技能或知识的专家。这种德性政治与通常讲的卓越政治或精英政治存在着基本差异，德政中强调的卓越是有利他者的道德品行，是在自身隐匿中的超越，而不是个体本位的直接突出，不是那种精致的利己主义者。在任何社会中都有争权夺利，但是德性政治作为伦理实体的政治要求并不以此为核心构成自己的政治叙事和政治实践，而是以仁义立国的仁政，强调政治国家的稳定是建立在仁义道德的基础之上的，唯利是图必导致交相征伐，社会动荡。①

当然，在宗教社会中也讲爱，比如基督教也讲由爱上帝而爱你的邻人，甚至爱你的敌人。没有仁爱，其他知识和能力皆无意义。② 在基督

---

① 对此孟子见梁惠王时有一段精彩的论说："上下交征利而国危矣。万乘之国弑其君者，必千乘之家；千乘之国弑其君者，必百乘之家。万取千焉，千取百焉，不为不多矣。苟为后义而先利，不夺不餍。未有仁而遗其亲者也，未有义而后其君者也。王亦曰仁义而已矣，何必曰利？"（《孟子》，万丽华、蓝旭译注，1 页，北京，中华书局，2010）当然，德性政治并非只是有仁义这个关键词的，我们这里只是以仁义代指德性政治的德性特征而已。

② 《新约》上说："我若有先知讲道之能，也明白各种的奥秘，各样的知识，而且有全备的信，叫我能够移山，却没有爱，我就算不得什么。"（《哥林多前书》，13：2）

教的信仰，有信、有望和有爱这三样中，有爱被认为是最大的。对上帝的信和望，源于对上帝的爱。然而，基督教所言的这种爱是一种宗教性的情感和精神联系，本源于上帝对子民无私的关爱本身，是上帝意志的体现。这种神圣性的关爱出于对上帝的信仰，而没有被看成是世俗生活中交互作用的产物，因此不需要从世俗的立场上进行经验上的论证。体现这种绝对性的政治是神权政治，权力是绝对权力。政治的叙事基础采取了非世俗的超验形式。神权政治的本质是以神的名义进行的治理，是世俗政治的神圣化。利他性为基础的德政是在规范性交往活动领域中展开的，仁爱的基本来源和论证都从经验的世俗世界出发，从对人性本身的理解出发。所谓"仁乃为政之本"不过是说"以不忍人之心，行不忍人之政，治天下可运之于掌上"而已。(《孟子·尽心》)德政虽然有时也以"天""神"等概念进行合法性的论证①，但它们从来不像在一神论宗教中那样具有绝对意志和绝对权力，更没有形成理论化、人格化、制度化、组织化的自我实现方式，不过是表达必然性力量的称谓而已。德性政治，从来都主张"得人心者得天下，失人心者失天下"，"得道多助，失道寡助"的经验正当性。② 以仁爱的方式施行仁政，权力就能够得到拥护和认可。只有心悦诚服，才能达到政通人和。德性政治以利他的仁爱生活为基础，涉及伦理实体的政治理念、治理方式和社会目标等，大体

① "来，吾语女。天有六极五常，帝王顺之则治，逆之则凶。九洛之事，治成德备，临照下土，天下戴之，此谓上皇。"(《庄子》，方勇译注，225页，北京，中华书局，2010)
② 孔子说："为政以德，譬如北辰，居其所而众星共之。"(《论语·为政》，见《论语译注》，杨伯峻译注，15页，北京，中华书局，2012)

包括了为政以德、以教化民和天下归仁三个基本环节。

王道，为政以德

德性政治是从掌权者的角度谈论如何进行社会治理并使社会成为德性伦理实体的政治，它的第一个环节是为政以德的王道。政治讲的是圣王为政之道，亦即为王者以什么为基本理念进行统治并维护自己的统治，成为众望所归的明君圣主。神权政治以神意为基础，统治的正当性来源于上帝的授权并按照圣言进行统治。神意和圣言的神圣性和权威性是政治权力的根据。王道政治不是这种绝对主义的神权政治，它的正当性基础不是绝对神意的授权，而是民心向背。当然，王道政治在本质上是一种帝王政治，本质上就是人治，王权也具有权威性和绝对性。施仁义乃是王恩。德政作为一种人治，因此也不同于民主政治，它并不是建立在个体权利概念的基础上的，而是建立在君王绝对意识的基础之上的。虽然这个绝对意志本身要以民心民意为基础，但其合法性根本不是源于被统治者的授权和选举的程序正当。王道政治的权力既不是神权，也不是像民主政治一样来自于民众的授权。

德政的王权可以说处于"神"和"民"之间。这不是说王权是连接"神"与"民"的中介，因此通过神授权力的方式实施统治，那样才是神权政治的观念；而是说，德政仁治中的王权不具有神权政治的神圣性和权威性，而是一种世俗的经验权力。但与此同时，它也不具有世俗民主政治的民主性和平等性，而是表现出超越民主政治的集权性和等级性。这意味着德政的王权一方面存在世俗的民心向背的问题，另一方面也存在超越有限经验进行形而上论证的问题。王道政治的叙事常常是双重的，既要合乎天时地利，又要得民心顺民意。[①] 以仁爱为本，就是一方面以德配天，另一方面以德服人，上达下贯，天人一体。德性政治中天道、王道和人道其实就是一个仁道，行仁道就能够上不逆天时下不背民心。[②] 当然，这种得民心和顺民意只是就其手段和结果而言，而不是就它的权力来源而言的。建立在仁爱观念基础上的王道只能产生出民本思想，而不是现代民主思想。所谓"民为邦本，社稷次之，君为轻"的思想，以及民为水，君为舟的思想等，将尊重民心，符合民意作为政治的正当性基础，在这个民本思想意义上的德性政治，与现代的民主政治之间本质上隔着一层，并不是一回事。民主是从权力来源而言的，而德性政治中的民本思想仅仅是从治理手段、目的和后果而言的，本质上是一种如何统治、永保江山的帝王术的一部分。

就事实性方面来说，王道政治作为人治，存在着某些与神权政治相似的地方。现实经验中的有限个体要拥有至上的权力，常常需要寻找超经验的论证基础。汉代的董仲舒就提出了以"天副人数"和"天人感应"为基础的政治理论，王道常以天道的名义实行仁政。帝王诏书打头就是"奉天承运"，帝王也常自称为"天子"。看起来很具有君权神授的意思。

---

① 孟子曰："以力假人者霸，霸必有大国。以德行仁者王，王不待大，汤以七十里，文王以百里。以力服人者，非心服也，力不赡也。以德服人者，中心悦而诚服也，如七十子之服孔子也。"（《孟子·公孙丑上》，见《孟子》，方勇译注，56页，北京，中华书局，2010）

② 齐桓公问管仲曰："王者何贵?"曰："贵天。"桓公仰而视天。管仲曰："所谓天者，非苍苍莽莽之天也，君人者，以百姓为天，百姓与之则安，辅之则强，非之则危，背之则亡。诗云：'人而无良，相怨一方。'民怨其上不遂亡者，未之有也。"（参见刘向：《说苑》卷三）

其实，王道政治中的仁爱是本，天意也以仁爱为本，王道体现天道，替天行道。天意被看作为是否实行仁政的约束，天意的本性就是要求仁政。这里的天和天意不像上帝那样具有人格化的意志和力量，只是超越认识能力和实践能力的客观因素的神秘化，只是象征了不可违背的客观必然性和超越人力控制的偶然性因素。各种重大的自然灾难常常被看成上天对恶政的惩罚。德性政治要求圣王以民为本，勤政爱民，不与民争利。[1] 当然，这里的爱民亲民，顺民心等都是帝王的圣意圣恩，是皇恩浩荡，爱民如子，它源于掌权者对"民为水，君为舟"这种统治关系的体认，而不是一种平等的尊重和友爱。在仁爱的王道政治中，权力的运行是一种自上而下的下行路线，而不是自下而上的上行。上行下效，是否能够实行仁政，来自于帝王本身的教化和修养。[2] 王道政治因此不仅要求父母官爱民如子，遍施仁爱，而且要以仁爱观念教化民众，知廉耻，明礼仪。

教化者，朝廷之先务

德性政治就是为政以德的王道政治。王道政治的基本方式是教化而

---

[1]　"皇祖有训，民可近不可下，民惟邦本，本固邦宁。"（《尚书·五子之歌》，见《尚书译注》，李明、王健译注，97 页，上海，上海古籍出版社，2016）在提倡仁政的孟子看来，"民为贵，社稷次之，君为轻。"（孟子·《尽心下》，见《孟子》，方勇译注，289 页，北京，中华书局，2010）朱熹解释说孟子的这句是说："盖国以民为本，社稷亦为民而立，而君之尊，又系于二者之存亡，故其轻重如此。"（朱熹：《四书章句集注》，367 页，北京，中华书局，1983）

[2]　"尧舜率天下以仁，而民从之；桀纣率天下以暴，而民从之；其所令反其所好，而民不从。是故君子有诸己而后求诸人，无诸己而后非诸人。所藏乎身不恕，而能喻诸人者，未之有也。故治国在齐其家。"（杨天宇：《礼记译注》，806 页，上海，上海古籍出版社，2004）

不是法治。它要求通过德育淳化风俗，培育子民的仁爱之心。政治的基本功能就是对民众的德育教化。孔子说过："道之以政，齐之以刑，民免而无耻；道之以德，齐之以礼，有耻且格。"（《论语·为政》）讲的是为政者需要通过引导和纯化的方式，而不是暴力和刑法施政，这是德性政治仁爱的体现。为政以德以礼，才能纯化民风民俗，让社会成为一个德性流布的社会。孔子答季康子问政时曾说："子为政焉用杀？子欲善，而民善矣。君子之德风，小人之德草。草上之风，必偃。"（《论语·颜渊》）圣王为政根本不使用杀伐手段，而应使用上行下效，立德行善，潜移默化等手段。如果用暴力的方式推行德性政治，本身也就违反了德性政治的要求。德性政治强调的是教化、引导，是为政者的人格表率和身体力行。"教化者，朝廷之先务。廉耻者，士人之美节。风俗者，天下之大事。朝廷有教化，则士人有廉耻；士人有廉耻，则天下有风俗。或朝廷不务教化，而责士人之廉耻，士人不尚廉耻，而望风俗之美，其可得乎？"[1]

德性政治将对人民的教化看成是最基本的政治行为和政治功能，以维系社会稳定和谐、良善友爱，择其善端扩而充之，其不善者而改之，防患于未然。教化对于实施仁政具有十分重要的意义。"凡以教化不立而万民不正也。夫万民之从利也，如水之走下，不以教化堤防之，不能止也……古之王者明于此，是故南面而治天下，莫不以教化为大务；立大学以教于国，设庠序以化于邑，渐民以仁，摩民以谊，节民以礼，故

---

[1] 罗从彦：《议论要语》，《罗豫章先生文集》第 9 卷，102 页，上海，商务印书馆，1936。

其刑罚甚轻而禁不犯者，教化行而习俗美也。"①(《汉书·董仲舒传》)董仲舒的这个论述不仅涉及教化的原因、方式，还涉及教化的结果和目的等方面，是对德性政治的深刻阐释。相对于一般所讲的教育或者启蒙等概念，德性政治的教化有显著的特征，充分体现了德性政治与神权政治和民主政治的根本差异。

在利他性这种对象性方式中，个体依据内在的良心处理与他者之间的关系，通过自我节制和自我牺牲肯定他者利益，这就是德性。能在因为这种德性而感受到道德上的自由。社会因为这种德性的普遍化而成为仁爱流行的伦理实体。从个体的角度来看，利他的德性是通过他律和自我修养逐渐完善和提升的。从为政者的角度来看，这是社会教化的过程。所以，德性政治强调通过教育来培养个体的道德意志，改变社会风气。不论是立足于性恶论还是性善论，德性政治都是以教化为根本的要务。荀子曾经说过："材性知能，君子小人一也。好荣恶辱，好利恶害，是君子小人之所同也。人之生固小人，无师无法则唯利之见耳。尧禹者，非生而具者也，夫起于变故，成乎修为，待尽而后备者也。"②就内容而言，作为德性政治强调的是德育，是个体道德意志和社会道德风尚的塑造和改变。古代中国作为典型的伦理社会，对人格修养和德性完善的强调成为求知的本质任务，也是为政的根本要求。中国古典教育主要注重的是道德人格和人文修养，而不是实证的知识和实用的技术。这恐怕也是近代以来中国的科技理性不如西方发达的原因之一，从中也可以

---

① 班固：《汉书选》，陈直、冉昭德主编，178～179页，北京，中华书局，1985。
② 荀况：《荀子译注》，张觉译注，53页，上海，上海古籍出版社，1995。

看出中西方知识思想体系的差异。

教化内容主要是对个体道德意志和社会道德风气的塑造和改变，本质上涉及的是伦理德性。利他性的奉献精神以自觉为前提，也就是以内在的善良意志为行为根据。我们不能够强制别人道德，强制性的善良只能是伪善而不是真善。当道德以强制的暴力推行的时候也就变成非道德的了。仁政实施的教化本身必须是一种非暴力的仁爱方式，而不是强制。教化突出言传身教，春风化雨，这是通过模范化的言行举止软性地感染对象，达到自觉认同的手段。教化重言传身教，就是强调教育者起到感召作用，以及潜移默化的影响。因此，教化者自身必须表里如一，言行一致。君王的失信就是失去民心，就会丧失权力的正当性基础。在德性政治中，教化十分强调君王本身的修养和行为对于官员和民众的影响。季康子问孔子治官之道，孔子说："政者，正也。子帅以正，孰敢不正？"（《论语·颜渊》）孟子曾经说过："君仁，莫不仁；君义，莫不义；君正，莫不正。一正君而国定矣。"（《孟子·离娄上》）唯有有德之君方能选出有德之臣，化育有德之民。所谓"君既无私、言信、行睦，故人法之，而不独亲己亲，子己子。"为政者必须明德修身，率先垂范，修身齐家才能治国平天下。①

和谐，天下归仁

规范层次是对事实层次的超越，因为规范层次不再只是从世界本身

---

① "人君者，天下之表。若自正心，则天下正矣。自心邪曲，何以正天下。太祖于寝殿中，令洞辟诸门，使皆端直开豁，无有壅蔽，以见本心，可谓知君道矣。夫辟四门，明四目，达四聪，尧舜之道也。"（罗从彦：《遵尧录序》，《罗豫章先生文集》第4卷，11页，上海，商务印书馆，1936）

是什么的意义方面理解世界，而是在对世界之事实性领会的基础上对交往活动领域的存在领会。交往活动领域包含了能在的内在意志，意味着经验生活中实然和应然的统一。事实层次的绝对性方式虽然也包含了能在对象化生存活动中的信仰，但信仰本身还不是以能在内在意志自觉确立的应然为原则，而是对先验绝对意志的绝对确信。在规范层次的利他性方式中，对他者的确认再也不是通过绝对信仰的形式，而是来源于经验的生活实践，在与小写他者打交道的过程中通过自我修养超越自身的利益从而确认他者的优先性。所以，利他性这种方式的核心范畴是良心，即善良意志。以善良意志为内在根据的能在的基本在世活动是仁爱。德性政治就是通过倡仁义行仁义，来达到一个有序和谐的理想社会。德性政治的最后一个环节是作为其目的或者说理想的和谐社会。不论是太平盛世，还是小康大同，德性政治都包含着对社会和谐的憧憬和期待。①

　　和谐是世俗社会现实的理想，是圣王政治励精图治希望达到的目标。明君圣主施仁政、重教化就能够在一定程度上达到社会和谐，只是

---

　　①　对此，《礼记·礼运》中这样描述理想的和谐社会："大道之行也，天下为公，选贤与能，讲信修睦。故人不独亲其亲，不独子其子，使老有所终，壮有所用，幼有所长，矜、寡、孤、独、废疾者皆有所养，男有分，女有归。货恶其弃于地也，不必藏于己；力恶其不出于身也，不必为己。是故谋闭而不兴，盗窃乱贼而不作，故户外而不闭，是谓大同。"（杨天宇：《礼记译注》，265 页，上海，上海古籍出版社，2004）其中关于小康社会的描述更具有直接的现实意义："今大道既隐，天下为家。各亲其亲，各子其子，货力为己。大人世及以为礼，城郭沟池以为固。礼义以为纪，以正君臣，以笃父子，以睦兄弟，以和夫妇，以设制度，以立田里，以贤勇知，以功为己，故谋用是作，而兵由此起。禹汤文武成王周公，由此其选也。此六君子者，未有不谨于礼者也。以著其义，以考其信，著有过，刑仁讲让，示民有常。如有不由此者，在埶者去，众以为殃。是谓小康。"（杨天宇：《礼记译注》，266 页，上海，上海古籍出版社，2004）如今，小康已经成了用于描述现实社会发展的一个常用概念。

和谐程度不同而已。德性政治从经验的政治要求出发，将仁爱的理念变成具体的道德实践和道德要求在经验之中实现，而不是彼岸的理想，因此它是世俗政治。和谐社会是德性政治的世俗目标，是通过实践努力得以在现实中实现的状态，因此它在现实的政治生活中发挥了直接的引导作用。倡导仁政的社会至少在概念上是一个不断自我超越的德性社会。相比较而言，神权政治中没有世俗的理想，或者说世俗的理想被投射到了超验的彼岸天堂，穿上了神秘主义的外衣。现实的灾难、不公和痛苦在进入天堂或来世的时候将会得到清算，生命存在的意义是通过超验的视角被给出和确认的。因此，神权政治基本不像德性政治那样以德育教化为直接任务，追求现实社会本身的和谐，而是在二元论和目的论的前提下思考政治生活与宗教生活的关系，思考经验世界与超验世界的关系，将实现神意、服从神意作为根本目的。

和谐是对伦理实体中德政目标的概括。它表明了从能在与他者利益关系出发，德性政治努力实践的社会理想。通过自我利益的克服确认他者利益的优先性以达到个体与他者以及个体与社会的和谐共处。个体的德性表现为自我节制和自我牺牲精神，实际上是自我的利益还没得到根本的确认，没有被理解为社会伦理关系的根本。因此，在规范层次的利他性方式中，始终还存在利益的考量。所谓道德上的自由只不过是在考量己他关系的时候超越了自身的利益，或者说没有以自己的利益为重，而是以他者的利益或者代表他者利益的原则为最高目标，个体自觉地认同这种立场并以此指引自己的生活实践。这种利他性立场本身是从利益关系出发的，不是超越而是本质上肯定了现实的利益关系，是利益关系实现的一种方式。利他的仁爱并非是超越功利的，而是一种处理功利关系的对象性方式。当能在的超越生存本身超越了现实功利的考量，超越了利益为基础的道德关系的时候，能在的生存就进入感受层次的趣味性这种对象性方式之中了。能在将按照自己的内在感受把握世界，将世界看成是由人的体验构成的对象性世界。以趣味性这种对象性方式来理解对象并构成生活意义的理解，生存自由便进入审美感受的内在体验领域了。把握世界的主要范畴不再是善而是美，能在的基本在世活动不再是仁爱，而是作为生存感受的内在体验，我们称之为领悟。

第三章

趣味性

　　超越了事实层次和规范层次，能在将在感受层次上理解他者及自身与他者的相互关系。在感受层次中，问题的关键不再是他者是什么以及我如何在一种利害攸关的牵挂中共他者而在，而是我如何超越这些关系去感受与他者的共在和我自身的生存。能在不再以绝对性和利他性的对象性方式把握自身与他者的存在，能在生存由此超越了信仰和仁爱这两种基本在世活动。在感受层次上已他两忘地体验和感受共在的能在，此时以趣味性将世界对象化，能在生存的自由便被领会为物我一体的生存感受。在有趣味地感受对象和自身生存的时候，能在与他者就处于同一性的体验状态。对象不再以对象的身份存在于能在的外面或里面，而是在生存感受中与能在共属一体。能在物我两忘，处于纯粹的体验状态，自由不再是在对大写他者的信仰中获得的归属感，也不是利他行为中通过仁爱达到的道德自由，而是纯然超越外在功利关系的内在超脱，是在生存体验中感受到的了无牵挂的游戏状态。能在和他者同时超越自身的限制进入无限广阔的游戏之中，通过自身自由地显现，不再受到权威的震慑，也不再受到功利的束缚。他者的神圣性、权威性、优先性、功利性等已消失在无拘无束的游戏之中。这是一种非认识、非占有、非道德的并仅仅作为感受体验的存在关系和存在状态。能在完全依赖内在的精神性去感受和领会对象的存在本身，并因此忘我地与对象共属一体。我们称能在的这种基本在世活动为领悟。在趣味性这种对象性方式的领悟生存中，对象性意识不是一种关于世界的描述性知识，不是认识的初级阶段，而是立足于能在作为对象性意识中的对象化存在之存在领会。

在趣味性这种对象性方式中，人的生存是领悟，人作为能在的基本在世活动也是领悟。作为感受性原则中能在的基本在世活动，领悟不是一种认识，更不是知识的初级阶段，而是区别于信仰和仁爱的人作为能在的基本在世活动之一。从这种更加基本的意义来说，在与知性相对的感性这样一种认识论框架中谈论的美学（aesthetics），进而言之，与此相关的诸如黑格尔在理性的感性显现的意义上谈论的艺术美学，并不是我们这里的对象。甚至可以说，诸如此类的美学路向本身还没有获得存在论的基础。① 美只是能在以领悟的方式存在的存在领域。我们将趣味性理解为能在超越性地把握对象的一种方式，正是能在在与他者共在的同一性体验中有了趣味，才有了美感。美感不是关于对象是什么的观念认识，也不是我应该做什么的伦理要求，而是人有趣地与对象共在的共在体验，一种能在在世的方式和在世状态。存在着这种同一性的体验，他者以及与他者共在的状态才被说成是美的，能在才有趣味地存在。我们将人有趣味地存在的这种能在之在世活动称为领悟。因此我们的对象不是作为学科建制的观念论的美学，而是能在在生存的体验中是如何感受对象和自身的存在，以及通过不同的感受，能在本身如何不断超越自身最终达到绝对的自我意识。

一方面，能在通过自身的意志超越了与大写他者的信仰关系并与小写他者之间形成功利性利他关系，同时以趣味性的对象性方式将对象对象化。超越外在的存在关系，能在以自身的感受规定对象以及与对象的共在，能在的意志本身作为绝对性被确立起来。当然，通过这种自由的意志是在精神观念的体验中确立自己的绝对性，能在甚至因此在这种同一性体验中忘掉了能在自己本身。本质上说，这种绝对意志其实是绝对

---

① 我们通常的美学概念是由 Aesthetics 翻译而来的，有时也翻译成感性学，是以感性审美活动作为研究对象的哲学分支。在这个理解中，感性是在与理性认识、概念逻辑相对的意义上被规定的。在这样一个认识论方向上，审美就被理解为一种独特的把握和显现对象的认识活动。在黑格尔那里，美是绝对理念的感性显现，审美因此是在这种感性显现中认识绝对的方式。在我们看来，审美活动首先或者说本质上不是一种认识活动，而是人作为超越的能在在世的一种存在活动。在这种存在活动中，人以趣味性为原则与对象共在相处。这种相处就是人作为感受和体验的在世活动本身。在这种相处中，人并不认识对象，也不以对象为工具去实现什么其他的目的，而是以领悟的方式沉入对象、游戏般地与对象共属一体。

抽象的，它在成为绝对自我的时候也就成为了绝对的无。因为在诸种趣味性体验中，人作为领悟的存在彻底地超越了理性、利益、情感和欲望，是一种唯我因此本质上无我的超脱状态。这种状态看似重新回到了作为起点的绝对性，但这里被感受为绝对无限存在的只是作为精神意志的能在自己。彻底否定同时就是彻底肯定。观念地否定掉自身外在规定性的能在把抽象的自我作为绝对，能够超越一切的意志最后达到了绝对的虚无。这就是与自身同一的绝对自由意志。这种抽象的作为绝对意志的自我是同样抽象的作为绝对存在的他者的产物，或者说，是与作为出发点的外在绝对构成极端对立的内在绝对。这个绝对最终将再次过渡到有限存在，过渡到事实性的领域，成为具体的现实。到那时，能在便走出他者阶段的趣味性方式，进入自我阶段的必然性对象性方式中了。

依据趣味性中他者与能在同一性关系的不同，也就是说，根据领悟对象、感性意识和体验状态的差异，趣味性可以区分成为愉悦、感动和超脱三个环节。它们分别是能在沉溺、沉浸和沉醉于对象的三种不同的存在状态。在趣味性的这三个不同环节中，从纯粹形式性中体验到的感官愉悦，到生命意义对象化中情境交融的生命感动，最后达到无知无欲、无生无死和无他无我的超脱境界，人的存在作为能在表现为不同的领悟。在精神超脱中，作为绝对精神的内在自我成为唯一的存在论根据，因此走到了自我阶段的门口。一旦在这种精神中的抽象自我展开为具体的现实，能在将重新回到事实层次，以必然性的对象性方式将世界对象化。到那时，能在也就告别他者阶段，走向以自我为叙事中心的存在论阶段了。

一、沉溺于物的感官愉悦

（从利他性到趣味性；以趣味性为原则的能在之在世活动是领
悟；作为感官对象的"形式"；趣味；愉悦，沉溺于物的玩味）

从利他性到趣味性

利他是一种自觉的道德行为。在己他对立的二元关系中能在通过自
我隐退的他律、自律和舍己的方式共他者而在。在这种共在方式中，能
在单向地以他者为定向，确认他者存在的优先性，就像在绝对性中能在
通过信仰朝向超验的上帝一样。只是这种单向的超越关系从此岸与彼岸
世界之间的关系转向到现实的世俗生活，指向与能在共处在世的小写他
者，而不是作为大写他者的诸神或一神。利他性中，能在所谓的共他者
而在其实只是与小写他者单向地达成了和解，而不是真正共融一体。利
他性原则本质上是处理外在关系的一种原则。仁爱的现实基础是功利性
关系。仁爱以超功利的姿态处在现实的功利关系中。能在在他律、自律
和舍己的行为中获得的道德自由是以能在自我限制为前提的。在压抑、
克制、自弃甚至于遭受苦难中，能在以苦为乐，自得其乐。所以德性生
活显得崇高和伟大。但是，这种自我抑制中的"乐"有时也意味着清苦和
枯燥，个体自我没有确立并不得张扬。因此，道德利他的异化形式常常
是猥琐和无能的，是生活的无趣和单调，而不是人格的伟大。能在生存
将从这种利他性方式走向一种单纯的趣味性方式，以生存感受为内容达
成一种物我一体、物我两忘的有品位的游戏生活。

利他性的最后环节是舍己。能在意识到自身与不同于自身的他者，

能在以奉献和牺牲这种否定自身的方式确认共在中他者的优先地位。这种自我否定同时也意味着自我肯定。在这种舍己的利他性伦理关系中，能在本质上是"有己"的，人坚持着自己的原则，只是这个原则本身是舍己利他的，他只是在诸种与他者关系中舍去自己而有意识地成就他者，并在成就他者的过程中贯彻自己的原则，因此成就了"自我"。在这种舍己利他性中，能在已经走到了完全抽象掉自身利益的境界，因此显得崇高而伟大。但是，能在仍然处在功利性的算计关系中，以非功利的方式实现和维护着功利的关系。一旦能在不仅是抽象掉自身的利益而利他，而且是完全置身于功利性的关系之外体验与他者共在的时候，一种新的存在论意识和存在方式就出现了。这种新的对象性方式就是趣味性。我们将趣味性看成是能在在感受性的生存体验领域中与他者共在的第一种对象性方式。说它是感受层面的对象性形式，是因为能在超越了事实性和规范性，从内在生存体验的角度去领会存在，并依据这种领会在世和历世，形成立足于内在感受的生存概念。在这一层次上，能在通过忘我的方式将自身的生活把握为有韵味的体验。能在的存在就是领悟，并且只是领悟。说它是感受层次的第一种对象性方式，是因为随着能在历世的展开，即便在感受层次上也将形成其他的对象性方式。①

以趣味性为原则的能在之在世活动是领悟

在趣味性这种对象性方式中，能在的"共他者而在"与"共自身而在"

---

① 当能在将自我领会为目的进入自我阶段之后，能在在感受性层将会通过实在性扬弃趣味性，将自身领会为本能欲望的存在；而在超我的阶段，能在会重新肯定趣味性的因素扬弃实在性，在自如性的意义上将生存领会为超越性的自在状态。到了那里，生活本身将是美的，而不只是在内在精神感受中与他者达到同一。

只是内在感受的同一状态，是主观地抽掉了外在性的他者而体验到的与他共属一体的同一状态。人领悟着"在"，并且人的存在作为能在就是"领悟"。在趣味性这种对象性方式的能在超越中，问题的关键根本不是对象"是什么东西"或者"有什么意义"，我"应该如何做"等，而是能在在这种共在中的感受和体验本身，是我怎样有趣地感受到对象的存在因此自身有趣地生活。能在将自身完全地投入到他者和自身共在的无限同一性之中。在这个意义上，当能在获得无限乐趣的时候，对象或者共在的状态被感受为美。美不过是能在在感受层次上以趣味性这种对象性方式将世界对象化时，对共在和共在中的他者给出的肯定性评价。美的前提是美感体验。美感，即美的感受，是能在感受对象以及共在时的一种特殊体验状态。这种体验的对象性方式是能在非认知的、非功利的趣味性。在趣味性这种对象性方式中，被能在领会为有趣味的他者和状态就是美的。趣味性方式中作为能在基本在世活动的领悟就是自由生存，就是摆脱了各种事实和规范束缚的自由，是共在双方在游戏状态中如其所是的自由显现。①

美还是不美，有趣还是没趣的评价，是一种反思性的再思。能在与他者共在的同一性体验状态，是作为体验的生存状态，它是观念反思前的能在的"在"和"能"本身，因此是感性的存在活动。能在在体验中作为有趣的存在"在"着。人作为能在这样领悟着"在"。不是说有一种在的状

---

① 在这个意义上，黑格尔关于审美的如下说法十分深刻，它揭示了审美所具有的自由解放性质，因为在审美体验中主体和对象都摆脱了实在的主观意图。黑格尔说："审美带有令人解放的性质，它让对象保持它的自由和无限，不把它作为有利于有限需要和意图的工具而起占有欲和加以利用。所以美的对象既不显得受我们人的压抑和逼迫，又不显得受其它外在事物的侵袭和征服。"（[德]黑格尔：《美学》第1卷，朱光潜译，147页，北京，商务印书馆，1982）

态让他去领悟，而是说他的存在就是领悟着的生存。能在并不是在看一个美的东西，把一个东西作为美的或者不美的来看，而是处于己他两忘的"自在"的同一性中，能在就这样作为领悟"在"着。越是在这种同一性中丢失掉自己，越是在这种同一性中找不到方向，人作为能在就越是曼妙地在着。能够以趣味性的方式看世界并且能够有趣味地存在，乃是人作为能在超越实在的"能"之一。在作为领悟的过程中，对象首先不是作为对象呈现，领悟着存在的人不是作为对象的对立面存在，而是直接以"沉入……"的方式与对象共在。当领悟中的对象作为反思关系中的对象时，对象是有趣味的对象，是值得玩味和品评的东西，此时能在的生存便不再是领悟，而是对对象的认识了。

人作为能在的领悟生存必须有趣味并且需要提升自己的趣味才能更加有趣味地生活，才能在玩味品评中"美着"存在。常言说生活中并不缺少美，缺少的是发现美的眼睛。这当然不是说我们没有眼睛，就像说我们要学会生活并不是说我们没有生活一样，我们本来就有"生活"但却要学会好好地生活，我们需要使眼睛学会发现美，成为能够发现美的眼睛。这里的眼睛当然不是单指眼睛本身，而是指感受生活的内在能力。人是否能够超越束缚进入趣味性这种领悟的生存中取决于能在是否具有这种"趣味"，是否具有感受趣味的眼睛和其他官能。人类关于事物的信息绝大部分是经过视觉的，眼睛也被称为心灵的窗户，是趣味性体验最基本的官能。因为趣味性首先是通过眼睛等感觉器官被能在感知和体验的，领悟作为能在的基本在世活动也常常被理解为感性的存在。这里的感性是指活动，感受着的感性存在、生存活动，而不是指感性认识，不是通过感官去搞清楚对象是什么。所以，趣味性的第一个环节是愉悦，亦即能在通过感官直接感知对象的直观形式所产生的生存状态。愉悦作为直观到对象形式而产生的直接感受是领悟生存的出发点，或者说是趣味性方式的第一个环节。由于愉悦不仅是趣味性的起点，而且是最为普遍的趣味性方式的生存体验，所谓美或者美感大多数时候讲的都是这种感官感受，因此美感甚至就直接被规定为感性的愉悦，事物的美就是能够引起这种感官愉悦的形式美。

　　通常在这种意义上，审美就是感性直观。如果这个命题是说，审美是能在非概念化和非反思性地直接与对象同一的感性活动，一种反思前的我在状态，这无疑是对的。这里强调了趣味性这种对象性方式与必然性认识之间的根本差异，它的目的根本不是认识对象，不是指向对象本身"是什么"这样一种确定性知识，而是指向能在与对象共在的那样一种感性活动本身，那样一种可以成为领悟的能在状态。但是，这个命题常常导致了另一个理解美、美感和审美活动的错误方向。这就是混淆趣味与知识的关系，将感性体验看成与理性知识相对应的感性知识的一部分。审美认识只是因为其依赖感官而作为感性直观成为认识的一个初级阶段，是以不确定性、模糊性等为特征的不成熟的认识形式。这样一来，感受好像是为了获得某种关于对象的认识，因此只是形成确定性知识的过渡环节。能在以趣味性的方式领会世界并趣味性地生存，这样一种能够为美学奠定基础的存在论视域，就完全被排除在美学之外了。审美成了一种认识活动，一种特殊的认识对象的认识方式。这一点在西方美学中甚是普遍。①

————————

　　① 比如说对黑格尔来讲，美是理念的感性显现，绝对的理念通过感性的形象显现出来，因此审美活动不过是通过艺术作品去认识内在的理念，认识绝对。（参见[德]黑格尔：《美学》第1卷，朱光潜译，16~17、24~25页等，北京，商务印书馆，1982）

作为能在在世活动的领悟讲的不是直观的感性认识，而是直观的感性活动和感性状态，即物我不分、物我两忘等趣味性生存状态和生存体验。在这些生存状态中，能在的知识、利益、身份等完全消失在忘我的同一性之中。人越是能够忘我越是能够在这种感性活动中体验到存在的自由，毋宁说体验到自由，不如说这种体验状态本身就是自由，就是作为领悟的能在的存在本身。说它是感性活动是因为其中已无理性的牵挂和规定，已无反思性的观念和认识。在领悟的生存中，这一切都暂时地隐退了，暂时地被悬置起来了。人放下了许多现实生活中形成的面具和盔甲，轻松自由地沉入与对象的自由嬉戏中。人不是感受到有趣，他甚至感受不到感受，因为他的存在此时就是感受本身。我们观赏一处美景，欣赏一部悲剧，能在根本不是在对象之外观看对象、认识对象，而是完全浸入对象，与对象融为一体。他根本没有看到他在看，他在听，而只是看着听着，作为无我的领悟存在着。只有这种共在状态解除之后，能在回到自己从而将对象观念地把握为对象时，他才会说，多美的地方，多好的一部戏等。从感性活动中撤出的能在才开始了关于这种感性活动的认识。所以，作为感性直观活动的美感，不是将对象把握为对象的对象性认识，而是对象性和对象化关系的彻底遗忘，是在内在感受层次上超越了事实性、规范性的存在状态本身。趣味性是能在未必时时能够问鼎的那样一种唯美的内在体验方式。说来也可怜，个人常常不是在油盐柴米的琐碎中遗忘了它，就是从来就没有进入过这样一种生存境界。

愉悦是领悟的最初形式，是直观地感受到对象的外在形式而产生的喜欢、爱好、欣赏、愉快和欢悦等体验状态。在愉悦中，感官感受到对象的存在形式而与对象本身达到同一，因此对象被领会为对象的存在本身。当然，在作为愉悦的领悟生存中，对象或对象形式被直观地感受到，因此与感受者相忘于领悟的生存中。愉悦就其作为能在领悟的方式之一而言，我们称之为"沉溺于物"的生存状态，也就是受形式的吸引而忘我于物的同一性状态。就此种生存状态的消极方面而言，这种"沉溺于……"也就是常说的那种玩物丧志的玩弄。因此，感官愉悦这种趣味性包括了形式、趣味和愉悦三个环节。

作为感官对象的"形式"

形式是指进入能在感受中对象的数量、大小、位置、结构、状态、色彩、质地等方面的特征，以特定的比例、节奏、构型呈现出来的样态。形式之所被称为形式，因为它是被直接地显现出来并被感官直接地感觉到的内容。感受到的只是对象作为存在的形式本身，或者说对象形式本身就是被感觉感受到的内容，没有超越形式的更多的东西被感受到。感觉到的优美是被感觉到的形式本身带来的，在形式之中不存在被赋予形式的超感觉的内容和意义。欣赏一段音乐的旋律，看到初升的太阳，参观一座优美的建筑，不需要去理解它们本身被赋予了什么样的意义，而是可听到、看到、触到、尝到的那些提供感觉的形式本身带来的舒服、愉快。在这里，被称为美的东西就是那些作为形式被显现的对象本身。我们欣赏一幅汉字书法，我们看到的不是那些具有一定意义和使用规则的语言文字本身，而是在纸面上笔走龙蛇的线条和笔迹。我们根本不需要知道这些文字的意义，是记叙了一件事，还是表达一种情感，只是欣赏文字笔迹本身体现出来的轻重缓急、抑扬顿挫、浮沉疏密，我们被形式本身吸引，感觉到它漂亮。

因为感官愉悦是感受层次趣味性这种对象性方式的初始环节，以至于带来愉悦的形式美被看成是美的典型和本质。[①] 在形式主义美学看来，美感是由纯粹形式本身唤起的，在形式之后没有内容，形式本身就是内容。一旦试图去挖掘和追问形式之后还有什么被表达的意义或内容，就已经错失了由形式本身带来的美感。形式主义美学拒绝表现主义立场，将形式看成美本身，认为形式不指向或表达自身之外的任何东西。的确，形式本身固然能够产生并引起美感，人因此沉溺于对象形式的优美之中。但是，这种形式产生的美感只是体验感受的一种形态。将美规定为对象的形式本身，好像美是外在于能在主体的对象自身具有的一种规定性，这就走向了客观主义。事实上，愉悦只是主体在超越的感受层次上体验世界的一种作为领悟的存在方式。能在在趣味性这种对象性方式中感觉到对象的形式有趣并且愉悦，对象才是美的。客观主义美学忽视了形式美中能在主体内在的根据，这就是感觉趣味。也就是说，形式之所以美，依赖能在的感觉趣味。没有作为能在感受能力的趣味，就没有被感受为优美的对象形式。

趣味

在能在被理解为对象性意识中的对象化存在这个意义上，追问先有美还是先有一双发现美的眼睛是没有意义的。因为感受是能在在世的在世方式，美感是能在具有这种在世方式的内在条件。美不过是具有美感的能在在共在关系中感受到的一种与某种对象相关的感受。所以美是能

---

① 康德明确指出："在所有美的艺术中，最本质的东西无疑是形式。"（[德]康德：《康德三大批判合集》下卷，邓晓芒译，杨祖陶校，77页，北京，人民出版社，2009）

在的对象性意识和对象化活动的统一，它产生并依赖于能在内在的感受能力。这种能力是人作为能在，超越对象的实在性以趣味性的方式与对象共在的本质力量。① 能在的感受对象只是能在具有的内在感受能力的确证。对于没有音乐感受能力的人来说，他没有欣赏音乐的"能"，因此他不能在音乐中"在"。所以马克思说："从主体方面来看：只有音乐才能激起人的音乐感；对于没有音乐感的耳朵来说，最美的音乐毫无意义，不是对象，因自我的对象只能是我的一种本质力量的确证，就是说，它只能像我的本质力量作为一种主体能力自为地存在着那样对我而存在，因为任何一个对象对我的意义（它只是对那个与它相适应的感觉说来才有意义）恰好都以我的感觉所及的程度为限。因此，社会的人的感觉不同于非社会的人的感觉。"②

人感受对象形式的这种气质和能力就是趣味。趣味是在感官愉悦中主体方面的规定，是人作为能在与对象打交道的一种可能性。能在的愉悦就是感受趣味时得到的展开，在对象的形式中得到肯定和实现的存在

①　关于这一点，虽然马克思是在一般对象性和对象化的意义上说的，但对于审美这种对象化活动来说也同样适用。马克思说："因此，一方面，随着对象性的现实在社会中对人来说到处成为人的本质力量的现实，成为人的现实，因而成为人自己的本质力量的现实，一切对象对他来说也就成为他自身的对象化，成为确证和实现他的个性的对象，成为他的对象，这就是说，对象成为他自身。对象如何对他来说成为他的对象，这取决于对象的性质以及与之相适应的本质力量的性质；因为正是这种关系的规定性形成一种特殊的、现实的肯定方式。眼睛对对象的感觉不同于耳朵，眼睛的对象是不同于耳朵的对象。每一种本质力量的独特性，恰好就是这种本质力量的独特的本质，因而也是它的对象化的独特方式，它的对象性的、现实的、活生生的存在的独特方式。因此，人不仅通过思维，而且以全部感觉在对象世界中肯定自己。"（参见《马克思恩格斯全集》第3卷，304～305页，北京，人民出版社，2002）

②　《马克思恩格斯全集》第3卷，305页，北京，人民出版社，2002。

状态。在这个意义上，感官愉悦作为能在的感性存在活动本身是一种对象化活动。这种对象化活动实现着能在超越实在的自由品质。① 人的趣味通过各种感觉的感受能力体现出来。只有具有这种感受趣味的人才能感受到愉悦。具有各种感受能力的器官是社会的产物，是交互作用的产物。感受趣味的培养和提高就是人的成长和自由超越过程。黑格尔说："审美的感官需要文化修养，把这种有修养的美感叫做趣味或鉴赏力，这种鉴赏力虽然要借修养才能了解美，发现美，却仍应是直接的情感。"②"人对世界的任何一种人的关系——视觉、听觉、嗅觉、味觉、触觉、直观、情感、愿望、活动、爱——总之，他的个体的一切器官，正像在形式上直接是社会的器官的那些器官一样，是通过自己的对象性关系，即通过自己同对象的关系而对对象的占有。"③不过，这里的占有说的是与对象处在一种对象化的能动关系之中，人有能力感受对象形式，能够享受对象。这种享受是一种自由的存在领悟，而不是控制、拥有、属于等功利性关系。也就是说，能在因为拥有能够感受对象的审美趣味，通过自己的各种感官享受着对象形式的优美，与对象处在一种愉悦的共在状态之中，能在在对象中实现了自己的趣味。

---

① "只是由于人的本质的客观地展开的丰富性，主体的、人的感性的丰富性，如有音乐感的耳朵，能感受形式美的眼睛，总之，那些能成为人的享受的感觉，即确证自己是人的本质力量的感觉，才一部分发展起来，一部分产生出来。……人的感觉、感觉的人性，都是由于它的对象的存在，由于人化的自然界，才产生出来的。……因此，一方面为了使人的感觉成为人的，另一方面为了创造同人的本质和自然界的本质的全部丰富性相适应的人的感觉，无论从理论方面还是从实践方面来说，人的本质的对象化都是必要的。"（《马克思恩格斯全集》第 3 卷，305～306 页，北京，人民出版社，2002）

② [德]黑格尔：《美学》第 1 卷，朱光潜译，42 页，北京，商务印书馆，1982。

③ 马克思：《1844 年经济学哲学手稿》，85 页，北京，人民出版社，2000。

愉悦，沉溺于物的玩味

对象形式和能在趣味在感官感受中的统一就是愉悦。人在感受层次的趣味性方式中，领悟着的在世活动之一就是愉悦。在这种同一性的共在状态中，对象形式的优美和能在趣味相互规定并相互实现。愉悦不过是人的趣味和优美形式的直接现实。人在对象中实现了自身的趣味，审美对象成为人的本质力量的确证；与此同时，对象在人的趣味性中作为美的对象显现，展开着它作为趣味性对象的对象性特征。对象形式的优美说的是人在对象中感受到愉悦，愉悦说的是对象在感受中显现为优美的对象，这是一种趣味相投的相互共他者而在的生存状态。当然，这不是说能在的兜里揣着趣味，对象的身上有着优美，两者一拍即合，实现了一场公平的买卖，而是说它们互为彼此，相互构成。审美的趣味和对象的优美不过是从不同方面揭示出来的能在愉悦的构成要素。

能在在对象的优美中体验到的感官愉悦是一种特殊的自由状态，一种物我两忘的感性体验。人作为能在的"在"就是"沉溺于物"的体验和感受本身，就是作为惊讶、舒畅、愉快、高兴、恶心、厌恶等情趣的领悟活动。不是说人先在着，然后产生出这些感受，而是人此时作为能在的"在"就是这些领悟着的生存。其实，人此时甚至没有感到这些感受，他就是作为这些感受存在的。唯其没有感受到这些感受才直接就是这些存在着的感受本身。能在完全地因对象形式而与对象融合在一起，沉溺于对象之中，并忘掉了自己。能在在时间和空间中却忘掉了时间空间。只有能在从这种自由的沉溺状态中撤离出来的时候，他才发现真相，"喔，原来是……"。能在似乎恍然大悟，好像是做了一场梦。殊不知正是这个像梦一样迷失了自己的忘我状态，能在真正自由地"在"着。他脱掉了全部的装扮赤裸裸地与对象相处，就这样在相处中忘记彼此，感受到愉悦或者不悦！

这种愉悦或者不悦等感受是简单直接的，它们根本不是感官感受到的某种东西，而是感官作为感官直接的现实。然而从另一方面来看，这种感受却是最抽象因此也是最困难的，因为除了纯粹的形式和趣味之外什么也没有，我们愉悦，可为什么愉悦，却并不知道，因为根本就没有为什么。形式的优美和感性的愉悦仅只是趣味相投的无缘由。我们天天都听到、看到、闻到、摸到各种东西，感受到了"形式"，我们总处在各种形式中，但却不是总能在形式中感受到愉悦。这些对象只是被我们看到，被我们用着，如此而已。能在与对象相遇，但却没有在趣味性这种对象性形式中相遇，对象也就无所谓有无美丑。因此，从感受性的层次来看，形式看起来离人最近，其实最远，人总是首先在对象是什么的事实层次和怎么做的规范层次与对象打交道。只有超越了实在对象领域和交往活动领域，人以趣味性这种对象性方式与对象打交道的时候，对象才能是有趣或无趣的，美的或丑的，才作为形式显现。形式美中那个美的东西仅仅是"象"，作为"象"的形式本身是确定的，但是这个确定的形式恰恰不能成为美的根据。我看到"象"，却不是看到了"象"的美，因为审美趣味属于人作为能在的超越生存，是内在的感受能力。我们通过感受能力感觉到美，但形式还是形式，感觉还是感觉。感觉在形式中得到确证，但感觉无法转移到形式中去。形式优美中趣味的对象化只是说趣味得到了实现和确证，这并不意味着趣味对象化为形式的存在，成为形式中具有的内容。形式美中的形式只是那个纯粹的形式本身，是物的可感觉性，形式没有被赋予形式之外的意义和内容。因此，沉溺于物的感受根本就是"无缘由"，就是"我就是喜欢""我就是习惯"等。在这个意义上，形式美既是最直接、最简单的，因此又是最抽象、最困难的。从沉溺于物的简单性出发，趣味性有待在具体展开中获得更加丰富充实的内容。在新的趣味性环节中，能在领悟将是沉浸于情境的感动。在这种作为感动的领悟中，内在性在生长，作为能在存在的人将自己对生命的感悟赋予形式，形式成为有意蕴的形式。因此，感受性不再是感官知觉的愉悦，而是立足于生命感悟中情景交融的感动。

二、感动，沉浸于情景交融的动情

（以意义为根据超越感性的愉悦；存在领会；从纯粹形式到被赋义的载体；情景交融的动情，沉浸）

趣味性作为内在体验领域的对象性方式，超越了事实性的制约和规范性的束缚，人作为能在以感受体验的方式与对象共在，对象只是作为这种感受体验的对象被把握。对象的性质依赖内在的感受给予，人本身也通过这种超越外在事实和规范约束的体验获得自由。这种自由更具有内在的想象性质，表现为人作为能在的生存是一种领悟。在感官愉悦中，人具有感受对象形式的趣味因此能够感受到对象纯粹形式的优美，以感官愉悦的体验方式与对象共在，沉溺于作为物的对象形式之中。趣味不过是能够感知到这个形式并觉得它美的玩味能力。沉溺于物的愉悦作为能在的生存领悟好像是一种十分简单的事情，它只是能在的感性趣味与对象形式的趣味相投，除此之外没有更多的东西。人作为能在的"能"就在于他有"趣味"，他的"在"就在于这种趣味与对象"相投"产生的愉悦。这种愉悦是能在的在世领悟的方式之一，愉悦中趣味毕竟是属于人作为能在的超越可能性。但是，感性趣味过于单纯，它只是将能在的超越规定在感官的感觉可能性上，因此甚至将所谓的"美事"仅仅看成是感觉上的愉悦。在这个意义上的感受其实只是感觉，无论如何还只是被动地接受，超感觉的感受还没有被提上日程。事实上在趣味性这种对象性方式中，作为能在基本在世活动的领悟并不只是沉溺于物的愉悦意义上的感觉。人不只拥有感觉趣味，而且拥有对生命的感悟。包含了生命感悟的超感觉的感动才是更加具体和深入的能在在世的领悟。真正说来，根本就没有纯粹形式和感受纯形式的趣味本身。感觉愉悦只是简单抽象的感受性形式，只是趣味性的初始环节，感受性总是离不开对生命的意义领会，因此要从感官愉悦上升到根源于生命领会的感动，此时能在领悟也就作为动情的感受了。能在作为领悟的存在就是情景交融中沉浸于物的感动。这个"沉浸"讲的是能在表现为存在，领会对象化过程中忘我地与对象同一的生存状态。

登上群山顶峰，看着绝壁下云海翻腾，天际无垠，夕阳余晖撒在雪白的云海表面，散射金光，慢慢收拢变暗，一个绝大火球像耗尽了所有的能量，慢慢变红，变暗红，变深红，最后没入深不见底的云海。在此情此景中，你忘掉了一天登山的疲倦饥饿，忘记了所有的一切，忘掉了你看到的这一切。你看到的这些包括你自己都并不呈现在你的意识中，它们不显现为概念，没有作为对象被你看到。它们与你只是共在，不是你存在于如此这般的壮美景象中，或者这些美景显现在你能够欣赏它的意识中，而是对象如其所是地由自身而来并且由自身而在，因此是自在，既不"为了什么"，也不"由于什么"。能在的存在就是这样一种忘我状态，一段自我显现着的生存领悟。试想此时，身边的人突然拽了一下你："走吧，有什么好看的!"你从这种忘我的体验中被硬生生拉出来，被拉出来的你真正"面对"一切，于是你"看到了"风景，也"看到了"看风景的自己，但你不再看风景，你的存在不再是"领悟"。"有什么好看的!"意思是根本没有什么好看的，看什么呢! 我觉得好看，我就看它!"有什么好看的?"也可能是问你，你为什么那么入迷，你为什么如此地沉浸于其中? 你从这般我们都直视着的景象中看到了什么我没有看到的东西?

如果美只是形式本身，感觉到美只是这些形式作用于我的感官，那还有什么可说的呢? 感受不过是一宗生理的刺激反应而已，我们看到的一定是同样的东西，所谓的趣味也不过是一种特殊的反应能力。我们只说得出美就是美而已。我们可以解释说你看着线条的流畅，你听这声音的圆润，但我们就是说不出它为什么就是美的。因为在这里，形式触发的感觉只是感觉自身，是没有原因、没有目的、没有意义的纯粹性。在感觉的愉悦中，不仅形式而且感受形式的趣味都还是简单的直接性。虽然在体验中趣味与形式结合，能在感受到了愉悦。但真正说来，在形式的优美中形式还只是形式，而趣味也只是趣味自身。形式还没有自觉地将趣味变成自己的内容，因为趣味本身还没有将人的存在领会作为内容，将自己充实起来。形式是否美以及它美在哪里，还是要根据纯粹主观多样的感受趣味去回答。只有超越了纯粹形式的阶段，进入意义表现的环节，能在的感受能力不再只是多样的感觉趣味，而是表征生命意义的存在领会时，感受对象才成为意义的载体，成为表现存在领会的对象。感受对象才不是纯形式，而是有意义的形式；感受性进入心领神会的表现阶段，而不再只是对对象形式的接受。此时，作为能在在世的领悟是情景交融的动情，就是沉浸于对象的忘我。对"有什么可看的"，我们才能讲出更多的东西来，讲出超越于纯粹形式的东西来。

感受性并不只停留在形式美的环节。纯粹的形式美只是趣味性的起点，只是从规范层次的利他性走到感受层次的趣味性的初始环节。感受性将展开为以存在领会为内在要素的生存感动。唯当能在的超越性从感觉趣味上升到存在意义，这种意义在存在感受中使对象形式成为有意义的形式的时候，趣味性才展开自身为更加丰富和更加具体的形态。在这个新形态中，人不只是作为有趣味的主体站在优美形式的外面，并通过感觉到形式而愉悦。人将对存在意义的领会对象化到对象形式中，在对象形式中不是感知形式本身，而是通过形式再现能在自身的存在领会，生命理解和生存感受在对象中的再现和确认引起忘情于对象的动情，这就是感动。作为体验的能在之在世不再只是通过外在的形式触动感官，而是对象形式与存在领会的和谐共振，是能在在对象形式中发现和确证了对自己的生命理解，因此沉浸于对象而忘记了自己的存在本身。人的存在沉浸于对象。能在的领悟不再是感官的愉悦，而是这种沉浸于对象的感动。对象之所以是动人的，是因为对象以其形式契合了能在生命领会的合目的性，感动的是那个在对象形式中得到确证的存在领会本身。感动就是在对象中发现和确证生命领会的移情和动情的生存领悟。

黑格尔有一个深刻的说法："当真在它的这种外在存在中是直接呈现于意识，而且它的概念是直接和它的外在现象处于统一时，理念就不仅是真的，而且是美的了。美因此可以下这样的定义：美就是理念的感性显现。"[1]

---

[1]　[德]黑格尔：《美学》第 1 卷，朱光潜译，142～143 页，北京，商务印书馆，1982。

黑格尔的这个说法虽然是就艺术美学而言的，并且具有绝对理念论的前提，但它揭示了超越于形式美学的再现美学的基本结构。不过在黑格尔那里，美是绝对理念在感性中的显现，而作为能在在世领悟的感动体验并不预设绝对的理念，基本任务也不是通过感性的方式认识这种理念，而是人作为超越生存的存在领会的对象化，是对象形式与这种内在领会一呼一应之存在状态。对象化或者外化是感动环节的核心范畴，感动作为领悟总是通过对象化"再现"或者"表现"能在的存在领会。被对象化的不是绝对真理或者理念之类的先验存在，而是凝聚起来的个体生命的存在领会。存在领会融合了意义、价值和情感等因素，是个体生活历练中沉淀下来的内在生命。存在领会瞬间被对象击中激活，超越反思的清醒，人沉浸于对象之中的感动就是此时人作为能在的存在本身。动情的领悟超越了单纯的愉悦，人作为能在的领悟就从单纯的"有趣味"进展到"有意义"这样一种更高的境界。相对于趣味，意义是人作为能在以超越于物性的情感和价值等方式领会存在的可能性，因此是通过对象再现并且被领悟到的东西。也就是说，能在对存在意义的领会是通过对象的感性形式显现出来的，而不是通过概念、命题和推理等理性认识的方式。在感动这个环节，感性显现不再是纯粹形式与感官趣味的统一，而是存在领会在感受对象中的再现，是感性对象成为生命感悟的载体。在感性载体中显现的是超感性的存在领会。意义这个概念指的就是这种在可感觉的形式中超感觉的存在领会。到此，形式上已经不再是感官愉悦中的形式，而是有意义的形式了。趣味性这种对象性方式的感动环节包括了被显现的存在领会、显现着此种领会的载体和作为二者统一的动情。就这样，作为能在在世的领悟就从以感官为主的愉悦过渡到了以情感价值等存在领会为内容的更加深刻和更加具体的感动环节。

存在领会

感受性从单纯的感官愉悦到感动，绝不只是形式的变化，而是与超越生存联系在一起的。对每种形式单纯的兴趣和愉悦只是一种感官之乐，还没有真正形成对生命意义、价值、情感的凝聚和表达，因此只是审美最初的形式。尽管这种形式中那个感受的对象和感官都已经是属人的社会产物，因此超越了自在的物性本身，但愉悦体验中还不具有深刻的存在领会。只有对于生命存在的体验凝聚成意义，升华为情感，外化到对象形式中，使形式获得意义之后，感受性才更深刻地超越物性的自在存在，进入内在的精神领域。此时，领悟在对象中感受到的已经不是对象的形式自身了，而是人作为能在自身的存在领会。属人的生存领悟绝对不是在泥地里打滚式的感官舒畅，而是独特生命意义、生命价值和情感体验的展开和确证。感受性有深浅高低，只有将凝聚了知情意的存在领会成为趣味性内在内容的时候，能在才能超越玩物丧志的感官之乐，才不至于沉溺于物本身的形式之中，而是过上有精神品位的生活。有了这种高级的生活品位，我们才能从意义的层面感受对象，才能将对生命意义的领会表现在创作或者欣赏的对象之中，才有壮美、崇敬、狂喜和忧伤等生命的丰富体验。面对一片广袤的沙漠我们才会有亘古的孤独之感，在"大漠孤烟直，长河落日圆"的千古绝唱中，我们才能体会到生命的感动。超越实在的意义领会是感动的内在因素，是对象载体之所承载的内容本身，是事物之所以被领会为美的那个由能在所持有的内在根据。

能在对生命的理解本身影响着能在的生活感受和审美评价。这种感受能力不是来源于知识技术的训练，而是从根本上源于生命的历练和这种历练的内在化，因此是生命领会本身的积淀。对存在意义的领会正是一个人全部生活的体现，它展示着一个人情感的丰富或单调，对人生理解得深刻或肤浅，知识面的狭窄或广博，生命阅历的艰辛或顺利。阅读同一首诗，看同一出戏，得之深浅各有不同，根本原因在于与对象呼应的内在生命领会的不同，因此是生命感受能力的不同，生命境界的不同。有的人甚至根本就没有进入生命意义的再现这样一种感受性境界。生命境界的不同取决于生命意义领会的不同。人作为能在，超越了实在的物性。由于这种超越展开的意义空间，人与人之间的差异远比物与物之间的差异要丰富和深刻得多。

　　不论对于审美体验还是艺术创作来说，能在对存在意义的领会本身都是内在根据。我们当然要学习和掌握审美对象和艺术载体的形式规律，但能够使它们获得意义的是这个作为存在领会的内在根据。陆游教育儿子的时候所说的"汝果欲学诗，工夫在诗外"讲的就是这个道理。如果形式美感的培养主要是感官感受性训练的话，到再现美阶段，就必须同人生修养、阅历等密切联系在一起。因为感动这种感受性不再是感官愉悦，而是对象对能在内心的触动，是能在与对象的动情相处，是能在将自身的存在感受投射和赋予对象。感受的对象不再是对象自身，而是被能在照亮的对象，是再现了能在存在领会的对象。① 只有将我们的生

————————

　　① 审美感受和艺术创作都是存在领会的对象化。人生的阅历和领会本身既可能外求也可能内省。王国维在《人间词话》中说："客观之诗人，不可不多阅世。阅世愈深，则材料愈丰富，愈变化，《水浒传》、《红楼梦》之作者是也。主观之诗人，不必多阅世。阅世愈浅，则性情愈真，李后主是也。"（王国维：《人间词话疏证》，彭玉平疏证，411 页，北京，中华书局，2011）

命领会积淀为审美品位，培养审美的情趣，才可能以审美的方式将世界对象化，生活在美的世界之中，世界才是充满了审美情趣的世界。

从纯粹形式到被赋予意义的载体

在感官愉悦这个环节上，对象作为形式本身而存在，形式通过感官与能在达成感性的同一而被能在领会为美的。感受性表现为一种感官愉悦。形式不指向或表达任何形式之外的东西。对形式主义美学来说，唯其在自身之外不指向任何东西的形式才能是美的。然而，如果能在的趣味性只沉溺于对象形式，而没有更加深刻的东西对象化到对象上，从而超越形式优美的话，人作为能在就真是太差劲了，他不过只是一位注重外表的花花公子或者提笼遛鸟的纨绔子弟而已。在形式优美中作为能在在世活动的那种愉悦还只是一种实在物性，一种刺激反应，形式和趣味都还是没有情感和意义的实在的东西。然而真正说来，纯粹的形式只是抽象，在能在的对象性关系中，对象本身的形式从来都不只是纯粹的形式。感受对象作为形式已经被纳入到能在趣味性的对象性关系之中，被能在以趣味性这种对象性方式挑选、组织和评价，形式已经承载和表现能在的感受能力了。形式其实不是形式本身而是能在对象化自己生命的对象。它总已经作为有所体现和有所表达的意义载体而存在。除了感性趣味之外，能在还将存在领会对象化到对象上，对象被看成是体现和触动能在生命感悟的对象，因此成为能在移情的对象，让能在感动乃至震撼。此时，对象就不再是单纯的有趣味的形式本身，而是有意义的形式，因此成为承载能在情感和意义的载体。作为载体，对象再现和确证主体的存在领会。对象是美的并不是因为其形式符合人的趣味因此

能带来愉悦，而是它触动了人心灵深处的存在领会，因此具有一种
"审美"的意义。能在的存在领会就不再是形式和趣味的统一，感受不
再是玩味形式得到的愉悦，而是对象和意义的统一，是因对象触动了
人的存在领会而使人感动和震撼，因此沉浸在与对象浑然一体的领悟
生存中。① 超越形式美的感受性的更高阶段是存在领会成为对象化的内
容，对象成为有意义的形式，因此能在的生存是沉浸于对象的感动
中的。

　　意义是对象作为对象展开的方式，是人作为能在领会存在的一个关
系范畴。在感动这种感受性方式中，存在着两种超越实在的对象性关
系。情况之一是，人能够依据自身对生命意义的领会和感悟来制作对
象，对象仅仅是为了表达存在领会而被按照美的尺度作为对象生产出来
的，因此成为超越物性的物性实在，成为"可感觉而又超感觉的物"②。
对象仍然具有物性，但就其作为获得超越性意义的对象来说，其本质是
对象化了的意义，是超感觉而不是可感觉的物性。一种情况是，艺术生
产就是人将自身的存在领会外化的对象性方式，不论文以载道还是诗以

---

　　①　在这个意义上，我们可以领会李泽厚批评形式主义美学的一个说法："当艺术变
成一种纯审美或纯粹形式美的时候，艺术本身就会走向衰亡。"（《李泽厚哲学美学文选》，
398 页，长沙，湖南人民出版社，1985）真正的艺术是承载和表达存在领会的方式，是内
在意义的感性表达。艺术欣赏就是人因在艺术品中看到了他自身的存在领会而感性地投
入和沉浸在艺术的作品之中，因此人作为能在的在世活动是领悟。领悟说的不是有一个
外的对象等待着我去"审"，因此审出一种它自身具有的美来，而是我与对象处于同一
性的感受状态，是能在沉浸到对象之中与对象共在的在世方式。

　　②　这是马克思用来描述商品规定的一个著名命题，它强调商品是自然物性的使用
价值与社会历史性的交换价值的统一，因此是社会历史存在物。我们借此命题揭示，感
动环节的感受性对象是实在形式与意义领会的统一，而不是自在的物本身，它以可感觉
的形式承载了超感觉的意义。

言志都是这种对象性形式，是人的存在外化的物化方式；另一种情况是，我们与某种存在对象打交道的时候，这种对象的存在特征触动了我特定的生存体验，对象因为这种触动而与被触动的我进入一种同声相应的共振状态，我被深深地感动而沉浸在一种物我两忘的同一性中。在这种对象性关系中，对象也成了超越物性的物性实在，外在对象成为体现存在领会的对象。这是生存领悟中的"物"人化的对象性方式。人的存在领会物化和物的人化存在特征，只是理解能在超越过程的不同视角，超越生存使物在超越的意义境域中也成为超越性存在，而不再只是作为可感觉的物性之物。能在是世界之光，点亮了这个世界，才有这个被点亮的世界。在趣味性的关系中领会对象，对象世界才作为超越物性的有情世界向能在展现，"感时花溅泪，恨别鸟惊心"才是有意义的言说，能在的在世才是作为感动的领悟。

在感动这个感受性环节中，关键不在于对象性形式，而在于是否使能在的赋义移情使形式成为有意义的形式。当然，美不是能在主体的赋义本身，而是所赋之义与对象形式的契合。在艺术创造中，形式与内容的统一是最基本的原则，至于内容本身是什么那是不尽一致的。曾经有所谓为艺术而艺术的说法，那大体不过是对政治等意识形态的因素强大到违背艺术规律的地步，使艺术仅仅成为工具的反驳。中国传统艺术形式中的高山流水，琴棋书画都是与人的人格修养、艺术品位和生命境界联系在一起的，而不只是一种技艺。至于文以载道、诗以言志等说法，更是要求形式有效地表现意义，而不能空洞无物。完美形式与深刻主旨有机结合才能产生出伟大的作品。中国人写散文要求形散神聚，文作为形式是载体，神就是形所要表达的，它规定了形的内在灵魂，就是文所要载之道，要言之志，要抒之情。当然，"言之无文，行而不远"，好的主旨要有好的形式才能更好地再现，才能真正触动人心。

情景交融的动情，沉浸

能在以趣味性的方式将对象和世界对象化，无论愉悦还是感动都是感性活动，是能在与对象处在一种非信仰、非功利、非认识的直接的感性同一性中，直接现实的生命活动和生命过程。某种对象场景突然契合我的存在领会，触动我的生命感悟，使我处在特定的情感体验状态，我感到悲伤、震怒、狂喜等。这种感性活动显然是情感性的、精神性的状态，因此与形式美中侧重于感官的愉悦不同，它是内在领会的感性显现。这是一种生命感动，是对象在与人的相遇中再现了人的存在领会，是人与对象之间的一种有情有义的感性同一性状态。让人作为能在感动的是由对象触动的他对生命存在本身的领会。这种沉浸于物的体验和感受是情感性的、精神性的，因此是一种超越感官的感性活动。感性对象所显现的恰恰是超感觉的内容，是内在性的东西直接再现到感性形式中，超感觉的东西进入可感觉的对象。作为能在基本在世活动的领悟，在这种感性活动中被我们称为感动，也就是人沉浸于物之中的那样一种情景交融的动情，而不是沉溺于形式的感官愉悦。

作为领悟环节的感动是现实地发生的非现实，使人进入与对象同一的超越现实的现实状态。说它是超越现实的，讲的是人在感动中什么也不管，什么也不顾了，现实的一切都在忘我的沉浸中消失，他只是感动着"存在"。说它是现实的，乃是因为这种感动就是现实地发生着、展开着的人的存在本身。在超越现实的现实存在这个意义上，此时人作为能在领悟的生存就是自由，就是超越。不是说人作为能在感到自由，或者没有感到自由，而是说他的存在本身就是作为超越的自由。自由就是超越现实沉浸于物的感动。在对象与存在领会的契合中，我切实地感受和经验到了生命的感动，这种体验就是我的生命状态。但是，这个作为感受体验的状态与生命本身的现在状态和处境是不一致的。人从现实中抽离出来进入了一种非现实的现实状态。它既是我的真实存在，在另一种意义上又不是我的真实存在。它只是我作为能在存在的存在方式之一，属于感受层次的内在体验领域。我在生活中并不孤独，但某个特定的景象将我带进浓浓的孤独感中；我的生活从来都平淡如水，但一幕悲剧将我带进了剧烈的悲伤之中。这些场景和对象之所以让我感动，是因为它们将我从我的现实带进了存在的可能性当中，带进了我的非现实中。我在这种超越实存的可能性中感受着生命的流逝、悲苦、荒诞、孤独和艰辛等。这是一种超现实的现实体验，我与这个处境之间存在着距离，我是以体验方式经历着我的生命可能性。如果我本身就处在人生的旋涡之中，现实的各种灾难让我几近崩溃，这不是审美中的悲剧，而是存在现实。所谓"距离产生美"并不是说我得不到她，我才觉得她美，而是说审美是能在主体与对象在超现实中的相遇，而不是实际的生活本身。处在悲苦中的人不会将自己的悲苦当作悲剧来欣赏。

感动是以趣味性体验存在世界的一种方式，而不是生活和世界本身的现实。超越现实的审美活动能够丰富我们的生活，提高我们对生命的领会，使我们生活在超越物性实在的充满意义和情趣的世界中，感受生命存在的自由和丰富多彩。在意义再现的感动中，我们感慨生命的存在，颂扬生命的意义，坚守生命的价值。然而，这些被我们赋予生活和赋予对象的意义本身是否具有意义？比如道德的完美形象给我们带来的崇高感等，它们本身是否值得坚持？在艺术创作中，对生命意义和价值的领会被对象化到作品之中，艺术欣赏就是欣赏者依据自身的存在领会重新发现和寻找这些被对象化的意义。感动的根据是内在意义，是人作为能在对存在的领会，是对内在原则和尺度的坚守。感动之所以感动，而不是无动于衷，乃是因为在超越现实关系的无执中，人还有执念，还没有达到忘我的彻底自由和超越。更高的审美状态在于喜怒哀乐不入于胸的超脱逍遥，不仅超越感官的愉悦而且超越生命意义的执念。这种一无所执的逍遥是物我两忘的"无我"。当然，就其本质来说，这种所谓的"无我"实际上是绝对内在的抽象唯我论，是我仅仅在观念中被当作精神的绝对。

三、沉醉于"无"的精神超脱

（趣味性这种对象性方式的内在根据是品位，趣味，意义，空无；能在作为无拘无束的超然洒脱；精神超脱的三种情状：醉忘，狂放，逍遥）

趣味性这种对象性方式的内在根据是品位，趣味，意义，空无

在趣味性这种对象性方式中，能在与他者之间超越了神圣性或功利性，不再以绝对的信仰或利他的良心，而是以自身内在的品位与对象打交道。趣味性中的品位就是人作为能在超越的品性，是能在在感受性的层次上将世界对象化的根据。品位作为趣味性的内在根据本身存在着差异，一个人感受世界和生活的能力体现在它的变化上。人具有什么样的品位，他就在什么样的趣味性方式中领会世界，因此也就以什么样的领悟活动在世。在感官愉悦中人作为能在的超越性品位是趣味，在生存感动中是意义。不论感官愉悦中的趣味还是生存感动中的意义，都是人自身内在的因素成为在世领悟的根据，成为尺度。也就是说，趣味性是人作为超越的能在以自身为根据体会到乐趣和意义，作为基本在世活动的领悟是愉悦和感动。生命从信仰的虔诚和仁爱的奉献中解放出来，变成本色出演，自由壮观，绚丽多彩，而不再阴暗和萎靡。自由曾经是通过内在信仰和良心自觉地确认他者，而到趣味性的领悟生存中，生命的自由开始表现为自我肯定和自我实现，肯定自己的感性趣味和意义领会，至少在感受层次上肯定了内在的自我，坚持了内在的根据。我是否愉悦和感动无论如何都以我自身为根据。从形式美中的感官愉悦到再现美中的感动，从外至内，再从内至外，能在以趣味性的方式揭示着自身与对象的共在共存关系。对象不再是作为外在于能在的他者保持着存在论上的优势地位，而是被领会为能在自我体验中的直接对象。不论是感官感觉中的愉悦，还是感情触动中的感动，就其本身而言都是超越权力和功利关系的作为生存体验的感性活动，趣味性就是能在内在地体验和感受自由的对象性方式。

趣味性中品位的高低表现了人作为能在自身内在的超越性。在形式美和再现美中，能在与对象之间处于超越外在权威和功利的共在状态，人作为能在有趣味和意义，能在的在世状态是愉悦和感动，表现为感官愉悦中沉溺于物和情感震撼的沉浸之物。能在将自我遗忘在对象和情景之中去实现和展开他们内在的趣味和意义。能在越是忘我越是有我，越是着迷于对象，就越是充分地自我肯定，在忘我的经验中经历着那个唯我的体验和感受本身。在这两种作为领悟的生存中，忘我本质上还是一种有我有物的执着。忘我的沉入对象还只是无我的假象。没有内在的趣味和意义作为根据就根本没有这种"沉溺于……"或"沉浸于……"作为领悟的生存。"沉溺于……"或"沉浸于……"这两种沉入方式本身揭示着"有待于……"的物我同一。因我有所爱并有所执，同时对象和场景契合了这种所爱和所执，于是我被吸引、被感动，对象成了自我实现的方式和载体。我在对象化的状态中遗忘了自己因此实现了自己。我的忘我依赖于诸物和我的所爱所执，依赖于我的感觉趣味和生命领会。若我多愁善感便会见花谢而伤春，见叶落而悲秋。

　　要在趣味性中超越这种有待的有限状态，感受到生命存在本身的自由，需要进入趣味性方式的另一个环节。这就是精神超脱，亦即一种无执无失的沉醉状态。在这种精神沉醉状态中，人作为能在超越的可能性不再是趣味，不再是意义，而是"空无"，是趣味和意义的瓦解。人不再以有趣味或者有意义的方式与对象打交道，因此并非愉悦或者感动成为能在的在世状态，而是喜怒哀乐不入于心的精神超脱。人作为能在不再沉溺或者沉浸于万物，而是沉醉于无之中了。与其说这个"沉醉于无"中的"于"不再像"沉溺于……"和"沉浸于……"那样表示一种"有待于……"的有限，毋宁说沉醉就已经是无，是什么也不要、哪里也不去的无欲无念和无知无为，因此就是以没有尺度作为尺度的空无。用感受性的范畴来表达这种"空无"品味的话，就是一种洞穿世事，因此了无牵挂的内在原则。

以这样一种空无的态度面对对象，不设尺度地与对象和自身共处就是精神超脱，是一种无执无待、洒脱无我的自由状态。能在既不沉溺于感官的愉悦，也不沉浸于生命的悲欢，而是率性洒脱、了无牵挂，达到了无得无失、无生无死、无悲无喜的空无境界。在无物、无他和无我的忘情忘在中沉醉，在犹如不在。这种"无我"既不是道德中所谓的舍己为他，也不是沉溺于物的愉悦和沉浸于物的忘我，而是超脱物我关系的无我状态。此种状态是将能在的存在本身作为超感性的存在来存在和体验的"无"之境界。① 这是一种不以物喜、不以己悲的状态，一种物我两忘、天人合一的超然境界。能在不再执着于某种特定的事物、利益、感觉、意义、价值等，不再有确定的目的和对象，甚至于不再将我领会为我的那样一种无执无失的超脱。这是一种非审美的审美状态，因为能在在精神中与他的"在"本身达到了高度的同一，将它的"存在"本身"在"成了一种无待无执的无我状态。精神超脱是趣味性的最高形式，是没有感受的感受，人作为能在沉醉于彻底的无限自由之中。有趣地、好玩地与自身相处，或者说好玩地、有趣地作为自身存在，在这样的存在状态

---

① 康德从批判哲学的立场出发，曾经有趣地谈到过这种超脱的"无"。康德认为，由于理性不愿意将自己限制在感性世界的限度之内，而是喜欢到先验的东西里面探索，深思的人就陷入了"神秘派"，"由此便产生了至善就在于无这一老君（即老子——译注）体系的怪诞，亦即就在于感觉到自己通过与神性相融合并通过自己人格的消灭而泯没在神性的深渊之中的这样一种意识。为了获得对这种状态的预感，中国的哲学家们就在暗室里闭起眼睛竭力去思想和感受他们的这种虚无"。（[德]康德：《历史理性批判文集》，何兆武译，90页，北京，商务印书馆，1997）康德是从意识发生的机制方面来说的，而不是将这样一种超脱理解为生存的在世活动本身。康德这样以纯粹理性批判为基础理解中国经验性的实践，尽管不乏深刻并且有趣，但与中国生存哲学之间还是存在不小的差别。

中，自己便在自我的对象性意识中隐退了，我便不再意识到自己的存在。这种超越沉溺和沉浸状态的自我隐退，我们称之为沉醉，也就是能在摆脱感觉趣味的限制和对生命意义的执着沉入空无的领会着的生存。在沉醉状态中能在只是作为超脱地在着的精神自身。因此，对精神超脱这种趣味性的阐释，不能再像感官愉悦和感动环节那样，按照审美要件及其关系来展开，而只能是对这种状态本身的现象描绘。我们姑且将精神超脱的沉醉这种存在方式勉强分成三种情况：

醉忘

能在总是共他者而在，能在之在总是超越自身共他者而在的共在。因此，能在被我们阐释为对象性意识和对象化活动相统一的对象性存在。能在总是通过对象性意识的指引在对象化活动中共他者而在。在与他者的关系中能在才是能在自己。能在知道这一点所以知道有自己。人的自己是在与他者的关系中被发现并且得到展开的。因此，在超越的能在将世界对象化的对象性存在方式中，绝对性和利他性是最初的两种对象性方式。在这两种对象性方式中，能在的基本在世活动是信仰和仁爱。能在通过对大写他者和小写他者的确认实现自己。当然，从另一种意义上说能在还没有成为自己，是因为在这两种方式中自己并没有成为存在论意识的中心。相反，为了自我确认而优先确认他者，人作为能在常常通过让渡自己和委屈自己的方式才勉强地实现自己，即便信仰和仁爱包括了内在意志，因此总还是自由的，但人还是时常感受到自己生活在压制和束缚之中。在趣味性方式的愉悦和感动中，作为内在因素的趣味和意义成为存在根据，已经大大提升了人作为能在自身的存在地位。人在超功利的关系中精神地与对象共在并沉入对象之中。但是在这种沉入对象的忘我中，人作为能在仍然依赖着、坚持着某物和某事，因此是有限的存在。他甚至可能迷失于玩味对象和某些妄念之中不能自拔，因为有执而不能洒脱自由。

醉忘也是一种"沉入"，但却与沉溺和沉浸都不同。就像酒醉状态一样，醉忘是人通过主动地撤退，去摆脱各种现实关系，进入无执无失、无知无畏的超脱状态。在这种精神的超脱中，能在超越的内在根据不是趣味，不是意义，而是一无所有和一无所执的空无。这是一种通过自我的虚无化实现的自我完满。人的存在超越就在于安时处顺，一无所执地让事物如其所是地自我呈现。通过自我的完全放逐完全地消融到对象的存在之中，诸种对象性关系和对象性状态根本不再作为规定和触动能在的因素存在，能在无动于衷，因为无心可动。人作为能在当然也不再把支配主宰万物看成是自己的伟大能耐，而是道法自然，无所用心。沉醉超脱有时是一种超然的精神洒脱，是一种高妙的人生境界，人作为能在领悟了存在的虚无因此能够忘我地沉醉于"空无"之中自得其乐。但在不少时候，醉忘也表现为一种消极败退，是人在遭遇了存在的难堪之后主动撤退以达到无我的避让。既可能是人洞察到了不可改变的必然现实而放弃改变现实的意志，主动自我麻木；也可能是不满于现实因此采取一种回避现实的方式。在此类情况下，醉忘中的超脱实际上常常是不自足的表现，是对俗世的强烈执念而逼出的一种极端形式。此时，醉忘不是沉溺于对某物或某事的欣赏，甚至也不是对于生活本身的欣赏或感动，而是一种自我放逐的自娱自乐，是一种无法在乎的不在乎。[①] 伪装起来的醉忘背后是根本忘不掉的现实，是试图忘掉不能忘掉的处境，因此是根本没有超脱的超脱。此种意义上的醉忘，只是一种消极逃避，而不是积极张扬。面对强硬的现实，酒和药就成了精神的麻醉剂，将人带进暂时的并且麻木的醉忘状态。

中国文人中一直存在着对酒的迷恋。这种迷恋未必是真正超然洒脱，而是一种自我催眠的即兴体验。面对人生的诸种愁绪悲苦，有的感慨生死，有的欲忘得失，即所谓"何以解忧，唯有杜康""酒能消闷海愁山，酒到心头，春满人间"。然而，悲欢离合依然存在，越想忘掉却越发不能忘掉。诸多诗词歌赋，正反衬出现实的坚硬与冰冷。千古名篇李白的《将进酒》，看似豪情万丈，最后却以千古愁绪为底色。元好问的"且酩酊，任他两轮日月，来往如梭"看似洒脱，实质却是感慨"人生有几，念良辰美景，一梦初过。穷通前定，何用苦张罗"。[②] 醉忘可以说是

---

① "有大人先生，以天地为一朝，万期为须臾，日月为扃牖，八荒为庭衢。行无辙迹，居无室庐，幕天席地，纵意所如。止则操卮执觚，动则挈榼提壶，惟酒是务，焉知其余。有贵介公子、搢绅处士，闻吾风声，议其所以，乃奋袂攘襟，怒目切齿，陈说礼法，是非蜂起。先生于是方捧罂承槽，衔杯漱醪，奋髯箕踞，枕曲藉糟，无思无虑，其乐陶陶。兀然而醉，恍尔而醒。静听不闻雷霆之声，熟视不睹泰山之形。不觉寒暑之切肌，利欲之感情。俯观万物，扰扰焉若江海之载浮萍。二豪侍侧焉，如蜾蠃之与螟蛉。"（刘伶：《酒德颂》，见《晋书·卷四十九·列传第十九》，房玄龄等撰，910页，北京，中华书局，2000）"刘伶嗜酒，常乘鹿车，携一壶酒，使人荷锸而随之，谓曰：'死便埋我。'当时士大夫皆以为贤，争慕效之，谓之放达。"（《资治通鉴·卷七十八》，司马光编著，2511页，北京，中华书局，2012）

② 元好问《黄钟·人月圆》表达了同样的情绪："重冈已隔红尘断，村落更年丰。移居要就，窗中远岫，舍后长松。十年种木，一年种谷，都付儿童。老夫惟有：醒来明月，醉后清风。　玄都观里桃千树，花落水空流。凭君莫问：清泾浊渭，去马来牛。谢公扶病，羊昙挥涕，一醉都休。古今几度，生存华屋，零落山丘。"

中国古代文人生活的写照，也是具有代表性的审美情绪。人暂时地进入无忧无虑的超然状态，达到一种物我两忘自在无谓的安宁境界。在这种忘我中达到的同一性是消极的退避，是一种无为的无我状态。与此相反，沉醉也可能是张扬，一种摆脱自我束缚的无我狂放。

狂放

醉忘中达到的同一可能是对现实的妥协逃避。这种退让固然能够避免在绝对性和利他性关系中能在对他者的屈服、感官的愉悦或者情感的波动，从而进入无知无觉、无执无失的遗忘状态。在这种遗忘中的超脱，好像是生存的自由，但实际上是对现实的妥协，是在不能改变的现实面前以不改变现实的精神超越方式面对现实，实际上并没有真正实现生命的自由。那些束缚障碍，快乐悲伤总是还在，只是在沉醉中被暂时地遮蔽和遗忘了，甚至根本就忘不掉。这种无执的醉忘恰恰源于过分的执着而主动采取的自我麻痹和自我否定。面对自我否定不了的现实，与醉忘相对的狂放不过是自我遗忘中的自我张扬，人不再是自我消失和自我隐退，而是完全地失去自我控制之后的恣意张扬，因此是一种忘我的自我膨胀和自我实现。在狂放中，人作为能在完全地摆脱了束缚，摆脱了他者和自己对自己的束缚，不再以对象性的方式显示在他自己的意识之中，因此回到自身真实的原始状态，无拘无束，完全处在没有自我约束的自发性亢奋状态。自我体现为无意识的我本身，我的存在只是这种无意识的无我的直接性。狂放就是能在直接的感性存在，就是作为无反思意识的感性活动本身。

能在通过共他者确认和实现自身。他者既是发现和实现自身的条件，同时也是现实自身的天然限制和障碍，即常说的"他人就是地狱"①。在与他者共处中形成的各种制度规范、价值理想等，在实现能在利益需求、欲望本能的同时，本身就是能在存在的障碍。在日常生活中，人总是觉得自己沉陷到各种各样的关系中不得自拔，沉浸在各种人情世故中不得洒脱。通过酒和药的魔力，人们进入了无我状态的意志，作为非意志的意志，不仅解除了外物的束缚，而且解除了所有的自我束缚和自我武装，呈现出来的是原始的冲动和能量，是本能的自由喷发。这时的无我，指的是根本就不存在自我规定，并且我展示在无自我规定的规定中，卸下了伪装，撕毁了所有承诺，忘掉了所有规矩。不管是我自己还是他者，作为主人的主人都被废除了。看不到权威和他者，看不到禁忌和规范，能在只是不顾一切地、自由奔放地在着，绚烂多彩，无序狂野。能在就是这样无拘无束地展现着它的本我。这就是尼采那里的"酒神"状态。② 内藏遮蔽的激情和能力喷薄而出，酣畅淋漓，放浪形骸，所向披靡。自我通过自

---

① 萨特的"他人就是地狱"强调的是被凝视中的我变成客体的被动性，但这一命题的意义却道出了能在生存的一般存在论条件和处境。这正是萨特《禁闭》的主题。（参见［法］萨特：《禁闭》，见《萨特戏剧集》（上），袁树仁译，140 页，北京，人民文学出版社，1985）

② 尼采在描写古希腊酒神精神时说："在酒神的魔力之下，不但人与人重新团结了，而且疏远、敌对、被奴役的大自然也重新庆祝她同她的浪子人类和解的节日。大地自动地奉献它的贡品，危崖荒漠中的猛兽也驯良地前来。……一个人若把贝多芬的《欢乐颂》化作一幅图画，并且让想象力继续凝想数百万人颤栗着倒在灰尘里的情景，他就差不多能体会到酒神状态了。此刻，奴隶也是自由人。此刻，贫困、专断或'无耻的时尚'在人与人之间树立的僵硬敌对的藩篱土崩瓦解了。此刻，在世界大同的福音中，每个人感到自己同邻人团结、和解、款恰，甚至融为一体了。"（［德］尼采：《悲剧的诞生》，周国平译，6 页，北京，生活·读书·新知三联书店，1986）

我遗忘中自我约束的彻底解除得到了彻底的实现。①

狂放精神是人类否定意志的集中体现，它以否定的方式超越自我，超越他者，在自我的放逐中自我展开。狂放中无我的张狂常常代表着傲视万物、卓然而立的超脱人格，因此是审美人格中的典型形象。中国自古文人有狷狂之士的说法。《论语·子路》中说道："狂者进取，狷者有所不为也。"如果说狷者能够自律自洁、洁身自好的话，狂放者则自由洒脱，否定一切，蔑视陈规，傲视万物，具有"粪土当年万户侯"的豪情；面对生死大义，又会出现"我自横刀向天笑，去留肝胆两昆仑"的壮烈。狂放通过否定的方式释放着人类的自由精神，体现了一种解放意志，而不是伦理生活中自我管束的自律。② 这种狂放精神可以看成是黑格尔《法哲学原理》中谈到的否定意志的一种形式。黑格尔指出："当它转向现实应用时，它在政治和宗教方面的形态就会变为破坏一切社会秩序的狂热。……这种否定的意志只有在破坏某种东西时，才感觉到它自己的存在。"③在一个万马齐喑、保守沉默的氛围中，狂放的否定精神具有特别意义，能够通过破坏性打破平衡，展开新的气象。当然，狂放总是一种否定现实的破坏性力量，而且还可能出现虚假的狂放，因此狂

---

① 《世说新语》记载的刘玲成为这种酒醉张狂、放浪形骸的典型："刘伶恒纵酒放达，或脱衣裸形在屋中。人见讥之，伶曰：'我以天地为栋宇，屋室为裈衣，诸君何为入我裈中！'"（刘义庆：《〈世说新语〉笺疏》，余嘉锡笺疏，853 页，北京，中华书局，2007）

② 嵇康在《难自然好学论》中说："六经以抑引为主，人性以从欲为欢；抑引则违其愿，从欲则得自然。"（《嵇康集注》，殷翔、郭全芝注，266 页，合肥，黄山书社，1986）

③ ［德］黑格尔：《法哲学原理》，张企泰译，14 页，北京，商务印书馆，1996。

放成了没有内在精神立场的形式。① 狂放对人的自由的肯定是一种抽象肯定，就像它对现实的否定也总是抽象的否定。也就是说，狂放中的无我现实地肯定那否定一切的抽象自由本身，因此处在与现实尖锐的对立之中而不能成为普遍的现实，只能解除常规的非常态下的自由，至多是一种无意识的绝对任性而已，因此还不是精神超脱的真正境界。

逍遥

在趣味性这种对象性方式中，能在超越了绝对性和利他性阶段的外在束缚，首先是不由自主地陷入到外物形式和情感意义的执拗之中，受自己感性趣味的左右沉溺于物，或者受自己意义领会的左右忘情于物。愉悦和动情的感受体验丰富多彩却与现实本身构成巨大反差，能在只是在内在的感受中实现了自己。表面上看，能在与对象超越了事实和规范层次的各种束缚达到了忘我的统一，是自由的生存，但这种自由同时也让能在失去了自律的意志，恋物忘情，伤时感世，情不自禁。超越趣味和情感左右的感受形式，能在的感受性深化到精神超脱的境界。在这个环节上，能在的感受性不再受对象形式和自身情感意义的左右，能在存在的品位不再表现为趣味高低和生命意义领会的深浅，而是在更高层次上对一切执念的否定。在精神超脱的醉忘和狂放两种形式中，前者是通

---

① 《世说新语·任诞》言："阮浑长成，风气韵度似父，亦欲作达。步兵曰：'仲容已预之，卿不得复尔！'"刘孝标注引《竹林七贤论》说："籍之抑浑，盖以浑未识己之所以为达也。后咸兄子简，亦以旷达自居。……乐广讥之曰：'名教中自有乐地，何至于此？'乐令之言有旨哉！谓彼非玄心，徒利其纵恣而已。"（刘义庆：《〈世说新语〉笺疏》，余嘉锡笺疏，863 页，北京，中华书局，2007）

过自我遗忘摆脱外在性达到无我状态，实际上是以能在自身的退让达到与外在的同一。后者则是通过随性的张扬突破和解构坚固的现实，在无拘无束中将自身树立为绝对的自在，在对外在的蔑视中超越外在对象。不论是妥协还是张扬，两者都通过自我意识的否定达到自我肯定。一个通过解除自我的意志和自我的独立性与他者达到无缝的统一，一个通过解除自我约束的自我意志以达到自我的彻底张扬。醉忘和狂放还没有真正内化他者从而与他者达到真正的和解，他将他者体会为绝对的外在性，通过沉醉于"无"遗忘和否定这种外在性。在这种沉醉于"无"的否定性的醉忘和狂放中，自我与他者之间存在对立并以超越对立为出发点，精神在本质上只是处在一种形式的超脱之中，而没有达到真正的超脱。在这种否定了自我意识的沉醉于"无"中，外在性还坚硬地矗立在外面，人作为能在并没有在事实上也没有在自我意识的精神中超脱这种外在性。自我不过是麻木的、失去自由意识的抽象，因此事实上还是没有自我。

实质上的精神超越摆脱了这种形式性，在洞穿世事中将外在性完全地消解和吸纳到自在的洒脱和超然中，无执无失、无悲无喜、无他无我的能在在齐生死齐万物中超然物外。这就是精神超脱的最后形式——逍遥境界。在生命的逍遥境界，能在与他者之间根本不处于对抗之中，他者不再被能在领会为有待克服的障碍。人作为能在也没有强制地自我逃避到一种无我状态中，而是就在这种外在性中无己、无功和无名地生存①，

---

① "夫列子御风而行，泠然善也，旬有五日而后反。彼于致福者，未数数然也。此虽免乎行，犹有所待者也。若夫乘天地之正，而御六气之辩，以游无穷者，彼且恶乎待哉？故曰：至人无己，神人无功，圣人无名。"（《庄子》，方勇译注，3页，北京，中华书局，2010）

外在性顺其自然地在能在的这种空无姿态中被扬弃了、消失了。按照黑格尔的说法，这种内在的安宁就是消灭一切特殊的东西，就是无。就此而言，这种消灭的状态对人说来就是最高的状态，人的命运就是使自己沉浸到这种无中，沉浸到永恒的安宁中，即沉浸到实体性的无中。在那里，一切规定都停止了，没有意志，没有心智。① 这种道法自然的逍遥才是真正完美的无我境界，它不再有任何故意的做作和无可奈何的退避。人作为能在清醒自在，怡然自得②。逍遥是理性反思性的精神超脱，是清醒自修的结果，而不是无理性的自我放逐或自我张扬。逍遥才是趣味性中沉醉超脱的高妙境界，是高度自足中的物我一体，是趣味性中作为能在在世活动的领悟的最高境界。

逍遥是看穿世事、了悟人生之后到达的自足境界。能在不以物喜、不以己悲，以无形游于有形之中，从容不迫、恬淡自在、自由自在，而不是左冲右突、患得患失、贪生怕死、悲喜无常。③ 在逍遥中，不需要强行排除他者或遗忘自我，而是在有物有我中顺其自然地达到无物无我的境界。这里的"无"并非没有或者强行遮蔽，而是不执着的意思，是让对象如其所在地自发呈现，即老子所说的"人法地，地法天，天法道，

---

① 转引自张世英：《论黑格尔的精神哲学》，247 页，上海，上海人民出版社，1986。

② "楚威王闻庄周贤，使使厚币迎之，许以为相，庄周笑谓楚使者曰：'千金，重利；卿相，尊位也。子独不见郊祭之牺牛乎？养食之数岁，衣以文绣，以入太庙。当是之时，虽欲为孤豚，其可得乎？子亟去，无污我，我宁游戏污渎之中自快，无为有国者所羁，终身不仕，以快吾志焉。'"（司马迁：《史记》，1902 页，北京，中华书局，2011）

③ 《庄子·缮性》篇云："故不为轩冕肆志，不为穷约趋俗，其乐彼与此同，故无忧而已矣！今寄去则不乐。由是观之，虽乐，未尝不荒也。故曰：丧己于物，失性于俗者，谓之倒置之民。"（《庄子》，方勇译注，254 页，北京，中华书局，2010）

道法自然"的状态。唯此，"如其所是"才是真正的自由，而不是醉忘中的退避或者狂放中的任性。洞穿事物必如其所是并因此而让其如其所是，这就是智者达人逍遥自在的人生境界。顺其自然，方能游刃有余，故庖丁之言乃是养生之道。[①]

在精神超脱达到的逍遥状态中，能在实际上摆脱了主观感觉、情绪、感情、意义和价值的左右，道法自然因此进入虽有情而不为情所动、虽无为而无不为的境界。这种人生境界作为一种生存状态已经不是在对象中感受到愉悦或动情的了，而是能在的生存本身就是精神上的自足美好。人作为能在不是感受到身外的某物或某事有趣，而是存在本身的自由有趣。这种理想的存在状态由个体的能在而推及共在，就是所谓的"各美其美，美人之美，美美与共，天下大同"的存在境界。当共在总体按照这种感受性的方式和原则被领会和建构的时候，生存的审美原则便成为一种政治原则。审美的政治化或者说政治的审美化是共在生存的一种政治概念。我们将审美趣味相对应的政治概念称为浪漫主义政治。浪漫主义政治就是政治的浪漫化，或者说浪漫化的政治，是从彻底内在的感受性原则理解能在的共在和政治本质的一种政治形态。

---

① "彼节者有间，而刀刃者无厚。以无厚入有间，恢恢乎其于游刃必有余地矣，是以十九年而刀刃若新发于硎。"（《庄子》，方勇译注，46 页，北京，中华书局，2010）

四、浪漫政治，共在梦想及其自我否定

（依据观念的预设构想生活，主观主义抽象；浪漫政治的三种
形式：完美主义、自然主义、虚无主义；超越内在自我在走向实在
对象领域的能在）

依据观念的预设构想生活，主观主义抽象

意志成长是漫长过程，生存超越的自由就是这个意志成长和实现的
过程本身，而不是在这个过程之外的某处停留着等待我们展开的原则，
或者等待到达的完善状态。政治作为能在在世的基本构成维度，也在这
个漫长的历程中展开。作为共在状态的政治生活和作为共在意识的政治
观念，随着能在领会世界的对象性方式发生变化，因此有不同的政治。
在绝对性原则中，信仰是人作为能在的基本在世活动，核心是处理现实
生活与绝对者之间的关系，因此政治的基本概念是绝对权力，通过实现
上帝的意志来维护公共生活的纯洁和有序，政治是一种神权政治。在利
他性原则中，小写他者作为他者，仍然具有存在论上的优先地位，仁爱
是能在在世的基本方式，德性生活的核心范畴是善良意志，教化成为政
治的基本功能，政治是一种德性政治。到了感受层次的趣味性中，存在
论的立足点已经由外在的他者转向到内在的生存体验，能在在世的存在
论根据不再是他者优先的信仰和良心，而是能在自身生存的品位，能在
依据自身的感觉趣味、意义领会和空无感悟领会存在，并且依据这种领
会在世，能在的基本在世活动就是感受体验者的生存，我们称之为领
悟。事实层次的真假对错和规范层次的利害得失在感受层面被超越，趣

味性是能在超越他者以自身为立场领会与他者共在关系的一种感受性方式。从感官愉悦到情感激荡再到精神超脱，能在在世的领悟生存不断自我超越，提升生命境界，展开着不同的共在世界。趣味性并不只是个体内在的私人体验方式，而是在感受层面共他者而在的共在原则。在这种以趣味性为原则的共在生存中，作为共在之构成维度的政治也获得了新的规定。这种新的政治概念我们称为浪漫政治，也就是政治的浪漫化，或者说浪漫主义的政治。

之所以名之为浪漫政治，是因为相对于绝对性的神权政治和利他性的德性政治而言，感受层次依据趣味性方式理解的政治概念超越了权力和利益观念，主张一种根本没有权力和利益主导的纯粹共在关系，政治被看成是促成此种共在状态得以实现的实践过程。在这样一种共在概念中，自然与人之间、人与人之间是一种纯粹自由的结合，而不受任何人为的强制性异化因素的中介，人们依据自身的美感体验过着一种道法自然的完美生活。浪漫主义政治以超越现实权力和利益关系的眼光来看待政治功能及其实践，要求或者期望政治实践能够建构这样一种自由的审美生活。在这种政治概念中，超功利的审美生活是最理想的存在状态，政治实践的本质就是克服人与人之间强制性的权力关系和功利性伦理关系，按照一种内在的品位来建构共在空间。共在生活尽可能是一种自由的精神游戏，而不是信仰的强制或者仁爱的奉献。在这种绚烂多彩的共在空间中，人的生存就是领悟，就是以不同的品位去感受存在，去感受与他者"美美与共"的共在状态。因此，生活的原则就是美的原则。社会是一个以感受体验为中心组建的审美空间，浪漫主义政治就是仰望着这个审美空间领会自身使命和实践的政治。相对于神权政治和德性政治，浪漫政治就是美学政治，就是政治的审美化。

浪漫主义政治只是政治的浪漫化、审美化。当这个立足于内在感受的存在空间要现实化为普遍的共在状态时，它本身就回到了与权力和利益对抗的现实关系之中。这种对抗耗损着浪漫主义政治的超越性和无限性，因为它试图外化为实现的东西恰恰是以观念超越的方式内在地建构起来的。观念地超越了事实和规范，才有超功利的、作为领悟的生存。领悟的生存作为超越并不是说事实性和规范性实际上不再存在，它们本身仍然坚强地存在着。作为感受层次趣味性原则的在世活动，领悟生存是以内在性的超越为特征的，其根本意义和限度也就在于这种作为体验生存的内在超越性。依据内在感受原则形成的政治概念只能是一种超现实的浪漫主义政治，其基本意义在于为现实政治提供超越现实的意义地平线，因此不可能成为现实的存在状态本身。世界从来不只是按照纯粹内在的趣味性原则构成的。美感世界的构成原则是超越事实和规范的内在趣味性，它只是能在超越生存的一个层面。不受外在约束的纯粹作为领悟的生存，无论是沉醉遗忘、无拘狂放还是精神逍遥都只是观念地扬弃外在性获得的内在自由。正像彼岸世界不过是现世的镜像一样，趣味性中的内在感受不过是外在冰冷和严酷的镜像，是被现实逼出来的内在境界。完美的镜像要坚持变成现实的时候，常常破碎一地。

我们知道生活是不完美的，因此我们仰望着完美生活，但我们不能用完美来强制和否定生活。完美只是不完美的一个观念的镜像。当以内在体验的完美性为尺度幻想打碎冰冷世界的时候，被打碎的不是冰冷的世界，而是这个试图打碎冰冷世界的完美幻想。从来没有在现实中成功的浪漫主义政治，但这从不妨碍人们浪漫主义地想象政治。在这个意义上，浪漫主义政治是一种挑战，是用赤子之心对抗冰冷现实的必然失败的挑战。浪漫主义政治的成功就在于它永远无法实现而注定失败，因此它总是能在自己的失败中不断地站起来。在成功的坚持中不断失败，或者说在不断失败中成功地坚持，他的失败就是成功，成功也就是不断的失败。浪漫主义者注定通过失败成就自身的浪漫与单纯。浪漫诗人卷入政治往往是个人的流血牺牲，政治家的浪漫实践则常常带来国破家亡的悲剧①。中国古代帝王之学向来不以诗词歌赋为重，因为不论是豪放还是婉约，都多了些不切实际的浪漫。如果人只是生活在梦想中，人的存在就是做梦。人生不能没有超越现实的梦想，但是始终只用梦想来理解现实，我们就会失去现实。政治是审美浪漫主义自我实现的终极梦想，审美是政治浪漫主义自我超越的永恒情怀。相比复杂的社会空间，纯粹的自在和完美感受本质上只是观念中"应然"，至多只是现实的例外和惊喜。酒神祭祀中的狂欢意味着酒神在日常生活中的缺席。浪漫主义总是从"应然"理解政治，导致了政治的浪漫化。完美主义从现实的缺陷中构想绝对完满，希望激进地变革现实，在人间建设天堂；自然主义则从原始自在的淳朴性上否定文明创造，主张道法自然的返璞归真；与强调创造的完美主义和强调无为的自然主义相反，虚无主义干脆将对现实的批判变成绝对否定，放弃任何确定的立场，以无立场本身作为立场，成为

---

① 王国维在《人间词话》中论及南唐后主时说："词人者，不失其赤子之心者也。故生于深宫之中，长于妇人之手，是后主为人君所短处，亦即为词人所长处。"（王国维：《〈人间词话〉疏证》，彭玉平疏证，411页，北京，中华书局，2011）此论切中要害。在这个意义上，据说，宋仁宗不授予柳永功名，而是命其"且去浅唱低吟"，反倒是成就了名动一时的风流才子，可谓识才。

浪漫主义政治的又一种形态。

完美主义

能在在观念中将对象把握为对象并因此形成了不同的把握对象的对象性意识。观念地把握对象的对象性意识在最宽泛的意义上总是一种认识，但它并不是单纯地通过对对象特征的反映形成的关于对象的知识，而是一种存在领会。超越实在的存在领会规定着能在在对象性意识和对象化活动中将对象对象化的方式。能在的基本在世活动是领悟。领悟以对象的存在为前提但却超越存在对象，并通过对象领会人作为能在的自身存在。我们说某物有趣或者说某事感人已经是建基于能在自身的有趣味和有意义这样一种内在根据了。能在在趣味性中领会对象和能在的生存本身。通过不同的品位，人以趣味性方式与对象处在一种超越实在的直接同一性中，领悟是人作为能在的在世活动之一。在领悟着的生存中，人通过对各种客观关系的内在超越达到一种以内在体验为本质的存在境界。作为能在感受层次的趣味性，与事实层次和规范层次的其他对象性方式共存。领悟只是同时存在的多种能在在世活动的一种，本身始终受到其他在世活动的影响。

趣味性以超越其他现实关系为基本前提的同一性取向蕴含着完美主义的基因。无名、无功、无己的逍遥达人其实只是超越性的完美抽象，是我们仰望着生存的理想人格。它代表了未受污染、自身纯洁而丰富的赤子之心和赤子之情。当这样的人生理想被期待着在社会领域展开的时候，就产生了完美主义政治。这种政治观念，从批判现实的功利、无情、有限等出发，试图建立纯粹自由的共在状态和共在关系。在完美的社会状态中，排除了各种中介和干扰，能在的存在摆脱了外在强制而出于本心的自然，在率性而为中顺其自然地共他者而在，按照自己的感受自由地生活。社会关系不再经过政治权力、经济利益等强制性中介，存在者之间根本没有了功利性的相互算计和相互控制，而是一种纯粹审美化的趣味关系，因此是一种自由的结合，一种游戏式的生存。连曾经处于外在必然性的劳动也变成了自由实现的过程，成为具有自由游戏特征的生命表现，因此是生活的第一需要。在这样的社会中，进步强制①没有了，劳动强制和分工强制也都没有了，劳动就是一种娱乐和游戏，是自由自觉的活动本身。② 按照马尔库塞的表述，这是一种劳动得到解放的因此爱欲也得到根本解放的自由社会。

————————

① 关于进步强制，我们这里用的是海德格尔的一个概念。海德格尔在晚期的谈论班纪要中曾经提出："是什么通过规定了整个大地的现实而统治着当今呢？［是］进步强制（Progrssionszwang）。这一进步强制引起了一种生产强制，后者又与一种对不断更新的需求的强制联系在一起。对不断更新的需求的强制具有这样一种性质，一切强制性地方生方新着的东西，同样也直接地已经变老变旧，并被'又一个更加新的东西'挤掉并如此继续下去。在由此而来的强迫之下发生了一些事情，特别是与那种传统之可能性的断裂。曾经存在着的，便不再可能在场了，……除非以古旧之物的形态，因此是不在考虑之列的。"（［法］费迪耶等辑录：《晚期海德格尔的三天讨论班纪要》，丁耘摘译，载《哲学译丛》2001［3］）

② "分工立即给我们提供了第一个例证，说明只要人们还处在自然形成的社会中，就是说，只要特殊利益和共同利益之间还有分裂，也就是说，只要分工还不是出于自愿，而是自然形成的，那么人本身的活动对人来说就成为一种异己的、同他对立的力量，这种力量压迫着人，而不是人驾驭着这种力量。原来，当分工一出现之后，任何人都有自己一定的特殊的活动范围，这个范围是强加于他的，他不能超出这个范围：他是一个猎人、渔夫或牧人，或者是一个批判的批判者，只要他不想失去生活资料，他就始终应该是这样的人。而在共产主义社会里，任何人都没有特殊的活动范围，而是都可以在任何部门内发展，社会调节着整个生产，因而使我有可能随自己的兴趣今天干这事，明天干那事，上午打猎，下午捕鱼，傍晚从事畜牧，晚饭后从事批判，这样就不会使我老是一个猎人、渔夫、牧人或批判者。"（马克思：《德意志意识形态》，见《马克思恩格斯选集》第1卷，85页，北京，人民出版社，1995）

在这种完美状态之后不再有新的历史可能性，不再有超越性的未来空间。完美主义往往伴随着历史终结论和历史目的论。它揭示着人对能在超越过程之极限可能性的构想。这种可能性的构想本身是从现实生存中的感受体验出发的，是以扬弃现实中异化的非完美状态作为目的的。然而，只要人作为能在还在，这种完美状态就只能是对能在之极端可能性的抽象规定。否则，能在就不是"能"在了。当人作为能在的存在没有被看成是一种超越的可能性过程的时候，总会产生为历史设置终点和目的的末世论完美主义，将由能在超越生存构成的流动历史看成是达到某种不能再超越的终极状态的过程。历史最终就变成没有历史的了。历史目的论和历史终结论蕴含着线性的发展概念和进步主义的必然性概念。从这些观念出发，完美主义政治常常跟激进主义结合，在特定的历史阶段推动社会历史进步的同时构成对历史发展连续性和社会稳定性的巨大破坏。完美主义政治是一种抽象的理性主义，当通过实践强力去实现这种完美状态的时候，产生出非理性主义的现实灾难就在所难免了。此种灾难在人类历史中实在是举不胜举。各种专制和暴力常常在实现完美理想的名义下产生出流血的悲剧，有时比那个希望被克服的悲惨现实本身更加悲惨。

自然主义

完美主义政治从感受体验出发，以抽象的完满性概念构想能在世界的存在状态，憧憬一种不受限制和不经中介的能在与对象世界之间的感性同一，以期达到一种自由游戏的生存。完美主义政治总是期望用激进的手段促进这种完美社会的到来，使人们从各种现实的束缚中解放出来，建构一种自由的生存关系。完美主义政治在现实中的实践不是推进了社会的和谐安宁，相反，往往在完美的名义下导致各种灾难和恐怖。现实总是不完美的。人为的创造实践达不到完美的理想。在对人为创造的完满理想的否定中，产生了一种主张无为而治的自然主义思想。自然主义政治的核心原则是反对人为的各种制度规范和意义价值，崇尚返璞归真，绝圣弃智，回到小国寡民、拒绝雕饰的原始淳朴性。在自然主义看来，没有人为创造的原始纯朴性才是完美的理想生活，人们清心寡欲，怡然自得。

正是从这种抽象的原始淳朴性出发，中国的老庄哲学提供了一套道家的治世之道。老子崇尚以无为本，主张无为而治。老子指出："道常无为，而无不为。侯王若能守之，万物将自化。化而欲作，吾将镇之以无名之朴。无名之朴，夫亦将无欲。不欲以静，天下将自定。"[①]从这种无为而治的主张来看，统治者应该"不尚贤，使民不争。不贵难得之货，使民不为盗。不见可欲，使民心不乱。是以圣人之治，虚其心，实其腹，弱其志，强其骨；常使民无知、无欲，使夫智者不敢为也"。老子甚至反对感性的愉悦，主张无欲无智。在老子看来，"五色令人目盲，五音令人耳聋，五味令人口爽，驰骋畋猎令人心发狂，难得之货令人行妨。是以圣人，为腹不为目，故去彼取此"[②]。这种无为而治的理想，最终就是达到小国寡民的社会状态，"使有什伯之器而不用，使民重死而不远徙。虽有舟舆，无所乘之；虽有甲兵，无所陈之。使人复结绳而

---

① 《老子道德经注校释》，王弼注，楼宇烈校释，90～91 页，北京，中华书局，2008。

② 《老子道德经注校释》，王弼注，楼宇烈校释，27～28 页，北京，中华书局，2008。

用之。甘其食，美其服，安其居，乐其俗，邻国相望，鸡犬之声相闻，民至老死不相往来"①。从这样一种无为原则出发，老子甚至明确地提出了愚民的主张，"古之善为道者，非以明民，将以愚之。民之难治，以其智多。故以智治国，国之贼。不以智治国，国之福"②。庄子也顺着老子的意思说："圣人已死，则大盗不起，天下平而无故矣！圣人不死，大盗不止。"③

这种绝圣弃智、绝仁弃义、绝巧弃利，以达到"见素抱朴少私寡欲"的主张，是一种显著的自然主义。面对现实中的名利声色、勾心斗角，主张回到原始未化的自在同一性，这不是一种超越性的真正自由，而是一种反动。如果说这些主张在反对政治的横征暴敛、杀伐征战、贪得无厌等方面有某种批判和反思性意义的话，它所崇尚的那样一种平静如水、原初不化的状态不是超越的自由理想，而是一种死寂的抽象同一性，是从文明开化到蒙昧洪荒的倒退。与抽象的完美性相对立，它将激进的自由意志消解为"为无为"这样一种空洞的超越性。在这种向后看的自然主义的浪漫主义政治中，自由意志回复到了自我否定的那样一种超然状态。意志否定掉了所有限制着、规定着我的东西，我因此就获得了所谓的自由。这种自由和美满，如果也算得上是一种自由和完满的话，它只能算是在虚无意义上的一种"无"，一种否定和放弃自由的自由。也就是说，它只是那个能够彻底地否定掉自己的自由意志，因此不再拥有

---

① 《老子道德经注校释》，王弼注，楼宇烈校释，190 页，北京，中华书局，2008。

② 《老子道德经注校释》，王弼注，楼宇烈校释，167～168 页，北京，中华书局，2008。

③ 《庄子》，方勇译注，150 页，北京，中华书局，2010。

现实的意志自由。就能在之作为对象性意识中的对象化存在而言，这种以"无"为规定的抽象意志本身也的确是无。它所憧憬的理想不过是对"过去"的浪漫想象，是以美化了的历史来与丑化的现实抽象地对立，而不是真实的历史"曾在"。

虚无主义

在趣味性这种对象性方式中，能在与对象的共在状态超越了权力、功利等外在性关系，是一种直接的同一性。以超越现实关系的感性同一性为基础，能在试图将各种现实的存在关系趣味化，以审美眼光来审视和要求政治，形成了完美主义的政治概念和自然主义的政治概念。两种政治概念分别以关于"将在"和"曾在"的想象批判现实，试图达到一种审美化的自由生存状态。我们知道，趣味性只是能在对象化世界的一种方式，它侧重于内在体验的超越性领会能在与存在世界之间的关系。感受层次的趣味性与事实层次和规范层次的对象性方式之间并不是一种非此即彼、相互取代的在世方式。也就是说，当人作为能在以趣味性的方式将世界对象化的时候，能在本身仍然处在其他的对象性关系之中。在这种趣味性方式中，能在以内在体验的方式将世界对象化，这绝不意味着处于审美状态的能在在事实上就摆脱了各种关系。因此，以纯粹同一性为原则的趣味性方式构成的共在概念实际上是一种抽象，是能在与世界相处的一种，因此是构成世界概念的一种方式。现实存在总是客观的、具体的、有限的、永远不完美的状态，无论这种状态被看成发生在过去还是没有发生的未来。从一种完美主义的目的论和终结论出发，不完美的客观现实变得毫无意义，总认为应该被批判和毁灭。其实对于有限的能在而言，永远不存在绝对确定的完美状态，完美主义和自然主义政治作为两种极端的浪漫政治遭遇了逻辑上的困境，于是产生了另一种浪漫主义政治。这就是虚无主义政治。

虚无主义政治从否定完美主义政治和自然主义政治出发，批判一切既成的社会状态，但它并不预设确定的完美本身，因此也不追求和向往某种并不现实的理想社会，不管这种理想被设定在过去还是未来。相反，它否定任何完美和任何理想，无立场就是它的立场本身，或者说它将超越性转化成了绝对的否定性和批判性。否定性因此成了绝对的否定性本身。虚无主义拒绝和瓦解任何既有的现在秩序和制度，对一切都保持无立场的质疑。虚无主义不是通过质疑达到某种立场，而是质疑任何立场，只以质疑为立场，因此也可以说是以无立场本身作为立场，只有不确定这件事情是确定的。虚无主义因此常常成为无政府主义、恐怖主义、犬儒主义的思想基础。它没有目的，以否定和批判本身作为目的，具有巨大的破坏性和消极影响。虚无主义并不认同任何确定的稳定立场，哪怕是相对稳定的立场。虚无主义者常常生活在"无我"和"唯我"的轮番交替之中，漂浮无根，茫然无据。事实上，虚无主义状态是人作为能在无法与自身和他者达到认同的非同一性。在公共空间蔓延的虚无主义政治情绪常常带来的是政治混乱和恐怖，是一种打破一切、摧毁一切的漫无目的的喧嚣。虚无主义作为一种纯粹否定的意志，只有在否定和摧毁一切事物的时候才感觉到自身的存在，它并不是确定的存在。在这个意义上，虚无主义政治构成了与绝对主义政治相对立的极端。当然，这种绝对否定的立场同绝对肯定的立场一样是抽象的绝对主义，它只不过是颠倒了绝对肯定的绝对否定，因此是绝对主义的褫夺形式。

能在最初从内在的感受出发，希望单纯地发展出与对象淳朴的同一性关系，超越各种权力和利益等功利的世俗规定。但是，当这种同一性的淳朴关系被绝对化、本体论化之后，能在就将对现实的否定和批判作为根本任务，试图在经验生活中建立起绝对自由的完美关系，进而以虚无主义的方式否定了完美性本身，将绝对的否定性提升为原则，从绝对同一性过渡到对非同一性的迷恋。浪漫主义政治最终没有达到辩证的肯定性阶段，而是达到了彻底否定自我的自由意志。这种自我否定的自由意志，就其达到了自我否定的绝对形式而言，它是意志自由自我确证的最后形式。就其在抽象的观念中绝对地否定了自我的确定性而言，它又是自我否定的最后形式。在这里，自我意志抽象掉了所有的社会性和历史性内容变成了纯粹抽象，自由只是作为自我的空洞自在和主观任性。在漫长的超越之后，能在逐渐扬弃了他者，扬弃了外在性，最终通过抽象的主体内在性达到自我同一。我终于成为了我本身。但这个我还只是内在的抽象性原则，是否定一切实在性的意志本身。我的欲望、利益和情感最后通过自我否定的方式被肯定。也就是说，自由意志通过向内的超越彻底放弃和否定了自身存在的实在性。在能在共在的层面上，这种自由意志是通过虚无主义政治的"绝对否定"确认了自由意志的绝对性。通过超越绝对性和利他性，人作为能在的超越自由在感受性的最后阶段达到了抽象性的同一性，达到了作为内在存在的抽象自由意志本身。浪漫主义政治本身不能实现彻底的自由，它通过不断的失败保持它的成功。在经历了完美主义政治、自然主义政治之后，虚无主义政治彻底暴露了这种自由意志的抽象性，也就是我成为我本身这样一种自我领会。这就是他者阶段的最后成果，抽象意志的自我确认和作为其共在形式的浪漫政治。成为了我本身的我，如何将我作为我本身展开？在他者阶段的尽头处，能在将重新回过头去从事实性开始，再度经历规范性和感受性的历程展开自身，实现自身。不过在新的阶段上，这些不同的对象性层次将获得新的对象性方式，它们分别是事实层次的必然性、规范层次的公平性和感受层次的实在性。在现实中展开的自我在成为自己主人的同时，将成为存在论意识的根据。

第二编

自我

自我成为根据

能在在对象化活动的超越生存中形成不同的对象性意识，并依据这些不同的对象性意识将世界对象化。对象性意识和对象化活动是能在超越生存的两个基本要素，是从不同视角对超越生存的领会。能在生存的超越性体现在对象性意识和对象化活动的变化中，在此变化中形成了能在把握世界的不同对象性方式。人作为能在的超越便依据不同对象性方式的在世状态和历世过程而存在。在世和历世就是能在超越的自由展开。经过艰苦的经历，我们已经看到，能在获得了绝对性、利他性和趣味性三种不同的对象性方式。能在依据这三种不同方式，以信仰、仁爱和领悟的方式在世，世界是由真善美这几种不同存在论领域构成的超越性空间。在这个超越性空间中，能在领会世界的三个不同原则及相应的在世活动，都以他者为轴心，他者是存在论意识和能在在世的根据。也就是说，人作为能在对存在和自身的领会，在确认他者的前提下展开并以他者为轴心构成，他者作为存在领会的根据具有超越个体自身的优先性。能在的在世是以他者为根本定向的。这三种对象性方式在能在的历世结构中构成了他者阶段。当然，这三种对象性方式本身也体现了超越生存的自由，从绝对性、利他性到趣味性的提升是他者轴心地位逐渐退场，而能在自我意志逐渐形成的过程。在这三种不同对象性方式的最后，也就是在趣味性原则及相应的领悟生存中，能在内在的品位成为趣味性的根据，最终在精神超脱中达到一种将外在他者刻意遗忘的逍遥境界。能在在与他者的相处中已经形成了抽象的自我，能在的自由意志到达了抽象的顶点。

这个所谓顶点就是自由意志，就是我在内在的感受体验中成为抽象的我本身。通过对所有外在对象性关系的观念否定，自我在精神自由中达到了绝对的自我，成为"无我"的我。我在精神中摆脱了他者，我摆脱了束缚自我的外在因素。因此，成为我的"我"其实只是一个唯灵论的抽象，只是空洞的自由意志本身，他放弃和否定了具体的规定性和有限性。① 这就是自我否定的过程，能在从对他者的抽象肯定中最终达到了

---

① 在这个意义上，逍遥中达到的自由只是黑格尔所说的抽象自由。因为在这种自由中，"人对他自身的纯思维，只有在思维中人才有这种力量给自己以普遍性，即消除一切特殊性和规定性。这种否定的自由或理智的自由是片面的，但是这种片面性始终包含着一个本质的规定，所以不该把它抛弃。不过理智有缺点，即它把片面的规定上升为唯一最高的规定"。（[德]黑格尔：《法哲学原理》，张企泰译，15 页，北京，商务印书馆，1996）

对他者的抽象否定。外在性在观念中被抽象地否定，因此仍然僵硬地保
持为抽象意识中的外在对象。在这个意义上，能在超越中的自我实现实
际上是非实现，是自我通过内在的超越将自我束缚在感受性的内在藩篱
之中。能在只是在精神中否定了他者并以内在感受的方式获得绝对自
由。当然，尽管达到的还是抽象意志，但能在毕竟还是达到了绝对自
身。在"万物与我为一，天地与我一体"式的精神自由中，表面上看是
自我在观念中提升到了与他者同一的地步，实质上是内在的自我被理
解为绝对，其中已经潜在地意味着能在以自身为绝对出发点构想世界
的可能性了。在以自身为出发点的生存中，世界被能在领会为自我意
志得以实现的工具和表象，自我成为新世界的轴心。能在以自我为根
据进入自由意志的对象化和客观化阶段，去征服世界并实现自己，而
不只是在观念中超越他者，安静地居住在精神内部。这就是能在超越
生存的"自我"阶段，就是能在在类或个体的意义上被做成根据的存在
形态。

　　能在在精神逍遥中达到的那个作为顶点的自由意志走出观念自身，
开始了新的历程和新的冒险。它不再否定现实的一切对象性关系，仅仅
保持为内在的自我，而是勇敢地一头扎进现实，希望将自己变成现实，
使现实成为成就其存在的舞台。能在不再软弱地在领悟的生存中超越他
者的存在，笑看万物，而是骑着高头大马驰骋疆场，在战斗中征服他
者，将万物看成是自我实现的手段和工具。那些在他者的统治中被雪藏
的理性、利益和欲望焕发出勃勃生机，作为能在的现实进入意识，被充
分肯定，并要求在对象化的生存中全面展开。我既然成为了我自己，我
就决心自己满足自己。在新的征程中，能在自身不仅被理解为目的，而

且被理解为自我实现的动力。人作为主体，做自己的主人成了新的原则。在这个新原则中，以他者为轴心的超验世界彻底崩塌了。因为真正说来，那个超验世界不过是经验世界的超验化。在这个新阶段，当自我回顾自己成长的道路时才发现，上帝是人的自我异化了的神圣形象，人类对神的崇拜就是崇拜神圣化了的人类自己。上帝甚至被狄德罗看成是因极端仇恨人类而想出来惩罚人类的方法①。到了尼采，彼岸世界的信仰不过是设计出来贬损唯一的此岸世界的发明。② 洞穿了这一超验幻象的人回到了自身，在观念和实践中肯定自身。人本论取代神本论，人自身成为根据这个新原则就这样绚丽登场了。③ 告别自我陶醉的懵懂，不仅是个体的人，而且是作为共在的人类也就进入了自立的成年时代了。

当然，历史本身是曲折的，被现代西方引以为傲的"人将自己做成根据"这件事情，经历了诸如文艺复兴、新航线的开辟、宗教改革等艰难过程，最后以启蒙运动和流血的法国大革命为标志，才算完成了它的成人仪式。所谓现代启蒙，讲的就是这一在观念中将人做成根据的思想事件。人在启蒙中成为主体，不过就是说，人在观念中被理解为根本目的的同时被理解为自我决定者这件事情。当然，至于在非西方的世界中，就启蒙运动还不断地被提起并且被作为模范而言，我们只能说理性

① 《狄德罗哲学选集》，江天骥等译，51 页，北京，商务印书馆，1983。
② ［美］斯鲁格：《海德格尔的危机》，赵剑等译，64 页，北京，北京出版社，2015。
③ 海德格尔在《尼采》中阐释虚无主义、讨论现代的本质的时候指出："西方历史现在已经进入我们所谓现代这个时代的完成过程中。这个时代是由于下面这样一个事情来规定的：人成为存在者的尺度和中心。人是一切存在者的基础，以现代说法，就是一切对象化和可表象性的基础，即 subiectum［一般主体］。"（［德］海德格尔：《尼采》（下），孙周兴译，699 页，北京，商务印书馆，2004）

作为普照之光也有其速度，它的到达也是迟早的，但它毕竟只是迟早的事情。在这个意义上，编年史的时间概念远远不如形态学的时间概念那样深刻，同一历史时代中生活的人却可能"不是历史的同时代人"①。因此，能在超越中"自我"阶段的原则，就某些地方已成往事，而对另外一些地方却仍然具有报晓的意味。当然，对个人而言也不例外，有的人甚至永远都不能达到自我的阶段，尽管他在自然生命的意义上无疑是成熟了的，但他却永远也成不了自觉自主的"自己"，而是始终依附在他者的身上，生活在他者的阴影之下。

世俗性原则

在绝对性的宗教信仰中，上帝是大写他者。宗教神学确立了上帝作为绝对存在和绝对意志的优先地位，世俗社会接受超验意志的统治，经验世界只是超验意志自我展开和外化的一个现象环节。个人相信并且仰望着上帝生活。在作为个体展开的共在生活中，政治权力也接受神权的统治，成为大写他者贯彻其绝对意志的世俗力量。政治哲学本质上是神权政治，或者说是神学的政治。然而，不论共同体还是个体，都在与他者的斗争中慢慢成长，逐渐确立和肯定自身。超验世界因此逐渐失去本体论的优先地位。在能在领悟的生存中，人以内在感受的方式超越了外在性，以超验世界为镜像理解自身的能在走向了自身，将自我看成是唯

---

① 这是马克思在《〈黑格尔法哲学批判〉导言》中探讨落后的德国和英法对比时所使用的说法。在马克思看来，德国人只是在思想中继承了英法代表的现代原则，而在现实中远远落后于英法。同一时代的国家生活在不同的历史形态显然是从一种文明形态学的意义上说的。在东西文化遭遇的过程中，曾经存在过"古今中西"的争论，这个争论至今仍然具有广泛的影响。在某些情况之下，"中西"之争的问题实际上是"古今"的形态学差异问题。

一的现实存在，在自我展开的经验世界之外没有大写的绝对他者，没有彼岸世界。世界就是经验中的世俗世界。神圣性和神秘性彻底被解除了，世界以脚着地站在了世俗的基础上。个人的生命就是现实的尘世生活，就是此岸世界的存在。

在启蒙的祛昧中，超验原则的彻底崩塌就是世俗原则的确立。个体生存中的理性、利益、欲望等诸种世俗特征都获得了正当性，世界本身不再需要从大写他者那里接受指令，上帝不再成为价值的源泉。启蒙的本质就是宣称"人的根本就是人本身"这一原则，就是人在思想中将自身做成根据这样一件历史性的事件。启蒙与尼采所谓的"上帝之死"讲的是同一件事，这就是超感性世界的崩塌，以人自身为根据的世俗生活获得了根本意义。人们曾经生活于其中的超感性的神圣世界彻底崩塌了，在原则基础上崩塌了。在新的原则中，人不再需要为自己的欲求忏悔，更不需要为来世的救赎战战兢兢。因为只有一个现实的世俗世界才是生命的舞台。也可以说根本不能叫世俗的世界，甚至不能叫一个世界，因为世界就是"这个"世界，世界就是世俗的，没有另外的超越世俗的彼岸世界与这个世界对立。在世俗世界中，神圣的信仰和规范至多变成了可供选择的道德修养，而不再是强制执行的绝对教条。政治权力也回到了世俗的基础上，因为政治本来就是一种世俗力量。神权本质上只是世俗权力的神圣化，被神圣化了的世俗权力。世俗权力与神权的斗争是西方走向现代的关键环节，是世俗世界得以确立的基本标志。在以世俗化为基本特征的时代，政教分离，信仰成为私事。当然，宗教还会影响实际的生活，但宗教信仰不再是生活的绝对尺度①，政治国家和个体生活都已经通过自由、平等和民主等观念找到了世俗的基础。"自我"时代首先是世俗化的时代，能在不再为了超验原则活着，而是以他全部感性的世俗特征活着。世界就是由能在超越构成并在其中得以展开的世俗世界。世界历史就是人作为人本身自我生成的历史，因此是自然的历史过程。

个体性原则

如果说世俗性是在与超验世界相对的意义上确立了自我的一般原则的话，个体性原则则是"自我"阶段的核心特征。在他者阶段，不仅神圣的大写他者以超感性的原则实施统治，尘世的小写他者也拥有道德上的优先地位。个体总是以忠诚、奉献乃至牺牲的方式屈从于诸如君主、国家、民族、种姓、家族、家庭等小写他者，通过他律或自律遮蔽自身的真实存在。个体的利益、需求和欲望自觉或不自觉地被清除或者被置于边缘位置。他者为各种形式的他人活着，是存在论意识的中心。在利他的德性生活中，个体生活在伦理束缚和道德崇高的重压之下，人的存在作为能在还没有真正成为个体的"自己"，个体自身没有成为叙事的中心。超越利他性道德原则束缚的能在，在审美的趣味性中确立了抽象的绝对自我。但这个自我完全只是内在性的，它只是在领

①　汤因比曾经指出："到 17 世纪末，它（基督教——引者注）就开始失去对西欧知识阶层的统治力量。在以后三个世纪中，基督教的衰败趋势越来越广泛，以至扩大到西欧社会的各个阶层。与此同时，在占人类多数的西欧以外的各个民族，他们从自古以来就沿袭下来的宗教、哲学的统治中解放了出来。这就是说，俄国的东正教、土耳其的伊斯兰教，还有中国的儒教都失去了统治力量。"（[英]汤因比、[日]池田大作：《展望 21 世纪》，荀春生等译，370 页，北京，国际文化出版公司，1985）

悟的在世活动中超越了的外在性，外在性的他者还坚硬地矗立在他的外面。当绝对自我不再沉醉于观念的精神世界，而是走出冥思，对象化为经验现实的时候，真正的个体性原则才算确立起来。个体将自己理解为在世界之中的存在的同时，将自己理解为存在论意识的根据。

也就是说，在世俗性确立了不是神而是人是存在的目的和创造者之后，个体性原则进一步解构了抽象的作为他者存在的"大写的人"，将作为个体的人本身确立为根据。人的存在作为"能在"当然是共在，只有在共他者而在中个体才能作为能在存在。但人是通过对象化活动创造世界并且在世界中生存的个体。如今，个体成为叙事的中心，他决心自己满足自己，自己实现自己，成为我的"我"将自身理解为生存的目的和动力。在这一个体性原则中，人不仅从以神为根据的超验统治中解放出来，而且从各种小写他者的统治中解放出来，人首先将自己看成自己，将世界看成我的世界。每一个独立的个体观念地成为他自身存在的根据，他因此是自由的。① 现代就是个体本位的时代、个人主义的时代、

---

① 在《苍蝇》一剧中，朱庇特建议俄瑞斯忒斯悔过自新，放弃自由，以得到宽恕。俄瑞斯忒斯的回答是："我不会回到你的法律之下：我命中注定除了我自己的意愿以外，不受任何法律的约束。我不会返回你的自然之中：尽管有千百条道路引导我返回你的自然，我却只能走自己的路。因为我是一个人，朱庇特，每个人都应该开创自己的路。自然是怕人的，你，你，诸神之王，人类也使你害怕。"（《萨特戏剧集》上卷，沈志明等译，86 页，合肥，安徽文艺出版社，1998）

利己主义的时代等。① "做自己的主人"这个命题意味着以个体自我为中心，建构对世界的理解，并依据这种理解在自我实现的对象化活动中与世界打交道。生存自由表现为在这种对象化过程中个体意志的展开过程和实现程度。"做自己的主人"这个命题再也不是指个人灵魂内部不同部分之间的关系，而是指在自我与他者的关系中，个体自我获得了中心的地位。

人在任何时候都是对象性关系中社会性、历史性的存在。所谓个体性原则并不意味着个人在事实上是孤立于现实的抽象存在的，而只是说，到了自我阶段，个体自身成为理解世界和自身生命的出发点和核心原则，成为存在论意识的叙事根据。现代的"经济人"和公民概念是个体性原则最一般的抽象。在以商品—资本为根本对象性存在形式的生活中，"经济人"这一概念充分地揭示了个人作为抽象的理性个体和利己个体的多重特征，而公民这一概念则揭示了现代政治生活中，个体被抽象为同一性的权利主体这一事实。在此意义上，诸如以天赋人权和社会契约论等理论作为出发点的"个人"是历史的产物，是现代个体生存状况的抽象。不过，在这些理论中，作为历史发展结果的这种抽象人格被抽离现代语境，当成没有时间的绝对，因此被非历史化为永恒的人性。在这个意义上，以它们为出发点的理论是抽象的人本论。不是说这些理论表达的个体性价值观念或者精神原则错误，而是说这些理论将一种历史性

---

① 马克思曾经指出："现代的市民社会是实现了的个人主义原则；个人的存在是最终目的；活动、劳动、内容等都只是手段。"(《马克思恩格斯全集》第 3 卷，101 页，北京，人民出版社，2002)

的时代精神和原则变成没有历史规定的绝对观念。①

实用性原则

在他者阶段，不论在绝对性、利他性还是在趣味性的对象性方式中，实用性本身都没有成为根本的存在论意识，没有成为能在在世的根本原则。个体的世俗欲望、利益和需要还没有获得当然的正当性，而是被以各种名义遮蔽和隐藏，不是在信仰和仁爱中被征服，就是在感受性的精神超脱中蒸发掉了。当然，任何时代都存在于特定的实用性关系之中，问题只在于实用性是否被提升为存在论意识的中心，并且成为能在

---

① 马克思主义者一般将斯密的"经济人"和卢梭的公民概念看成是一个历史唯心主义的范畴，与近代"天赋人权"的思想一样从属于抽象的人本主义。事实上，这些范畴最为深刻地揭示了现代人类生存状况。从这个意义上说，它们恰恰是最为历史唯物主义的。问题仅仅在于，思想家们没有自觉地揭示这些思想和范畴产生的历史基础，把它们看成了非历史、无历史的绝对。关于这个问题，马克思在《政治经济学批判导言》开篇谈到作为政治经济学研究对象的"生产"时，深刻地揭示过。马克思说："在社会中进行生产的个人，——因而，这些个人的一定社会性质的生产，当然是出发点。被斯密和李嘉图当作出发点的单个的孤立的猎人和渔夫，属于18世纪的缺乏想象力的虚构。这是鲁滨逊一类的故事，这类故事决不像文化史家想象的那样，仅仅表示对过度文明的反动和想要回到被误解了的自然生活中去。同样，卢梭的通过契约来建立天生独立的主体之间的关系和联系的"社会契约"，也不是以这种自然主义为基础的，这是假象，只是大大小小的鲁滨逊一类故事所造成的美学上的假象。其实，这是对于16世纪以来就作了准备，而在18世纪大踏步走向成熟的"市民社会"预感。在这个自由竞争的社会里，单个的人表现为摆脱了自然联系等等，而在过去的历史时代，自然联系等等使他成为一定的狭隘人群的附属物。这种18世纪的个人，一方面是封建社会形式解体的产物，另一方面是16世纪以来新兴生产力的产物，而在18世纪的预言家看来（斯密和李嘉图还完全以这些预言家为依据），这种个人是曾在过去存在过的理想；在他们看来，这种个人不是历史的结果，而是历史的起点。因为按照他们关于人性的观念，这种合乎自然的个人并不是从历史中产生的，而是由自然造成的。这样的错觉是到现在为止的每个新时代所具有的。"（马克思：《〈政治经济学批判〉导言》，见《马克思恩格斯选集》第2卷，1~2页，北京，人民出版社，1995）

与事物打交道的根本原则，或者实用性是否在存在论和世界观的层次上被确立起来。比如说，在基督教信仰中，对上帝的信仰就不能被看成为获得救赎的一单买卖，上帝对我有用，所以我信仰上帝，而是超越了功利实用的考虑，是对上帝的信本身。在亚里士多德那里，甚至认识和科学研究也不是为了实用，而是为了摆脱灵魂的惊诧，为了求真本身，更不用说在利他性的伦理实体中对实用利益的轻视了。

走出纯粹精神领域的自由意志，要在世俗世界中实现自己和获得自己，随着世俗原则和个体原则的确立，实用性原则同时被确立起来了。世俗关系变成了以个体为轴心的功利性的存在关系，实用理性扮演重要的角色。实用性成为世俗性的基本要素，甚至在认识论上也产生了"有用就是真理"的真理概念。工具理性和计算理性代替了超功利的信仰、道德和审美，成为实用理性的内在要求。人们以这样一种对象性意识指引生存的实践。金钱成了"一切事物的普遍的、独立自在的价值"[①]，人与人之间变成了赤裸裸的"现金交易"，"人的尊严变成了交换价值"[②]，人们生活在冰冷的利己主义的打算之中。实用主义由此才成为现代的基本精神。现代是一个世俗的、个体本位的实用主义时代。"有用吗？""不要跟我净整没用的！"早已成为生活的口头禅。一切都在世俗的功利关系中被计算，连多读几本没有用的书，在今天甚至对学者也都成了奢侈的事情，因为学者作为众多职业之一已经先行地被功利性的雇佣制度规定了。生存屈从于各种算计，科学、教育、法律等各个领域都贯穿着实用

---

① 《马克思恩格斯全集》第 3 卷，194 页，北京，人民出版社，2002。

② 马克思、恩格斯：《共产党宣言》，见《马克思恩格斯选集》第 1 卷，275 页，北京，人民出版社，1995。

性的原则。实用性成了时代精神的内在灵魂，理性精神当然也就单面化
为工具理性了。当然，实用性原则的确立这件事情根本不是内部精神自
我发展的结果，而是根源于社会历史存在基础的变迁。马克思曾经气势
磅礴地谈论过现代实用性原则的确立及其社会历史的存在基础。①

实证性原则

与实用性原则相适应的是实证性原则。诸如通常所谓的现代科学精
神或科技理性等，本质上使得实证性成了认识的主导原则，成了现代的
基本精神。在宗教信仰和道德仁爱中，抑或在审美的领悟中，能在把握
对象的对象性意识本质上都不是一种狭义的认识关系，不是认识主体对
对象的反映和描述。在这些对象性意识中，能在并不需要客观地揭示和
描绘对象本身的特征和规律。恰恰相反，这些对象性意识以及与之相应
的对象化活动，都以超越经验的实在性为基本指向，它们以相信、想

---

① 马克思说："如果说以资本为基础的生产，一方面创造出普遍的产业劳动，即剩
余劳动，创造价值的劳动，那么，另一方面也创造出一个普遍利用自然属性和人的属性
的体系，创造出一个普遍有用性的体系，甚至科学也同一切物质的和精神的属性一样，
表现为这个普遍有用性体系的体现者，而在这个社会生产和交换的范围之外，再也没有
什么东西表现为自在的更高的东西，表现为自为的合理的东西。因此，只有资本才创造
出资产阶级社会，并创造出社会成员对自然界和社会联系本身的普遍占有。由此产生了
资本的伟大的文明作用；它创造了这样一个社会阶段，与这个社会阶段相比，一切以前
的社会阶段都只表现为人类的地方性发展和对自然的崇拜。只有在资本主义制度下自然
才真正是人的对象，真正是有用物；它不再被认为是自为的力量；而对自然界的独立规
律的理论认识本身不过表现为狡猾，其目的是使自然界（不管是作为消费品，还是作为生
产资料）服从于人的需要。资本按照自己的这种趋势，既要克服把自然神化的现象，克服
流传下来的、在一定界限内闭关自守地满足于现有需要和重复旧生活方式的状况，又要
克服民族界限和民族偏见。资本破坏这一切并使之不断革命化，摧毁一切阻碍发展生产
力、扩大需要、使生产多样化、利用和交换自然力量和精神力量的限制。"（《马克思恩格
斯全集》第 30 卷，389～390 页，北京，人民出版社，1995）

象、比喻、象征、类比、联想、虚构等方式在实在的物性世界中营建超越实在的意义空间和价值空间，将世界从物性的实在世界中提升为超越的属人世界。在超越实在性的信仰、仁爱和领悟中，实证性没有也不可能成为根本原则。相反，思辨、启示和感受却具有重要的地位，因此充满了神秘、德性和诗意。

绝对性中的神意，利他性中的良心以及趣味性中的品位都提升了人作为能在的存在，使世界在不断超越实存的过程中展开。人作为能在在内在的趣味性中达到绝对抽象的自我之后终于发现，信仰和道德成了异己的力量，束缚着能在的超越生存。于是便回头从事实性开始重新领会世界，肯定世界的实在性，并以此为出发点构建世界观的基本原则。由于以物性的眼光看待世界并看待自身，对象性意识单面地变成了对事物规律的揭示描述，实证性因此成为现代精神的又一原则。实证性不仅要求有实验的认识方式，而且要求有可验证的认识结果。实证科学成了绝对的意识形态，"科不科学"成了根本要求。不仅迷信愚昧在实证性的要求中被瓦解，而且神圣性、神秘性、趣味性和诗意也不同程度地失去了价值，世界日益被理解为按照必然性原则组织起来的物性世界。在对象性意识的这种物化过程中，精神也单面化为以反映再现的方式把握对象的一种认识能力。意识的本质被规定为实证性的认识，以此为基础，生存自由变得只有科学揭示的规律和法律规定的法条这样的最后的底线了。这就是"自由是对必然的认识"和"自由是法不禁止"等观念的基础。"自我"在实证性中抵达最后的底线，实在性成为能在自我阶段的最后一种对象性方式。

自由是能在超越的生存。能在超越一方面意味着在物性世界中建构起作为意义价值存在的社会空间，另一方面意味着改变既成现实展开为可能性的历史过程。在他者阶段，能在生存从绝对性经由利他性达到最后的趣味性，构成了能在超越物性的生存空间。经由他者阶段，达到自由意志之绝对抽象的能在，携带着这种文明成果重新从事实性开始，以世俗性、个体性、实用性和实证性为精神原则，从已经腐化的宗教、道德和精神生活中解放出来，在瓦解他者统治的基础上确立自我的轴心地位，世界成为世俗的、功利的实在世界。我们称之为能在展开的"自我"形态。在这一"自我"的形态中，事实性领域的构成原则从绝对性进入必然性，规范性领域的构成原则从利他性进入公平性，而感受性领域的构成原则从趣味性进入实在性。以自我为根据，构成不同存在领域的对象性方式发生了根本变化，存在历史也就由他者统治，进展到个体本身成为根据的自我统治的时代。

超越本质上是扬弃，而不是抽象的否定。既不是说原有的领域不再存在，更不是说文明的成果无声地消失在时间的长河中，而只是说能在以新的原则重构对存在世界的理解，并依据新的理解在世界中存在。比如就事实性领域的变迁而言，从宗教绝对性的瓦解进入科学的必然性，仍然可能有人虔诚地信仰宗教，可能有人以宗教信仰中的某些德性来规范自己，但宗教叙事中的绝对性不再是存在论的根本原则，至少不再是唯一原则了。在这个意义上，宗教信仰自由和政教分离不是肯定，而是瓦解了宗教的绝对性。在这一瓦解中，现代政治已经成为世俗化政治，它摆脱了君权神授的原则，宗教信仰不再是政治组织和政治参与的条件。政治按照世俗的原则组织自己。国家的政治权力和公民的政治权利从神权中解放出来并成为新时代的基本特征。这当然既不意味着所有国家和所有民族都完成了现代世俗化的自由历程，也不意味着宗教信仰从此不再影响政治，而是说政治权力的正当性已经回到了世俗基础上，回到个体的意志和个体利益的基础上。这是能在从他者的统治中获得的自由和解放。这种解放将在生存的各个领域全面展开。

成为根据的个体不仅将自己理解为目的，而且将自己理解为自我实现和自我展开的根本动力。从他者统治本质地进展到"做自己的主人"的自我阶段，正确的知识、平等的权利和适度的欲求都成为能在展开自身实在性的环节。与此同时，能在从他者阶段建构的超验世界回到世俗的冰冷基础，甚至回到了能在的物性实在本身。超越的精神生活被忽视甚至被根本瓦解，被看成为多余的、消极的、没用的东西而遭到唾弃。在这个意义上，从他者统治到自我确立的启蒙本身是辩证的过程，一种意义上的解放变成了另一种意义上的坠落和衰败。对现代异化的批判一直是现代思想的基本主题，是现代自我意识的一部分。生存世界最终是否可能从世俗的物化世界中再度升起，重新在实在性的基础上建构起超越的意义价值空间，这已经成为一个根本问题。当然，即便有这种可能，在这种可能性变成现实之前，历史也还有漫长的路要走，因为世界的许多地方甚至还再等待着自我精神的唤醒。它们面临的差不多还是在观念中将人做成根据，并且在现实中展开这件事情。从这种意义上讲，历史从来不是由纯粹的思想原则构成的，"自我阶段"这一形态学的概念和"他者阶段"一样，不过是一种存在状况的观念抽象。

第四章 ｜ **必然性**

　　人作为能在处在对象性的相互关系之中，能够在观念中领会他与对象之间的相互关系，形成对象性意识。能在总是以不同的对象性意识领会存在的相互关系，因此这种关系具有了存在论的性质，是一种对象性意识中的关系。存在论意义上的关系不是存在关系本身，而是能在如何在不同的对象性意识框架中领会并论及这种关系。存在论是论存在，因此是一种关于存在的根本性意识。他者阶段的绝对性、利他性和趣味性是能在分别在事实、规范和感受层次把握存在世界的不同对象性方式，是对象性意识和对象化活动方式的统一。对象性意识形成领会世界的不同观念。但是，不同对象性方式中的对象性意识不是指向对象本身，不是以揭示对象的特征、本质、运动、规律等作

为各自的唯一任务，对象性意识立足于存在论上的存在领会，因此形成
的不只是认识论上的正确知识。当能在的对象性方式从感受层次的趣味
性返回到事实层次的时候，能在不再以绝对性方式领会存在，不再将存
在领会为先在且外在于经验现象的绝对本体，而是将存在领会为按照自
身的规律和逻辑独立于能在的经验世界。这种新的对象性方式我们称为
必然性。必然性这种对象性方式的核心范畴是知识，能在的基本在世活
动是认识，即观念地揭示对象特征和规律的在世活动。因此，必然性这
种对象性方式的基本原则是正确，即认识活动是为了正确地揭示对象的
特征和规律，而形成的科学知识。能在领会的世界已经不再是他者阶段
中的绝对本体和超验世界，而是可以直接经验的经验中的物性世界；世
界展开的逻辑不再是上帝的绝对意志，而是独立于能在的必然规律。由
于能在不再以绝对性而是以必然性的方式把握世界，基本的对象性意识
便不再是信仰，而是关于世界的知识。因此，在必然性这种对象性方式
中，基本的原则就是正确，能在的基本在世活动就是认识。认识活动需
要形成把握世界的正确知识，而不是信仰或迷信。正是由于这种变迁，
现代才被称为科学的时代，理性的时代等。从绝对性到必然性，从神圣
意志到自然规律，从宗教信仰到科学知识，能在的对象性意识从神圣的
超验世界回归实在的经验世界。在从他者统治到自我成为中心的解放过
程中，科学理性承担了反对迷信和宗教神秘主义的关键作用。科学通过
提供实证实用的知识奠定了相信科学利用科学的时代精神。能在依据正
确的科学知识与世界打交道，能在的自由就是在正确认识对象的基础上
充分利用对象为自己服务的。"知识就是力量"成为新时代的座右铭，自
由因此被规定为对必然的认识。能在在世的基本原则就是不违背必然性

规律，在服从必然规律的同时利用规律。在科学技术的突飞猛进中，世界图景发生了根本变化，能在如何在这个如此急剧变化的世界中生存已经并且继续成为根本问题。

一、作为基本在世活动的认识及其环节

（在必然性这种对象性方式中能在的基本在世活动是认识；认识环节，我思主体，可知对象，正确知识；认识活动作为对象性的经验过程）

在必然性这种对象性方式中能在的基本在世活动是认识

在他者的统治中，能在把握世界的趣味性原则在精神逍遥中结束。在那里，能在的自由表现为精神上摆脱各种权力、利益和欲望等因素的束缚，进入一种唯灵论的超然状态，一种超越实在性的内在体验状态。所谓逍遥，不过是观念地超越所有实在规定，从而达到无规定的抽象自我的生存境界。那个逍遥的"我"只是作为没有实在规定的抽象的精神自我，无具体规定性就是这个逍遥精神本身的规定性。逍遥状态其实还不是自我的真正自由，或者说，还不是真正现实地展开的自我，而是自我的内在幻象。自我真正的现实自由意味着这个自我的意志必须走进对象世界，将对象作为自己的对象性存在，使自己对象化为与对象真实相处的实在状态，从而超越抽象的唯灵论，而不只是停留于精神上唯我的自娱自乐。只有通过对象化过程，那个"我"才真正将自己充实起来，成为现实的"我"，我的自由才获得客观定在。在能在历世的自我阶段中，首先要以必然性方式把握世界，将外在的必然性看成是自我实现的必要环节。因此，对必然性这种对象性方式的阐释也就需要从趣味性已经达到的唯灵论的自我开始。不过到这里，这个唯灵论的自我已经成了为知识的确定性奠定基础的内在"我思"。我思就是我在，能在在必然性这种对象性方式中的基本在世活动就是认识。抽象的我思实际上已经蕴含了认识这种在世活动的基本环节，即能够认识对象的我思、我思的认识对象和作为两者统一的我思关于对象的知识。知识是人作为能在在必然性这种对象性方式中的主体规定，就像利他性中的良心和趣味性中的品位一样。在必然性这种对象性方式中，由能在在世的认识活动获得的正确知识构成的领域，就是科学。科学是自我阶段中能在的实在对象领域。

我思主体

在趣味性的精神超脱中，能在最初以忘我的方式从复杂现实中撤退或者成为无节制的狂放，最后通过自我修养从观念上超越各种现实关系，在自我的清醒意识中达到逍遥自在。精神逍遥中能在的超脱实际上是观念中摆脱了各种现实束缚的"我"本身，因此能够按照我的意志超脱地存在。这个精神逍遥中的我不过是趣味性原则最后达到的抽象的唯灵论存在，也就是我作为我本身，我是我存在的根据。我自己是我的根据，我只在内在的自我中存在。因此，逍遥是生死离合、喜怒哀乐皆不入于心的绝对超然。无功、无名、无他、无我并超然物外的那个我最终只是内在的自我本身，因此也就是超越了外在规定的纯粹思考着存在的我本身，是通过超越存在关系达到的绝对抽象物，是绝对地"思"存在着的"我"。也就是思着的我本身，就是"我思"，"我在"就是"我思"。反之亦然。当能在表象外在对象的时候，对象性方式从趣味性过渡到必然性，能在的基本在世活动从领悟过渡到认识。这个纯粹的我思就成为认识活动的出发点了。作为认识确定性出发点的"我思"就是抽象掉各种现实属性的仅仅"思着"的我。不过，在必然性这种对象性方式中，由于能在的基本在世活动是表象对象的认识，我思不再是领悟着的物我同一乃至于忘我的精神自我，而是成为表象对象的表象者。

在趣味性的精神逍遥中，我就是我自己，也就是无待的绝对自我本身。外在于我的一切和我自身的名利地位等都在抽象中被抽象掉了，它们对我而言并不存在，或者说它们对我而言无所谓存在与不存在。但回到事实层面，能在面对的首要问题恰恰是各种对象性意识中的对象到底存在还是不存在？能在如何确定地知道它们是否存在？存在着的对象本身是什么，它们如何存在着？如果不满足于自我内在的自娱自乐，我将如何与它们相处、在它们之中存在？到这里，人作为能在关于存在的概念告别了原始的直接性，进入反思性的阶段。虽然我看到、听到、摸到它们，但我不能以确定性的态度说它们本身存在，因为问题在于在它们没有被我感知的情况下是否存在。也就是说，问题恰恰在于在"我思"之外它们是否独立自在地存在着；虽然在沉醉之中连我自己也遗忘了，精神的逍遥之中我视万物为虚无，但我也不能以确定性的态度说它们就是不存在，因为当能在否定掉了所有东西之后，那个他不能否定掉的我思告诉他存在着外在的存在。这种既不能肯定也不能否定的"两不"状态，就是怀疑，由此进入关于存在概念的反思性形态。绝对的怀疑就是除了怀疑本身之外怀疑一切。对怀疑进行怀疑本身也是一种怀疑，所以怀疑是不能怀疑的。怀疑本身是确定的、无可怀疑的。怀疑是一种思想活动，我在怀疑就是我在思想。我可以怀疑我的肉体、我的感觉，但我在怀疑这样一种思想状态本身是确定不疑的，因此，我思是确定不疑的。这就是笛卡尔"我思故我在"的基本思路。笛卡尔将我思确认为认识关系中确定的原点和根据。[①] 但是，这个确定性根据带来的却是内在与外在分裂的二元论，是难以贯穿的内在性问题。

我思就是我在，我在就是我思。"我思—我在"之间的这个连接号并不表示因果的推论关系，而是一种相互区分的等同规定。它并不是说我思考着，因此必然有一个思考着的我自己，于是便从没有广延性的我思，推断出具有广延性的、肉体地存在着的我。如果是这样的话，我思蕴含我在，恰好说明我在反蕴含我思，没有我在就没有我思，只有我在才有我思。也就是说，"我在"在逻辑上反而在"我思"之前成为我思的根据了。[②] 在笛卡尔这里，"我在"就是作为"我思"在着，我思就是思着的我在。我思作为纯思就是纯在，或者说纯在就是纯思。惟有如此，这个确定的根据才是确定不疑的。一旦松口，确定性将彻底瓦解。所以，作为确定性起点的我思，作为纯思就是纯在。除了作为纯思的纯在而外，既没有什么在着也没有什么思着，既没有思考什么，也没有存在着什么。因此，毋宁说，作为纯思的纯在就是纯无，除了思之外什么也没有。这个我思，不过是认识关系中作为认识主体在能动方面的绝对抽

---

① 笛卡尔说："'我思，所以我存在'这一认识，是第一号最确定的认识，任何一个有条有理地进行哲学推理的人都会明白见到的。"([德]黑格尔：《哲学史讲演录》第 4 卷，贺麟、王太庆译，69~70 页，北京，商务印书馆，1978)

② 关于我思故我在这个命题的非推论性，可以见黑格尔在《哲学史讲演录》([德]黑格尔《哲学史讲演录》第 4 卷，贺麟、王太庆译，70~71 页，北京，商务印书馆，1978)中的相关介绍和讨论。那里主要是从三段论推理的角度说的。我们这里是从假言推理本身来看的。

象。或者说，是人作为能在能够在对象性意识中把握对象世界的那样一种可能性的抽象。能在能思，唯灵论的我思就是能在这种能思性的概念化。人作为对象性的存在不仅是说他处在对象性关系之中，而且是说他能够把对象放置到不同的对象性意识中观念地进行把握。我思是抽象掉了所有这些具体对象性关系之后得到的作为能思的能在主体本身。也就是说，我思作为认识论关系中的主体，其实是抽象掉了所有对象性意识和对象化活动的，没有社会性和历史性的认识主体本身。正是在这个意义上，从趣味性的精神逍遥到必然性原则上的我思主体，其实只有一步之遥。它们就是同一个抽象的"我"。

我思的思维机制具有双重重要性。一方面我思将以怀疑为手段的反思性和批判性提升为认识的原则。怀疑和批判确立了根本的理性精神，它要求未经理性的反思拒绝一切存在及观念的合理性。这是一场反对蒙昧主义、权威主义和独断论的战斗。另一方面，我思确认了认识关系中能动的主体性，认识的根据回到了能在的内在性本身。尽管笛卡尔的我思还保留着天赋观念，但我思的确定性却从根本上为认识论奠定了基础。笛卡尔之后非反思的经验直接性已经站不住脚了。在这个意义上，笛卡尔的我思具有巨大的解放作用，它是以认识论的方式确认了能在主体的主体地位，在新形态上展开了在趣味性中已经抽象地确立了的自我。海德格尔甚至因此说，在笛卡尔的《第一哲学沉思》中，"根据"被规定为意识的主体性，切中了现代自由的本质，笛卡尔由此成为新思想和新时代的开端。① 从此以后，思想进入批判时期的同时，能在超越的生存也将在各个具体的领域全面展开。政

① ［德］海德格尔：《尼采》（下），孙周兴译，774 页，北京，商务印书馆，2004。

治、宗教、经济、文化等各个领域都将发生根本性的变化。现代被称为主体性的自由时代，其思想基础就是以这种我思概念中的精神为出发点的。

可知对象

在必然性这种对象性方式中，人作为超越的能在首先被领会为确定性的我思主体。纯粹的我思当然要展开，要在具体的认识活动中达到确定性的对象，与能思主体相对的是能被认识的对象。能够认识者和可以被认识者同在。认识就是认识主体与认识对象之间的对象化活动。所以，能在被领会为能思的同时就意味着与能思对应的被思考者或可认识者，这就是作为认识客体的对象。认识的主体和客体是同时存在、相互构成的，作为对象性关系中的要素根本就没有本体论上的优先者。荀子说："凡以知，人之性也；可以知，物之理也。"[①]知乃是能知之人与可知之物的互动契合。如果能思仅仅被理解为能思本身，也就是当人作为能在能够认识对象的无规定的可能性时，对象世界也就仅仅是指可以被认识的、无具体规定性的可知性对象本身。客体与主体之间的这种相互外在的抽象对立是思维抽象的结果。认识总是实际地发生着。即便是对认识的研究本身也是一种认识，一种以认识为对象的认识。因此，不可能在认识之先和认识之外讨论认识的可能性及其条件。[②]　主体只能是认

①　《荀子译注》，张觉译注，468页，上海，上海古籍出版社，1995。

②　可见黑格尔对于康德的批判。"考察认识能力就意味着认识这种能力。因此这种要求等于是这样的：在人认识之前，它应该认识那认识能力。这和一个人在跳下水游泳之前，就想要先学习游泳时同样的可笑。考察认识能力本身就是一种认识，它不能达到目的，因为它本身就是这目的，——它不能达到它自身，因为它原来就在自身之内。"（［德］黑格尔：《哲学史讲演录》第4卷，贺麟、王太庆译，259页，北京，商务印书馆，1996）

识到客体对象的主体，客体也只能是被主体认识到了的对象客体。没有被认识到的东西除了没有被认识到这一点被认识到之外，不可能存在关于没有被认识到的东西的知识。认识只能是由主体出发构成的关于对象的对象性意识。能知主体在认识中能够把握到呈现给它的可知对象，或者说能够把握到可知对象呈现给它的东西。确切地说，认识的对象是能知主体把握到的显现。既可以说认识到了显现，就是认识到了显现这个显现的东西，因为这个显现属于显现它的东西的显现；当然也可以说我们只是认识到了显现，不知道显现后面有没有东西；或者说，这个显现的东西即便"有"，但是什么根本不可能知道。所以，物本身是否作为对象或者说物本身是否可知的问题实际上是视角问题，是一个阐释中的立场问题。

但不管是哪一种立场，我们都知道了显现。不是说显现作为一种对象本身被知道了，而是说显现就意味着"知道了"，显现是一种"知道了"的形式。无论能思主体是通过显现认识到显现后面的对象，还是将显现本身作为对象，显现本身显现着是确定不疑的，这个显现着的显现确实存在。能思主体作为能显现者，让显现者显现着，显现者因其显现着而存在，显现就是存在。于是，存在不过是显现，不过是显现的现象。物是感觉的复合就包含了这样一层意思。物是通过能在的感觉感知的，它被我们的感觉所摄影、复写和反映。① 显现中本身显现着能显现者和被

---

① 恩格斯说："物、物质无非是各种物的总和，而这个概念就是从这一总和中抽象出来的"（《马克思恩格斯全集》第 26 卷，574 页，北京，人民出版社，2014）。列宁认为："物质是标志客观实在的哲学范畴，这种客观实在是人通过感觉感知的，它不依赖于我们的感觉而存在，为我们的感觉所复写、摄影、反映。"（《列宁选集》第 2 卷，128 页，北京，人民出版社，1972）

显现者。能在通过自己的能思断定向他显现着的显现存在。这就是由抽象的我思出发得到的认识论上的成果。这个成果具有基本意义，它包含了在必然性这种对象性方式中对象的基本特征。也就是说，新的存在概念和世界概念在这个思想成果中被呈现出来了。

当能在在事实层次面对世界的时候，存在曾经被把握为抽象的绝对本体。抽象绝对本体之所以绝对，因为它是绝对本源，绝对普遍，绝对本质，而不是具体的、现象的，因此人能够直接感知和认识的经验对象。存在作为本体本身是绝对的非对象性的存在，它不依赖但却自我展开为具体的、现象的、可经验的对象性世界。现实的经验世界受到作为绝对本体的绝对原则和绝对意志的支配，能在只能通过信仰尊崇和遵守这些绝对意志、绝对原则。当能在真正以我思为根据确立起认识的主体性，并以这种主体性为机制确立认识对象的对象性时，事实层次的绝对性这种对象性方式便被超越了。也就是说，能在不再以绝对性的方式把握世界，因此世界就不再被理解为超验的自在世界，而被理解为经验中的世俗世界。存在不再是绝对抽象的本体及其原则，而是经验中向能在显现的具体关系中的对象性存在。不显现的，也就是说不能被经验的、不在对象性关系中的抽象存在本身并不存在，它们只是脱离了具体事物的观念抽象的最后残存物。对于能思主体来说，存在不再是抽象的本体，而是对象性意识中显现的现实。因此，存在概念包含了实在、现象、关系、方式和状态等基本含义，它们从不同侧面瓦解了观念论形而上学和宗教形而上学作为绝对本体的抽象存在及其世界概念。对象就是实在的作为事实呈现给能思主体的对象性存在。

世界首先是自然物质世界。人类世界不过是在这个物质世界中超越物性的意义空间和价值空间。这个空间是在物质世界及其原则中展开的属人的存在领域。其超越性并不意味着它是物质世界及其原则之外独立的存在，而是说它是在物性世界中营建的具有人韵的精神家园。回到事实层次的能在洞穿了形而上学本体论的实质之后，必然性成为超越绝对性的新的对象性方式。在必然性方式中，世界不是任何超验意志创造的结果，当然也不受任何超验意志的主宰掌控，而是按照自身规律运行的物性世界。社会历史不过是这个物质世界自我发展的结果，它既不来源神的意志，也不存在着一个审判后等待到达的彼岸世界。在马克思看来，社会形态的发展也是一个自然史的过程，受到各种客观关系和客观规律的支配。[①] 世界只是可知的因此被我们生存经历着的、按照自身必然规律运动着的世界。对世界的把握就是按照它本来显现的样子如其所是地认识它，揭示其运动发展变化的规律，形成正确的知识。以必然性的方式把握世界并形成事实性的科学领域。它不同于宗教、道德和审美等领域，因为它以形成并揭示对象自身特征和规律的正确认识为基本任务和目的。

正确知识

世界不是任何本真存在的副本和操控对象，世界就是世界本身。在现实世界之外再也没有生成和主宰世界的超验存在和绝对意志。世界是按照自身的规律运行、发展、变化着的世界。在事实层次，能在不再以超验的绝对性，而是以经验的必然性概念来把握世界。在能在作为能思主体与世界作为可知对象之间的认识关系中形成把握对象的知识。知识

---

① "我的观点是把经济的社会形态的发展理解为一种自然史的过程。不管个人在主观上怎样超脱各种关系，他在社会意义上总是这些关系的产物。"（《马克思恩格斯选集》第2卷，101～102页，北京，人民出版社，1995）

是能在主体与世界对象之间观念的同一性关系[①]，是连接认识主体和认识客体并作为二者统一的第三个环节。知识的基本要求是正确性。所谓正确就是知识能够如其所是地揭示对象自身运动发展变化的状态、结构、要素、趋势、联系等。在这个意义上，知识被看成是对象本身规定性的揭示，而不是主体感觉、情绪、意志的表达。当然，这些主体方面的因素总难免或多或少地影响和参与到知识的构成当中，影响着人们的认识活动，甚至影响着认识的正确性，但认识本身在原则上要求排除这些主观因素的影响。在这个意义上，所谓正确的不过是指同一性，即主客观之间的相互符合。[②] 所以，认识活动要求价值中立，尽量排除主体非认识因素的影响，至少要意识到并尽量减小这些因素的影响，以便在认识中形成的知识成为对象特征本身的呈现，而不是纯粹主观的猜想、虚构和比附，以保证知识的正确性。正确性最一般的意义就是主观知识与对象特征的符合，形成准确性、确定性和稳定性的观念体系等。

当然，由于对正确知识中主观与客观之间的这种同一性有不同的理解，因此形成了不同的认识论或真理观，诸如符合论、融贯论、共识论

---

① 海德格尔指出："在哲学中，知识的诸规定并非片面地被当作物的规定，而是被当作知识的规定，被当作客观且主观的规定，亦即被当作客体与主体之间的一些特定种类的相互关系。"（[德]海德格尔：《德国观念论与当前哲学的困境》，庄振华、李华译，271页，西安，西北大学出版社，2016）

② 因此，所谓的符合只能是一种相关性的关系，不可能是排除主体因素的绝对一致，认识主体不可能处于无主体性的地位上。恩格斯在批判杜林的时候曾经指出："事实上，世界体系的每一个思想映像，总是在客观上受到历史状况的限制，在主观上受到得出该思想映像的人的肉体状况和精神状况的限制。"（恩格斯：《反杜林论》，见《马克思恩格斯选集》第3卷，376页，北京，人民出版社，1995）卢卡奇在《历史与阶级意识》中批判抽象的所谓客观事实性时，对此也有精彩的论述，争论的潜在对象就是马克斯·韦伯的价值中立理论。（相关论述见《历史与阶级意识》中《什么是正统的马克思主义》一文）

和实用论等典型形态。不过就其实质而言，这几种典型的真理观只是从不同视角揭示了正确知识的基本要求，某一种真理观对于真理内涵和特征的揭示并不是真理概念的全部特征。比如说，融贯论主要侧重于内部观念之间的相互关联，要求各种已知的观念之间要融洽一致，没有矛盾和冲突。这当然是一种真理体系正确性的必然要求。不过，真理并不只是一种内部的观念形态，而是主体与认识对象之间的对象性关系，因此，观念内部的融贯只是真理性的要求之一，而不是知识的正确性本身。当然，真理性也未必涉及观念内容与对象特征之间的一致性问题。这一点清晰地表现在以形式正确为根本要求的逻辑真理中。逻辑真理只要求正确的推论形式得到正确的结果，而不涉及正确的结论与我们观念之外的对象之间的实际情况。所以我们称逻辑真理为形式必然性的真理，或演绎真理，它并不是以认识外在对象本身的内容为目的的知识。

在知识的类型上，康德通过对于判断类型的区分认为这种逻辑真理根本上不是科学的知识。因为这种先天分析判断，能够保证结论的必然性，但根本就不涉及经验的内容本身，因此不增加我们的知识。康德认为只有先天综合判断才能构成真正科学的知识。先天性确保判断的必然性，而综合性确保了判断内容的经验性。先天综合判断既增加了知识的内容又确保了知识的必然性。至于后天综合判断则虽然增加了认识的经验内容，但不具有普遍的必然性。根本就不存在后天分析这种判断类型。康德的区分实际上揭示了正确的知识，这不仅以内在的必然性也就是逻辑的融贯性为特征，而且必须涉及知识的经验内容。在康德那里，先天综合判断实际上是主体认识形式和客体认识内容的统一，也就是能思主体正确地运用自己的先天范畴加到后天获得的经验内容上的。认识关系并不是认识对象显现的内容本身，而是能思的主体运用先天范畴对这些内容的正确处理。动物也会像人一样到太阳下取暖，太阳出来了暖和这件事也向它们显现，但它们没有整理这一现象的因果范畴，因此它们并没有形成必然性的知识。它们只是依据本能而不是理性的知识行动，因此也就没有作为超越之生存领会的自由。①

当然，康德对于先验对象和先验主体，以及经验内容和先天范畴的区分正确地揭示了能思主体和对象客体之间这样一种结构性关系。康德明确地表明了这种先天性，是就认识之所以能够发生的结构性要素和可能性条件而言。所谓的先天范畴，指的是在具体的认识活动发生的时候，总已经有了能够被运用的知性范畴，在这个意义上这些范畴是先天的条件。先天性本身是对认识关系中基本条件的抽象，而不意味着具体认识活动过程中的认识主体和认识对象本身是抽象的，是非社会性和非历史性的抽象存在本身。一方面，认识客体的内容和认识主体本身的认识条件，是在社会历史空间中经验地获得的，而不是先天生而有之的。人不会带着因果性范畴、必然性范畴等降生。这些范畴当然已经在他们出生之前就历史地存在了，他们被抛到这样一个先在的时空中，并且这个时空已经历史地为他们提供了先验的装备条件，他们需要历史地、社会

---

① 黑格尔批判经验主义认识论的时候谈到了这一点，只有超越经验主义的概念才可能进入自由的领域。"只要经验主义认为感官事物老是外在给予的材料，那么这学说便是一种不自由的学说。因为自由的真义在于没有绝对的外物与我对立，而依据一种'内容'，这个内容就是我自己。再则，从经验主义的观点看来，理性与非理性都只是主观的，换言之，我们必须接受外在的事实，是怎样就是怎样，我们没有权利去追问，究竟这种给予的东西是否合理或在何种程度内它们本身才是合理的。"（[德]黑格尔：《小逻辑》，贺麟译，115 页，北京，商务印书馆，1997）

地掌握这些装备。另一方面，具体社会历史时空中的认识活动本身总是受到各种认识要素的影响，因此是一个经验过程。主体的认识能力、利益兴趣、权力地位等都影响着经验中的认识过程和认识结果。任何一种认识关系都不是孤立地指向对象本身的观念活动，都不是一种单向的纯粹反映关系，而是受各种社会历史因素中介的对象性过程。因此，我们不仅要把握必然性原则中作为能在在世活动的认识结构，还要把握认识活动发生的经验机制，揭示人类知识生产的动力。唯有如此，我们才能真正领会，并作为必然性方式中的基本在世活动，认识在超越生存中的位置和作用。

二、认识旨趣，知识生产的动力

（将对象把握为对象自身显现的知识；认识旨趣，认识活动的根本动机；兴趣爱好；利益需求；权力意志）

作为能在，人能够在对象性意识中将对象观念地把握为对象。对象是什么取决于在什么样的对象性意识框架中将对象对象化。对象性意识有三个基本层次：事实性、规范性和感受性。每一个对象性层次又在能在的超越历程中形成不同的对象性方式。广义地说，所有对象性方式中的对象性意识都是认识，都是对对象的观念把握。正是在不同的对象性方式中对象被能在把握为神圣的、友善的、优美的等，能在主体对对象进行断定并依据不同的断定与对象打交道。但事实上，依据这些对象性方式观念地把握对象的对象性意识是不同的，它们形成的是不同性质的观念，而不是通常意义上的知识。通常意义上讲的知识是以揭示对象本身的存在状态、规律、特征等为任务的描述性的观念内容，而不表达和反映能在主体在对象性意识中的评价和感受。在对象性意识中存在着两对基本区分：事实性和价值性，描述性和规范性。狭义地说，只有事实性和描述性的观念内容才是知识，形成这种知识的活动才是认识。

这并不是说知识只是事关实在对象的领域，我们也可以认识规范性领域、感受性领域，形成以认识这些存在领域为目的的描述性的知识，诸如伦理学，美学，政治学等。但是，这些存在领域中的道德判断、审美判断等并不构成知识。它们并不以是否正确揭示对象特征和规律为目的。比如当我说审美显现包括了审美对象和审美主体的时候，这是研究和描述性的认识活动，要求揭示审美活动的规定，形成关于美的正确知识的说法，这种说法是可以判断对错的。但当我说她是一位美女的时候，只是感观层的体验，而不是认识，因此不构成必然性方式中的知识。知识的标准正确与否，就是在解释观念与对象特征之间是否具有同一性，能在主体是否恰当地运用范畴于对象内容上等问题，对对象所做出的正确陈述。从这个意义上讲，认识是一种纯粹指向对象特征，以揭示对象自身的规定为目的的对象化活动。认识中能思主体应该排除自己的利益、情绪、信仰等，做到价值中立，单纯作为对象内容的呈现者和表达者，以形成正确的知识，而不是价值评判，或者内在体验的表达。

认识旨趣：认识活动的根本动机

就必然性这种对象性方式而言，能在主体将对象把握为对象自身的显现。因此，知识与对象之间是一种同一性的关系，知识揭示的是对象自身的状态和规律。世界因此被把握为按照自身规律运行的必然世界。

不过，虽然认识本身在概念上要摆脱其他对象性意识的影响和制约，避免干扰，形成纯粹的知识。但是，认识作为能在的在世活动，恰恰是在各种相互影响的对象性关系中发生的，人的存在作为能在本身就是多层同时发生的对象性意识和对象化活动的超越生存。正是其他对象性意识和对象性活动的要求和推动，才有认识，能在才把对象作为事实和状态来把握，形成必然性知识。在这个意义上，知识的增长并不是知识内部的自我繁殖，而是多种因素综合作用的结果。也就是说，推动知识发展的并不一定是知识本身，而是人作为能在的认识旨趣，即人之所以进行认识的动机。大体说来，个体内在的兴趣爱好、利益需求和权力意志在科学认识中起到重要影响。它们反映了政治、经济和文化等各个方面的因素对知识发展的推动或制约作用。如果说传统哲学中的认识论涉及的是认识的内部机制的话，能在论对于认识问题的讨论更应该在社会—历史存在论的层面展开，探讨认识发展的社会历史机制和效应，揭示知识生产的动力。

兴趣爱好

能在是对象性存在，处在与对象的相对关系之中，并且能够在观念中把握这种对象性关系。当能在面对对象的时候，会以不同的对象性意识框架把握对象。当能在面对对象世界的时候，首先感受到的是一个不同于自己的对象性世界。能在意识到了自身与对象的相互分离。这种非同一性的分离意识惊扰了能在自我的同一性，或者说，将能在从混沌的同一性中惊醒，能在意识到外在世界的存在并对外在的世界感到好奇。那个外在于我的对象世界和世界中的事物是什么？好奇产生了求知欲望，能在强烈地希望认识和理解对象世界本身。唯有对对象世界本身的认识，外在观念地进入内在，建立起内在与外在之间的同一性知识，能在才能消除这种好奇和惊诧。同一性知识根源于能在作为对象性存在，因此能够在对象性意识中把握对象这样一个基本的存在论事实。能在对存在于他之外的对象性存在感到惊诧并且感兴趣。在必然性方式中，人作为能在之"在"就是认识，就是这种根源于惊诧的、揭示对象自身存在的对象化活动。知识是认识这种基本在世活动把握对象的结果，是以同一性为特征的对象性意识。

人作为能在总是处在对象性的认识关系之中，这是一个基本的存在论事实。但是，唯有对对象的存在特别有兴趣，并对认识对象有特别兴趣才会去认识，认识才会从自发性进入自觉的形态。在这种自觉形态中，只以形成知识为目的的认识活动才是理论活动，科学由此才成为能在在世的一个基本领域。按照亚里士多德的说法，从事科学是一种理论的生活，或者说沉思的生活。因为这种生活是出于求知的兴趣本身，仅以认识对象、形成正确的知识为目的。也就是说，这里的兴趣是指排除了其他因素单纯为获得知识的意志本身，除了认识对象、形成关于对象本身的知识而外没有其他任何目的。① 兴趣摆脱了利益、权力等因素的影响，是一种内在自由的求知意志。现代伟大的科学家爱因斯坦说过："兴趣是伟大的老师"，强调的就是内在的兴趣对真正的科学研究来说具有极其重要的作用。

兴趣是一种内在自由的意志。认识兴趣是能在对认识本身产生的一种不由自主的沉醉和痴迷，是认识活动能带来自我实现的感受。这完全

---

① 亚里士多德明确地指出过："既然人们研究科学是为了摆脱无知，那就很明显，人们追求智慧是为求知，并不是为了实用。"(《西方哲学原著选读》，北京大学哲学系外国哲学史教研室编译，119 页，北京，商务印书馆，1982)

不同于任何功名利禄所带来的成就感和满足感，而是一种自我超越、自我实现的存在感受。真正对认识对象本身感兴趣，进而对认识活动本身感兴趣，是一种高度的生存境界。能在沉入认识，为对象本身的特征所吸引，对知识的探索像游戏一样让他津津乐道、废寝忘食。所以，科学的认识活动常常能够带来一种高度自由的精神感受。科学精神中首先要有的就是这样一种兴趣，一种探索世界的强烈惊讶和好奇之心。孔子说："知之者不如好之者，好之者不如乐之者。"（《论语·雍也》）内在兴趣是一种自由自觉的意志，因此是一种没有目的的目的性。它根本就不是什么"书中自有千钟粟，书中自有黄金屋"①之类俗气的功利欲求，而是指向认识对象本身的纯粹意志，一种自由自觉的内在乐趣。有了这种内在的纯粹兴趣，才有科学的钻研精神，才有刻苦的意志等。如果没有内在自由的兴趣，一旦外在压力或者利益发生变化，认识就失去了动力，萎靡不振。真正伟大的科学发现可能会给社会历史甚至发现者带来事实上的名利，但内在的认识兴趣才是恒久支撑认识和研究的动力。

能在在事实层次面对世界的时候，对世界产生惊诧，于是有了求知兴趣。但是在他者阶段，由于人类认识能力和认识手段的有限，对对象世界的外在性、无限性、永恒性等产生了神秘感、神圣感，便形成了绝对性这样一种对象性方式，将现实世界看成是绝对存在和绝对意志的展现，因此信仰成为基本在世活动。这样一种绝对性意识的强化严重影响

---

① 宋真宗赵恒曾作《劝学诗》："富家不用买良田，书中自有千钟粟；安居不用架高堂，书中自有黄金屋；出门莫恨无人随，书中车马多如簇；娶妻莫恨无良媒，书中自有颜如玉；男儿若遂平生志，六经勤向窗前读。"这样一种变相的功利主义和市侩主义曾经是我们鼓励教育的基本观念，它与真正的求知意志和求知兴趣之差距，何其之远！

了对世界的探索，宗教势力甚至以神权的方式压制和扼杀了科学研究的兴趣，不少科学家甚至献出了生命。到了现代，现实世界不再被看成绝对意志的自我展开，而是通过自身存在的现实过程。在事实层次上，必然性代替了绝对性成为新的对象性方式。这是一次渐进发展的巨大解放，它极大地鼓励了探索热情和认识兴趣。科学研究成了基本的认识活动，现代甚至因此被称为科学时代。摆脱了绝对性意识的能在现在将世界看成是按照自身的必然性逻辑展开的世界，它怀着理论的热情期待着以经验的实证方式探索世界本身的存在原理，揭示世界本来的面貌。认识不再是实现神圣荣光的工具，而是能在面对世界自我实现的方式。

认识兴趣的解放是现代世界出现的标志之一。然而，随着现代科学技术的发展，我们开始生活在没有惊讶和兴趣的世界中，被揭开了神秘面纱的世界也变得平淡无奇了。世界本身仅仅被理解为可认识但尚未认识的流动界限。也就是说，世界不过是可知对象的存在总体，只存在还没有被认识到的东西，而不是不能被认识的世界之谜。裸露在可知性中的世界失去了神秘性，人们也就失去了好奇和惊诧。随着科学认识本身越来越成为实现某种目的的工具手段，成为实用性技术的一个环节被纳入到各种外在性的强制框架之中，为了兴趣而认识已经逐渐被功利主义的精神所取代。实用性成为认识的目的，满足各种利益需求成了科学技术发展的根本动力。

利益需求

认识兴趣是能在面对对象世界时强烈地在观念中建立同一性以摆脱分裂意识的内在意志，它集中体现了在必然性这种对象性方式中，知识作为能在与对象之间的关系，具有以对象本身为指向的对象性特征。认识兴趣是认识发生的内在动机。作为对象性存在的人天然地处在与对象的对象性认识关系之中。不过，能思主体是否对认识对象产生强烈的兴趣甚至到了以此为乐的地步则常常受到各种因素的影响。对个体而言，兴趣从来都不具有生而如此的确定性，而是在对象化活动中逐渐培养和习得的。同时，认识活动受到各种现实社会历史因素的影响，往往不只是纯粹兴趣的发生和满足的问题。甚至说，某些社会因素由于在生活中起到重要作用，因此本身就成为能在的兴趣，成为触动能在认识发生和发展的根本动力。个人的信仰、利益、感受都可能引起认识兴趣。也就是说，作为事实层次以必然性为原则的在世活动，认识本身是发生在规范性和感受性的关系之中的活动，而不是孤立地发生的对象化活动。在很大程度上，满足利益需求成为认识的目的，认识只是一种手段，不仅个人认识活动如此，社会层次的科学研究也是如此。尤其是进入自我阶段之后，能在的生存本身成为目的，在实用性成为基本原则的情况下，认识就从根本上成了功利活动的内在构成环节。不仅认识是从属于功利目的的，甚至真理的本质也被理解为有用性，即实用主义的所谓"有用就是真理"①。

利益讲的是能在与对象之间的有用性关系。因为能在具有某种需要满足的需求，能够满足这种需求的事物便具有了价值。从最抽象的意义

———————————

① "任何观念，只要有助于我们在理智上或在实际上处理实在或附属于实在的事物；只要不使我们的前进受挫折，只要使我们的生活在实际上配合并适应实在的整个环境，这种观念也就足够符合而满足我们的要求了。这种观念也就对那个实在有效。"因此，在詹姆士看来，有用的观念就是真理："它是有用的，因为它是真的"，或者说，"它是真的，因为它是有用的"。（参见[美]威廉·詹姆士：《实用主义》，陈羽伦、孙嘉禾译，109页，北京，商务印书馆，1983）

来说，兴趣的发生也是一种利益推动。兴趣已经作为一种抽象性的利益满足方式存在了。因为能在在面对对象的分裂意识中产生了惊诧，认识实际上是消除这种让灵魂不安的惊诧的一种根本方式，由内在兴趣驱动的认识在这个意义上对能在主体也有用。不过很显然，这种有用恰恰不是功利性框架中的利益关系，而是超越现实功利性的纯粹内在关系。因为这种有用性直接地指向了认识关系内部的双方，是就认识关系本身而言的，它们没有成为这个关系之外的其他因素的工具手段，所以兴趣是超功利的。一方面，就这种有用性毕竟也是一种有用性而言，现在讲的利益需求实际上是这种抽象性有用关系在外在社会历史维度中的展开；另一方面，就受到其他利益因素引起的兴趣毕竟也是兴趣而言，利益才能通过作为认识之基本环节的兴趣发生作用，利益本身也成为一种兴趣了。比如说，一个母亲因为特殊的疾病去世，导致孩子产生了研究此种疾病的强烈兴趣，并最终获得成功。在很多情况下，我们不能将有用性看成是外在于兴趣的东西，利益需求常常能够促成兴趣的产生并维持兴趣，推动科学认识的发展。恩格斯有一个说法："社会一旦有技术上的需要，则这种需要就会比十所大学更能把科学推向前进。"①到了现代，与资本主义生产方式追求效益利润的客观需要相结合，科学技术迅速发展起来，成为变革社会的本质性力量，改变了整个世界的历史图景。认识兴趣指向了现实的利益需求，或者反过来说，现实的利益需要转化为兴趣，成为推动知识生产的动力。

---

① 恩格斯：《致瓦·博尔吉乌斯》(1849 年 1 月 25 日)，见《马克思恩格斯全集》第 39 卷，198 页，北京，人民出版社，1974。

从这个意义上看，现代资本成了科学技术发展的"座架"。利益对科学发展和技术进步的促动作用在现代资本主义生产中具有最显著的体现。资本主义生产方式的确立彻底改变了为认识而认识的动机。科学技术在生产生活中的实际运用成了根本目的。海德格尔有一个说法，在现代，技术成了科学的本质，科学的目的不是为知识本身，而是指向技术。从更加根本的意义上说，技术之所以成为科学的本质乃是因为资本主义生产的资本增值需求。马克思曾经指出，正是随着资本主义生产的扩展，科学因素才第一次被有意识地和广泛地加以发展、应用并体现在生活中，其规模和速度超出了以往的任何时代①。海德格尔在《追问技术》中以另一种方式表达了与马克思大致相同的意思②，同样强调了利益需求对知识生产的推动作用。

今天，知识生产已经远远地超出了个体认识的阶段，不仅直接地指向客观的物质经济利益，而且要依赖强大的客观物质条件才能正常展开。利益的驱动已经成为组织和个人从事认识活动的根本动力。现代知

---

① 马克思曾经说过，"只有资本主义生产方式才第一次使自然科学为直接的生产过程服务，同时，生产的发展反过来又为从理论上征服自然提供了手段。科学获得的使命是：成为生产财富的手段，成为致富的手段"。"由于自然科学被资本用做致富手段，从而科学本身也成为那些发展科学的人的致富手段，所以，搞科学的人为了探索科学的实际应用而互相竞争。另一方面，发明成了一种特殊的职业。"(《马克思恩格斯文集》第8卷，356~357、359页，北京，人民出版社，2009)

② 海德格尔指出："现代技术中起支配作用的解蔽乃是一种促逼，此种促逼向自然提出蛮横要求，要求自然提供本身能够被开采和贮藏的能量。""但这种开采首先适应于对另一回事情的推动，就是推进到那种以最小的消耗而尽可能大的利用中去。"(《海德格尔选集》，孙周兴选编，922、933页，上海，上海三联书店，1996)关于这个问题可参见本人在《告别思辨本体论》第4章第3节第3点的阐述。(罗骞：《告别思辨本体论——论历史唯物主义的存在范畴》，上海，华东师范大学出版社，2014)

识产权保护制度的建立就是为了保护研究者和发明者的利益。当然，它在促进创新发展的同时一定程度上也制约和抑制了知识技术的推广和运用。知识技术在促进人类自由发展的同时，认识不再是人与对象之间出于兴趣的自由关系，而是利益需求中介的功利性活动。不仅知识内容受功利目的的支配，而且认识本身也成为知识生产的职业，是一种功利性的活动。虽然不能说受利益需求中介的认识关系中没有自由，但这种自由与纯粹的兴趣关系还是存在基本的差异，甚至可能因为众多因素的参与而被扭曲变形。这一点只要看看如今知识生产体系中的各种不端乃至违法行为，就可见一斑了。

权力意志

柏拉图认为真理是对绝对理念的认识，把握绝对理念的真理具有优先于政治权力的地位，因此哲学真理应该为政治立法。亚里士多德在谈到理论认识应该不以利益为目的的同时，也认为理论生活应该排除权力干扰，只有超越劳作和政治进入闲暇空间过一种沉思的生活，才能真正认识真理。能思主体与对象之间被理解为纯粹的认识关系，除了利益之外，权力也被看成侵扰认识的主要因素。认识在权力之外运作，认识以正确的知识为目的是古希腊哲学的一个基本思想。到了神学占统治地位的中世纪，理性认识实际上成为了神权自我确认的工具和手段，理性服务于神权，服务于信仰。就认识乃是指向对象本身的存在而言，它的确必须是纯粹性的活动，力图排除权力的侵蚀。然而，权力在知识生产中一直存在，权力运作和知识生产构成复杂的一体化关系。利益需求对知识生产的影响通过权力因素的介入得到具体实现。

到了现代，知识生产摆脱神权的束缚，理性知识不再是确证神权的工具。① 认识直接面对自然的物质世界，并且将世界看成是按照自身的必然性规律存在的现实世界。揭示自然世界的必然规律就成了认识的基本任务。然而，认识自然是以实现对自然的利用和支配为目的的。能在不仅是认识的主体而且是实践的主体。关于对象的正确知识成了支配自然的实践力量。这一点由现代思想的先驱培根通过"知识就是权力"这一命题明确地宣告出来。人通过认识自然来掌控自然，通过控制自然来控制人。认识成为了权力生产和运作的一个环节。不仅认识的目的指向权力，而且权力本身制约着知识生产的过程，成为认识的动力。如果说宗教和所有神话中的神秘力量是自然神秘性的人格化投射，神圣力量对于人的统治是自然规律的异化形式的话，那么，在必然性这种对象性方式中，自然呈现了它本身的真实面貌，人通过对自然的认识来主宰自然这一逻辑不仅是对宗教和神话的祛昧，而且也是对自然世界本身的祛昧。在这一过程中，自然世界通过观念中的可认识性表现为实践中的可操控性。

人作为能在不仅通过认识自然而成为自然的主人，而且通过对自然的控制来实现人对人的控制。"知识就是权力"因此直接体现了一种社会统治的逻辑。这就是理性的统治。霍克海默和阿多诺在《启蒙辩证法》中认为，社会中的统治与被统治关系就像科学家与自然的关系那样，通过

---

① 当然，这一观念的形成是长期过程，而且只能说是一条抽象的原则。实际的历史过程则要复杂得多。默顿的研究就曾经揭示了清教精神与科学精神之间的亲和性，自然科学的发展有利于新教主义的巩固，许多科学家甚至寻找新教的支持和帮助。在这个意义上，甚至可以说新教推动了近代科学的发展。（参见［美］默顿：《十七世纪英格兰的科学、技术与社会》，范岱年等译，118～135 页，北京，商务印书馆，2000）

认识自己的对象而统治对象。① 福柯也指出，权力不能在没有真理话语
的生产、积累、流通和运转的情况下建立和运转。如果没有真理在权力
之中通过权力运行，也就不可能行使权力。我们屈服于权力来进行真理
的生产，而且只有通过真理的生产来使用权力。② 福柯将现代的统治形
式理解为理性的权力，主要讲的就是理性知识统治的力量。知识生产不
再具有脱离权力关系而仅以认识世界为目的这种纯洁动机。如果说，马
克思的资本批判揭示了知识生产中的物质利益因素成为动机的话，福柯
则直接将权力概念引入知识的生产中，揭示了理性和知识的统治本质。
在福柯看来，不仅知识本身成为权力统治的因素，表现为一种统治的力
量，而且知识生产的过程也贯穿着权力的运作。③

　　通过兴趣、利益和权力的中介，必然性原则中作为能在在世的基本
活动的认识构成了知识生产的科学领域。这个领域在日益迅速地改变着

---

　　① 他们说："神话变成了启蒙，自然则变成了纯粹的客观性。……启蒙对待万物，
就像独裁者对待人。独裁者了解这些人，因此他才能操纵他们；而科学家熟悉万物，因
此他才能制造万物。于是，万物便顺从科学家的意志。"（[德]霍克海默、阿道尔诺：《启
蒙辩证法》，渠敬东、曹卫东译，6 页，上海，上海人民出版社，2006）

　　② 参见[法]福柯：《必须保卫社会》，钱翰译，23 页，上海，上海人民出版社，1999。

　　③ "我们应该承认，权力制造知识（而且，不仅仅是因为知识为权力服务，权力才
鼓励知识，也不仅仅是因为知识有用，权力才使用知识）；权力和知识是直接相互连带
的；不相应地建构一种知识领域就不可能有权力关系，不同时预设和建构权力关系就
不会有任何知识。因此，对这些'权力—知识关系'的分析不应该建立在'认识主体相对于权
力关系是否自由'这一问题的基础上，相反，认识主体、认识对象和认识模态应该被视为
权力—知识的这些基本连带关系及其历史变化的众多效应。总之，不是认识主体的活动
产生某种有助于权力或反抗权力的知识体系，相反，权力—知识，贯穿权力—知识和构
成权力—知识的发展变化和矛盾斗争，决定了知识的形式及其可能的领域。"（[法]福柯：
《规训与惩罚》，刘北成、杨远婴译，29～30 页，北京，生活·读书·新知三联书店，
2007）

现实的世界。揭示世界和对象规律的知识只是一种主体性的内在观念，一种可能性的力量，只是对世界的"解释"，而问题却在于改变世界。因此，在必然性原则中，作为能在内在规定性的知识必然要展开自身，变成变革现实的力量。将观念变成实在，运用正确的知识改造现实，使之成为构成现实的内在因素，从理论到实践，知识才真正成为本质的力量，人作为能在才在这种知识的对象化过程中实现自身。通过知识对世界的改变，如今的世界已经不是自然的世界，而是通过实践中介日益成为在自然中超越自然的技术世界了。技术世界是一个正在到来的人自我实现的同时也自我动摇的时代。

三、在自然中超自然的技术世界

（科学精神成为能在在世的基本装备；技术—生产，技术世界；在人通过技术实现的自我生产中，世界成为"类人世界"）

人作为能在以不同的对象性意识领会世界，并以此指引生存实践中的对象化活动。作为不同的对象性意识和对象化活动相统一的对象性方式，体现了能在超越生存的不同，因此人作为能在对生存自由的领会也不同。在绝对性方式的信仰中，自由表现为将自身托付给超验意志而获得的归属感、依赖感和安全感；在利他性方式的仁爱中，自由表现为奉献和牺牲个体利益达到随心所欲而不逾矩的道德境界；而在趣味性方式的领悟中，自由则表现为超越各种现实束缚，能够与对象和自身有趣相处的游戏状态。在这三种能在的对象性方式中，自由都是通过悬置现实的存在关系和状态达到对能在自身实在性的超越，实质上是在对他者先在性和绝对性的确认中通过意志的自我克服达到与他者统一的服从状态。自由还不是自我肯定和自我实现的向外扩张，而是在与他者的相遇中养成自我克制的内在意志，因此表现为向内收缩的精神境界的升华。

到自我阶段，能在的对象性方式发生了变化，对自由的领会和自由生存的状态也发生了变化。在必然性这种对象性方式中，由于能在将世界看成是按照自身的规律运行的现实世界，且能在已经在趣味性方式的精神逍遥中达到了抽象的自我肯定，在这种内在自我与外在世界构成的对立中，能在扬弃精神的内在自由，形成了自我阶段的第一种自由概念："自由是对必然的认识"。自由不再是通过自我克制达到精神上的超脱，而是利用事物的规律实现自我的内在目的。自由表现为规律性和目的性的耦合状态，是生存实践中合规律性与合目的性的统一。对世界必然性的认识成为自我实现的基本因素。合规律性扬弃抽象的内在意志是自我阶段自由实现的第一个关键环节。能在自由的实现依赖必然性规律的掌握，指的是自由意志的向外展开，而不只是抽象的精神超脱。对规律的认识不是为认识而认识，而是成为能在自我实现和自我展开的根本途径。因此，正确的知识必须对象化为实现能在目的的客观状态。

在自我阶段的事实层次上，能在以必然性方式领会世界。能在自由的实现依赖于对世界必然性的把握，而不是对绝对存在和绝对意志的信仰。必然规律是能在对象化活动的行为底线和行为原则，只有遵守规律才能利用规律实现人的行动自由。在这个意义上，规律这个概念本身不只是对对象世界的描述，而且是揭示能在生存原则的存在论范畴。也就是说，规律这个概念本身是从能在的对象化活动不能打破的底线和不能违背的原理的意义上被理解的。规律不过是指生存意义上的必然规则。只有在能在生存的目的性和对象存在的必然性的生存关系中，才能理解规律这个概念的深刻内涵和意义。没有能在超越的目的性活动就无所谓活动的合规律性。合规律性与合目的性的统一是必然性这种对象性方式中自由的基本内涵，是工具性行为的基本逻辑。在必然性这种对象性方式中，认识是一种科学认识，理性是工具理性或称科学理性。所谓的工具理性或科学理性就是以必然性认识为根本内涵的对象性意识和对象化活动能力，是工具性行为的内在要素。

如果说他者阶段的几种对象性方式都以确认他者的先在性为前提，自由表现为自我克制，因此能够与对象如其所是地和谐共处的话，那么，在自我阶段的必然性这种对象性方式中，能在认识必然性为的是利用必然性，能在的自由表现为使对象如其所能地对我存在，按照正确的知识改造现实世界使之成为属人的世界。对事物必然的认识，掌握规律本身还不是自由。能在决心自己满足自己，自己实现自己，认识必然规律只是实现超越生存的手段而已。按照马克思的说法，哲学家们只是以不同的方式解释世界，问题在于改变世界。① 自由根本不再是在观念中建立与对象世界的同一性，而是依据世界本身的规律改变世界以实现自

① 马克思在《关于费尔巴哈的提纲》中的这个著名说法，并不是主张实践与认识能够决然地分离，甚至认为可以有一种不包括解释世界的对世界的改变。他要表明的是，解释世界和认识世界应该在实践的思想视域中被领会为改变世界、构成世界的一个环节，用改变世界的实践概念扬弃停留于认识路线的传统哲学范式。

己的超越生存。因此，在必然性这种对象性方式中，能在的自由超越包括科学、技术和类人世界三个环节，最终结果是将人带进按照科学的必然性知识构建的超越自在的智能世界。人在自我超越的创造中将自己和世界都变成了可制造之"物"，人通过技术对人本身的生产达到了必然性这种对象性方式的极限。在这个极限中，人通过自我生产在自我实现的同时也就彻底地自我瓦解了。这个能够自我生产的存在物通过这种生产到底是肯定了自己的超越性呢，还是否定了这种超越性？人在这个拷问中前行，亦在这个拷问中迷途。正确知识展现出来的恰恰是这种存在的迷途。

科学知识

在事实层次上，能在以必然性的对象性方式看世界并且遵循必然性的规律与世界打交道。世界就是自身实在的必然世界，它不再被看成某种超验存在的副本和表象，而是依照自身的规律运动发展变化着的现实。能在在规范和感受层次上对世界的对象化并不能否定必然世界的事实性，只是在事实性的基础上创造出了属人的意义和价值空间，诸如道德良心和审美品位等。回到事实层次，在必然性这种对象性方式中，能在只是如其所是地呈现对象世界的面貌和规律，而不附加能在自身的评价和感受。在这个有限的意义上，科学知识只是描述对象世界的观念反映和观念建构。科学知识提供的世界图景是必然世界。世界只是一个可认识但并没有被完全认识的必然世界。这就是世界的可知性、认识的有限性和无限性之间的关系。人们依据科学提供的世界图景与世界打交道，并科学地生活。不仅知识观念而且生存实践都受到科学规律的支配。① 科学精神成为能在在世的基本装备，是否科学成为在世的第一追问。

首先是世界的可计量性。在以科学为根本观念的存在论意识中，世界不是任何意义上神秘和神圣的存在，它只是按照必然性的规律运动着的可知世界，人类能够通过认识构成科学的世界图景。在世界中存在的东西不过是可知世界的局部，科学认识就是与对象符合一致的必然知识。在这样一种观念的主导下，世界概念发生了根本变化。世界及世内之物只被看成是可以被科学地描述和揭示的对象。按照海德格尔的说法，这是一种可计算性世界概念。海德格尔认为，这一概念奠基于开普勒的宇宙论、伽利略的物理学和牛顿的自然哲学的数学原理，最终产生了一种新的存在领会。这就是马克斯·普朗克关于存在的论题："现实的东西就是可以计量的东西。"在这种以必然性为原则构成的世界概念中，对象是可以通过数学的、物理的、逻辑的方式表象、计量和证明的对象。表象、计量、实验成了认识活动的基本方式，体系化、逻辑化成了科学的基本特性。只有这样的知识，才有权被称为知识，被称为科学。以必然性为原则的自然科学范式主导了知识的生产活动。就连斯宾

---

① 海德格尔对科学的本质和特征有着深刻的理解。海德格尔指出："科学是所有那些存在之物借以展现自身的一种方式，并且是一种决定性的方式。我们因而必须说：就其基本特征而言，今人活动于其中并试图坚守于其中的现实在日益增大的程度上受到那个被称之为西方-欧洲科学的东西的共同规定。"（[德]海德格尔：《海德格尔选集》，孙周兴选编，955～956页，上海，上海三联书店，1996）在海德格尔看来，西方哲学的终结就是这种受科学技术规定的世界的胜利，"哲学之终结显示为一个科学技术世界以及相应于这个世界的社会秩序的可控制的设置的胜利。哲学之终结就意味着根植于西方-欧洲思维的世界文明之开端"。（[德]海德格尔：《海德格尔选集》，孙周兴选编，1246页，上海，上海三联书店，1996）

诺莎的《伦理学》和维特根斯坦的《逻辑哲学论》等著作也是按照这种科学的范本逻辑地构成的体系。①

其次是知识的实证性。在这样一种以可计算性为基本特征的存在概念中，认识的本质不再是思考、思辨和表达，艺术、思想乃至曾经主导科学的哲学等都不再具有科学的意义，而被认为是科学知识的反面，甚至被看成科学认识的障碍。它们只是被看成感情的临时发作，不再被看成客观的科学知识。按照卡尔纳普的说法，形而上学的句子只具有表达的意义，而不具有科学陈述的意义。② 科学知识必须具有可实证性。科学认识从方法上讲，采用的是实验实证的方式，而不是思辨的抽象或者诗意的联想。科学假说必须可以被证实或被证伪。正确的知识必须揭示事物的必然性。正是在这个意义上，哲学形而上学和宗教神学遭到了激进批判，艺术等也处在没落之中。实证研究成为认识的基本范式，认识对象成为意识的根本任务。连马克思的哲学终结这个命题也表达了对实

---

① 海德格尔将本质性的思想，亦即非必然性意义上的真理看成是反体系的。在《哲学论稿》中海德格尔说过，"体系"只有作为（广义）数学思维的统治地位的结果才是可能的。所以，一种处于这个领域及其相应的作为确信的真理的规定之外的思想，本质上是无体系的，是非体系的；但它并非因此就是任意的和混乱的。只有当人们以体系为标准来衡量时，所谓"非体系的"才意味着"混乱的"和无序的。（参见[德]海德格尔：《哲学论稿》，孙周兴译，71~72页，北京，商务印书馆，2013）

② 卡尔纳普认为："今天我们区别各种不同的意义，特别是要区别两个方面的意义，一是认识性的（指称的，有所指的）意义，一是非认识性的（表达性的）意义成分，比如情绪和动机。在这篇文章里，'意义'一词总是从'认识性意义'这个观点上来理解的。因此形而上学句子无意义这个论点，必须从这样的意义上来理解：它们没有认识性的意义，没有断定性的内容。它们具有表达性的意义这个明显的心理现象并不因而被否定……"（[德]卡尔纳普：《通过语言的逻辑分析清除形而上学》，见洪谦主编：《逻辑经验主义》上卷，36页，北京，商务印书馆，1982）

证性的推崇。海德格尔的哲学终结同样肯定的是从哲学中诞生的自然科学在现代取得了绝对的胜利。①

科学知识具有实用性。亚里士多德曾经主张科学的本质就是认识事物，而不是为了实用。但是到了现代，实用恰恰是科学研究的根本动力和指向。知识就是力量，实用性是知识的基本内涵。现代科学技术正是通过科学知识的实用性迅速发展起来的。一项研究课题是否具有实用性已经成了能否被展开的根据。实用性的要求甚至普遍地贯彻到人文科学的知识生产体系当中。科学知识的有用性要求与资本主义生产方式紧密地联系在一起，相互推动。正如马克思所说的："如果说以资本为基础的生产，一方面创造出普遍的产业劳动，即剩余劳动，创造价值的劳动，那么，另一方面也创造出一个普遍利用自然属性和人的属性的体系，创造出一个普遍有用性的体系，甚至科学也同一切物质的和精神的属性一样，表现为这个普遍有用性体系的体现者，而在这个社会生产和交换的范围之外，再也没有什么东西表现为自在的更高的东西，表现为自为的合理的东西。因此，只有资本才创造出资产阶级社会，并创造出社会成

---

① 《神圣家族》中指出，18 世纪初"实证科学脱离了形而上学，给自己划定了单独的活动范围。……形而上学变得枯燥乏味了。"(《马克思恩格斯文集》第 1 卷，329 页，北京，人民出版社，2009)《德意志意识形态》再次肯定了实证科学："在思辨终止的地方，在现实生活面前，正是描述人们的实践活动和实际发展过程的真正的实证科学开始的地方。关于意识的空话将终止，它们一定会被真正的知识所代替。对现实的描述会使独立的哲学失去生存环境，能够取而代之的充其量不过是从对人类历史发展的考察中抽象出来的最一般的结果的概括。"(《马克思恩格斯文集》第 1 卷，526 页，北京，人民出版社，2009)虽然与马克思恩格斯谈论问题的切入点不同，关于实证自然科学近代以来的胜利，海德格尔表达了与他们十分接近的观点。关于二者之间的差异可见《告别思辨本体论》中的相关阐释。(参见罗骞：《告别思辨本体论——论历史唯物主义的存在范畴》，257～259 页，上海，华东师范大学出版社，2014)

员对自然界和社会联系本身的普遍占有。"①学校教育和科学研究服从于这种有用性，被纳入资本循环的体系。今天，产学研结合已经成为科学发展的基本模式了。这种模式的消极影响恐怕不比它的积极影响更小。

在必然世界的观念图景中，世界的可知性，事物的可计量性，知识的实证性和实用性构成了科学理性的基本规定。诸种规定也决定了科学认识本身并不构成自身的本质，科学知识指向的是对必然规律的实践运用，因此指向了技术。科学知识只是人作为能在，依据必然性规律改造世界实现生存自由的一个环节。必然性的世界图景和正确认识提供技术地改造世界的观念蓝图。技术作为科学知识在实践中的对象化应用反而规定了科学的本质。科学和技术的一体化使科技成了一个"概念"。

技术—生产，技术世界

海德格尔有一个说法，"改变世界建立在世界可改变的基础上"②。在必然性的世界概念中，世界是按照自身规律运行的可知对象。科学就是观念地把握这个客观世界的正确知识。在自我成为存在论意识根据的情况下，实证性和实用性成了现代科学的本质要求。世界成为可计算性世界的同时也就成为可生产的世界了。科学知识在世界生产中的应用先行地规定了科学知识本身的生产和再生产。技术因此成为科学的本质规定。技术就是依据科学对世界的量化计算定制生产世界的能力，使科学降格为技术生产的一个基本环节。所以海德格尔说："人们不可把机器技术误解为单纯把新时代数学的自然科学应用于实践。机器本身是实践的独立变化，以致

---

① 《马克思恩格斯全集》第30卷，389页，北京，人民出版社，1995。

② ［法］费迪耶辑录：《晚期海德格尔的三天讨论班纪要》，丁耘摘译，载《哲学译丛》，2001(3)。

实践才要求使用数学的自然科学。"①也就是说，实践中的技术应用先行地规定了科学的意义和本质，成为了科学活动自我确立的根据。世界通过技术被生产因此成为了技术化的世界。

世界通过自身的规律而存在。能在的超越性在于依据世界本身的规律生产和再生产世界。这个世界不是自在存在的世界，而是世界的必然性规律通过能在的对象化活动展开的技术世界，是技术生产因此是技术统治的世界。这种技术统治已经不只是自然人化的一般现象，而是说世界已经本质上成为人造的世界了。人依据自然的逻辑颠覆了自然的存在本身，生活在人造的技术世界之中。世界不再是自在的世界而是依据必然规律对自在世界的翻转和再造。以服从自然规律的方式彻底改变自然面貌，这是肯定—否定的双重过程，是能在超越自然的辩证逻辑。在新时代的开端，笛卡尔曾经夸下了豪言壮语，如果你给我广延性的物质和运动，我就给你建造世界。② 这是一种时代精神的思想表达。现代是以科学知识为基础的技术生产的时代，是利用知识创造和改变世界的时代。这种依据技术对世界的生产和改造是现代领会能在主体性及其自由的一个基本维度。技术是依据关于对象的知识改变和生产对象的能力，因此是主体性力量的本质体现。技术生产不仅使自然以自身已有的形态满足人的需要，而且是改变对象的存在形态或者创造出世界本身并不具有的对象。在这个意义上，马克思人化自然的概念实在是对现代世界概

---

① ［德］绍伊博尔德：《海德格尔分析新时代的技术》，宋祖良译，116 页，北京，中国社会科学出版社，1993。

② 参见［德］黑格尔：《哲学史讲录》第 4 卷，贺麟、王太庆译，89 页，北京，商务印书馆，1978。

念的一个本质揭示，为技术世界的概念奠定了存在论的基础。[①]

工业生产依靠技术改变和创造新的物质形态来满足人们的需要，它的本质还是改变自然的物质世界本身，生产新的使用价值。但是，生产逻辑不只局限于物质世界的领域，而且贯穿到了社会本身的生产和再生产之中。自由生存不仅表现在通过工业的生产使自然物质世界满足自己的发展需要，而且将自身理解为社会历史的主体，要求改变社会历史现状实现自身彻底的解放。从这种生产社会本身的观念来看，"历史不过是追求着自己目的的人的活动而已"[②]，而不是任何神圣意志掌控和操纵的过程。社会革命不是前现代自发性的造反或起义，而是纲领在先的行动，是依据理想社会的蓝图将观念变成现实的社会生产。社会生产的概念不仅通过社会革命这种宏大的运动体现出来，而且体现在改革建设、社会治理等微观的社会实践过程之中。当然，社会历史一直是能在超越性生成的过程和结果。但是，当这一点进入意识，能在自觉地以这

[①] 依据理论蓝图对世界的定制打造彻底改变了世界的基本面貌和关于世界的基本概念。在马克思那里，自然不再是指未被对象化活动触动和改变的自在世界及其原则，而是历史实践中介的人化自然。历史实践之外的独立自在的自然不是现实的我们生活于其中的真实的自然世界，而是观念抽象。马克思在批评费尔巴哈的自然概念时说："先于人类历史而存在的那个自然界，不是费尔巴哈生活其中的自然界；这是除去在澳洲新出现的一些珊瑚岛以外今天在任何地方都不存在的、因而对于费尔巴哈来说也不存在的自然界。"(《马克思恩格斯选集》第 1 卷，77 页，北京，人民出版社，1995) 马克思恩格斯还指出，每当有了一项新的发明，每当工业前进一步，费尔巴哈"外部自然界"的地盘也就越来越小了。(参见《马克思恩格斯选集》第 1 卷，97 页，北京，人民出版社，1995) 当然，人化自然的概念不能只是在技术对世界的改变这个意义上理解，它还具有广阔深远得多的存在论内涵。比如说，当人在交往活动中以道德的眼光或者是在感受体验中以审美的眼光看待自然的时候，自然也是人化了的自然，而不是自在的自然。

[②] 《马克思恩格斯文集》第 1 卷，295 页，北京，人民出版社，2009。

样一种生产的观念进行社会生产的时候，就发生了本质性的跳跃。人作为能在被理解为创造历史的主体，利用历史的必然规律改变社会现实。社会不再是在自在而是在自觉的意义上成为人类创造的结果，被看成是技术性设计和施工的产物。社会工程思维成为时代基本的意识形态。

这种生产自然和生产社会的观念，最后发展到依赖技术对人本身的生产和再生产。技术不仅成为一种改变世界的手段和力量，进而成为理解世界的根本方式。必然世界的概念进而展开为技术世界的概念。以技术和设计概念为核心的技术世界是必然世界概念的彻底展开，存在被看成设计创造的结果。这样的观念在理念论和创始说中已经有其雏形。今天科学研究的深入发展揭示出世界的精致和奇妙，仍然有人因此礼赞上帝的伟大。从自在存在到自觉存在不过是从不自觉的合规律性设计发展到合规律性与合目的性相统一的技术化过程而已。技术世界是必然世界通过合目的性的自我展开。当然，这里目的性已经成为能在自身的自由意志，而不再是超验意志的显现了。当人通过科学的认识彻底否定了作为创造者的上帝之后，人实实在在地将自身变成存在的创造者了。当人能够自觉地通过技术的方式生产人自身时，也就是当人成为通过技术自我生产的被生产者的时候，技术作为人本身的超越力量却超越了人本身的控制，人也就在这种自我超越中自我否定了。[①] 这技术生产的最后结

---

① 海德格尔在谈到技术的本质时说："我认为技术的本质就在于我称为'座架'的这个东西中，这是一个常常被嘲笑而且确实也不确切的字眼。座架的作用在于：人被坐落在此，被一种力量安排着、要求着，这股力量是在技术的本质中显示出来的而又是人所不能控制的力量。"（[德]海德格尔：《海德格尔选集》，孙周兴选编，1307 页，上海，上海三联书店，1996）

果是非人的"类人世界"即将到来的现实可能性。

类人世界

生产是工业时代的核心概念。技术世界讲的是依靠技术对世界本身的生产和再生产，世界被理解为技术装置，能够高效适应环境和改变环境的结构功能。这种技术世界的最终逻辑是拥有技术能力的超越能在本身也能够被技术化，能够被生产。人作为能在通过技术实现的自我生产是技术世界的最后可能性。当人能够按照技术的原则生产自身，并且按照自身生存的原则来生产对象的时候，不仅生产的对象不再只是物性的对象，而且进行生产的工具也不再是物性的机器的时候，世界就进入智能时代了。智能时代说的不过是技术生产从物性贯彻到超越物性的智慧领域的过程，不仅人的生命全面地成为技术生产的结果，而且技术的产品也不再只是物性的存在。在这个时代，人与物之间的绝对界限被超越了，在拥挤的世界中游荡的是人—物，是一些非人非物、似人似物的人与物的合体。我们可以称之为"类人"。这个"类人"不是指史前时期还没有发展为人并且具有发展为人的潜能的那样一种生命存在，而是指高度发达的技术生产中作为产品出现的，按照如今的标准无法分类的新的存在者。"类人"不是今天的人，是像我们今天的人一样的人—物。"类人"也不是物，而是像我们今天的物一样的人—物。我们将这种作为人—物的类人生存的世界称为类人世界。类人世界是技术世界的结果。这个概念揭示出的是存在世界本身的能在化这样一种可能趋势和可能状态，即人作为能在从最初的能够生产进展到了能够被生产的一种极限状态。在这种能在本身的生产和再生产的技术化过程中，或者说在类人世界中，物被彻底人化的同时人彻底被物化了。能在像自身那样生产物的同时也就是像物那样生产人自身。人化和物化成了内在统一的过程。

在自我阶段的事实层次，能在以必然性方式把握世界，世界被理解为按照必然规律运行的自在世界。如其所是地揭示世界必然规律的对象性知识被称为科学。世界因为被把握为物而失去神圣性和神秘性的同时，在世界中作为能在存在的人本身也成为被把握为物，以世界为对象的科学包含了人自身的科学。人失去了在物和神之间优越的神圣地位，人本身被作为万物之一被研究和生产。人不仅不是什么上帝的造物、万物之灵长，甚至人类特有的精神意志也只不过是物质的功能，物性地研究人的各种学科迅速地发展起来。表情、记忆、思维、情感等不过是人脑这一高级物质特殊的功能和自我显现方式。通过对人类身体外形、感觉能力、行动方式、语言表达和思维智慧的研究模仿，技术已经走到了普通人难以想象的地步。人工智能已经不是外形上像人的工业时代的机器人概念，因为它已经不是按照机械的原理运动而是按照人类智能的方式行为了。[①] 智能技术已经全面装备存在的方方面面，甚至人脑与智能产品的链接也已经不是概念和实验，而开始走向实用。人类开始失去了纯粹的人和关于人的确定概念。也就是说，人本身及其存在方式是什么的边界被瓦解，新的存在者就是人—物的合体。人和物在技术生产中的同一化意味着技术逻辑通过颠覆自在存在最终完成了自身，人在自我生产的自我实现中自我否定。这就是日渐明显的人类世界向类人世界转化

---

① AlphaGo 战胜了国际顶级的围棋大师引起了热烈讨论，人工智能在智能上超过了人本身已经不是讨论的焦点了。焦点在于是否终有一天，超出了人类掌控的智能技术将全面地取代、掌控或者毁灭人类。

的图景。以技术为基础的世界最终成为了技术化的类人世界。①

　　类人世界概念揭示了技术的可能性最终带来的存在论的根本变化。类人世界正在依照世界本身的必然性原理被生产和创造出来，被生产出来的世界却不再是自在的世界本身。新的世界正在作为正版取代和覆盖自在的世界。自然的必然性逻辑在超越自然的生产中达到自身界限，即最后的完成。由人作为能在开启和点亮的世界最终在依据世界的必然性逻辑展开的技术生产中否定了能在自身。人作为能在不再是特殊的存在者，他生活在由自身创造的似人非人的类人世界中，对世界命运的掌握和运用的清晰逻辑弄乱了世界本身，人迷失在由自己展开和编制的谜团之中。这不是说我们缺乏把握这个世界的概念，缺乏与这个对象世界打交道的方式，而是对存在世界和存在原则本身的颠覆。这已经超出了所谓"文化滞后"（culture lag）的范畴了②，是人类对自身生存的无所适从，是生存根基被动摇产生的震惊。如今看来，海德格尔在半个世纪前对人

　　① 未来的世界被称为 Holos，所谓霍洛思，是全体人类、计算机、手机、各种可穿戴设备、各种智能设备、各种传感器靠着网络紧密连接起来的世界。这就是我们这里讲的智能世界。也就是在智能的技术生产中物人性化和人物性化的统一过程。近来世界上首个被赋予公民权的机器人 Sophia 只是表明，人工智能不只是在智慧技能层面，而且已经在社会存在的层面打破了人的自我规定，解构了人的概念，因为人在现代的一个主体性规定就是相互承认的权利概念。

　　② 文化滞后（culture lag）是美国社会学家 W. F. 奥格本提出的一个概念，指物质文化和非物质文化在社会变迁速度上所发生的时差。该理论认为，由相互依赖的各部分所组成的文化在发生变迁时，各部分变迁的速度是不一致的，有的部分变化快，有的部分变化慢，结果就会造成各部分之间的不平衡、差距、错位，由此产生问题。该理论认为，一般来说，物质文化的变迁速度快于非物质文化，两者不同步，于是就产生差距。（参见［美］W. F. 奥格本：《社会变迁：关于文化和先天的本质》，王晓毅、陈育国译，106～112 页，杭州，浙江人民出版社，1989）

造卫星和原子弹爆炸时的震惊，就像古代农民夜晚看到流星划破长空时的迷茫一样，简直不值一提。存在的无根性已经使绵延了数千年的存在论彻底动摇，这就是按照必然性逻辑把握的自在世界，最后在依据必然性逻辑展开的技术生产中瓦解了自在自身。这不仅表现在世界成了能在生产的对象，而且是作为生产者的能在本身也被技术地生产了。纯粹的自然真正成为一个观念抽象，或者说，自然逻辑的彻底化意味着根本上不再有自然本身了。在人的脑袋能够切换到另一个躯体上，甚至人的大脑能够直接移植到另一个躯体上的时候，在制造出来的物件能够理解我们并且像我们一样喜怒哀乐的时候，哪里还有存在的确定性和自在性呢，哪里还有人作为人的存在尊严和神圣性呢？那个长期作为自我确认基础的我的"唯一性"和"独特性"已经模糊不清。作为能在之超越展开的技术在实现自由的同时正在将人本身物化，作为物来处理。当人能够依靠技术创造人本身的时候，当人类的创造能够瓦解人本身的独特性的时候，在那个非人非物的人—物身上，我们已经可以预见到人作为人的终结，也就是完成中的瓦解。在必然性这种对象性方式中，就连作为能在共在的政治生活也逐渐变成中性的技术治理，社会生活本身的生产和再生产按照必然性主导的技术逻辑全面地展开，失去了神圣性、道德性和趣味性意味。技治主义的政治成为必然性方式中政治的基本形态。

四、技治主义，共在空间的工具理性化治理

（依据必然性规律和可行性技术对社会进行治理；社会机器；技术统治；监控社会，知识技术成为权力）

在他者阶段，以他者的先在性为前提，通过对个体内在意志的培育，政治生活建构超越性的意义和价值空间。神权政治中绝对权力对信仰空间的建设和维护，德性政治中通过道德教化对个体利益的超越，浪漫主义政治通过悬置现实利益关系试图将共在生活建立在完美观念的基础之上，政治都体现出超越个体性和现实性的作用，以建构超越实在的意义世界和精神世界作为基本任务。他者阶段的政治总体上可以看成一种以超越性为特征的政治。神权政治中的布道，德性政治中的德育和浪漫主义政治中的美育，都是以超越实在为指向的政治实践。理论叙事是从超越实在的神意、良心和品位出发阐释政治的本质、功能和理想状态。在自我阶段的必然性这种对象性方式中，政治概念走出了从超越性到功利性政治的关键一步，与他者阶段的政治存在着基本差异。在这一对象性方式中，社会被理解为按照必然规律运行的机器，政治的功能就是按照科学知识对这个复杂机器进行有效的技术管理，以保证它的正常有序和高效运转。信仰、德性和品位都不再是政治的核心范畴，而是被驱逐到了私人领域，变成了个人的私事。超越了宗教、道德和美学等因素，必然性这种对象性方式中政治的核心范畴是知识，政治被理解为以正确知识为基础的技术治理。依据必然性规律和可行性技术像对待自然物质世界一样研究社会和治理社会的政治就是技治

主义。

政治变成与神性、德性和情趣等无关的事实领域，科学理性和技术理性是它的基本精神，合理、客观、高效、有序等成了政治活动的基本要求。政治科学研究社会对象就像自然科学研究物质对象一样，认识从属于统治、利用和支配的逻辑。所以，研究政治的学科不再是政治神学、政治哲学和政治诗学，而是"政治科学"，是与社会学调查、行政管理、国际关系和行为科学等学科相关的科学体系。政治研究不再关注超越的思想，而是寻求实用的知识。管理社会的不是哲学王，形式上是巧舌如簧的政客，实际上是社会工程师和管理工人。政治不再是超越现实的价值领域建构，而是技术化空间的监控治理。在必然性这种对象性方式中，政治的关键环节是关于社会现象的正确知识及以此为基础的管理技术。科学治理是现代政治的基本观念。在这样的政治形态中，问题非但不是为技术时代安排一种新的政治制度，而是时代的技术特征规定了政治。技治主义（Technocracy）成了政治的基本形态。[1] 这种政治概念需要在以必然性原则为基础的技术性概念中才能得到深刻的理解。

––––––––––––

[1] 海德格尔晚年在与《明镜》记者的谈话中曾经说道："我认为今天的一个关键的问题是，如何能够为技术时代安排出一个——而且是什么样的一个——政治制度。我为这个问题提不出答案。我不认为答案就是民主制度。"（[德]海德格尔：《海德格尔选集》，孙周兴选编，1303 页，上海，上海三联书店，1996）无独有偶，近年，世界著名的天体物理学家斯蒂芬·霍金多次警告人们有关人工智能毁灭人类的威胁，并且倡导建立"世界政府"来处理和应对这种威胁。（相关的消息见《独立报》《卫报》和《泰晤士报》的多次报道）然而，真实的情况是，当代非但没有为技术安排出一种适合的政治制度，时代的技术特征却规定了政治的本质。这就是我们这里讲的技治主义。技治主义的极端形态可能就是人工智能对人类的全面接管和统治。

社会机器

唯物论是必然性原则中形成的根本世界观。这是从超验世界获得解放，并回到自身的现实基础这一历史变迁的本质要求。在事实层次上，存在被理解为按照自身的必然规律运行的物质世界。唯物论在本体论的意义上颠覆了唯心论和一切宗教的创世说。一般唯物论的基本原则包括世界是物质的，物质是自我运动的，运动是有规律的，规律是可以认识的，掌握了正确规律的认识是可以指导实践的这样一条从本体论到认识论和实践观的基本逻辑。按照世界本身的原理来理解世界并改变世界，这是必然性这种对象性方式的根本存在论意识。但是，世界本身的原理是通过人的认识被理解的，世界是什么本身就是一部理解的历史。世界是什么本身体现在人们如何理解世界的思想发展史中。唯物论以物质和规律概念理解世界与唯心论以精神和意志理解世界一样，将对象性世界的多样性、差异性、具体性和相对性还原为抽象的物质性和规律性，其本质上并没有摆脱抽象的本体论思维。唯物论的一般原则只具有批判唯心论的意义，但与唯心主义共享思辨本体论的思维逻辑。

也就是说，唯物论反对从超验意志和内在精神角度去理解世界及其发展，这具有根本重要性。但是，唯物论不能停在这种反对上。这种反对只是将自己树立为与唯心主义原则同构的反唯心主义的抽象极端，陷入抽象的唯物主义甚至是庸俗唯物主义。从离开社会—历史性的物质性、机械性和规律性出发来理解人和属人的社会历史，就会将由超越性实践建构的精神价值空间还原到自然物质的基础之上，并且按照物质世界的规律概念来理解这个空间。这就是自然科学的唯物主义的理论结局。它只是看到了社会历史与物质世界的同一性而忽视了现实的差异，由此形成机械论的社会历史概念。这一概念将作为共在空间的社会历史工具理性化，纯粹按照自然物质世界的逻辑去把握，机器因此成了典型的喻像。从"动物是机器"，"人是机器"到"社会是机器"的发展过程中不需要任何跳跃，而是自然规律性概念的逻辑展开，它们为技治主义的社会治理和权力运行提供了思想的基础。① 人和社会都被按照自然物质世界的规律性来理解，前现代社会神秘的命运概念在新时代以必然性的规律概念得以再现。研究规律的科学取代了神学成为新的神学，因为它像神学一样为生活提供基本知识和必然规则。

社会机器概念是必然性方式中技治主义政治概念的思想基础。② 所谓社会是机器不过是说，社会历史是按照自身的必然规律运行和发展着的有机体，它的各个组成部分和单元之间存在着结构和功能的耦合关系。研究社会的结构和功能就能揭示社会历史自身运动发展的必然规律，由此在社会历史的发展中获得主动权，让这些规律为我们服务。研

---

① 福柯在谈到拉美特利的《人是机器》时指出："《人是机器》既是对灵魂的唯物主义还原，又是一般的训练理论。其中心观念是'驯顺性'。该书将可解剖的肉体与可操纵的肉体结合起来。肉体是驯顺的，可以被驾驭、使用、改造和改善。但是，这种著名的自动机器不仅仅是对一种有机体的比喻，他们也是政治玩偶，是权力所能摆布的微缩模型。"（［法］福柯：《规训与惩罚》，刘北成、杨远婴译，154 页，北京，生活•读书•新知三联书店，1999）

② 在这一点上，今天的有机论实际上并不比机械论先进多少，不过是机械论的完成，因此本质上比机械论更加机械。关于这个问题，我们在海德格尔的相关思考中可以得到启示。"比历史推得更远的是自然；当有关自然的认识演变为一种'有机的'考察，而不知道'有机论'只不过是'机械论'的完成，这时候，对自然的封锁就变得愈加完全了。因此，一个毫无顾忌的'技术主义'的时代，同时也可能在一个'有机世界观'里找到它自己的自我解释。"（［德］海德格尔：《哲学论稿》，孙周兴译，71～72 页，北京，商务印书馆，2013）

究社会历史的科学与自然科学之间的本质区别消失了。凡是不符合自然科学范式、不能提供实证实用知识的学科都被认为不具有科学的性质。今天的政治家不会再说"半部论语治天下"了。一般来说，哲学家、思想家、艺术家不再是政治的导师，不再会成为社会管理的智囊。他们虽然还在嘀嘀咕咕地谈论政治，但政治已经从原则上超出了他们的职业和理解的范围。将社会作为一个自我运动的机器，研究它的要素层次、结构功能、运行状态、群体分化、需求见解成了政治科学的基本任务，事件描述、动态跟踪、数据分析、危机处理、任务落实、工作检查等就是作为治理的政治的日常工作。

在社会机器概念中，政治被理解为控制中心，是社会机器自我管理、自我平衡和自我修复的功能。因此，政治是依据科学知识管理社会机器的技术性活动。它根本不再为超验的神圣意志服务，也不会以提升人们的道德修养或审美情趣等为根本目的。政治就是对现实公共空间、公共利益和公共秩序的治理，保证社会机器的正常运行。不论从与外在的自然世界还是从社会不同层次的相互关系来看，政治管理都被看成是社会主动的自我调节系统。政治本身遵循科学性和技术性的要求，秩序、规则和效率是政治治理的核心观念。这些基本观念和要求决定现代政治的基本特征，强调正确知识和有效技术为作为管理活动的政治提供根本指导。

技术统治

社会机器概念是技治主义的基础。技治主义将社会看成是一台高度复杂的机器，通过科学方式研究整个机器或其局部的运行状态，掌握关于社会实证知识和真实信息并转化成社会治理的技术方案，通过这些技术方案实现对社会的有效治理，保证社会运行的有序和稳定。技术治理的主体是社会科学家和社会工程师。他们拥有关于社会管理需要的科学知识，了解社会发展的规律，掌握着社会治理的技术，因此能够像研究自然和治疗病人一样采用他们的知识和技术处理社会问题，以保证社会治理科学、合理、高效、有序。技治主义要求治理活动科学化、技术化、理性化和中立化。在这种技术治理中，个体状况变成了抽象的数字，管理中的具体变量，科学家和管理者只要看到数字变化的情况本身即可，他们根本就无须面对有血有肉的存在个体本身。就像在屏幕前指挥无人机作战的指挥官和坐在游戏机前的玩主一样，死伤对他们只是不流血的数字和观念幻象。不以悲惨和壮烈得到显现的战争失去了战争的性质，那些战争的主导者只是面对数字，只是毫无伤痛的胜负。失业率只是一个社会是否平衡、是否需要调整的信息数据，管理者无须甚至是根本不能根据个人的感情做出决定。管理者只是掌握数据并适当地干预和调整数据而已。就像是数据信息的处理器一样，依据科学的算法计算出数据，输出决策。生活世界变成了比特空间，政治不再是交往的实践，而是知识信息的技术化生产和处理流程。

技治主义一方面是唯物主义和科学主义世界观在政治领域中的集中体现，要求政治被建构为科学化技术化的中性管理领域，实现政治活动本身的专业化、规范化和高效化；从另一方面看，相对于传统社会，现代社会的公共事务空前复杂化和多样化，社会管理本身要求走出依靠个体经验和人格魅力的简单模式，实现科学化和规范化的管理。与现代科学世界观和社会本身的变迁相适应，政治成为技术化的公共治理是一个基本趋势。这一点在培根的思想中已有所体现。培根提出了由科学家和技术专家管理乌托邦的设想；圣西门也主张由牛顿委员会执行最高统治权，代表科学家实现对社会的科学化管理。[①] 如果说这些乌托邦理论中的观点只是以间接方式主张技治主义的话，哈贝马斯则是明确将专家治国论看成是当代政治的基本特征，并将这一理论同晚期资本主义论有机地结合起来。在哈贝马斯看来，专家治国与社会从自由资本主义走向有组织的晚期资本主义相应，是国家介入社会经济运行的必然要求。因此，在马克思那里表示资本主义崩溃的危机概念，在哈贝马斯这里变成了社会管理的输入输出功能失序的合理性问题，变成了一个病理诊断和治疗问题。技术官僚与社会的关系，就像按摩师和医生与他们的顾客和病人的关系一样。

专家治国论集中体现了技治主义政治的中立化和科学化特征。技术专家对社会的管理和统治已经成功地让政治摆脱了意识形态的纠缠。在前现代社会，政治承担着超越性职能，不管这种职能是为神圣的上帝意志服务，还是试图以精神教化建构德性的公共空间，抑或通过批判现实构想完美的理想状态，政治都是致力于"道"的超越现实的力量，具有鲜明的意识形态特征。超越价值的建构被突出到无以复加的地步，甚至反而成为生存自由的桎梏。如今，政治则是致力于"技"的，将世界看成是自在的物性实体和存在空间，政治变成了以事实合理性和技术合理性为本质特征的社会治理。政治不再对公共空间的建构承担责任，也不再醉心于超越的意义和价值，不再指向任何神圣存在和精神空间，而变成了以事实性为基础的技术管理。政治从超越性的力量变成了维护既定现实

---

① 刘永谋：《论技治主义：以凡勃伦为例》，载《哲学研究》，92 页，2012(3)。

和秩序的保守性力量。祛除了意识形态功能的技治主义，用合理性和必然性的逻辑掩盖了政治本身的正当性问题。不仅如此，由于个人和社会都被单纯地看成了被管理和被支配的对象，技术化和科学化手段建构的社会管理网络，日益变成制约自由生活的监控工具，社会空间成了无形的监狱。在无处不在的技术监控中，个体的行为表现为常态化、标准化。个体被塑造为齐一化、同质化的存在，社会也就成为了监控社会。马克斯·韦伯曾经提出过一个铁笼的比喻，喻指在现代合理化过程中自由的失落和未来的不确定性。① 监控社会中已经不再存在有形的铁笼，而是打破铁笼之后社会本身成为无形的铁笼。

监控社会，知识技术成为权力

随着现代政治被理解为一种社会治理，社会治理的权力直接或间接地掌控在知识和技术专家的手中，现代已经成了以科学理性和治理技术管制的监控社会。思想家福柯以边沁的全景敞视监狱②作为喻像讨论了

---

① 韦伯悲观地指出，"没有人知道将来会是谁在铁笼里生活；没人知道在惊人的大发展的终点会不会有全新的先知出现；没人知道会不会有一个老观念和旧思想的伟大再生；如果不会，那么会不会在某种骤发的妄自尊大情绪的掩饰下产生一种机械的麻木僵化呢，也没人知道。"（[德]马克斯·韦伯：《新教伦理与资本主义精神》，于晓、陈维纲等译，142～143 页，北京，生活·读书·新知三联书店，1987）

② 全景敞视监狱（panopticon）最早是由功利主义哲学家边沁（Jeremy Bentham）设计，"四周是一个环形建筑，中心是一座瞭望塔。瞭望塔有一圈大窗户，对着环形建筑。环形建筑被分成许多小囚室，每个囚室都贯穿建筑物的横切面。各囚室都有两个窗户，一个对着里面，与塔的窗户相对，另一个对着外面，能使光亮从囚室的一端照到另一端。然后，所需要做的就是在中心瞭望塔安排一名监督者，在每个囚室里关进一个疯人或一个病人、一个罪犯、一个工人、一个学生。通过逆光效果，人们可以从瞭望塔的与光源恰好相反的角度，观察四周囚室里被囚禁者的小人影。这些囚室就像是许多小笼子、小舞台。"（[法]福柯：《规训与惩罚》，刘北成、杨远婴译，224 页，北京，生活·读书·新知三联书店，1999）

理性时代技术化带来的社会监控。在数字技术和信息技术的支持下，现代社会本身成了一个无形的全景敞视监狱，实现了对社会成员和社会状态的全空域和全天候的普遍监控。人们生活在一个甚至意识不到被监控的监控空间之中。在有形的全景敞视监狱中，虽然被监视者看不到监视者，但他知道监视者直接在场，而在当代的数字化和信息化监控中，普遍而又匿名的监视让你感受不到监视和监视者本身的存在。监控是不在场的在场。就像我们感受不到包围着我们的空气一样，生存的空间已经密布着大数据编织而成的无形网络。不是我们被这个网络捕获，而是监视已经成为生存的基本方式。监视不再显得特殊，而是一种普遍的社会状态。技治主义时代的社会就是监控社会。监控不再只是政治权力的运作方式，而且就是社会本身的存在样态。欲求、身体、行为和观念都是被监控的对象。通过监控的方式展开自身，有时是自我监控，有时是社会监控。监控不再是一种外在的手段，而是对象本身的对象性存在方式。

在监控社会，知识、技术、信息成为维护权力和攫取利益最根本的手段，社会监控和治理实现着权力和利益的分配及再分配，以维系技术社会的生产和再生产。你的习惯、兴趣、爱好、作息通过各种监控设备和方式被收集和整理，成为监控者权力维护和利益攫取的依据。对信息的掌控体现了权力的不平等并且成为新的不平等产生的根源。① 信息的分配权力本身成为其他权力和利益分配的手段。通过对上网数据的收

① 正如迈尔-舍恩柏格指出的那样："数字化记忆作为一种全景控制的有效机制，不仅支持了对等级森严的机构和社会的控制，并且还会去寻找对他们自身的支持，从而巩固并加深现有的(不平等)信息权力分配。"([英]迈尔-舍恩柏格：《删除》，袁杰译，141页，杭州，浙江人民出版社，2013)

集、存储和分析，不仅公共权力部门能够有效地监控社会的舆论动向和特殊人物的活动状况，而且企业也能够有效地对人们进行精准的广告投放，诱惑人们消费，将他的利益变成人们自觉的需要，让欲求被不断地生产和创造出来。我们无时无刻不是被监控的对象，并且因此成为权力无形支配的对象，我们的存在本身因此打上了权力的深刻烙印。

社会对个体的监控与个体的自我算计和自我监控同时存在。也就是说，不仅社会对我们行使权力，我们也通过技术对自身行使权力，将自己作为监控的对象。监控成为了生活的常态，自由生活与监控下的行为表演之间的界限迅速模糊了。我们已经不清楚自己每天的生活是自觉自愿的，还是在他者和自我监控下的角色扮演。我们也不知道纷繁复杂的舆论空间中哪些是人们真实的意思表达，哪些是监控铁幕下反监控的伪装。监控时代已经没有了自在的本真本身。在教室摄像头的瞄准下，幼儿园的孩子也收敛了他们的童真。没有了发自内心的自然行为，也就没有了自由的生活。生活不再是生活本身，而是拘束的伪装和表演。或者说，普遍的监控使表演成了真正的生活。监控社会让人生活在生活的镜像之中。以完全符合自然规律的科学化、技术化的方式建构了一个完全超自然的存在空间，技治主义最终在监控社会中完成了自身。

在必然性这种对象性方式之中，依赖正确的知识和知识的技术化应用，能在的超越性颠覆了自然的自在性，世界成为技术生产和技术监控的人造空间。在这个人造空间中，超越实在的意义和价值空间被还原为必然性的物性实在，科学的必然性和技术的可能性成了能在超越的底线。也就是说，自由表现为遵守必然性的规律，利用必然性的知识服务于自身的需要。自由是对必然的认识这个命题在极端意义上而言，就是自由的边界只涉及事实上是否合理，技术上是否可能。因此，超越的价值尺度和精神尺度在必然性这种对象性方式中不再构成行为的限制性因素，也不再成为生存的目标。人们主要以事实层面的必然性和可能性作为行动的底线。正因如此，诸如堕胎、器官移植、胚胎培育、安乐死、基因编辑等都不会因为道德上的阻碍而停下前进的步伐。出于伦理方面的考虑，科学技术也许会在前进的道路上减缓自我实现的速度，但它最终不会真正停止下来。迄今为止的历史，从来没有哪一项科学发现和技术发明最终因为宗教道德等因素的阻碍而没有变成现实。必然性为能在的自由划定最后的底线，而能在总在不断地趋向这个底线，不断地瓦解和放弃曾经主导生活的各种价值和规范。

当然，在自我阶段中事实层次的必然性只是能在面对世界的一种对象性方式，它所划定的自由底线也只是超越生存的边界之一。然而，在科技理性的绝对统治中，事实界限作为所必需的，同时似乎也成了唯一值得遵守的行为底线。这是当代物化生存的一种表现。按照哈贝马斯的区分，这里的必然性实际上只涉及工具理性的行为领域，行为的准则是事实合理性和技术的可能性，因此必须遵守必然规律。与此相对，交往活动领域的行为准则是实践中形成的规范共识，因此是社会性的历史性的相对规范，而不是绝对不变的科学和技术原则。工具理性入侵交往活动领域，哈贝马斯称之为"生活世界的殖民化"，需要通过交往理性的建构解决这种工具理性的单面化状况。能在超越生存还有规范层次，事实层次的必然性逻辑还要通过规范性的价值因素为中介，人的对象化活动不能只接受必然性的制约。事实层次的必然规律只是能在生存的绝对底线，而不是生存的唯一规则，当然也不是生存的最高规则。现实的自由还需在规律的基础上接受规范的制约。人作为能在将自我确立为根据，自我的主体性不仅意味着事实层次上对必然性的认识和应用，而且还将在规范层次的公平性方式中展开。在那里，不是揭示对象的认识，而是以平等权利为核心的承认，成为能在在世的基本方式。

第五章 | 公平性

在事实层次的必然性这种对象性方式中，自由被理解为对必然的认识，亦即认识必然规律，服从必然规律从而利用必然规律。合规律性为能在超越划出自由行动的底线，事实上合理并且技术上可行是能在自由的边界。能在的自由就是保持在这个必然性的边界之内的。但是我们说，必然性只是能在事实层次上自我阶段的对象性方式，它所确立的行为边界因此只是能在超越的诸种边界之一，并且本身还是那样不确定，以至于我们总不能说认识了必然规律，人就当然地自由了。其一，人的认识能力和知识水平始终是流动的，规定实践活动的必然边界就像一道流动的地平线，总是随着能在超越的生存不断前进和拓展；其二，人作为能在并不只是在事实层次上面对世界，并非只是生活在实在对象的领域，交往活动领域规范层次的对象性方式提供的行为规则显然在事实的必然性之上，它比必然性更加丰富、具体和深刻，因此更加现实。从规范层次的交往活动领域来看，并不是符合必然性规律、技术上可能的就是实践上应该的以及可为的。能在超越不仅受到必然规律而且受到实践规范的制约和指引，受到行为目的的规定。就像他者阶段中规范层次的利他性方式不同于事实层次的绝对性方式一样，在自我阶段中，规范层次的对象性方式我们称之为公平性，它也不同于事实层次的必然性方式。一方面，虽然同样是自我阶段的对象性方式，规范层次的公平性不同于事实层次的必然性，它将能在自由的边界向上并向内提升了一个层次，扬弃了没有内在规定性的必然性概念。公平性方式要求能在的在世活动不仅具有事实的合理性，而且要具有价值的正当性，不仅要服从必然规律，而且应该遵守能在之间表达共同意志的规范和共识。另一方面，虽然同样是规范层次的对象性方式，但自我阶段的公平性不同于他者阶段的利他性。公平性中的个体本身被确立为目的，以平等方式确保公平地处理各种主体之间的相互关系，扬弃了以他者为目的并通过自我奉献和自我牺牲实现的道德自由。公平性方式中的自由表现为个体权利得到平等的尊重。公平性这种对象性方式的核心范畴是权利。能在作为权利主体的基本在世活动是承认。每个个体的权利都得到等同的承认，政治的职能是以民主法治的方式保障个体公共生活中的平等权利。通过法律制度规范自己就是对自我意志的服从，因此是自由的实现。简言之，自由不仅是对必然性规律的遵守而且是服从体现了主体性意志的各种法律制度。在公平性这种对象性方式中，作为公共生活的政治就是以民主和法治的方式捍卫主体权利，确保其权利得到等同的承认，而不只是将能在主体作为消极的对象进行技术化治理。因此，公平性方式中的政治概念是保障权利平等的承认政治，它强调民众的平等权利和对公共事务的参与，而不是技术精英的治理，因此不同于必然性方式中的技治主义。

一、自觉的主体性及其表达，法权人格

（现代主体性的哲学表达：认识论的主体性，实践论的主体性，能在论的主体性；作为现代主体形态之一的权利主体；三种权利主体）

现代主体性的哲学表达

主体就是自觉的能动者。主体性就是期望如此并且确实能够如此的能在超越的可能性。自觉的主体性是能动性和目的性的统一，是超越性的根本内容。唯有人是对象性意识和对象化活动相统一的对象性存在，其存在作为能在就是超越的生存。也是在这个意义上，人始终是主体。绝对性中的信仰，利他性中的仁爱，趣味性中的品味都体现了人作为能在的主体性。但是一方面，他者阶段中的人作为能在的这些超越因素，还只是消极的主体性。主体性还只是通过能在自我约束或自我否定的内在意志确认他者的存在，个体还没有被直接地领会为生存的目的自身，内在意志没有直接将自己理解为实现和捍卫自身的内在因素。人作为能在通过内在精神的超越将自身置于他者强大的统治之下。另一方面，虽然能在始终就具有这种消极意义上的主体性，但这种主体性本身没有在普遍的意义上成为能在自觉的意识。也就是说，能在并没有将自己领会为存在世界的主体，而是将主体性比附和投射到神秘的或自然的对象上。这就是思想史上的自然神论、人格神论和物活论等。人将自身具有的能动性投射到了虚构或实存的存在者身上，自身则被理解为被支配和被决定的消极存在，他所具有的主体性还不是自觉的主体性。这种不自觉的主体性是主体性自我成长的特定过程和特定阶段，事实上还不是真正的主体性。只有当能在在个体和类的意义上成为思想围绕着旋转的轴心，人本身在价值上被理解为存在的目的并且在实践上被理解为存在动力的时候，人作为能在才成为自觉的主体。也就是说，人作为能动主体并且具有能动的主体性意识是历史产物。现代被称为人本论的时代，人成为自觉的主体取代了神本论和物本论，成了现代基本的存在论意识。

存在论意识的变迁是存在历史变迁的观念形态。人成为主体这一基本的存在论事件，一方面是说人在社会历史变迁和个体生活过程中由于实践能力的增强获得了能动的支配性地位，另一方面是说这样一种存在事实进入了人的存在论意识，成为人作为能在面对世界并且在世界中存在的基本精神和基本原则。从经验历史的发展来看，西方社会率先进入现代主体性的时代。这是通过文艺复兴、新航线的开辟、宗教改革、启蒙运动和法国大革命等重要的历史事件逐步确立起来的。① 这一过程本身是存在与意识相互促进和交互作用的存在论循环过程。历史事件促进

---

① 参见罗骞：《论马克思的现代性批判及其当代意义》，导论，上海，上海人民出版社，2007。

主体的觉醒，而主体的觉醒又引起新的历史事件。因此，主体性的历史既可以从历史本身的变迁中被侦测到，也可以在观念的变迁史中被侦测到。哲学作为时代精神的精华，总是能够敏感地呈现时代及其原则的变化。近代哲学本身就体现了以观念的方式将现代主体性原则概念化的时代精神。大体可以说，现代以来主体性概念的演变有几个典型形态：

认识论的主体性

在自我阶段，事实层次的对象性方式是必然性，自由体现为对必然的认识和利用，人作为能在首先被理解为对象性认识活动中的理性主体。笛卡尔的我思就是对认识活动中认识主体的抽象，我思被确立为认识的确定性根据。人在认识中被确立为主体①，海德格尔甚至认为笛卡尔的我思抓住了现代主体性自由的本质②。笛卡尔我思主体除了以怀疑和反思精神确立了认识的主体性地位之外，对能在在认识中的主体能动性本身并没有细致地探索。也就是说，笛卡尔并没有揭示我思主体在认识活动中的创造性和能动性的机制，没有揭示我思主体的主体性如何展开，以及能在作为能思如何发挥着主体的能动性作用。在这个意义上，康德的统觉概念实际上是我思主体性的深化，而费希特的自我到非我，再到自我的观念论哲学，以及黑格尔的现象学和逻辑学将主体意识的能动性展开为范畴自我推动和自我发展的过程性理论，都是主体性原则在

---

① 主体作为认识主体，并且仅仅在这个意义上作为主体，是近代反思哲学的基本规定。叔本华就明确地指出过："那认识一切而不为任何事物所认识的，就是主体。……每个人都可发现自己就是这么一个主体，不过只限于它在认识着的时候，而不在它是被认识的客体时。"（［德］叔本华：《作为意志和表象的世界》，石冲白译，28 页，北京，商务印书馆，1997）

② 见第四章第一节我思主体。

哲学中的表现。这种主体性表现为人在认识中成为根据、动力，主体性的意识哲学成为哲学的根本领域。哲学表现为一种以观念的方式直观现实的认识论哲学。

实践论的主体性

对观念论哲学，马克思有深刻的体会和批评。他不无惋惜地说，黑格尔只是为历史找到了抽象的、逻辑的、思辨的表达。[①] 黑格尔思想中的创造性和推动性原则还不是现实的主体性，而是自我意识内部的旋转。马克思将整个德国的自我意识哲学看成是经济领域和政治领域的主体性在观念中的体现。对马克思来说，真正体现主体性的是创造历史的主体性活动本身，是人现实地改变环境的同时，改变自身以推动社会历史发展的能动性。因此，在马克思和恩格斯看来，"历史不过是追求着自己的目的的人的活动而已"[②]。马克思的历史唯物主义可以被看成是代表了现代实践主体性哲学典型的一章。在那里，这种实践的主体性原则在无产阶级这个肉身上得到了充分体现。在无产阶级通过革命实践的自我解放理论中，真正体现了现代人作为主体的不仅是成为目的而且成为动力这一主体性概念的根本内涵。

能在论的主体性

认识的主体性还只是观念地面对世界时具有的能动性，仅是指认识不是对世界的被动反映，而是一种能动的建构。实践的主体性讲的是人作为能在在对象化活动中推动历史发展的创造性。人将自身领会为存在

---

① 参见《马克思恩格斯全集》第 3 卷，316 页，北京，人民出版社，2002。

② 《马克思恩格斯文集》第 1 卷，295 页，北京，人民出版社，2009。

目的的同时领会为存在的动力，能够现实地改变实际的存在状况。认识被纳入生存实践的环节，使实践成为超越现实的创造活动。能在论的主体性讲的是人的存在作为能在的超越性本身。不仅是认识活动和实践活动中的超越性，而且是讲能在就是超越，主体性就是人作为能在自觉地意识到了自身的超越性。他者阶段的超越性还是一种自发的、自在的超越性，自我阶段的超越性就是意识到了自身，因此以自我为叙事中心的超越性。人作为能在通过各种对象性意识超越实在，并且通过各种对象化活动超越现在。因此，主体性不再是人作为能在的某一存在领域的超越性，而是能在的超越性本身了。在这个意义上，能在论的主体性最终完成了现代主体性的概念化。能在能够能动地去存在，这种自觉的能在本身，就是人作为能在存在的主体性本身。人的根本就是人本身。不论就个体还是就类来说，能在的超越生存是能在通过自己并且为了自己去存在，能在将存在看成是在意义空间和历史时间中全面的自我展开。能在论意识就是自觉地将人自己看成主体的人的自我意识。

在人作为能在的自我阶段中，主体性精神在事实性领域表现为人成为认识主体，在规范性的交往活动领域表现为人成为权利主体，而在感受层次的体验领域表现为人成为欲求主体。权利主体概念是现代主体性的基本形态之一，是规范性领域中的主体概念。它的基本意思是说，在交往活动领域，我是自由的，我对我自己拥有主权。权利要求他者对自我的确认，亦即在与他者的共在中自我的主体人格得到承认。承认总是相互的，它确立了个体拥有自由、平等和民主等基本的权利，各种权利不过是交往活动中对参与者的主体资格和地位的等同承认。保障相关权利的制度和规范不过是表达不同主体意志，并且得到不同主体遵从的共在原则。主体遵守规范本身是对自我意志的服从，因此是自由的实现。作为共同意志之实现的规范规定和调节不同主体之间的共在关系，自我主体因此不会变成唯我论的孤立存在。他依据"自我"的权利概念在不同个体之间，个体与社会之间，社会与政治国家之间展开丰富的共在关系。这种在共在关系中的权利概念不仅使个体，而且使社会和国家本身都社会化了。它们依据作为社会范畴的权利关系社会地联系在一起，而不再是主要建立在地缘、血缘的自然基础上。它们不再被理解为孤立的静止实体，而是能在超越实践中依据权利概念建构的抽象人格。现代社会的能在主体就是立足于权利概念的法权人格，即其权利得到等同承认的公共生活的各种参与者。现代社会就是在权利关系中展开的作为能在之共在的法权社会，而不再是以良心为纽带的伦理实体。

个体

在趣味性方式最后的精神逍遥中，能在已经作为唯灵论的抽象主体意志存在了。在那里，能在是在观念中超越了各种存在关系的抽象精神本身。齐生忘死、无我无他的我就是我本身，即人作为能在在意识中的自我等同。这种唯灵论的自我是能在在他者阶段中的最后成果，即在精神中完成和确立起来的。当这个唯灵论的我成为整个思想和存在领会的出发点去重新构建对世界及生活理解的时候，能在的生存便进入了自我阶段。能在在自我意识中的自我等同，在共在的意义上就是人作为主体能够平等地得到的承认。这就是个体权利。个体权利不过是对个体之间相互承认的社会关系的抽象。个体作为个体的自我认同恰恰是通过在共在关系中对他者权利的承认来实现的，因为此时的他者不过是与我等同的另一个我。权利是"我是我"得以确立的社会形式。因此，权利主体首先是作为抽象唯灵论存在的个体，是抽象的原子个人，也就是人作为人的存在本身得到相互承认，因此不被看成是人所具有和获得的存在偶性。①

权利是个体生而有之的人之为人的社会规定。权利是交往活动领域中能在作为主体的本质规定，因此是在公平性这种对象性方式中人作为人的社会存在本身。能在规范层次的公平性方式以权利为基本概念体现了自我阶段的特征。现代天赋人权思想讲的就是只要作为人就理所当然具有的各种不能被剥夺的属人权利。然而，天赋人权观念对个体作为主体的确认是历史的产物。能在只是在现代历史语境中才以这种天赋权利的概念领会自己的生存，才在真正的意义上形成以自由、平等、民主为核心的权利概念。在这个意义上，能在才在法权的意义上成为"我"，成为社会中独立存在的抽象人格。自我的主体叙事不得不从抽象的原子个人出发。作为抽象人格的个体是对能在生存的观念抽象，是权利叙事的起点。原子个人及其天赋权利是对现代生存状态及其存在论意识最合理和最一般的抽象。但是，这个抽象不具有普遍的、非历史的意义。问题不在于对人的抽象，而在于这种抽象无视观念产生的社会历史基础，把它看成绝对的、先天的原则。在这个意义上，现代的人本主义是一种抽象的人本主义，它的世界观基础是唯心主义，是观念论。

---

① 黑格尔在《法哲学原理》中对此有过深刻论述。这里说的个体，实际上就是黑格尔讲的"抽象人格(person)"。"人就是意识到他的纯自为存在的那种自由的单一性"，就是"除了纯粹人格之外什么也不存在"的主体。黑格尔将这种主体理解为抽象法的基础："人格一般包含着权利能力，并且构成抽象的从而是形式的法的概念、和这种法的其本身也是抽象的基础。所以法的命令是：'成为一个人，并尊重他人为人'"。（［德］黑格尔：《法哲学原理》，张企泰译，36页，北京，商务印书馆，1996）

正像马克思说的那样，是人们的社会存在决定人们的社会意识。放弃非历史的意识，深入到能在生存的历史深处，我们就会发现，"经济人"、原子个人和天赋人权等作为现代性意识本身具有深刻的穿透力，它们是对个体现代生存状况的概念抽象。正是在这个意义上，马克思肯定卢梭"关于政治的人的抽象论述是很对的"，因为现代的"政治解放一方面把人归结为市民社会的成员，归结为利己的、独立的个体，另一方面把人归结为公民，归结为法人"①。在现代的理论叙事中，个体的抽象人格被规定为原子主义的、利己主义的、理性主义的个体，恰恰体现了现代的时代精神，是对个体主体性原则的概念抽象。抽象个体及其权利成为社会生活和政治生活围绕着旋转的核心，成为现代性理论叙事的基础。

社会组织

抽象个体是现代主体性的原型，因此是揭示权利主体的原点。从社团组织到公司企业再到主权国家都是这个原型的扩大。这些集体组织自我认同的原则不过是这个抽象个体及其法权原则的展开。抽象个体或者说原子个人是现代能在的合理抽象，是理解现实能在生存叙事的出发点。这当然不是说人作为能在能够非对象性地生活在自身当中，能够孤立地自己作为自己存在。因此，时间上先有了个体然后才有共在的集体。能在是对象化活动中的对象性存在，能在因此总是社会的并且历史的。人是只有在社会中才能独立的动物②，人的独立性是在社会相互关

---

① 《马克思恩格斯全集》第 3 卷，189 页，北京，人民出版社，2002。
② 参见《马克思恩格斯选集》第 2 卷，2 页，北京，人民出版社，1995。

系中的独立性。社会关系本身是个体存在的展开，是能在超越生存的现实存在状态和存在方式。个体通过对象化活动和对象性意识共他者而在，形成社会。能在从来不是在社会之外然后才走进社会之中的。社会本身就是个体在世的现实。按照马克思的说法，社会本质不是一种同单个人相对立的抽象的一般力量，而是每一个单个人的本质，是他自己的活动，他自己的生活，他自己的享受，他自己的财富。[①] 能在始终在社会中"在"并且通过社会表现和确证自己的"能"。"个体是社会存在物。因此，他的生命表现，即使不采取共同的、同他人一起完成的生命表现这种直接形式，也是社会生活的表现和确证。"[②]社会不过是能在共在的共名，是对能在共在状态、结构、关系方式等的总体抽象。

社会这个概念作为共在的共名有时也有社群和社团的意思，也就是分享着某种共同性的个体联合。[③] 这种共同性是社会组织和社会团体自我认同的基础，既在不同类的社会群体之间又在同类的不同群体之间进行区分。组织化了的个体联合，像个体一样是法权意义上的抽象人格，是拥有权利的主体。在法律用语中，个人被称为自然法人，而群体组织被称为非自然法人或社会法人。实现主体身份认同的核心概念仍然是权利。拥有权利的抽象人格才意味着法权意义上的独立主体。通过对他者行为边界的划定确认自己的存在，权利的定义是"我可以……"，即被承认拥有的某种作为或不作为的可能性。当然，这也同时意味着需要承担

---

① 参见《马克思恩格斯全集》第 42 卷，24 页，北京，人民出版社，1979。

② 马克思：《1844 年经济学哲学手稿》，84 页，北京，人民出版社，2000。

③ 英语中，society 这个概念本来就兼具社会、社团、社交界等意思。社会这个更普遍的概念可能是更原始的社团、社群概念的拓展运用。

相应的义务。义务是享有权利的代价，或者说是权利概念的褫夺形式。通过对自身行为边界的划定和责任的担当确认他者的存在，义务的规定是"我必须……"。每个组织或者团体就是一个抽象的社会人格，它们作为社会存在体平等地拥有自身的权利，当然也承担相应的义务。社会组织作为组织化的个体联合是个体的共在方式，因此它们像个体一样是社会行动的主体。

社会组织作为抽象的社会人格拥有抽象的平等地位。一个小企业作为法人并不比大型跨国企业拥有更少的权利，同样，一个小型的政党并不比大的政党拥有更少的权利。就其是独立的社会人格而言它们是平等的。就像我的权利并不比主席的权利更小或者更少一样。不同的社会组织团体之间的关系是水平面上的差异，也就是横向上的多样性，而不是一种垂直的等级差异。这就是所谓法律面前人人平等的含义。但是，社会并不是平的，在抽象平等的基础上产生的纵向分化才是具体的现实。一个跨国公司拥有同小公司一样的抽象权利，但却在社会中发挥着不可同日而语的作用，就像国家主席与我享有不同的权力，因此具有不同的主动性和能动性一样。权利是平等的，但现实的能力和影响本身只能是不平等的。法律平等讲的只是法权意义上的人格平等。

抽象法权确立的平等是一种形式的解放，社会群体、社会组织的垂直分化不再以实名的方式表现，而是一种自然的匿名化状态。等级制、种姓制等在法权的意义上已经被消除了。当然，这不意味着它们不产生实际的影响。社会纵向的分化形成自然阶层，不同阶层之间分享着自然形成的社会差距，因此往往形成非组织化的社会行动主体。这里讲的自然形成也好，匿名也好，只是说它们并不在法权体制中以显性的合法方式存在，但它们却是现实本身。正是在这个意义上，马克思批判了现代主体权利的抽象性、形式性，认为物质经济生活中的分化导致的不平等才是更根本的存在状况。因此，他以阶级概念重新揭示了社会分化中事实上的不平等，并且将无产阶级呼唤为新的行动主体，赋予它实现真实自由平等的历史使命。

政治国家

人当然通过他的头发、皮肤、血液和胡子存在，但人更存在于他存在于其中的社会和国家。① 社会和国家是人作为能在的对象性存在，是能在的现实。② 政治国家是特殊的社会组织，是比一般社会组织更深刻的能在的共在形式。在这个意义上，黑格尔认为成为国家公民不是偶然事情，不是为了保护所有权和个人自由，而是具有一种内在的必然性。③ 当然，黑格尔的这个思想只是涉及国家的概念，也就是说，只是就国家成立的内在根据而言的，它并不考察国家存在的历史性本身。黑格尔只是将现代政治国家的本质概念化了。政治国家是现代能在的基本共在方式。能在通过政治国家并且在政治国家中存在。政治国家是现代社会最为基本的共在方式。从政治国家与公民个人和社会团体之间，以及政治国家相互之间的关系来看，独立的政治国家都是拥有主权的权利主体。作为拥有抽象权利的抽象人格，政治国家通过权利边界的划定实

---

① 马克思说："人不是抽象的蛰居于世界之外的存在物。人就是人的世界，就是国家，社会。"（《马克思恩格斯选集》第 1 卷，1 页，北京，人民出版社，1995）

② 费尔巴哈指出："国家是人的实在化了的、经过发挥的、明确化了的总体。"（《费尔巴哈著作选集》上卷，118～119 页，北京，商务印书馆，1984）

③ ［德］黑格尔：《法哲学原理》，张企泰译，253～254 页，北京，商务印书馆，1996。

现自我认同。这种认同表现为对内的治权和对外的主权被承认。法权国家概念讲的不是政府是否依法而治，而是说国家被理解为法权意义上的权利主体。不仅国家与国内公民之间，而且国家相互之间都存在着权利义务关系。不论对内的治权还是对外的主权都是作为抽象人格的法权。因此，国家也是在规范性的层次上的公平性这种对象性方式的基本主体。

政治国家作为现代的产物，是在政治国家与市民社会的二元分离中被界定的。马克思认同黑格尔政治国家与市民社会的二元分离是现代基本成果的看法。[①] 在反对传统社会的等级制和专制主义的过程中，逐渐确立了市民社会的主体性地位以反对政治权力对个体生活和社会生活的干预。不仅政治统治权来源于公民主体的授权，而且统治权不能剥夺而是保障公民合法拥有的基本权利。政治国家在现代就是社会有机体中一个具有补充性功能的结构。按照亚当·斯密经典的比喻，社会按照一只

---

① 黑格尔认为，在过去的中世纪，市民社会的等级和政治意义上的等级是同一的，因为市民社会就是政治社会，市民社会的有机原则就是国家的原则。由于同一性的消逝，"只有市民等级和政治等级的分离才表现出现代的市民社会和政治社会的真正的相互关系"。马克思充分肯定了黑格尔对现代社会这种"分离"和"矛盾"的揭示，但是马克思认为，这种分离是现实社会运动的结果，而不是所谓同一精神的消逝。马克思说："国家本身的抽象只是现代才有，因为私人生活的抽象也只是现代才有。政治国家的抽象是现代的产物。""抽象的反思的对立性只是现代才有。中世纪是现实的二元论，现代是抽象的二元论。"（马克思：《黑格尔法哲学批判》，见《马克思恩格斯全集》第 3 卷，42、43 页，北京，人民出版社，2002）马克思正是在这个意义上肯定了法国大革命的巨大历史意义，他说："只有法国大革命才完成了从政治等级到社会等级的转变过程，或者说，是市民社会的等级差别完全变成了社会差别，即在政治生活中没有意义的私人生活的差别。这样就完成了政治生活同市民社会的分离。"（马克思：《黑格尔法哲学批判》，见《马克思恩格斯全集》第 3 卷，100 页，北京，人民出版社，2002）相关阐释见《论马克思的现代性批判及其当代意义》（罗骞：《论马克思的现代性批判及其当代意义》，50～51 页，上海，上海人民出版社，2007）。

看不见的手实现自发的调节和运转，政治国家只是"守夜人"，它维护社会的自发运行而无权干预这种运行，所以小政府才是好政府。政治国家的治权来源于社会并且受到社会的监督。这种基本的理念体现了现代能在主体的主体性地位，是个体主体权利的展开和保障。政治国家保证公平的实现本身就要公平地对待自己的公民。调节国家权力与国家公民之间关系的不再是宗教信仰、道德伦理，更不是作为体验的审美原则，而是规范性的程序和法律制度。

政治国家的对内治权一方面意味着通过社会内部的授权拥有统治和管理社会的权力，同时也排他性地意味着其他国家政权不拥有治理这个国家的权力。也就是说，对内的治权同时意味着排他性的对外主权。在这个意义上，对外主权实际上是对内治权的一种表现形式和延伸。政治国家在国际关系中是平等的独立主体，拥有抽象的独立人格。这种主体性表现为国际关系中的主权独立和主权平等。政治国家不受国家大小、强弱、贫富因素的影响，平等地拥有主权，内政不受干预，领土完整得到承认，国格尊严得到尊重。当然，这种抽象主权的完整同样不意味着不同的政治国家在实际的国际关系当中拥有同样的影响力，而事实上处于平等的地位。这种主体性只是并且始终是抽象的可能性，是理想原则，是主体作为主体本身被观念地确立起来的。

通过权利概念得到承认的主体还只是抽象主体。也就是说，还是主体作为主体的可能性。个体、社会组织和政治国家作为拥有权利的主体，要通过实体性法权关系展开为更加具体的现实内容。各种共识、契约、制度和法律作为主体交往活动的规则本身既是主体交往活动的产物，也是交往活动得以展开的现实条件。主体参与这些规则的形成，因此遵守规则就是服从自己的意志，就是能在自由意志的实现。那些强加给主体的规则，由于得不到主体的承认而不具有正当性。能在主体之所以为主体，意味着这些规则的形成和遵守都应该是能在自由意志的体现，并因此得到普遍的承认。

二、权利论

（天赋人权说；社会契约论；主体性间性和交往共识论）

在自我阶段规范层次的公平性这种对象性方式中，首先第一个环节是能在作为权利主体的确立。能在不再是与事实相对的认识主体，而是交往活动中的权利主体。因此，能在不再只是在必然性这种对象性方式中以事实的合理性面对世界，不再只是必然规律的遵守和利用者。在交往活动领域，世界是由能在本身的对象化活动展开和构成的存在空间。因此，行为规则就是能在交往活动中形成的规范。这些规范不同于事实层次的绝对性戒律，也不同于事实层次自我阶段的必然性规律。规范是交往活动中形成的相互关联的方式，既是活动的结果也是活动的条件，而不是先在和外在于人的原则和规律。当然，同样是规范层次的对象性方式，公平性不像利他性那样以良心为核心范畴，而是以"我是我"为根本命题，核心的概念是得到等同承认的权利，因此基本在世活动不是利他性的仁爱，而是以平等为原则的承认。能在活动的基本规范不再是作为伦理的风规习俗，而是作为契约的法律制度。

权利意识就是现代公平关系中个体的自我意识。我是我，或者说我是主体首先是一种自我意识。这种自我意识在主体间的交往活动中得到承认，这就是权利。在公平性这种对象性方式的意义上，我是主体不过是说我得到承认，因此拥有权利而已。权利概念是在公平性这种对象性方式中领会的自我意识，是关系中展开和被承认的抽象个体的独立人格。个体、社会组织和政治国家都因拥有这种抽象的独立人格而成为不同层次的权利主体。权利概念表达了规范层次的主体之主体性。然而，这里的主体或者权利还只是抽象，还只是能在作为主体存在的可能性本身，而不是具体感性的现实存在。因为权利和主体还只是抽象的相互规定。权利不过肯定了我就是我，我是主体得到承认这样一种观念。我作为能在不是观念的抽象本身，而是对象化过程中的对象性存在，是实际存在着的我。因此，权利作为我的存在规定着的如果不只是我存在的抽象可能性，而是我存在的现实规定的话，它必须表现为指引对象化实践活动的对象性意识，必须具体地展开为现实。或者说，它只有作为展开着的现实才是我的存在规定。

需要强调的是，这绝对不是说能在先是抽象主体，拥有抽象的权利，然后，这种主体性在时间空间中被兑现出来，于是成了现实的。抽象主体和主体的抽象权利只是对能在生活的现实进行观念抽象和概念化的表达。主体和权利本身是现实的关系和过程。离开了现实的关系和过程就没有主体和权利本身。权利主体的权利作为抽象本身是现代历史关系的产物，离开现代社会历史就难以理解。因此，自我阶段公平性这种对象性方式中的权利概念是从现代的自然法理论开始的。其发展过程大体经历了三个基本环节，即与自然必然性相衔接的、以个体主体为核心的自然权利理论，以国家概念为核心的社会契约论，以及否定先验性和普遍性权利概念的交往共识理论。这是从早期现代性到现代性的展开和晚期现代性的进展过程。

天赋人权说

我作为我，我就是我，这是权利概念表达的核心理念。这个理念就是现代主体性的内在原则，是超越了事实层次的必然性对象性方式进入规范性的公平性时，能在的自我意识。我作为独立个体存在者拥有绝对权利，我作为独立存在者这一点必须在与他者的关系中被确认，或者说成为他者的存在意识。权利概念表达这种相互关系中的独立性。个体、社会组织和政治国家相互之间以及各自内部不同个体之间的公平关系之前提就是这种权利意识的形成。在规范层次上，没有这种权利意识就没有交往活动领域中公平性的主体间关系。主体间的公正关系以权利概念为核心。权利是主体之为主体的主体性规定本身。从这种抽象性出发，权利概念展开的第一种形式是天赋人权或自然权利概念。天赋人权是说只要人是人就生而有之的诸种权利。这些权利不是源于制定的法律或者协商达成的共识，而是人之为人被确认的人格，是与人的任何存在偶性无关的先天规定，因此是各种法律制度的内在根据。确认这种抽象人格权利的自然法理论是现代主体性叙事的起点，也是历史进入现代的观念论体现。

自然在一般的意义上是与人为相对的范畴，它是指与人的行为和禀赋无关的给予性，是指不由人的行为创造或者没有被人的行为改造过的状态、过程或者原则。依据与"人为"相关程度的不同，或者说对"人为"概念内涵规定本身的不同，表达"非人为"的自然概念大体包含了三种不同含义：其一，指天生而非人类创造的自在存在，它强调的是在人类实践之先、之外与人类存在相对的自在事物。① 在这个意义上，自然世界及其原则是与社会历史相对的概念。其二，指并非人类有意识地创造和改变的存在现象，强调的是非人为故意的自发性。它突出的不是与人类行为无关，而仅仅是并非人类有目的、有意识的创造。比如说各种风规习俗当然是在人类实践中产生的，并非与实践无关，在这个意义上它们是社会的、历史的，不是自然现象。但是，就其不是人类有目的有意识的创造，而是历史漫长演化的结果而言，它们也是自然的。② 其三，自然的仅是指没有违反事物自身的本质和本性，强调的是事物的本质本性得到自我展开的那样一种自由状态，它针对的不是有无人为的意志在其中发生作用，而是强调即便有这种作用，但此种作用仍没有违背存在本身的必然本性。可见，自然这个概念的内涵相当复杂。它从一般的与人为相对，到与有意识的人为相对，到最后与有意识的违背了对象本性的人为相对，内涵越来越丰富，越来越具体。

在自然概念的最后这一种含义中，已经将自在性和合目的性统一起

① 费尔巴哈在《宗教的本质》中对这层意义的自然概念有准确的论述。费尔巴哈解释说："自然对于我，和'精神'一样，只不过是用来表示实体、事物、对象的一个一般名词，人将这些东西与他自身及他自身的产物分开，用自然这个共同名词加以概括，但是这并不是一个普遍的、从实际事物抽离出来的、人格化与神秘化了的东西。"（[德]费尔巴哈：《宗教的本质》，王太庆译，1页，北京，商务印书馆，2017）

② 马克思说："一个社会即使探索到了本身运动的自然规律，……它还是既不能跳过也不能用法令取消自然的发展阶段。""我的观点是把经济的社会形态的发展理解为一种自然史的过程"。在这些表述中，"自然"概念强调的就不是它与人类活动或人类历史的相对性，而是人类历史过程非任意的客观性。（马克思：《资本论》第1卷，见《马克思恩格斯全集》第44卷，9～10页，北京，人民出版社，2001）

来了，合目的性的行为不违背事物自身存在的规律性。这种自然概念不是简单地与人为相对，也不是与人的意志行为相对，它并不排斥人的目的和价值取向，而是肯定价值取向不违背自然原则。天赋人权或者自然权利概念中的"天赋""自然"就是最具体也是最深刻的最后一种含义。人的自我权利的主张体现和符合人类存在的自然本性，否定和剥夺人的基本权利，被看成是违反人类本性的。人作为权利主体要求交往活动中基本权利得到承认和保障，然而，人们认为每人都拥有的这些生而有之的自然权利，本身并不是由一种超历史的自然或者神圣意志所赋予的，而是人类历史的产物，是在人类社会中形成并且在社会中展开的社会关系和社会意识。也就是说，人类被认为拥有这些权利并且这些权利在经验的生活中得到实现，是在超越的时间和空间中发生的事情。人拥有了权利和人意识到他自身拥有权利都是社会性、历史性的事件。权利是历史地、社会地形成的，是根植于社会历史变迁之中的，而不是主观意志任性的创造，不是按照应然的诉求呼吁出来的结果。这种非人为性被理解为自然的，或者天赋的。但是，这种作为历史结果的权利观念并非只是客观的事实描述，也包含了能在对于自身存在的领会和意向，体现了能在超越生存的自由意志，因此被看成是实现和展开了人之本性的权利，是能在自由的抽象表达。也就是说，天赋人权表达了能在作为超越生存对自身存在之自由本质的存在领会。自由作为能在对生存本性的领会表现为"我作为我"生而有之的自然权利在现实中得到承认和展开。不承认或剥夺这些权利就是违背人的自然本性。

自然概念当然是在古代的时候就已经有了的，不论是古希腊哲学还是中国老庄哲学或是魏晋玄学都有不同层次和侧重的自然概念，并且这个概念也常常同人的生存理解联系起来。但是，用自然概念来阐释人的权利还是现代西方的产物。在规范层次上的公平性这种对象性方式中，主体性通过自然权利被概念化，自然权利论及与此相关的自然状态说就是现代主体性观念的理论表达。至于这种现代的主体性观念诸如在霍布斯、洛克或卢梭等思想巨人那里的不同阐释，只是涉及基本理念在历史中展开的具体差异了。问题的关键不在于自然权利如何被具体地阐释，而在于这些思想巨人异口同声地表达出来的这种理念本身。如果说要有所警惕的话，需要警惕的是自然权利这个概念本身的历史根据，不能将其仅仅理解为神学那样的超验原则。这种被称为天赋权利的人类自我意识，不过是自我觉醒了的人类的自我认同。天赋权利的不可剥夺性并不是自在事实，而是需辩护和捍卫的历史价值。它们本身是后天获得性的，因此是需要捍卫的价值观念。在这个意义上，纯粹天赋的概念在以绝对性的方式捍卫这些权利的时候，也可能因此减弱捍卫的力量。因为这一理论恰好没有真正揭示现代权利的深刻历史基础和历史性特征，将历史性的权利误解为非历史的自然规定。在这种意义上，我们将天赋人权论看成一种抽象的人本主义。①

社会契约论

个体拥有自然权利。这种自然权利讲的是我作为我这种个体主体身

---

① 葛兰西在批判将平等理解为自然权利的法国唯物主义时，击中了自然权利说非历史的抽象性特征。"18 世纪法国唯物主义者所寻求的平等，在于把人归结为一个自然史的范畴，归结为一种不是按照社会的和历史的资格，而是按照在任何场合都在本质上和自己的同类相同的生物种类的个人。这种概念已经进入了保守的常识之中，在这种保守的常识中，我们发现了流行的论调'出生之时，我们全都赤身裸体'。"（[意]葛兰西：《狱中札记》，曹雷雨等译，276～277 页，北京，中国社会科学出版社，2000）

份得到承认。自然权利说对个体主体身份的论证和阐释必然要走出这种抽象的理论环节，得到具体的深化和展开。因为自然权利这个概念还只是从个体的角度对能在主体性的确认。它只不过是说出了我是我，因此我拥有某些不可剥夺的基本权利这一事实。主体在与他者的相互关系当中、在与其他主体的相互关系中成为主体。立足于个体的自然权利说必然要在社会关系的层面展开，否则，抽象的个体权利实际上只是无。所以，自然状态说总是同社会契约论联系在一起的。社会契约论是自然状态说的展开形式。这是因为：其一，自然状态说要捍卫的主体性本身就是为了反对前现代的专制主义和等级制度，确立能在主体的自由、平等和民主权利，将这些权利提升到绝对的位置；其二，但是自然状态的这种自然权利理论只是反对传统的社会和政治，而不是反对社会和政治本身。相反，它必须从抽象的权利概念过渡到现实的政治国家，按照这种主体性权利原则来奠定政治社会的正当性基础并规定政治社会的基本原则。

自然状态是一种理论的抽象，是观念地构想的非社会的原始生存状态。这种原始状态，还没有受到历史地形成的各种文化观念、制度规范、价值理念的影响，个体只是作为观念中的个体抽象地存在着。它的存在只是自己本身，他只是从这种抽象的自身出发来思考他存在的规定性。这种能够存在的自我保存就被理解为最根本的自然权利。自然权利实际上是对能在在自然状态下自我同一性的抽象，能在作为没有与他者发生关系的个人存在，只是将自己看成自我保存的"绝对"。他者没有进入意识的这种自我保持和自我肯定状态，根本无所谓战争或和平，而是一种实在状态，一种本能状态。战争或和平已经是表达社会状态的范畴，是以他者的意识为前提的。那种自然状态没有对他者的意识进行承认，其实也就无所谓自我确认的权利。人只是自我保持、自我捍卫地存在着而已。权利是在他者关系之中意识到自我的自我意识。因此，抽象的自然状态和自然权利概念，只是观念的抽象，思想自我预设的起点，它必然进入社会关系概念。人作为能在必须是对象性的同时是对象化的存在。没有关于他者的对象性意识因此不处在与他者的对象化活动中的人并不存在。能在作为超越自身的对象化活动中的对象性存在，只有将他者纳入自身的存在共他者而在他才存在。能在必然是共在。摆脱抽象自然状态的能在之共在方式和共在状态就是社会。人在社会中才有权利。从自然权利说到社会契约论，从社会契约关系的角度得到阐释的权利概念是思想的历史进展。契约是抽象权利的展开和实现形式。社会契约论是从自然状态过渡到政治社会的理论步骤。这一步骤并不是政治社会在历史时间中必须发生的事实，而是探讨政治社会产生的理论逻辑。从天赋人权论到社会契约论是现代政治国家反对传统专制和极权社会的理论要求，是现代政治国家自我确立的理论逻辑。当然，思想家之间存在着阐释上的差异。

在霍布斯那里，出于趋利避害贪生怕死的本能，自然状态中人有无条件的自由因此是一种战争状态。为了维护个体的生存与和平，通过契约方式，每一个人都同意把权利转让给绝对的主权者，由主权者维护个体之间的休战条款。主权者之所以是绝对的主权者，是因为个体将自己的权利一次性且不可逆转地出让给了主权者，因此主权者拥有绝对权力。个体通过出让自由获得主权者提供的和平与安全保障，人便摆脱了自然状态进入人类社会，产生国家权力。洛克认为，自然状态中个体拥有全部的自然权利，处于一种自由和谐的状态。但自然权利仍然可能受到他者的侵害，并且不能由同样处于自然状态的个体进行裁判。为了保证个体拥有的各种自然权利，因此人们之间订立契约进入政治社会。与霍布斯的观点不同，洛克认为主权者不拥有绝对权力，而是一种有限的权力。个体并不转让自己的全部权利，而是转让捍卫天赋权利的权利。当主权者违背了契约原则，权利的行使违背了天赋权利时，被统治者有收回授权取消契约的权利。为限制主权的滥用和腐败，洛克还提出了三权分立的理论，通过分权实现权力制衡。相对于霍布斯的绝对王权概念，洛克理论更具有现代特征。卢梭的社会契约指的是个体与个体之间的关系，而不是个体与主权者之间的关系。在社会契约中，每个个体都将所有自然的权利转让给集体，重新获得契约赋予的权利。政府权力来自于人民作为被统治者的授权，并且实现被统治者通过议事形成的公共意志。理想的社会是摆脱了自然状态受公共意志统治的契约社会。契约社会不是限制而是实现个体的自由，个人自由与社会的公意是不矛盾的。主权者必须实现和维护社会全体的公共意志，主权者违背公共意志就是破坏社会契约，人民就有权以各种方式变更和推翻统治者。所以，在卢梭的契约社会中，真正主权是公意，主权者只是公意的执行者。这体现了现代人民主权的原则。

尽管三种典型的社会契约论之间存在差异，但都不同程度地确认了政治权力的来源和正当性基础，被统治者授权并以保障公民的权利为根本目的。基于不同权利的个体多元意志如何达成共同意志？授权同意是否是政治本质且唯一的正当性基础？共同意志是否意味着承认数量原则，因此未必具有真正的绝对性基础？进入政治国家是众人意志的选择，还是一种内在的必然性？黑格尔就曾经批评社会契约论将国家生活搞成了契约的任意行为，似乎是说人可以要也可以不要国家生活。[①] 黑格尔把国家看成是伦理原则在地上的实现，而不关注国家历史性的根源，虽然具有先验论的倾向，但却看到了契约论的问题所在。将政治国家看成是纯粹意志行为选择的结果，看成是为了保护所有权和个人的自由，这的确是一种观念论错误，虽然契约论把这种选择解释为必然性。

主体性间性和交往共识论

社会契约论确立了主权在民的理论基础，政治国家应该以承认和捍卫人民权利作为根本指向。也就是说，政治活动的原则应该是民意的一致，它必须以人民承认为前提。但是，社会契约论这种理论的辩护方式却存在着问题：其一，民意的一致如何可能，它是按照全体一致还是多数优胜的原则？其二，全体或多数一致是否就意味着天然的正当性？其三，当共同意志违背了事实层次的合理性要求时，主权者是否有否决的权力？按照事实层次的必然性确立的技术统治原则与按照公平性确立的程序正当性原则之间存在着裂痕。共同民意符合程序正当的原则，但不一定具有事实的合理性。卢梭的《社会契约论》对公意问题的论证是模棱两可的。他似乎想用公意这个概念表达一种确定性甚至绝对性，但又明知经验的共识不可能确定地到达这一点。"公意"和"众意"的区分没有为民主找到确定性基础。不论是君主制、贵族制还是民主制，以不同形式

---

① 参见[德]黑格尔：《法哲学原理》，张企泰译，254 页，北京，商务印书馆，1996。

的"我"为绝对根据和绝对真理的逻辑都面临困难。

自然权利说和社会契约论本来是为了反对君权神授、权力世袭和等级专制，瓦解绝对主义和先验主义的政治形态，确立现代主权在民的原则。但是，试图将天赋权利和人民的普遍意志确立为现代政治的绝对基础，本身没有完全走出绝对主义和先验主义的思想困境。思想中面临的困境是由思想本身建构起来的理论困境。在现实的生存实践中，这些思想无法解决的困境也就自然地瓦解了。[①] 相对经验世界根本找不到绝对的基础，同时也不需要这样一种绝对的基础。所有价值观念和制度体系都是相对的设置，是超越生存的历史结果。在这个意义上，它们是历史的，同时又是自然的。这就意味着不能也不必为个体的权利寻找超越历史的绝对基础。权利只是在规范层次上的公平性这种能在在世的对象性方式之中才成为核心的范畴，因此是社会性的、历史性的相对范畴，而不是非历史的绝对，当然也就不可能具有非历史的绝对基础。但是另一方面，作为社会历史发展的产物，权利意识和与其相关的各种制度不是人的内在意志随意选择的结果，因此具有某种超越主观意识的确定性特征。在这个意义上，它们又是"自然"的，是人类对象化活动的结果，具有历史的客观性和确定性。这种历史的确定性同时就是说它们的相对性。

我们要意识到法律、制度、规则都具有相对性，而且要满足于这种相对性而不是超历史地试图为它们提供绝对确定的基础。如果有所谓绝

---

① 马克思说："全部社会生活在本质上是实践的。凡是把理论引向神秘主义的神秘的东西，都能在人的实践中以及对这个实践的理解中得到合理的解决。"(《马克思恩格斯选集》第 1 卷，56 页，北京，人民出版社，1995)

对性的话，只有所有的一切都是相对的这一点是绝对的，只有不确定性是确定的。能在只是在超越实在的过程中形成了各种相对的观念原则和存在关系，能在关于自身的主体意识和主体权利都是历史性的。当我们用相对性共识来看待各种法律制度和规则共识的时候，意味着展开了一个真正的政治实践领域。个体的权利和利益在对象化的实践中形成并被捍卫，政治就是个体权利的形成、捍卫和实现的领域。对话协商、票决多数、暴力抗争等都是政治展开的现实方式。抽象的绝对权利和绝对意志只能通过相对的交往共识来实现。既然法律制度、政策决议都只是交往中的共识，主体能够参与到共识的达成和遵守之中，唯此才能真正体现能在的主体性。权利是交往中争取并且在交往中得到承认的主体规定。

自然权利说和社会契约论只是以抽象方式捍卫了能在主体抽象的可能性权利，当规范领域被领会为各种能在主体的交往行为领域的时候，能在主体才真正成为实践的主体。能在根本不是拥有绝对权利然后到实践中兑现，而是在生存实践中形成权利意识、争取和捍卫自己的权利。公共空间不是绝对命令和绝对意志支配的领域，而是交往共识形成、改变、瓦解、重构的动态过程，是以能在超越为基础的可能性领域，而不是静止的、完成了的透明状态。个体在多元的差异中斗争、协商、博弈，达成可接受的相对共识和稳定状态。共识本身就意味着差异，意味着多元，意味着相对。公共空间就是建构性的流动过程和不稳定状态。这个空间只是作为生成的可能性空间存在，每个个体能够平等地参与这个空间，在多元差异中依照被承认的规则捍卫自己的权利，寻求自己的利益。因此，以权利为核心的公平性方式的基本原则是平等。

三、抽象人格被等同承认，形式平等

（公平性的原则是形式平等，即抽象的独立人格被等同对待；
平等原则的三个环节：多元差异、抽象同一、等同对待）

在自我阶段的规范层次上，人作为能在将自身理解为拥有权利的实践主体。权利概念的阐释从自然权利到社会契约，再到交往共识理论，逐渐获得更加具体的现实性。能在作为主体在对象化的交往活动中实现自己的意志，捍卫自己的权利。主体权利表现为自己是行为规则的参与者和遵守者，主体对各种规范的服从就是服从自我意志的自由。也就是说，主体遵守的行为规则已经不再是事实阶段的必然规律，而是体现主体意志的规范。判断行为的尺度已经不再只是事实的合理性，而且是体现能在主体相互承认的正当性。行为必须在事实上合理而且应该在价值上正当，并得到普遍承认。作为主体意志体现的规范，是比必然性的规律更加深刻的范畴，它是在事实合理性基础上体现主体共同意志的行为准则。以权利为概念和核心的规范共识体现了主体不同程度上认同的应当，但这种应当不是脱离必然性的抽象价值设定。虽然不能从事实性的必然规律推出应当，但应当不能违背事实性的必然逻辑，否则它就只是主观的预设。事实性的必然逻辑是规范性价值的前提，规范性的价值逻辑比事实逻辑更加具体，更加深刻。自我阶段规范层次的应然原则体现主体意志和主体权利，虽然不是科学认识中形成的描述性的正确知识，不能从事实的必然性中推出，但它们一定不能违背必然性，否则就只是抽象观念的设定了。①

在自我阶段，必然性方式的核心范畴是知识，原则是正确。规范层次的公平性这种对象性方式中，核心范畴是权利，基本原则是平等。虽然同样是规范层次的对象性方式，不论自我阶段的公平性基本原则还是具体规范形式都与他者阶段的利他性方式不同。在利他性方式中，规范性的基本原则是奉献，而规范的基本形式是风规习俗。首先，在利他性的对象性方式中，各种道德规范往往是自然形成的风规习俗，主体自由表现为通过个人修养内化和接纳这些规范，规范本身并不被看成主体参与的结果，也不是主体意志的体现，而是被接受的外在准则。这些准则体现了历史地形成的自然性和自发性，而不是能在主体有意识的创造。真正说来，人作为能在根本还没有将自己确立为创造性的主体。其次，在利他性方式中，他者被确认为优先于能在自己的存在，能在通过内在意志的自我抑制确认他者的优先性，道德行为是以奉献牺牲为原则的仁爱。人根本不是以平等主体的身份实现自己的意志，捍卫自己的利益，因为人没有真正成为自己，成为自觉的能动主体。

到了公平性这种对象性方式中，能在将自己理解为具有平等地位、拥有平等权利的主体，行为规范作为主体交往活动的产物，不仅是主体

---

① 价值的应然不能从事实的必然中推出，因为它们本身是能在超越中不同层次的范畴。从这个意义上来说，休谟当然是对的。但是，应然不能违背必然的逻辑，因为应然是比必然更深刻和更具体的范畴。否则，应然就是抽象的观念。在这个意义上，黑格尔批判抽象的应然概念是对的。合理的应然必须以不违背事实的必然为前提。问题只在于黑格尔本身又将应然消解在必然之中了。在这个问题上，休谟和黑格尔都没有立足于人作为能在的超越生存之不同领域来揭示二者之间的联系与差异，一个陷入了二元论，一个陷入了模糊不清的一元论困境。

自我意志的体现，而且以捍卫主体权利和实现主体的利益为根本的目的。公平性这种对象性方式的原则是平等，而不是体现良心的奉献。被平等地对待的同时，平等地对待他者是主体行为的根本原则。平等就是指能在作为抽象的独立人格被等同地对待，而不是讲事实上的平均和同一。公平性这种对象性方式要求的平等只是形式上的抽象权利，既不涉及事实上的齐一等同，也不考虑个体主体获得和实现能力的差异。平等只是童叟无欺的形式平等，只是对差异性中抽象同一性的承认。在这个意义上，公平性还不是正义性，或者说只是一种作为形式公平的正义。平等作为公平性的根本原则包括了三个环节：多元差异、抽象同一和等同对待。

多元差异

存在总是对象性的存在，非对象性的存在物是非存在物。[①] 这一命题的出发点是对抽象本体论的批判。因为抽象的本体论试图寻找到作为万物存在之根本和绝对起点的非对象性的无限存在本身，时间空间中的具体存在物只是被看成这种本体展开的有限事物，是相对的经验现象。存在作为本体不论是绝对本源、绝对普遍或绝对本质都是一，是非对象性的绝对本身，而不是在他者关系中对象性的相对存在。本体不是这一种或那一种存在物，而是存在本身。这种作为绝对本体的存在只是观念抽象的残余物，是抽象掉对象性关系和规定的绝对同一性。本体作为存在讲的恰恰不是存在物作为存在物的具体规定，而是存在物作为存在物的非存在，是对所有存在物的普遍抽象。当这种抽象的同一性本身被理

---

① 参见马克思：《1844 年经济学哲学手稿》，106 页，北京，人民出版社，2000。

解为实体存在的时候，它就成了非对象性的独立自在的绝对了。在这个意义上，像海德格尔的批评那样，西方传统本体论的确是以存在者的思维来规定存在本身的。也就是说，它将具体存在物之抽象的同一性本身作为独立自在的绝对存在者。以实体存在者的概念去理解作为实体存在者之抽象同一性的普遍观念，就是传统抽象本体论的根本规定。超越抽象本体论的关键是重新肯定存在本身的对象性，肯定存在本身就是将多元差异的事物构成对象性世界。这意味着告别思辨本体论，走向具体的存在论视域，或者说步入经验的现象界本身。

存在物总是对象性关系中的具体存在物，在具体的存在物之外没有存在本身。这个命题是讲存在物不是抽象的同一性实体，而是在相互区分的对象性关系中的相对存在物。存在本身并不作为存在者存在，只是与对象性存在者抽象同一性的共名。对象性和相对性概念意味着差异是存在论的基本范畴。存在物处在以差异为根本前提的相对关系之中，存在作为总体就是这种差异中的统一性。没有差异的抽象同一性不是现实的存在，而是一个包含内在悖论的抽象概念。在这个意义上，绝对的抽象同一性是思辨本体论的存在范畴的基本内涵，而相对的具体差异性是后形而上学存在范畴的基本内涵。差异性意味着多样性，差异存在论以具体的多元概念和相对概念扬弃本体论的抽象同一。以差异性为基础范畴的存在论本质上是现象学，它要求在对象性和相对性的意义上将对象的存在领会为多元的现象领域，也就是展开过程和展开状态。因为存在物总是在时间和空间规定中的具体存在，存在论超越抽象本体论的关键是差异性和多样性，因此是相对性意识的确立。反对将存在或存在物还原到静止不变的抽象同一性、绝对性和普遍性，要求在多元差异中揭示存在的具体性、关系性，后形而上学的存在论是现象学，也就是差异存在论。

就人作为超越的能在来说，具体性或差异性，展开为能在的社会性和历史性。马克思曾经有过一个经典说法："人的本质不是单个人所固有的抽象物，在其现实性上，它是一切社会关系的总和。"①人的本质概念不过是对人的存在同一性的抽象。作为社会关系的总和本身也是概念的抽象，但这个概念的抽象要求我们走出抽象本身，即认识一个人的时候要去了解他的社会关系的具体状况，而不是仅仅停留在抽象的概念上。人作为能在的存在状态和过程，在横向空间性和纵向时间性上都体现为多样性和差异性，不仅与他者不同而且自己与自己不同。这种差异和多元是由能在作为个体的个体性和能在作为能在的超越性决定的。能在的个体性意味着能在总是占据着社会历史时空中一个交叉的特定位置。说他是独特的，不过是说他是由具体的社会性和历史性关系规定的具体存在，因此具有不可取代的价值。能在的超越性意味着能在总是具有不断地变革这种社会历史位置和状态的可能性，将新的我去"在"出来。能在之"在"就是在多元和差异的社会历史空间中成就我自己的在世和历世。这就是超越的自由历程。

在传统社会中，人没有成为主体，或者说人作为能在的超越没有成为基本的存在论意识。能在只是自在地是能在作为，而没有按照能在超越的观念规定能在的在本身。所以，能在生存中形成的差异性和多样性被看成是天生静止的确定状态。在这种情况下，社会的水平流动和垂直

---

① 《马克思恩格斯选集》第 1 卷，60 页，北京，人民出版社，1995。

流动都十分缓慢。由缓慢流动形成的法律制度甚至本身成为禁锢流动的障碍，用以确保社会的稳定和某些特殊的身份和利益。中国古代就有"祖宗之法不可变"的保守说法。社会历史性的状态被看成是天生的先验规定。亚里士多德就认为存在着天生的统治者和被统治者。等级差异和身份地位被阐释为先天的规定，并以法律制度的方式强制地实现。这就是传统的专制极权和等级制度，比如说中国古代的门阀制度、印度至今还颇具影响的种姓制度等。专制极权和等级制的本质不在于看到了现实的个体之间的各种差异，尤其是个体之间垂直分化形成的等级差异，而在于将这种差异在意识形态上先验化，在实践上强制化。这样一来，差异性和多样性不再是流动的超越性，不再表现为个体超越的可能性本身，而是生存的桎梏。能在原始的自由和平等都在这种专制桎梏中消失了。肯定差异性和多样性，是在超越的可能性意义上唤醒能在的能在论意识，将人看成是能够平等地去成就各自愿望的多元可能性本身。只有肯定能在自我创造的可能性，肯定能在自身的流动和变化的可能性，也就是说，只有肯定和认同能在在世的多元差异，平等才是可能的和必要的。有差异才可能有平等，差异是平等的前提。平等不过是对待多元差异的一种原则。平等的前提是作为差异的不平等，并且最终的结果也是作为不平等的差异。因为在公平性原则中，平等只意味着抽象的同一性。

抽象同一

人作为能在的多样性和差异性是通过超越的生存展开出来的。但是，当多样性和差异性没有在后形而上学的能在论视域中得到领会，也就是说，没有被看成是能在自由超越的过程，而是被阐释为先天规定，并通过制度强制固化的时候，它就成为一种社会统治的工具了。等级制的意识形态总是为专制主义服务的。这种统治意识从根本上遏制了能在超越的可能性，限制了能在生存的自由，将能在禁锢在特定的社会历史框架之中，以维护有利于统治者的统治秩序。要打破这种专制和等级统治秩序，就要唤醒自由超越的意识，将能在之生存领会为创造的可能性。这种可能性不仅以多样性和差异性为前提，而且本身产生和创造出流动的多样性和差异性。就能在是多元差异中的超越性和可能性存在本身而言，能在具有存在论上的同一性。也就是说，每个个体都是他自己的存在本身，具有不能被否定的独特性，需要等同地被作为他自身看待，独立人格得到等同承认。他不能因为自身的具体性和偶然性而失去独立人格，失去平等的权利。这就是多元差异中的抽象同一性。

现代社会要求法律面前人人平等，而不是"礼不下庶人，刑不上大夫"的等级专制。将能在领会为原则上抽象同一的个体，是现代解放确立起来的平等意识，也是能在作为主体的主体性观念的核心原则。这一原则瓦解了专制主义和等级制度的基础，反对将能在的身份差异和等级分化制度化、强制化，强调多元差异中个体地位和身份的平等。也就是说，在实际的社会生活中，能在总是依据自己的创造占有特定的社会位置。他的存在状态和存在过程，他的所得和所失，应该与他自身的超越性有关，是他自己对象化活动的结果，而不是某种先天规定。各种制度和规定应该能够确保能在拥有同样的创造机会和存在的可能性，而不是强制性地抑制和抹杀这种可能性。每个个体都应该被看成并且确实是他自己的存在目的和结果，他应该能够依据他的意愿和他的可能性去生活，而不是被强制性地规定为某特定的存在。当然，作为生存活动的目的和结果，他总会成为某种特定存在。

　　抽象同一性仅只是一种存在论意识，一种对能在作为多元差异中的个体超越可能性的确认。多元差异是这种抽象同一的前提和目的。因为以多元差异为前提和目的，抽象同一性要求将个体等同地看成他自己，看成自我拥有和自我实现的个体。人不能天生为奴，也就是说，就人是他自己并且自己成就自己而言，人拥有同等权利，这就是自由和平等。我是我本身，这是能在作为主体的存在论意识；我作为我的存在，我是我自己的主人，必须得到承认，这就是对象性关系意义上的权利。抽象同一性本质上就是自然权利的原则。抽象同一性要求能在自己作为自己在主体间被等同地对待，在概念上消除各种不平等、不自由的规定和特权。现代解放的本质便确立起这种抽象的同一性原则，也就是个体被看成抽象同一的个体，拥有了抽象的、形式的平等和自由权利。

　　这种抽象的同一性是现代解放的伟大成果，人毕竟在观念上平等了；但同时也是现代解放的根本局限，人毕竟只是在观念上平等了。能在平等地拥有超越的可能性，或者说拥有平等的可能性。然而，这种平等要求恰恰以事实上的不平等为前提，并且实现这种平等原则产生的结果恰恰是不平等。也就是说，现代解放不过是在不平等中获得了平等地追求不平等的可能性。生活本身是不平等的，所以我们需要拥有追求不平等生活的权利；因为我们能够平等地追求不平等的生活，所以现实生活是不平等的。人应该平等地拥有追求财富的权利，但一定不是每个人都能发财。马克思在谈到按劳分配的时候说，这里所谓平等的权利实际上仍然是资产阶级的权利，因为它默认了劳动者本身的差异，并以这种差异为前提。[①] 抽象同一性本身与事实上的差异性互为表里。因为保障抽象的平等权利因此产生着事实上的不平等，或者反而言之，因为存在着事实上的不平等所以需要形式上的抽象平等。这一状况决定了自我阶段规范层次的公平性原则只能是抽象平等，或者形式平等，即一种形式的公平。公平就是形式平等，就是被等同地对待的权利得到实现。任何个体都被看成是没有具体规定性的同一个体，平等就是在多元差异中忽略差异本身等同地对待对方。平等就是等同地对待差异，就是多元差异与抽象同一相统一的公平性原则。

等同对待

在公平性这种对象性方式中，能在首先被确认为多元差异性的存在者，然后被看成是拥有自然权利的抽象同一性个体，因为多元差异本身就意味着个体拥有自身不可转让的权利。平等就是在多元差异中忽视这

---

① 马克思在《哥达纲领批判》中对此有深刻论述：在这里平等的权利按照原则仍然是资产阶级权利……这种平等的权利，对不同等的劳动来说是不平等的权利。它不承认任何阶级差别，因为每个人都像其他人一样只是劳动者；但是它默认，劳动者的不同等的个人天赋，从而不同等的工作能力，是天然特权。所以就它的内容来讲，它像一切权利一样是一种不平等的权利。权利，就它的本性来讲，只在于使用同一尺度；但是不同等的个人（而如果他们不是不同等的，他们就不成其为不同的个人）要用同一尺度去计量，就只有从同一个角度去看待他们，从一个特定的方面去对待他们，例如在现在所讲的这个场合，把他们只当作劳动者，再不把他们看作别的什么，把其他一切都撇开了。其次，一个劳动者已经结婚，另一个则没有；一个劳动者的子女较多，另一个的子女较少，如此等等。因此，在提供的劳动相同、从而由社会消费基金中分得的份额相同的条件下，某一个人事实上所得到的比另一个人多些，也就比另一个富些，如此等等。要避免所有这些敝病，权利就不应当是平等的，而应当是不平等的。（马克思：《哥达纲领批判》，《马克思恩格斯选集》第 3 卷，304～305 页，北京，人民出版社，1995）

种差异，将每一个具体的个人看成抽象同一的独立人格，等同地对待个体本身。因为每一个他者都是与自己等同的个体，每个个体都需要在他者的身上发现自己，并通过对他者的承认实现自我的确认。① 自由就是得到等同承认的权利。平等原则是公平性中多元差异和抽象同一性的合题。首先是能在的多元差异必须得到确认，以宽容确保能在超越的自由；其次是能在抽象的同一性必须得到确认，以平等确保能在超越的可能。能在主体的解放在规范层次上就是这种等同对待原则的确立，也就是主体间相互承认的权利平等。等同对待就是平等，就是作为形式公平的正义。因为差异，所以要有抽象的同一性权利；因为拥有抽象的同一性权利，因此要求实践中等同地对待差异性的个体。平等体现的就是差异性与同一性相统一的规范原则。从能在主体性的确立到实现各种主体权利的法律制度，都需要体现和贯穿这个原则。有多元要同一，有差异要共识，有不同要对等。

平等作为现代公平性的基本原则，本质是等同对待差异，赋予不同个体等同的机会和权利。平等原则以等同对待为内涵，它的出发点是事

---

① 关于自由与相互承认的关系，黑格尔有深刻的论述："两个互相面对面地站着的自身在其定在中、在其为他存在中把自己建立为和承认为它们自在地或按其概念是的那个东西，就是说，不仅仅是自然的、而且是自由的存在者。只有这样真正的自由才实现；因为，既然自由在于我和他人的同一性，所以我只有在他人也是自由的并被我承认是自由的时候，才是真正自由的。这种一个人在另一个人中的自由以内在的方式把人们联合起来了；与此相反，需要和必要知识外在地把他们聚集在一起。因此，人们必定愿意相互在对方中重新找到自己。但是，这种事只要人们围于其直接性，即其自然性就不可能发生；因为自然性正是那种把它们相互排斥开和阻碍他们互为自由的东西。"（[德]黑格尔：《精神哲学：哲学全书第三部分》，杨祖陶译，227～228 页，北京，人民出版社，2006）

实上的不平等，而且结果也是通过形式上的等同对待接受事实上的不平等。平等本质上是一个形式性的原则、程序性的原则。不平等才是公平性这种对象性方式的内在基础和内在结果。等同对待只是在观念上取消差异，要求制度上消除人为设置的各种不平等因素，为人们追求不平等的生活提供和创造一个起点平等或者说形式平等的空间，使现实的不平等成为能在自身生存实践的结果，成为他自身生命的展开和实现形式。平等根本不消除差异而是制造和鼓励差异。在生活中能够被等同对待，并不意味着对水平差异的抹除，更不意味着对垂直分化的消灭。恰恰相反，平等原则维护和产生着所有现实的一切差异，它只是说将差异变成了人自己生存的结果，变成能在自己的现实，而不是被给予的确定状态，不是一种固定的先天规定。在这个意义上，以权利平等为原则的公平性仍然是巨大进步。

公平性的平等原则体现了具体的差异性中抽象的同一性。公平性本质上是以抽象权利为核心的形式平等，诸如机会均等、起点平等都是形式平等的基本要求。公平性相对利他性来说，以权利为核心，提升了能在主体的自我意识。能在将自己看成是与他者一样在人格上具有等同地位的独立个体，捍卫自身的平等地位和个体利益是个体的基本权利。能在的自由不再是道德修养和自我限制中的超越，行为的机制不再是善良意志，而是对象性关系中平等权利的相互承认。自由表现为对体现自身意志捍卫自身权益的各种规范的遵从，因为作为共识的各种规范本身是能在平等地参与并且平等地遵守的准则，而不是各种与自身理性的认同相背离的教条戒律和道德禁令。公共生活是能在捍卫平等和实现平等的公共空间。能在平等地参与公共生活，制定公平规则，达成公认共识。

民主和法制成为公平实现的基本方式。现代的个体是公平社会中的公民，也就是在公共政治生活中抽象平等的个体。个体本身的身份、职业、出生、信仰等都不再是参与公共生活的限制，而成为多元差异的个人私事，政治权力和公共生活的因素不得干预的私事。相反，政治权力通过民主和法制的方式，平等地保护着私人生活，维护公平。以公平为原则的现代性政治就是承认平等权利、维护形式平等。因此，感受层次的现代性政治是展开个体平等权利的承认政治，承认政治的基本形式就是形式民主。

四、承认政治与形式民主

（以抽象权利概念为基础的承认政治；形式民主；法制约束：法的必然性、普遍性和多样性；理性精神：平等意识、妥协意识和程序意识）

在公平性中，能在的基本在世活动是承认，相应的政治就是承认政治，即公共生活的参与权得到等同承认的民主政治。承认政治是规范层次公平性原则在公共生活领域的体现和要求。承认政治确保主体能够平等地参与政治生活，以抽象人格的等同承认为核心的平等权利获得形式上的程序保证。以权利概念为基础的相互承认是现代形式民主的基本内涵，而作为法治之对象化形式的法制是承认政治的展开和保障。也就是说，承认政治是以个体权利的等同承认为基础，民主参与、法制保障和理性精神为基本环节的政治。承认政治的平等原则、民主参与和法制保障将自我阶段规范层次的政治概念与其他政治概念区别开来，与同样是规范层次的他者阶段的德性政治区别开来，也与同样是自我阶段的事实层次的技治主义区别开来。

在他者阶段，规范层次的核心原则是利他性的奉献，社会被看成按照道德原则组织起来的伦理实体，作为公共领域的政治就是以良心为核心范畴的德性政治。这是一种典型的人治概念。维系社会秩序的是风俗礼仪等道德规范，而不是程序化的法律制度，也不是交往活动中形成的自觉共识。为政的基本理念是以德治国，通过道德教化实现淳化风俗。到了自我阶段，规范层次的核心原则是体现公平性的平等，强调的不是利他性的仁爱，而是主体实践活动中平等地参与公共事务。政治的功能不再是淳化风俗，而是承认和捍卫主体的平等权利。因此，社会本质上被理解为法权社会而不是伦理实体，依法治国成为政治的基本要求。德性成了个体的私德而不再是政治生活的根本要素，而民主和法制精神反倒成了现代公民的基本要求，成了公民作为公民的基本素质。只有与民主法制精神相关的诸如诚信、平等、独立、义务等才具有公共性。承认政治扬弃了德性政治中的人治特征，不是以教化和模范的方式维系社会仁爱和谐，而是以民主法制保障平等权利的实现。

同样处在自我阶段，规范层次的承认政治与事实层次的技术政治也存在基本差异。承认政治扬弃了技术政治单纯的事实合理性，使政治在事实合理性的基础上还有价值的正当性，也就是能够保证平等价值的实现，保障公民的参与权、知情权、监督权等，总之要得到公民的承认才具有正当性。在事实层次，基本原则是认识上的正确和技术上的可行，政治被看成依据事实规律进行的科学管理。对于社会历史的科学认识转化为治理社会的有效技术。专家治国论的立论基础就是政治活动的科学性和技术性。公民是技术治理和支配的对象，而不是权利得到承认并参与到公共政治生活中的行为主体，社会事实不过是一些抽象的统计数字和百分比例。承认政治则不同，它将被管理者本身看成权利主体，这种被管理者是依据权利行事的社会公共生活的参与者。被管理者的承认不仅是公共权力的来源，而且是具体管理行为的正当性基础。承认政治将政治活动理解为对话协商、投票选举等方式形成共识和实现共识的承认过程。这一过程充分地体现公民意志和公民权利。基本的准则是规范意义上的公平性，而不是事实意义上的必然性。当然，公平性应该建立在事实性的基础上，违背了必然规律的公平性只是一种没有现实性的价值应当。因此，承认政治是技术政治的扬弃，而不是对技术政治的抽象否定。承认政治遵循客观规律，并不否定各种科学化的方式和技术手段，但它同时强调相关者的承认，强调认同，其目的在于维护平等权利。从与德性政治和技术政治相互区别，并体现权利平等的原则出发，可以从以下三个环节理解承认政治：

形式民主

在规范层次的公平性这种对象性方式中，人作为能在成为主体是指拥有权利，人获得了将自身看成是权利拥有者的自我意识。相互承认的平等权利通过交往活动中形成的各种法律制度等同地得到保障。以这种权利主体性概念为基础，承认政治的基本原则就是主权在民。从政治的意义上说，成为主体就是人成为民主法制社会的平等公民，公民的权利得到承认并且实现。这不仅是说公民拥有不可剥夺的基本权利，而且是说政治的公共权力来源于公民的共同授权，必须得到公民的合法承认。共同授权这个概念是以主权与治权的区分为前提的。主权与治权关注的焦点就是统治权的来源和正当性基础何在。因为政治管理只能是少数人的事情，是通过少数人代表多数人的意志实现对多数人的统治。少数人管理的权力来源于被统治者的授权同意。这就是现代的人民主权思想。人民主权或主权在民这一承认政治的基本观念，反对统治者的绝对权力，主张公共权力作为一种管理权只是有限权力，是由人民授予的治权。它代表人民利益和人民意志实现对人民的统治，必须得到人民的承认。"主权在民"一方面反对君权神授的神权政治，另一方面也反对家天下的世袭专制，将政治权力的合法性奠定在公民承认的基础之上，政治至少在概念上成为民主政治，即人民的统治。人民才是政治权力真正的主权拥有者。

现代承认政治的思想基础是抽象人本论。作为人民主权思想基础的人本论与作为君权神授基础的神本论之间的差异十分清楚。在这两种理论叙事中，政治权力都是一种有限治权，但是这种治权的正当性基础完全相反。承认政治反对权力的神圣来源，使人从宗教神权的统治中解放出来成为了公民社会中的平等主体，政治被看成是诞生于公民社会的自我管理和自我约束机制。宗教被驱逐到私人生活领域。政教分离意味着政治不再受教权干预，同时，宗教信仰自由意味着个人的宗教信仰不再是政治参与的因素，政治承认公民宗教信仰的自由。有神论者还是无神论者，基督徒还是佛教徒，在政治生活中都是平等的个体，权利得到等同承认。政治的权力来自于公民的授权，并且处理的是公民之间的世俗事务。

相比较而言，德性政治中的民本思想与现代人本论之间的差异常常被弄得相当模糊，因为两者都将政治权力的合法性奠定在经验现实的基础上。在中国，为了说明中国政治辉煌的历史，甚至是为了应用中国传统政治思想批评现代民主制度的不足，有人认为现代民主思想在中国古代的民本思想中有其原型，甚至是本质的形式，似乎古代民本思想因为其德性政治的特征甚至比现代民主思想更加优越。其实，中国古代的民本思想是从治权的角度来讲的，是从统治者如何进行统治的角度来讲的，根本不是以个体的权利平等为基础的主权在民思想。民本思想强调的是统治者如何尊重民众的利益和民众的意志以确保自身统治下的国泰民安，江山代代相传。"民为邦本"不是说统治权来源于人民因此需要人民的承认和授权。相反，统治者的权力是绝对权力，是主权和治权的统一。现代的人本论则不同，从天赋人权的理论出发，认为公民是权利的主体，统治者作为管理者只拥有治权，并且是可以被合法收回的治权。在这个意义上，选举制度是人民主权观念的充分体现，是定期或不定期的赋权和授权活动。

民主（democracy）简言之就是人民主权，就是人民的统治。民主并不意味着主权与治权的绝对分离，好像人民授予了统治者绝对治权，这种治权甚至因此成了不受限制的主权。民主作为人民的统治在主权与治权上存在着复杂的关系，也体现了民主理论的多样性。一种极端的民主理论甚至认为，民主作为人民的统治就是人民自己统治自己，不需要凌驾于人民之上的各种公共权力，反对任何形式的政党和政治国家，这就意味着根本拒绝主权与治权的区分。这就是无政府主义的主张。这种无政府主义或虚无主义的绝对民主概念，实际上消解了民主本身。人民主权的前提是人民自身无法实现自我管理，存在着与社会相区分的管理者和统治者。所以，民主是一种少数管理多数的统治形式，而不是说公民的自我统治。它的本质只是主权在民，只是在权力的来源和正当性基础上肯定公民在政治生活中的主体地位。这种主权的需求恰恰是因为在具体的管理活动中公民是被动的对象，他需要接受具体管理，承认管理者的权力。不能很好地处理主权和治权之间的关系，简单地用主权来抗拒治权，或者反之用治权否定主权，是许多社会事件爆发的原因。

　　作为承认政治实现环节的形式民主，可以从起点、目的和过程三个方面来看。形式民主的逻辑起点是主权在民，这意味着公共权力的正当性基础应该是人民的承认和人民的授权，它只是实现和展开人民主权的必要环节。因此公共权力是一种有限的治权，权力的来源、目的和基础都是人民。① 不承认这一根本原则和理念，一个政权不可能是任何意义上的民主政权。民主政权至少在形式上或者说口头上要承认这一原则，哪怕它只是说说而已。但是，仅仅承认这一原则并不是形式民主的充分条件。形式民主不仅意味着权力的来源要符合主权在民的合法性基础，而且要坚持治权为民的原则，起点上主权在民因此宗旨是治权为民。任何政权即便它承认主权在民的原则并且是选举产生出来的，如果它的治权违背了人民的利益和目的，中饱私囊、贪腐成风，它仍然不能说是一个充分的民主政权。所以，民主不仅是一种价值，一种程序化的制度，

---

　　① 这就是林肯在葛底斯堡演说中讲的政府是民有、民治和民享的政府，林肯在葛底斯堡的演说中说："That the nation, Under God, shall have a new birth of freedom, and that government of the people, by the people, for the people, shall not perish from the earth."中国共产党更是将为人民服务作为根本的宗旨，它的群众路线真正说来不只是一种认识路线、思想路线，更是一条真正的民主政治路线。真正说来，这一民主政治的路线相对于承认政治，具有更加深刻和切中中国现实的力量。

而且必须代表并真实地实现人民的利益。实现人民的利益才能得到人民的认同。

一个世袭的政权和专制的政权也可能"以民为本"、为民服务，但因为缺失主权在民的原则和公民参与的监督环节，也不是民主政治，至多是为民做主、替民做主。这本质上只是德性政治，而不是民主政治，是人治而不是法治。既然民主的来源起点和目的终点体现了人民主权和人民宗旨，过程上就要体现人民参与。因此要求政治透明公开，程序规范合法，人民有权并且有制度保证人民对政治权力运行的参与和监督，使政治权力不违背民主的宗旨，能够真正捍卫人民的权利，实现人民的利益。只有人民主权、人民参与和人民宗旨三者的统一才是完成的形式民主，才是承认政治的体现。

法制约束

作为承认政治展开方式的形式民主必须从权力的起点、过程到终点各个环节都能体现主权在民思想。民主政治就是权力来源于人民、为了人民和依靠人民的承认政治。民主不仅是一种价值观念、程序制度，而且必须体现为真正服务于人民这样一种实体性的内容。没有真正为了人民、服务于人民的民主就变成了抽象形式，民主只是一个空壳。相反，没有制度保证和主权在民思想为基础的民本思想，为民做主产生的只能是清官政治，只能是人治。民主价值通过民主制度实现，通过民主制度体现并展开民主价值，实现民主目的。从这个角度来讲，民主是内容、价值和制度的统一。民主制度是民主价值和民主宗旨得以实现和展开的根本保证。民主制度是民主对象化的社会存在形式。民主社会就是法制社会。法制社会的本质不是说一个社会中存在各种法律和制度，古代社会也存在法律和制度，而是说在此社会中的社会政治奠定在权利平等的基础上，是保障公民平等权利的社会。法制和民主是相互规定的承认政治的基本环节。民主是法制的根据，法制是民主的具体展开和现实保证。

"法"这个语词具有不同的含义，一般是指方法以及和对方法的遵从，比如说"祖宗之法不足法"这句话中两个法的意思就不同。人的行为本身有不同的尺度。依据事物本身的运行逻辑得到的规律，意味着一种客观的合理性；在交往活动中形成的规范，意味着一种作为普遍共识的正当性。在英语中，"法"这个语词本身有规律和法律两种不同的含义。强调行为必须依据事物本身的必然规律，讲的是事实性方面的合理性；从能在主体必须遵守社会普遍的行为规则这个意义来讲，强调的是规范层次的正当性，任何人不享有社会制度和法律之外的特权，法无例外。法制社会强调的就是等同对待，平等地捍卫每一个人的权利和利益。当然，作为规范的法本身不能违背事物必然的法。法律制度作为行为规范本身应该是事实性与价值性的统一。但这里强调的是交往活动中行为规范的权威性和普遍性，以确保能在主体之间的公平性。所谓法律面前人人平等，法作为能在主体意志的表达不仅应该得到普遍的承认，并且应该得到普遍的遵守。遵守只是承认的实践形式。遵守法律就是服从对象化了的主体意志，因此是主体自由的实现和保证。法制社会中的能在主体依据客观化了的普遍意志参与公共生活，管理者依法管理，被管理者依法活动，以保障和实现主体的权利。民主本身就意味着法制，民主和法制是现代政治的一体两面。我们可以从三个方面来看民主与法制的内在关系：

首先，法具有必然性。这里讲的必然性是指法制是民主的内在要求。法制社会是民主政治的客观要求和具体展开，没有法制的民主最终必将葬送民主，没有民主的法制就是专制的恶法。民主首先是主权在民、人民统治的政治理念。这种理念具体的展开和实现必须依赖客观制度。现代法律制度就是要充分地体现和贯彻民主原则。民主制度作为制度必须具有稳定性、普遍性和权威性，因此必然以相对稳定的法制形式来保障，使之不因领导人的意志或领导阶层的变化而变化。没有法制规定的稳定性、规范性、公开性，民主权利就可能被滥用，导致无序的民主灾难，引起民粹的暴政。同时，民主制度也可能成为走向专制的过渡方式。无法律制约的民粹主义民主一方面常常产生极权主义，另一方面也可能导致无法无天的无政府主义。在特殊的情况下，极权主义和无政府主义互为表里。民主社会必须是公民的权利得到等同承认和捍卫的法制社会。

其次，法具有普遍性。并不是说有法就是法制社会，法制社会的法制是与民主制度联系在一起的。法应该是人民普遍意志的体现，得到普遍的承认和普遍的遵从，而不是个别人或部分人的意志。只有在这种普遍性的基础上，法律和制度才能获得正当性和权威性。法律和制度作为契约共识，其普遍性表现在立法的普遍性和司法的普遍性上。这种普遍性一方面表现了法作为客观规则的平等性，正所谓法律面前人人平等，没有特殊和例外。"刑不上大夫"的时代当然也有法律，但那是专制的法，特权的法，而不是民主法制社会普遍的法。另一方面，法的普遍性还表现了法的权威性，法必须表现普遍的意志并且得到普遍的遵守。因此法律具有绝对的权威性，法大于权，法先于权，权来源于法律的规定，接受法律的制约。法的普遍性蕴含的平等性和权威性是承认政治的基本体现。

最后，法具有多样性。法制并不单纯指狭义的法律，更不是单纯指为政者用于治国理政的行政法，而是指引整个社会运行的各种制度性规则的总和，是得到主体普遍承认并且遵从的一系列人定规则。人们依据这些规则来管理和被管理，参与各种社会公共事务。法制社会之所以是法制社会，就是社会按照各种透明的人为规则有序地运行。这些规则上至国家制度，各种法律规章，下至行政政策和共识契约共同构成一个有序的规范体系，使社会依据规范体系构成一个有机的总体。不仅存在多种形式的法，而且不同国家制度具体展开的形式也是多样的。在现代民主法制社会中，只有不同的宪法和展开宪法的不同法律，而不存在宪法的有无问题。至于宪法规定的基本制度和基本权利，以及这些制度和权利在立法实践和司法实践中的落实情况，构成一个经验的问题，因此必然是多元差异的。如果认为只有多党选举才叫民主，规定多党制的宪法才叫宪法，拥有这样的宪法才叫宪政，才叫民主政治，那绝对不是抬高了宪政民主，实质上却是一种贬低，因为这仅仅是将民主宪政看成纯粹抽象的形式，只是将民主的某些特定的实现形式看成民主本身了。

主权在民是现代承认政治的基本原则，而法制社会是承认政治的客观要求。但是有了一种基本的价值取向和保证这种价值取向的法律制度，还需要有相应的理性精神与之配合呼应。如今不少国家，实现了现代的民主政治，却陷入了内乱和战火纷纷的泥沼，甚至比专制的时代更加悲惨。因为还没有普遍与民主权利和民主制度相适应的理性精神出现。它们只是形式上占有了民主制度而已，本质上并没有真正确立起相互承认的理性精神。我们不能单纯地说"民主是个好东西"，一种民主的形式还必须有与之相适应的理性精神。有了这种相互承认的理性精神，自我主权意识才能真正成为现实的主体精神。

理性精神

人民的民主权利应该在法制的规范和保障中得到实现。民主的前提是承认平等权利，然后通过制度化规范化的方式，在交往活动领域达成交往共识。制度建设、法律制定、政策形成和最终在执行中变成客观的现实力量，形式民主是一套以多元差异为基础，通过折中平衡达成相对共识的理念和机制。任何一种民主都是坚持多数优胜的原则，不管是协商还是票决均是如此。这种量化多数原则，哪怕是全体同意也不代表绝对真理和绝对正义。民主是以相对性和有限性为基本理念的，它实质上否定了先验的绝对真理和绝对正义；民主主张协商对话和多数同意，将公共空间看成平等主体之间沟通建构的活动场所，反对各种形式的专制权力和绝对意志。不论是民主中的协商共识还是多数票决都包含了相对性和有限性，它要求参与者具备这种相对性和有限性的意识，也就是说要有一种理性的精神。承认政治中的理性精神在本质上就是一种限度意识，就是一种领会到相对性和有限性之后的自我限制意识。以这种理性的有限性意识为基础，通过形式民主展开的承认政治是一种社会历史常态中的和平政治、有序政治。

首先，理性精神意味着平等意识。在承认政治中，每个个体都意识到他是他自己，自身拥有不可被他人剥夺的权利。这种自我确认的同时也就是对他者主体性的确认。这是承认政治的核心内涵。因为自身权利不可被剥夺成为绝对原则，同时就意味着尊重他者的权利同样不能被剥夺，承认他者与自己一样具有同样的主体地位，享有同等的权利。民主首先是要拥有这种平等精神。民主就是要求像对待自己一样对他者。民主社会中的公民就是平等地拥有权利并且权利受到法制保护的平等个体。民主是地位平等，而意志、利益、兴趣、爱好等存在差异的多元主体之间寻求统一性的承认机制。尊卑观念、等级意识和长官意志都是与民主的平等精神背道而驰的，因为它们缺乏权利得到等同承认的意识。一个没有形成平等精神的国家和民族，哪怕偶然地认同并且建立了民主制度，也很难说是一个真正的民主社会。因为那里的民主还只是空洞的形式，是对于权力的崇拜，缺乏平等的主体意识将使民主徒有其表。

其次，理性精神意味着妥协意识。平等意识还只是能在主体自我确认的主体意识。理性精神不仅表现在相互承认的平等意识上，而且还体现在调节自我与他者差异的妥协意识上。多元主体之间的各种差异总是充满着矛盾，有时甚至是对立和冲突。民主就是在这种多元差异的主体间寻求共识的机制和过程。不论对话协商还是多数票决，都意味着折中平衡，达成的共识也体现了一种多数同意的原则。共识既不代表绝对真理和绝对正义，也不代表每一个参与者自身意志和利益的完全实现。民主制度一定程度上就是一种各方妥协的承认机制。没有妥协就没有民主。没有妥协，对话协商就很难达成共识，没有妥协选举结果就可能被拒绝和否定。妥协精神是一种有限理性，就是以相对性和有限性的精神看待现实，坚持原则的同时具有灵活权变的智慧。没有妥协精神，每个平等的个体都认为自己绝对正确，哪里有民主运行的空间呢？民主就意味着妥协和包容精神。没有这种妥协精神对相对共识的承认，民主政治就会变成无休止的扯皮，变成混乱的根源，甚至比有序的专制要坏得多，不仅低效而且可笑。

最后，理性精神意味着程序意识。程序形式是实体内容的保证。形式民主本身是人民主权和实现这种人民主权价值观念的制度机制。这种制度机制意味着民主共识具有相对性和有限性。不论就民主作为制度程序还是民主共识的有限性而言，理性精神都意味着一种程序意识。在民主过程中承认程序，遵守程序，对于符合民主程序的结果要服从，这是承认政治的基本要求。对程序正义缺乏基本敬畏，办事不讲章法，甚至愿赌却不服输，对于多数的结果拒绝承认，这些都是没有程序意识的表现。理性精神意味着程序意识，敬畏程序过程和承认符合民主程序的结果。这是形式平等得以实现的基本保证。

平等意识、妥协意识和程序意识是理性精神的基本体现。承认政治离不开理性精神，理性精神是承认政治的内在要素。只有人民主权、法制社会和理性精神的有机统一才保证承认政治的正常运行。成熟的理性精神是承认政治的基本要素和基本表现。没有理性精神作为支撑的民主社会只能徒有其表，甚至是混乱和暴力滋生的根源，民主因此可能成为走向专制的桥梁。20 世纪的法西斯主义的兴起就是明证。当然，即便具备了这些基本要素，实现了现代民主的基本理念，现代民主本身也只是一种抽象民主、形式民主，只是承认政治的实现方式。这种民主制度只是以抽象的平等权利为基础，使个体能充分地在公共生活中表达自己的意志，实现自己的利益。民主为个体生命的可能性提供了平等实现的空间和平台，在政治上、思想上、经济上能在获得了主宰自己命运的可能性，权利和自由得到等同的承认。规范层次的民主法制和事实层次的科学技术一样只是能在主体自我实现的基本环节。当人将自身理解成摆

脱了各种宗教、道德和审美束缚的自由主体，满足自身的欲求成为基本
目的的时候，科学技术和民主法制都将被看成能在满足自身欲求的方式
和手段，政治也将从技术治理和承认政治过渡到生命政治。从确保形式
平等的承认政治过渡到生命政治，政治将进一步获得实体性的内容。在
将能在理解为物性实在的意义上，政治将围绕着构成生命的利益、欲望
和身体展开。

第六章 | 实在性

　　在自我阶段，能在在事实层次扬弃了他者阶段的绝对性，将存在的世界看成是按照必然性规律运行的物质世界；在规范层次扬弃了他者阶段的利他性，能在以公平性方式看待个体之间的共在关系，社会被理解为按照形式平等的原则组织起来的法制社会。能在生存不仅在社会空间层次上而且在历史时间历程中不断地超越自身。超越事实层次的必然性和规范层次的公平性，自我阶段感受层次的对象性方式被我们称之为实在性。在实在性这种对象性方式中，能在将自身看成是置身于物质世界、拥有应该得到满足的各种物性欲求的生命个体。满足自身的欲求就成为能在存在的意义和价值所在。能在的自由表现为欲求得到充分的满足。能在的基本在世活动就是满足欲求的生产。

能在的生存从神性的超验世界回到了世俗世界，从超越的精神世界回到了实在的物质世界，从他者优先的道德世界回到了自我张扬的欲望世界。能在到此，自我的"我就是我"这一命题摆脱了各种超验的规定，扎实地落实到了赤裸裸的实在性上。实在性是在感受性的层次上对超越性精神的否定，能在超越在新的阶段肯定了自身的实在。在自我阶段，能在从事实层次的认识主体到规范层次的权利主体，再到感受性的层次直接被肯定为到欲求主体。知识与权利都是欲求主体实现和满足自身欲求的方式，实在性超越必然性和公平性，并且将它们看成是自身的必要环节。科学技术和民主法制通过为能在主体自我实现和自我满足的各种行为，划定事实的合理性和价值的正当性界限，并以此保证和实现能在的欲求。但是，当物性欲求成为叙事的根据时，知识和权利也就只被看成欲求自我实现的工具了。在实在性中，能在从沉重的宗教、道德等重负中解放出来，生命的意义便复归到实在的物性这个现实的基础上了。个体最终的、最原始的属性获得了正当性并且成为最终根据。也就是说，能在自我领会的核心范畴从知识走向权利，最后过渡到欲求。能在由此摆脱异化的超验教条和道德律令，能在最直接的实在物性冲破各种观念的束缚勇敢地肯定了自身。这当然是一次巨大的解放。能在以实在性领会自身存在，在自然属性被领会为能在根本规定这一现代解放的最终逻辑中，生存的自由被看成摆脱社会历史地形成的超越价值的束缚，回到实在性本身。但是，在这种解放中，凸显出自由解放就是向动物本能的回归这样一种可能趋势。似乎各种禁忌、婚姻、礼仪等都是异化的存在方式，都是对物性实在的否定和束缚。因此，能在在实在性这种对象性方式中将自我推向最后的极端。这一极端甚至包含了否定能在超越的逻辑，将超越实在的诸如信仰、道德等精神价值看成没有无意的、纯粹虚假的东西。我们不难看到，文化虚无主义和精神虚无主义的泛滥，使人变得实用、世俗了。在公共生活中，肉体的生命存在也成了政治叙事的中心，欲求成为核心范畴，我们称这种政治为生命政治，即以人的肉体生命概念为基础、围绕着人的欲求之满足和实现展开的政治概念。生命政治主要包括了利益政治、欲望政治、身体政治这几个基本环节。

一、人被理解为物，物化主体

（将自身理解为物性实在的能在仍然意味着其存在是超越；欲求主体；技术化处置的对象，作为买卖的商品）

人如何理解自身与人如何理解人生存于其中的世界内在地关联，不存在世界观之外独立的人生观。当世界被理解为按照自身的必然规律运行着的物质世界的时候，生活于这个世界中的能在也就在本质上被视为物性的世内存在者了。人所理解自身的基本观念是，人是自然的产物并且是自然的一部分。也就是说，人首先被理解为物质存在，作为人的存在之基础的肉体被看成精神因素的实体基础。因为直观地说，没有精神只是作为肉体活着的人是存在的，而没有肉体只是作为精神存在的人并不存在。可以形容一个没有精神因此生活没有意义的人为行尸走肉，但没有肉体的灵魂只是想象中的鬼魂，只是观念中作为没有实际外延的漂浮能指。鬼魂不过是抽掉了肉体存在的人自我投射的观念魅影。用逻辑的术语来说，是只有内涵而没有对象实体的虚概念或空概念。诚然，它仍然是概念，是作为思想观念的对象。这个话的意思同时是说，它并不是实在意义上的存在，而是纯粹的思维。通过现代事实层次的科学启蒙，人就其基础而言作为物性的存在已经是一个基本常识。他完全摆脱了神秘性和神圣性，成为诸种事物中的一种。

人当然始终是物性实在。但是这种人作为物存在的观念之确立却是历史的产物，是经历了漫长历史之后近几百年才形成的基本存在论意识。不是说人类在历史上曾经自己把自己认错了，走上了一条自我误解的道路，而是说他一开始就应该把自己理解为物性的存在，如今不过是回到了正途而已。如果我们这样想，我们就是把超越的历史看成是偶然历程，好像一种历史的存在状态和观念只是随意选择的产物，似乎人类如果足够聪明或足够小心就能够避免误入歧途，一开始就能够把认识搞对。在这样一种想法中，根本就没有存在的历史了，也没有人类艰难的超越历程了。纯粹随机和偶然的历史观念使历史失去了重量和深度，成为漂浮的一团混沌。存在和关于存在的观念之所以有历史乃是因为它们是历史性的，它们有自身作为自身存在的历史道路，它们走在道路上经历这些道路才成为它们。就像个人没有经过艰苦的努力直接取得某种成果，那根本就不是成功，比如无意中拾到无数的财宝，至多是幸运而已。人类不会幸运到一开始就认识到他是自然的产物，并且是自然世界的一部分，而是经历了艰辛的跋涉最后才达到这个朴素的真理。

作为物性实在的人首先并没有将物性领会为自身的根本规定，而是领会为超越物性的精神性存在，或者是分享了神性的上帝造物，或者是崇尚道德修养的精神人格，唯独肉体和由肉体存在规定的本能、欲望、需求甚至感性都没有被看成人的本质属性，而是被轻视、被压抑和被否定的因素。并不是说古代不知道人有肉体，而是说非本质的肉体及其属性被理解为需要被克服的低贱次等的成分。人们总是从超越物性的视角领会和规定生命的价值和意义，构建超越实在的精神空间。最终，这种超越实在的否定走向了极端，成为扼杀自然人性的因素。宗教、道德和审美的观念因此成为极端异化的思想和体制，束缚了自由的生存。人作为能在开始反对抽象思想的统治，肯定他自身的自然属性，回到实在性上，将实在性领会为存在论的基础。[①] 从天文学讲人类居住的地球不是宇宙的中心，到生物进化论讲人不是上帝的造物，而是自然进化的产物，再到心理学讲人作为本我存在的潜意识和无意识之根本重要的地位，能在的自我认识一步一步回到人作为物性实在的基础之上。人首先要吃穿住行，然后才能从事宗教、哲学、艺术等活动，[②] 不过是对人首先作为物性实在这一时代观念的一般表达。这一时代观念被表达为精神

---

① 马克思、恩格斯曾在《德意志意识形态》中说："迄今为止人们总是为自己造出关于自己本身、关于自己是何物或者应当成为何物的种种虚假观念。他们按照自己关于神、关于标准人等等观念来建立自己的关系。他们头脑的产物不受他们支配。他们这些创造者屈从于自己的创造物。他们在幻像、观念、教条和想象的存在物的枷锁下日渐萎靡消沉，我们要把他们从中解放出来。我们要起来反抗这种思想的统治。"[马克思、恩格斯：《德意志意识形态》(节选本)，3页，北京，人民出版社，2003]

② 参见恩格斯：《在马克思墓前的讲话》，见《马克思恩格斯选集》第3卷，776页，北京，人民出版社，1995。

是肉体的监狱，以反驳柏拉图主义的灵魂与肉体的关系。人的实在性最终成为话语叙事的中心。

人作为物性的存在最终被发现、被确认，这是能在超越的历程和结果。当人的神圣性、道德性和精神性等被看成派生属性因此失去了基础性地位的时候，人将作为自身物性的感觉、本能、欲望和需求等看成天生合理的本质，人类从自我的观念建构中解放出来。人的存在首先是物性的肉体，因此作为物性肉体规定的欲求就成了能在自我理解的根本范畴。满足和实现天生的欲求成了能在内在意志的基本目的。不像他者阶段那样，不管在宗教、道德还是审美的领域，内在意志总是压抑天生的欲求，自由被看成这种以自我压抑为内容的超越性。反叛这种超越性成为极端异化的力量，能在发现了自身存在的自然性并将其提升到了基础性地位，生存被看成摆脱各种观念的束缚以实现这些本无善恶的欲求过程。因此，在实在性这种对象性方式中，能在的基本在世活动是满足欲求的生产活动，而不是自我克制的奉献或者内在的精神超脱。从肉体的欲求中提升出来到达超越境界的自由之路发生了根本转向，解放成了从人为构建的精神囚笼中挣脱出来回到肉体真实存在的历程。柏拉图曾经将肉体看成精神的牢笼，自由的生活就是摆脱肉体欲望的控制和沾染，并且灵魂进入自由的理念世界。延续柏拉图的思想，亚里士多德主张沉思生活的自由要比各种满足欲求和实践需要的活动更加本质。当然更不用提中国宋明时期"存天理，灭人欲"的礼教了。在作为欲求主体的现代自我意识中，精神被看成肉体的牢笼，它制约和束缚作为肉体欲望存在的人的自由。因此，摆脱精神的束缚回到物性的实在，人才成为真正的人本身。在实在性这种对象性方式中，欲求成为根本范畴，满足欲求的生产成为能在的基本在世活动。在满足欲求的生产中，适度就成为基本的原则，因为欲求的满足必须遵循物质能量循环的平衡规律，不能过度生产和过度消费。

在趣味性方式中，作为抽象的超脱精神存在的人是对"人作为人"的抽象肯定，是人在内在的自我意识中成为抽象的绝对根据，即摆脱了各种外在因素的作为精神存在的我本身。如今，作为物性实在的人乃是人作为人本身这一抽象原则的具体化，是能在超越生存的一个展开环节。在这里，人不再是抽象意志、内在的精神自我，而是将自己的实在性作为目的来肯定和实现的意志。满足和实现作为自身存在物性的欲求就是能在超越的自由。在这种自由中，人作为能在的意志和目的直接统一了。在以自我阶段必然性方式的科学技术和公平性方式中的民主法治本身都成了能在自身欲求实现的手段，它们划定了自由实现的事实性和规范性底线，以确保能在的欲求本性得到实现。人将自身理解为依据必然性规律和规范性法治自我实现的欲求主体，这是现代作为功利时代的基本规定，是现代世俗化、经验化和实用化的基本表现。人成为物性实在并且被理解为物性实在，这种时代的存在论状况和存在论意识，在诸如马克思的异化概念和卢卡奇的物化概念中都有根本的揭示，同时海德格尔对技术的批判也在这样一条路线上。人作为能在不仅将自身看成物性实在，而且确实生活在物化意识指引的现实中。人的主体性解放乃是肯定自己的物性，依据自己的物性生活，即成为一种物化的非主体性的主体。主体性的物化或者说物化的主体性主要体现在几个方面。

欲求主体

自我阶段的能在摆脱了他者的统治获得了多重主体性。一方面，能在作为类存在不再被看成神的创造物而是自己通过自己存在；另一方面，能在作为个体不再将他者看成优先性的存在而是确立了抽象平等的法权地位。也就是说，能在将自身看成经验世界的一部分，并且处在权利平等的共在关系之中。因此，在事实性和感受层次上，自我阶段的能在分别将自身理解为认识主体和权利主体。主体的主体性意识被理解为认知理性和权利意识。知识和权利是必然性和公平性两种对象性方式中能在自我规定的核心范畴。但从根本上说，理性和权利只是自我理解的形式方面或者工具论意义上的规定。人需要通过对为什么要理性认识以及为什么要平等权利的目的论层次的追问才能赋予它们意义。因此，在感受层次上，自我将作为实在物性的欲求理解为主体性的根本范畴，欲求的满足才是生存的意义和价值之所在。因此，在科学的认识主体和政治的权利主体之后，能在将自身理解为维系自身存在、满足自身利益和欲望的欲求主体。欲求被理解为人自我确证的根本范畴，也是人作为能在超越生存指向的目标。在这种新的自我意识中，超验信仰或卓越价值被看成统治能在的意识形态幻象。信仰和价值没落了，或者说欲求本身成了绝对信仰和绝对价值。将自身理解为欲求主体的能在不过是肉体和欲求统一的物性实在。

现代启蒙思想强调理性和权利，成功地将科学和民主树立为时代的基本精神。但是，知识和权利本身只是能在主体自我实现的装备。如果脱离了能在之为能在的目的本身，这些装备就是空洞形式。能够使这些装备成为装备的基础是在实在性的方式中被理解为存在之本质属性的欲求。无论是自我保存的意志还是自我满足的欲望都被理解为存在的目的和内在动力。将理性和权利看成脱离了现实欲求的绝对原则，变成了"无肉身的理性"，理性本身就会出丑。反思启蒙理性和权利的思想家将立足于物性实在的各种人生属性作为建构理论的根本出发点。在马克思那里是满足物质生活需求的经济生产①，在叔本华那里是自我保存的求生本能，在尼采那里是自我张扬的权力意志，而在弗洛伊德那里则是被显意识和理性掩盖着的本我欲望。虽然使用的概念和强调的重心各异，但都是将感性的欲望、本能和需求作为人的直接规定性，探讨物性欲求的生产循环机制。人作为能在本质上被看成是欲求主体，能在的基本活动就是满足欲求的生产和消费。比如马克思就确认，"人们为之奋斗的一切，都同他们的利益有关"②，"正确理解的个人利益，是整个道德的基础"③等。弗洛伊德甚至将整个文明产生的机制看成是对本能欲望的压抑以及被压抑欲望的升华。在强调能在作为物性实在的欲求而不是精神性的信仰、道德、理性和权利等规定的意义上，马克思、叔本华、尼采和弗洛伊德都是广义的唯物主义者，是将现代自我推向彻底的典型思想家，并在不同程度上将能在的现实性和本质性理解为属我的各种欲

---

① 马克思说："法的关系正像国家的形式一样，既不能从它们本身来理解，也不能从所谓人类精神的一般发展来理解，相反，它们根源于物质的生活关系，这种物质的生活关系的总和，黑格尔按照 18 世纪的英国人和法国人的先例，概括为'市民社会'，而对市民社会的解剖应该到政治经济学中去寻求。"(《马克思恩格斯全集》第 31 卷，412 页，北京，人民出版社，1998)

② 马克思：《关于新闻出版自由和公布省等级会议辩论情况的辩论》，见《马克思恩格斯全集》第 1 卷，187 页，北京，人民出版社，1995。

③ 《马克思恩格斯全集》第 2 卷，166 页，北京，人民出版社，1957。

求。欲求被看成我作为主体的主体性之本质，既是目的又是动力。相对而言，理性和权利下降到了从属的地位，不再成为叙事的核心范畴。能在的超越生存就是我作为现实的主体追求和满足欲求的实现过程和现实状态。自由生存就是为满足和实现欲求的生产活动。欲求是我作为物性实在的本质属性，抽掉欲求，我就成为没有现实规定性的唯灵论的存在。

技术化处置的对象

欲求是能在作为我自己存在的物性。能在的自由表现为受自身欲求的驱动满足欲求的生产过程，欲求成了生产活动的动力以及目的。扬弃成为满足手段的理性和权利，欲求被理解为能在作为物性存在的基本规定，能在作为物性实在的存在论基础也就建立起来了。能在就其基础而言就是物及其物性。否定物性的有神论、灵魂不朽和转世轮回等都彻底被瓦解了，生命就是肉体存在的一段时间而已，人死神灭。人成了物质世界中能认识到自己作为物性实在的存在者。人按照这种物性概念理解自己，按照这种物性的原则与世间之物和自身打交道。在科学的必然性和技术的可能性中，人成为物性的对象，成为按照物性的原则来处置和对待的对象。也就是说，人像对待物一样，在科学和技术中对待和处理自己的身体和欲求。身体作为物和欲求，作为物性成为科学认识和技术操控的对象。生命作为物质过程就这样失去了神秘性和神圣性。

就个体存在而言，生死都是自然的物性过程。通过现代的科学知识和先进技术，出生和死亡都是按照合规律性的原则进行技术控制的对象。各种孕育技术和死亡技术已经把生命作为物性肉体明白地揭示出来了。作为起点和终点，产房和火葬场是处理个体生命的工厂，作为中间环节的医院不过是维修和装配车间而已。脑袋和身体的分离与重新组装已经不存在科学和技术上的难题，换头术正在紧锣密鼓的准备之中；技术能够从生命存在的实体基础上剪出、编辑和重组个体的构成密码。未来的基因编辑技术将更加准确、简易和廉价，并具有不可估量的应用前景。人就是科学技术管理编辑的对象，人类因此成为自己存在的真正创造者和导演。看看今天各种美容美体医院的繁荣，流血和痛苦都不再是身体设计装修的代价，而是可靠的技术和买卖过程。花更多的钱就可以购买更好的技术，减轻更多的痛苦，或者制造出更强烈的快感。今天，在被制造和满足的欲望循环中，爱欲不再像《会饮篇》颂扬的那样是爱神赋予的神秘力量，爱神也不再是具有强大征服力的节制本身[①]，而可能是被不断生产的一粒廉价药丸或者一个智能化的芭比娃娃。

在社会劳动和工作层次上，人作为物性主体的物化更是一个持续加深的过程。人一步一步地成为物，成为物化的存在。首先是生产分工。工业生产中的分工使每一个人像机器或机器的元件一样被固定在特定的岗位上从事特定工作，被排除了个性的丰富性和多样性。固定在岗位上的个人不再是作为总体性的生命存在，而是作为标准化的生产功能存在，他越没有自己的个性和特长，越是能完美地满足岗位的需要。所以

---

① 《会饮篇》中鲍萨尼亚区分了属地的和属天的爱，将非常世俗的肉体的享受和追求灵魂德性完美的爱区别开来，阿伽松颂扬爱神的时候则将爱神视为节制本身，是快乐和欲望的主人，负责控制我们的情欲和快乐。（参见《柏拉图全集》第 2 卷，王晓朝译，217、235 页，北京，人民出版社，2003）

马克思说现代分工提高效率的同时产生着职业痴呆。① 其次是泰罗制的动作精算。在分工的基础上，泰罗制对于动作和行为的分解研究，所有属于人的特异性的、任意的动作都被作为累赘去除，动作幅度大小、节奏快慢完全按照最优化的标准执行。岗位的分工不再是按照产品的生产环节，而是具体到每一个标准化的动作，人被按照机器生产的节奏组织到生产的过程中。在标准化的现代工厂中我们已经看不到人，人体和机器在工业生产中的一体化使人真正成为了物。人不再作为全部的感觉、知识、情感、精神存在，而是一个机器部件。在很多情况下，他甚至因不如机器的作业那样标准、规范、有效和廉价而被机器排斥。在人工智能的革命浪潮中，由于人的功能被模仿和被取代，一般的人甚至可能成为只会消费的无用废物。② 再次是思维模仿。如果说劳动分工和动作精算只是从外在的方面加深了物化过程的话，思维模仿就是将人作为技术的物性对象深入到所谓灵魂的深处罢了。思维意识不过是人脑的机能，人工智能就是对思维意识能力的模仿和技术的运用。人工智能对于人脑的显著优势乃至于取代人脑的可能性，已经从最极端的方面揭示了人只是物性的存在。在人超验的神圣性和神秘性被击溃之后，唯一能够代表人的优越性之思维再一次被科学揭示为物性的过程，并且能够按照物性的技术方式被模仿和呈现。人作为认识和技术之物性对象这一事实被暴

---

① 马克思说："现代社会内部分工的特点，在于它产生了特长和专业，同时也产生职业的痴呆。"（马克思：《哲学的贫困》，见《马克思恩格斯选集》第1卷，169页，北京，人民出版社，1995）

② 据说计算机的巨头比尔·盖茨，提出了一个像机器人收税的方案。这一趋势的结果只能使普通人成为生产社会精英过程的废料，因此作为残渣被清除，或者被供养。

露无遗。人类作为类人机器的创造者，崇拜或贬低人工智能都改变不了它是人类物性实在的根本镜像这一存在论事实。人工智能是人作为物性的技术主体和技术对象的根本标志。人能够按照物的方式创造和生产他自己。主体真正地就是客体，这种主客体就是超物性和物性对立统一的存在物。

作为买卖的商品

在他者阶段，能在还不是自觉的主体不仅体现在能在意识上没有摆脱他者的束缚，而且体现在能在根本没有独立的权利观念。对奴隶社会的奴隶来讲，就不仅只是没有独立的法权意识，而且是生命的存在本身就不属于自己。奴隶只是奴隶主拥有的会说话的工具，就像奴隶主的牛马一样，但常常没有牛马那样高的出售价格。到了自我阶段，人从这种社会历史的束缚关系中摆脱出来，成了法权意义上的独立个体，自己对自己拥有主权。按照马克思的理解，现代解放意味着人成为双重意义上的自由个体，一方面是摆脱了各种社会强制性的束缚，成了拥有自由平等权利的个体，能够将自己的劳动力作为商品出卖，是自己生命和劳动力的主体；另一方面是失去了各种生产生活资料，成为自由得一无所有的个体。这两种自由提供了资本主义生产方式中劳动力买卖的法律前提和事实前提。无产者成为拥有自己的劳动力并且不得不出卖自己劳动力为生的被雇佣者。以平等的法权关系为基础，以生产资料同劳动力的分裂为现实前提的雇佣劳动关系，成了现代社会最基本的存在关系。商品—资本是现代最基本的社会存在方式和存在关系。劳动力的商品化是人在现代作为物性实在的显著特征。在这个意义上，现代经济学中的

"经济人"就是现代人类生存状态在观念上的合理抽象。①

　　劳动力成为商品比人成为欲求主体和人成为技术对象更加深刻，或者说是这两者具体展开的社会历史形式，是现代物化生存的根本表现。相对奴隶的买卖来说，现代的被雇佣者是自己劳动力商品的主权者，他作为自己的主人至少对自己劳动力的买卖有形式上的自由和平等，而且不是　次性地出卖整个人本身，因此是一种历史的进步和解放。但是，如果从能够买卖的只是奴隶，而奴隶本身没有被当成人来看待的话，那么，奴隶社会并没有人及其劳动力的买卖关系。只是到了现代的商品—资本社会，才从概念上和制度上确认了劳动力可以买卖这样一种物化关系。所有存在物，包括人本身都要在商品—资本的买卖关系中确认自己的存在。所以马克思说，现代是以物的依赖关系为基础的时代。这个

----

①　"经济人"概念揭示的个体性原则是而且仅只是现代人的一般抽象。一方面，"经济人"只是现代资本主义生产方式中人的生存状态和自我意识的一般抽象。脱离现代限制，将"经济人"看成普遍的人性，实际上是将特殊当成了绝对，这是一种非历史和超历史的形而上学；另一方面，"经济人"也不意味着即便在现代，任何个体在任何具体语境中都符合"经济人"的规定。不仅普遍的社会状况中总有超越性的个体，而且个体生活中也总有与一般原则不同的特殊场合。忽视了这个概念的抽象性，将它看成是超越任何特殊性和具体性的绝对原则，就会使它成为一个违反常识的空洞概念；最后，"经济人"只是一种理论反思中的概念模型，是进入观念中的现代人的自我形象。如果忽视了这个概念的反思性，仍然会犯一种观念论的错误。就是说，这个概念仅仅是对于现代人的一般生存状态和生存原则的观念抽象，是进入理论反思层面的概念，而不是经验生活中的感性现实，不是说每个人每天都抱着"经济人"的观念到处去生活中兑现。马克思曾经指出："这种18世纪的个人，一方面是封建社会形式解体的产物，另一方面是16世纪以来新兴生产力的产物，而在18世纪的预言家看来（斯密和李嘉图还完全以这些预言家为依据），这种个人是曾在过去存在过的理想；在他们看来，这种个人不是历史的结果，而是历史的起点。因为按照他们关于人性的观念，这种合乎自然的个人并不是从历史中产生的，而是由自然造成的。"（《马克思恩格斯选集》第2卷，2页，北京，人民出版社，1995）抽象的孤立个体恰恰是现实社会的结果和现实在观念上的反映。

"物"讲的就是这种以货币为中介的商品—资本关系。商品—资本就是人作为物性实在的社会性、历史性的对象性存在方式。这种对象性方式主导着人作为物性实在的利益、欲望、本能的实现。资本的效率和利润原则同时也是人被作为技术处理对象全面普及的社会动力。也就是说，对人的技术处理乃是为了获取交换价值，实现资本的增值。

劳动力成为商品作为买卖的对象是主体物化的集中体现。买卖的要素从体力技术发展到了今天的知识信息、人格气质乃至于人体器官等，人的所有属性和实体都变成商品，变成拥有交换价值的物或者物性。人作为物性实在的物化过程在进一步地加深加剧。所谓的后工业时代、知识经济时代、信息经济时代、数字经济时代等，只是劳动力作为商品这一物化关系在形态上的改变，即那个被购买的人身属性和特质的变化，而没有改变商品—资本规定了人的存在这一根本的物化状况。商品—资本的生产其实就是人的生命的生产和再生产的社会历史形式。从社会历史的角度来说，个体生命的生产和再生产本身就降格为商品—资本生产的一个环节了。也就是说，个体的需求、欲望、本能的实现都受到了商品—资本原则的规定，被纳入商品—资本的增值和循环过程。人口成为经济发展的要素，人口政策也从经济发展的角度被制定和执行。据说中国经济增速的放缓是因为劳动力短缺导致劳动力价格的上涨，因此执行了多年的计划生育政策也放开了，允许普遍生育二胎。生命的生产成了社会物质生产的一个环节，受到社会物质生产的规定和调节，并且本质上从属于物质生产。不是社会经济生产满足人口生产的需要，而是人口生产适应社会经济生产的需要。人从自然意义上的物进一步成为社会历史性的存在物了。生命生产的过程不仅是自然的物质过程，而且是社会历史的物质生产过程。在这个意义上，在人的物化过程中，作为共在状态和共在空间的社会就被理解为物质能量循环的系统，现代就是经济时代。人被理解为物性实在意味着社会历史只是被理解为物质能量循环的状态和过程。

二、商品—资本作为物化的对象性存在形式，生产

（商品—资本生产作为物性欲求得以实现的方式；满足物质生活需要的生产；资本积累欲望的生产和再生产；商品—资本逻辑在精神文化生活中的贯穿）

能在摆脱各种观念的束缚将自身的存在领会为物性实在，从天上回到了地上，回到了人的最直接的存在基础本身。人类社会的一切制度和观念实际上都是以此为基础的超越性创造。"生之为之性，化性起伪。"所谓存在的价值和意义都是在自然物性基础上人为的社会性历史性创造。离开了作为能在的人，究其根本而言无所谓意义之有无。但人首先是作为自然物性的实在。当然，这个"首先"讲的是逻辑关系，而不是时间上的在先。因为一旦我们用人这个概念来指称这种存在者，一旦人作为存在物存在，他就已经在一定的社会历史关系之中，因此就是具有社会性和历史性的存在了。就人作为现实存在者来讲，其自然物性始终与社会历史性同在，并且被社会历史性规定。人并不是先作为自然存在物存在，然后才"在出"他的社会性和历史性来。纯粹作为自然物性实在的

人只是抽象的概念，而不是人的现实。

　　将自身领会为物性实在，并不意味着能在遗世独立，并不意味着事实上摆脱、观念上排斥社会历史存在，仅是说物性实在被人领会为存在的根基，并以此领会作为自身在世和历世的生存指引。人作为能在的社会性和历史性，从它的实在物性中展开来。在实在性这种对象性方式中，能在作为物性实在的核心范畴是欲求，欲求是能在作为物性实在的那个"物性"。欲求之于人作为物性的存在就像能量之于物质一样。不过，欲求概念包含人作为能在的目的性意识因此扬弃了描述自然物质的能量概念。由于目的性，人的物性欲求概念本身已经包含了社会性和历史性。也就是说，欲求作为能在的物性毕竟不只是一种自然循环的物质能量，不仅就其产生而且就其实现来说都受社会历史的规定。能在作为物性实在的生命及其共在空间当然可以看成物质能量循环的特定方式。此种循环本质上是受社会和历史中介的过程，是能在在对象化活动中展开的超越实在的意义过程。因此，欲求的满足本质上是社会历史性的能量循环过程，而不是自然物质能量本身的自然流动。

　　在感受层次的实在性这种对象性方式中，作为实在物性的欲求通过社会历史形式实现生产和再生产。马克思最懂得这种欲求生产的物质性和社会性及其相互关系。正因为这种精通，马克思对社会生产和再生产过程的理解既区别于庸俗的唯物主义，同时也区别于他和恩格斯批判的历史唯心主义。人作为现实的存在首先要满足自己的吃穿住行等物质性的需求，生活资料的生产和再生产是人类历史的第一个条件。在马克思看来，社会历史是立足于物质生产并且主要表现为物质生产发展和具体展开的过程。因此，科学的历史观要求从现实生活的生产和再生产出发理解历史，理解意识形态的形成，而不是将人类存在的历史看成是精神观念外化和自我实现的过程。但是，马克思不仅强调人的需求及满足需求的生产物质性，同时也强调物质生产的社会性和历史性，认为物质生产劳动是在社会历史关系中展开，并且构成社会里发展基础的现实过程，从而拒绝鲁滨逊式的孤立个人从事孤立生产的概念①。这种物质性与社会性相统一的辩证视角成就了历史唯物主义。唯物论变成历史性的，而历史观变成唯物性的。这就是马克思思想能够被恰当地称为历史唯物主义的根本原因。

历史唯物主义在实在性这种对象性方式中揭示了欲求之生产和满足的基础存在论，扬弃了必然性的"科学"和公平性的"权利"概念，直抵能在生存的实在物性。与此同时，它又有效避免了对这一基础的自然主义理解。马克思懂得社会和自然在人的对象化活动中相互规定这一基本的存在论事实，并立足此存在论事实，批判地分析了欲求得以满足的社会物质生产过程。在历史唯物主义看来，由于劳动力成为物化的商品，以雇佣劳动关系为前提的资本主义生产方式是现代生产的基本形式，它构成了整个现代社会的基础结构。资本是现代存在物的对象性存在关系②，是现代社会物质能量循环的基本方式，它规定了物质生产和需要满足的方式、过程和特征。欲求是人作为物性存在的物性，那么，资本

---

① 参见马克思：《〈政治经济学批判〉导言》，见《马克思恩格斯选集》第2卷，1页，北京，人民出版社，1995。

② 马克思曾经指出："资本不是物，而是一定的、社会的、属于一定历史社会形态的生产关系，它体现在一个物上，并赋予这个物特有的社会性质。资本不是物质的和生产出来的生产资料的总和。"（《马克思恩格斯选集》第2卷，577页，北京，人民出版社，1995）

规定的生产就是现代满足物性欲求的基本方式，或者说是人作为物的物性展开和实现的基本逻辑。从马克思以资本生产为对象的政治经济学批判到以欲望生产为分析对象的力比多经济学批判，再到以意义生产为分析对象的符号政治经济学批判，都是对资本逻辑批判的深化和展开的具体环节。

满足物质生活需要的生产

在自我阶段，能在在存在论上成了目的并成了动力，同时也就成为了理论叙事的主体。在必然性中是认识的理性主体，在公平性中是承认的权利主体。到了实在性这种对象性方式中，能在是追求和满足自己利益和欲望的欲求主体。存在论叙事从主体的物性欲求出发，以满足能在生存需要的物质资料的生产和再生产为研究对象①。像恩格斯在《在马克思墓前的讲话》中所说的那样，"历来为繁芜丛杂的意识形态所掩盖着的一个简单事实：人们首先必须吃、喝、住、穿，然后才能从事政治、科学、艺术、宗教等等；所以，直接的物质的生活资料的生产，从而一个民族或一个时代的一定的经济发展阶段，便构成基础，人们的国家设施、法的观点、艺术以至宗教观念，就是从这个基础上发展起来的，因而，也必须由这个基础来解释，而不是像过去那样做得相反。"②满足人物质需要的生产和再生产是人存在的基本前提，也是人存在的基本活

---

① 马克思在《〈政治经济学批判〉导言》谈到经济学的首要对象是"物质生产"时说："在社会中进行生产的个人，——因而，这些个人的一定社会性质的生产，当然是出发点。"（《马克思恩格斯选集》第 2 卷，1 页，北京，人民出版社，1995）

② 恩格斯：《在马克思墓前的讲话》，见《马克思恩格斯选集》第 3 卷，776 页，北京，人民出版社，1995。

动。对于整个社会历史的理解应该从物质生产活动出发，因为生产是消费的前提，满足欲求的消费是生产的目的。马克思在《政治经济学批判·序言》中简洁地概括道："物质生活的生产方式制约着整个社会生活、政治生活和精神生活的过程。"[①]物质生活的生产方式构成社会历史的基础和基本内容。因此，对于物质生产活动的分析本质上就是能在论分析的基础存在论。

物质生产活动是能在使对象满足自身物质需要的活动。物质生产活动的物质性表现为能在对象化活动的对象是物质性的存在，并且生产的目的是满足吃穿住行等物性的需要，是从人是物性实在这个角度来谈论在世活动本身。这就是历史唯物主义的劳动范畴。生产劳动在这个意义上是社会历史存在的基础，有时甚至被称为人的本质活动。这只是在基础性和必要性的意义上而言的，既不是说人的生存活动可以被还原为生产劳动，也不是说生产过程是排除了知情意等精神性因素的过程，只是纯粹物性的本能活动。任何对象化的活动都包含了人的对象性意识，因此是社会历史性的活动。物质生产活动是物质性的实体要素在相互规定的自然关系和社会关系中的统一。生产过程中生产者、生产工具和劳动对象的结合是社会性的自然过程，既是物质之间相互作用的自然过程，又是在社会关系中发生的现实过程。生产要素的归属所有，人在生产中的地位如何，以及劳动成果的分配方式等都体现了物质生产活动的社会历史性。历史唯物主义对社会历史演进的分析侧重的是生产关系的社会

---

① 马克思：《政治经济学批判·序言》，见《马克思恩格斯选集》第 2 卷，32 页，北京，人民出版社，1995。

历史变化，而不是生产中物质要素的自然结合方式。当然，对生产关系的考察要通过具体的物质生产环节展开。也就是说，它具体地在生产、流通、交换和消费中体现出来。

在实在性这种对象方式之中，我的基本需求被理解为物质性的需求，能在的基本在世活动就是生产满足这些需求的物质性生产活动。我作为需求主体的同时是满足这种主体需求的工具，我通过我的社会性生产劳动满足我的需求。由于生产资料与劳动者相互分化，资本主义私有制和雇佣劳动关系成为现代物质生产活动的基本规定。商品—资本关系成为现代在实在性这种对象性方式中的基本社会形式，现代是以商品—资本关系为基本纽带的经济时代。现代社会在实在性的意义上就是经济社会，现代就是经济时代。资本规定的平等交换、效率优先、价值增值和利润导向成为整个物质生产活动的基本原则，它们一体地构成强制性的社会运行机制和客观力量。在这种强大的物质生产机制中，满足人的物质需求的使用价值成了交换价值的物质承担者，需求的满足成了资本增值的手段，交换价值成了生产的目的。物质生产的资本形式所带来的社会历史变迁是全面的、彻底的，它按照自己的要求和形象改变了整个社会历史，将自身的逻辑贯穿到所有存在领域。欲望生产和文化生产不过是资本生产的对象从作为物的商品生产向下浸透到本能欲望的领域，向上贯穿到精神生产领域而已。或者说，欲望和文化本身已经被看作物，并按照物的生产方式进行生产而已。

资本积累欲望的生产和再生产

人作为物性实在，具有客观物质需要。但是，人的需要并不是固定不变的抽象规定，而是随着生产发展处在不断自我生产和再生产的过程中，新的需要以及需要满足的方式都处在不断发展之中。正是需要本身的再生产和新需要的不断产生，使得能在在实在性的意义上也是自我超越的生成过程，而不是被完成了的既定事物。动物也有需要，但动物的需要只是简单的再生产，是不变的重复和再现的循环。一般动物的生命是与它的活动和需要直接同一的，而不是超越的生存。人的需要及满足需要的生产活动的发展，意味着能在本身以及社会历史是开放的可能性空间和可能性过程。新的需要及满足需要的新方式在物质生产的发展中逐渐变成常规性的需要，变成生存的正常需要和满足需要的必要条件。物质生产的发展和新需要的产生之间相互促进，表现为需要—生产—新的需要—新的生产之间辩证循环的开放过程。在这个开放的循环中产生了欲望。欲望不过是超出了客观需要的需要。

在需要与满足的循环中生产了欲望。欲望是超出了基本需要的需要，是被满足之后还要"要"的那份多出来的奢求。欲望不是需要，欲望是被满足了的需要的溢出，是驱使人作为能在超越实际需要的那样一种无限的动力和雄心。正是这种永远不能被填满的欲望打开了需要的缺口，需要满足才变成了超越既有需要的欲望生产过程。生产不再是满足重复出现的需要的重复活动，而是满足永远不能满足的欲望的生产和再生产。在这个意义上，甚至可以说满足不变的需求的不变活动不是生产，而是生存的本能活动，比如动物的猎捕。人类满足需要的活动不再是本能的活动，因为它已经包括了超越直接的当下需要的欲望。人越是摆脱直接的基本需求，生产就越是在更高的基础上发展起来。当生产的目的超出了直接的当下需要、超出了满足基本需要的使用价值的时候，生产的过程就变成了满足欲望以及欲望本身不能被满足的辩证过程了。

就像性爱最初是一种生理和种族繁衍的需要，如今已经超越这种需要成为欲望一样。物质生活资料的生产活动指向的目的不是满足人的物质需要，或者说，满足人的物质生活资料的使用价值的生产只是手段，交换价值才是生产的目的。生产变成了以使用价值的生产为基础的交换价值的生产过程，资本积累的欲望成了生产的根本动力。在资本主义生产的价值增值和利润导向中，生产变成了欲望本身的生产和再生产，变成了生产—欲望—新的生产—新的欲望不断加速发展的过程，欲望的满足和制造成为资本增值的基本因素。一种新的欲望还没有演变成社会普遍需求时，新的欲望已经在制造和生产过程之中了。需求与欲望之间的界限本身也在这种快速的循环中变得模糊，所有的一切还没有固定下来就变得陈旧不堪了。欲望自我否定的无限过程无情地瓦解了稳定的客观需要，人们跟着无尽头的欲望奔跑。欲望就是缺乏稳定性的需要，或者说不断自我虚无化的需要。欲望作为人的实在物性变成了无法被填满的空洞，去填满这个无法被填满的空洞就是人的物化生命过程。

资本生产本质上是一种欲望生产。一方面，欲望被纳入到资本生产的过程，成为资本增值的要素。人的性、吃、穿、住、行等都不再是自然客观的需求，而是被生产和刺激出来的欲望，成为资本保持活力并不断自我创新的手段。另一方面，生产中资本的增值和积累本身成为根本的欲望。在资本生产中，满足人的物质需要乃至满足人的不断被生产和创造出来的欲望不是资本的目的本身，资本生产的目的是利润导向的价值增值，人的需要和欲望都只是资本增值的要素。利润导向的价值增值才是资本生产的目的本身，或者说价值增值就是资本的欲望。资本生产就是这个欲望的生产和再生产，就是资本增值和资本积累欲望的生产过程。生产的目的成了无限可能的抽象数字，成了富豪榜上的排名，成了政绩单上的 GDP。这种价值增值欲望的无限性在于它从根本上超出了实在物性的限制，成为了没有节制和边界的量的积累。生产从满足我们的物质性需求到将我们的欲望不断地生产出来，最后变成了对追求价值增值的抽象的欲望本身的生产。资本生产关系和生产原则通过生产我们的需要和欲望成了规定我们存在的客观的物质力量，现代成了以物的依赖为基础的时代。这个物就是客观的商品—资本关系。它不仅规定物化主体需要和欲望的生产和再生产，而且将规定超越物性的文化观念的生产。或者说，它将超越性价值和意义作为物来生产，将精神生活作为实现价值增值欲望的方式进行生产。这样就带来了所有生活领域的物化过程。

商品—资本逻辑在精神文化生活中的贯穿

这里的文化是与经济政治相区别的生活领域，是指人的各种精神性需求以及满足这些精神性需求的各种创造物的总和。文化并不是脱离物质存在的纯粹观念形态的精神，恰好相反，文化常常以具体的物质载体呈现出来，文化生活常常与物质需求和交往需求紧密相随。物质生产、制度建设和文化生产之间并没有严格的界限。但当从文化的角度谈论事物的时候，突出强调的是其中精神观念的成分。仅就其为满足精神性的需求而言，文化是观念的意识形态。文化是社会历史发展的客观产物，是精神需求及其实现方式的一种对象化的客观状态，而不是个体的随意观念。所以文化具有普遍性、群体性和历史性等特征，而不是可有可无的主观状态。

文化相对于经济政治，或者说精神生活相对于物质生活和交往生活具有相对独立性。但是文化发展的相对独立性是在物质生产基础性作用的意义上才能成立的。精神需求是在本能、物质和交往等更基本的需求基础上发展起来的，它是更高级因此是更加抽象的需要，并且受到基础需要及其满足程度和满足方式的影响。每个时代的文化需求和满足这些需求的方式同这个时代的物质生产之间存在着紧密联系。在这个意义上，物质生产的方式制约着精神生产方式和精神生活的特征。当物质生产和欲望的生产普遍受到资本原则规定的时候，文化生产也就不可能成为资本原则之外的独立飞地了。资本作为纯粹的欲望是没有肉体的抽象灵魂，它可以附体在任何东西的上面实现自我增值。对资本来说，是生产物质、生产欲望还是生产文化根本没有本质的区别，实现价值增值，使自己变成更大的资本就是资本的欲望本身，就是资本本身。资本向文化生产的渗透已经是普遍的历史状况。一方面，文化成为资本生产的要素被利用到生产、流通、交换和消费的每一个环节，为了实现自我增值的欲望，资本可以将任何细节都穿上文化的华丽外衣。企业文化建设的目的是企业利润，而不是员工的文化需求本身。另一方面，文化本身成了资本投资的一个领域，文化已经俨然成为可能取代传统农业和工业的一个巨大的朝阳产业，因为文化的特殊性比物质性的产业更能满足资本迅速增值的欲望。文化生产的逻辑就是资本逻辑、市场逻辑。

当精神需求的满足也通过资本生产的逻辑来实现，也就是文化被资本市场组织为一个产业的时候，文化或者说精神生活的基本特征也就被规定了。文化精神生活不再可能成为一个自足的超越性领域，而是受资本逐利原则左右和支配的对象。衣冠楚楚、举止高雅的字画商人、收藏家和鉴赏家感兴趣的不是字画本身，而是字画收藏和买卖带来的货币。

他们只是通过真伪、品相和行情判定物件的市场价值，而不是欣赏品位艺术品本身的艺术性。只有能够迅速并且更多地带来利润的文化产品才能被生产并快速地传播消费。市场、利润、效率等决定了一切。那些没有受众不能带来效益的东西必然被淘汰。资本挖掘并生产大众的兴趣、爱好和口味，使之处在不断变换和更新当中，以保持资本生产的活力和增值。不能制造喜欢自己的观众并让自己被观众喜欢，就意味着投资的失败。① 在这样一种社会存在架构中，现代文化本质就是从众文化、快餐文化、功利文化和欲望文化。这种文化生产的逻辑进一步瓦解了神圣、崇高、超越等价值，使得现代成为世俗的物欲时代。

资本逻辑支配和制约着整个社会的生产和再生产。资本作为纯粹的欲望本身没有界限，所有固定的一切都是它力图去突破和攻克的界限，它到处安家落户，所有的事物都可以成为它自我实现的工具和手段。所有固定的一切都烟消云散了。② 资本代表并产生出一种具有攻击性、占有性、对抗性的文明形态，它推动着人类历史的迅速发展。在这个意义上，资本生产模式是人类历史上可能最有效最有力的生产方式。它将人类最原始的本能冲动释放出来，并且不断地制造新的欲望。资本作为纯

---

① 某知名导演曾经说："电影，观众说好就是值。"倒是直接道出了文化生产的逻辑。他要说的不是观众的趣味和评价的对错，而说观众喜欢就能兑换成直接的票房，达到以电影赚钱的目的。

② "一切固定的僵化关系以及与之相适应的素被尊崇的观念和见解都被消除了，一切新形成的关系等不到固定下来就陈旧了。一切等级的和固定的东西都烟消云散了，一切神圣的东西都被亵渎了。人们终于不得不用冷静的眼光来看他们的生活地位、他们的相互关系。"(马克思、恩格斯：《共产党宣言》，见《马克思恩格斯选集》第1卷，275页，北京，人民出版社，1995)

粹的欲望推动着人类的欲求不断触碰自己的底线，在解欲—积欲—解欲之间奔忙，在从平衡到不平衡再到新的平衡之间循环往复。受到资本规定的人类欲求的循环逻辑不再是自发自在的守恒原则，而是欲望生产和满足中的相对的适度，即在平衡与不平衡的滑动中暂时的恰到好处。

三、欲求循环的平衡与适度原则

（物性欲求的自主性；失衡—危机；再平衡）

在实在性这种对象性方式之中，能在首先将自己看成是物性实在，是肉体和欲求的统一，欲求是人作为物性实在的物性，而肉体则是作为欲求的存在。因此，超越生存被看成物质和能量的循环过程，这一过程通过自然性和社会性相互作用的双重规定展开。人作为能在的生存自由表现为对物性欲求的肯定，观念上确认其存在的必然性和合理性，在实践上满足和实现这种物性欲求。能在作为自我主体经历了必然性和公平性中的认识主体和权利主体两种形式，最后是肯定实在物性的欲求主体。这是从"存天理，灭人欲"的道德束缚中获得的终极解放，是自我主体性得到确认的最后环节和最终根底。也就是说，能在扬弃它通过自己的努力获得的社会性历史性的规定，对自身的领会回到了它最坚实的物性基础。人作为能在将自己看成是具有欲求的物性实在。

在自我阶段的前两种对象性方式中，必然性原则的核心范畴是知识，基本在世活动是认识，基本原则是正确，公平性对象性方式的核心范畴是权利，基本在世活动是承认，基本原则是平等。与在这两种对象性方式中不同，在实在性对象性方式中，成为核心范畴的是人的物性欲求，能在超越自由的基本在世活动是生产，基本原则是欲求生产和满足中的适度。生命及其展开的共在被理解为欲求在社会性和自然性的双重规定中实现和展开的过程。欲求的生产和满足要求适度，也就是动态的不平衡过程中的相对稳定以及收支平衡的保持。适度原则是正确知识和平等权利的扬弃。也就是说，欲求主体对于自身欲求的追求和满足不能违背物质能量循环的必然规律，也不能违反维系社会平等的法律和规范。欲求主体还要能够调节自身内部、自身与他者之间的能量循环，使自身能够处在相对平衡的稳定状态中。社会作为能在共在的展开，是一个物质能量的循环系统，不仅要保持自身作为人类存在与自然系统之间的平衡，还要保持自身内部的各种平衡关系；不仅要考虑横向上的平衡，还要考虑到历史过程中代际之间的平衡，以便为能在在自我实现和自由发展过程中提供良好的环境和保障。这就是适度的原则。

存在物都是系统性存在，每一个系统又处在与其他系统对象性的相互关系中。不同层次的系统之间以及同一层次的不同存在系统之间存在着物质能量和信息的输入输出关系。这种交换关系必须处于相对稳定的状态下，才能够保持整体系统的有序运转，避免系统陷入无序混乱乃至于崩溃瓦解。保持相对平衡是系统运行的基本原则，不仅是系统内部的自平衡，而且包括系统之间的平衡。物质能量循环展开的过程就是保持动态平衡的过程。能在肯定和实现自己的欲求是能在生存自由的体现，但是这个自由不能违背自然和社会物质能量平衡的原则，必须保持适度，否则就可能与自由的追求适得其反。个体生存中欲求本能的被剥夺和压抑不是导致个体自由的缺失，就是个体反抗带来的灾难。个体欲求的无度放纵对个体本身来说也是灾难。因此，保持欲求满足的适度是身心和谐的关键。同样，一个物欲横流的社会，带来的是人的精神世界的没落，是物质生活和精神生活的失衡，最终可能是整个社会体系的崩溃。

个人和社会都需要自觉地调节欲求的生产和再生产系统，保证相对的和谐和稳定。人既是实现自己欲求的主体，也是欲求得到满足的对象。人在自身欲求的满足中扮演着双重的超越作用，同时也是这一过程的主体和客体。超越生存作为物质能量循环本身不是自发的自然过程，而是能动的超越过程，是能够被能在自身调节掌控的过程。能在依据各种事实性的原则、规范性原则和感受性原则调节欲求的循环。欲求循环是在各种社会历史性关系中展开的，表现为社会历史过程。如果自然存在系统的平衡是通过自发调节实现的话，能在欲求的循环就是一种自觉的过程。欲求的生产和满足作为一种对象化活动，受到能在的对象性意识的影响和指引，而不是一种自发的本能活动。现实中各种危机失衡本身是在能在超越的实践中产生的，当然也只能通过能动实践才能得到合理调节。就能在本身已经不是自在存在而是对象性意识中的对象化存在而言，不仅不违背事实原则而且不违反规范要求的适度，应该是欲求实现的基本原则。

物性欲求的自主性

能在始终是欲求主体，社会始终是物质能量循环的共在系统。确切地说，即便欲求没有进入对象性意识成为人自我确认的主体性，欲求仍始终存在，人作为能在始终通过并作为有欲求而存在。没有作为能在主体性根据的欲求恰恰是通过被压抑的方式推动了内在意志的成长。在他者阶段，人还没有将自身领会为作为动力和目的统一的存在主体，而是抑制和超越自身欲求的内在意志。按照弗洛伊德的看法，这个意义上的自我是超我管束破坏性本我的机制。作为管束机制的内在意志实际上是宗教、道德和审美等为内容的超我原则的内化。自我以信仰、良心和品位的名义，约束、遮蔽甚至根本否定欲求，能在的超越性表现为通过对他者的内化形成内在意志压制自我欲求。依据柏拉图借助苏格拉底之口所言，灵魂中理性的好的部分对欲望本能的主宰，对应的是社会中代表理性的统治者对代表欲求的被统治者进行统治。事实上，宗教、道德和审美都代表着他者管束和治理物性的欲求，是实现社会物质能量循环的他律机制。当然，在这些对象性方式中，人作为个体的物性欲求没有成为自我领会的根据，而是被看成消极的因素。既没有被理解为生存的目的，也没有被理解为生存的动力。

现代个体成了欲求主体，个体的欲求被确认为能在作为物性实在的基本规定，欲求的满足成了能在超越的目的和动力所在。人立足于自身的欲求理解生命意义，理解自身与他者、自身与社会的关系。他者成为"我的"欲求展开的要素，因此在存在论上失去了优先地位。自我成为主权者，自主地掌管着与他者和社会的物质能量循环，调控生命的物质和能量的平衡。自我不再是社会调控欲求的中介代表，而是欲求的拥有者、表达者和实现者，并通过与他者和社会发生关系实现自身的欲求。自我作为主体拥有欲求，他的主体性规定就是欲求。他者被理解为手段和工具，虽然是必需的环节，但已经不再具有存在论和价值论上的优先地位，而是抽象权利得到等同承认的主体。欲求的满足成了能在在世的目的和意义，也成了能在自主调控的私人领域。能在主体性的自由在实在性的关系中就是摆脱各种宗教、道德和审美教条的束缚，肯定欲求本身，肯定欲求满足的自主性。在这种存在论意识中，能在立足于物性理解自身，立足于欲求的自我实现，几乎瓦解了所有的超越原则，信仰、良心和品位作为没有强制的软性方式已经逐渐退却了，唯有必然规律和公平法制成为能在行为的强硬底线，知识、权利和欲求成为人作为主体的三种基本规定。

随着个体主体性的崛起，社会也越来越被看成能够自我调节的物质能量循环系统。社会性的各种制度、规则和观念都与压制和管束自然的本能欲求有关。弗洛伊德认为文明产生于本能压制，压制本身是欲求实现和欲求升华的机制。因为没有这种约束机制，本能的自然实现必然是混乱和无序的。但是，当压制本身不是实现的手段而成为目的，因此成为与欲求相异化的极端桎梏的时候，反对控制、实现自治自主就成为基本的趋向。一旦个体和社会都形成了反抗压制欲求的普遍共识，欲求被看成正当且根本的存在规定时，欲求的满足就进入了自主性的时代。个体将自己看成欲求的主人，自己主宰自己的欲求，以这种自主性和自发性拒绝外在权力对欲求生产系统的介入和干预，人成为自己的主人。相应地，社会本身也就被看成摆脱政治权力干预的自我调节领域。拒绝公共权力对个体生存和市民社会的干预以及控制成为现代自由主义的基本信条，市民社会和政治国家的分离被看成是现代解放的基本成果。立足于自发性和自主性概念，市场作为看不见的手实现经济生产的自发调节便成为基本主张。然而，能在的欲求本身具有不断突破限制的自我生产趋势。尤其是在资本规定的生产中，当客观需要转变成不断扩大再生产的欲望的时候，社会的物质能量循环过程就始终处在平衡和失衡交替的动态过程中。

失衡—危机

人作为能在的产生是物质世界自我发展的一道裂缝，打破了自然物质世界自在的循环过程。能在的存在是以对象性意识为内在环节的对象化过程。对象化活动从根本上说不能创造或消灭物质世界的质能，受到能在中介的世界仍然是质能守恒的物质世界。但是，能在能够改变物质世界的物质和能量的存在形态以及存在过程，因此导致不同的存在系统之间物质能量的不平衡。如果没有人作为能在的超越生存，整个存在的物质系统实际上不会产生失衡问题，平衡根本没有意义。因为物质世界将是一个自我调节因此自我守恒的系统，物质和能量在不同的子系统之间实现着自然流动，因此是一种无所谓平衡与否的自在状态。强烈地震和火山爆发，在没有人的世界中就是一种自然现象，既无所谓破坏，也无所谓创造，更无所谓危险，而是始终处在物质能量的守恒状态中，物质和能量不增不减。因为能在超越的生存，即对象化活动本身是对自然的违抗，是超越自在性和自发性的能动过程。这一过程打破了自然自身的能量循环，不断改变自然的自在状态。物质能量的循环具有了相对于人的存在意义，因此才产生了平衡与失衡的问题，才存在对象化活动是否适度的问题。平衡只是相对于能在的生存而言，是指一种相对稳定和适宜的物质能量循环状态。能在满足自身欲求的对象化活动总是在改变对象世界的同时改变着自身，不断地改变自身和他者之间的稳定状态。这种改变必须坚持适度的原则。极端地打破了物质能量循环平衡的实践必然导致危机，乃是在毁灭人的存在本身。

在他者阶段，人还没有将满足自身的欲求作为存在的意义，人类的生存实践也没有足够强大到可以改变整个世界来满足自身的程度。因此，生存还表现为自然物质世界的自我循环，总是能够达到一种相对稳定和自发平衡的状态。到了自我的主体性阶段，存在世界的格局因为能在实践能力和存在论观念的改变发生了根本变化。第一，由于现代科学技术的发展，能在能够依据世界本身的原则来改变世界的面貌，生产出物质世界本来不具有的物质和能量形式。按照海德格尔的说法，这是一个依据可计算性进行可订造性生产的时代。世界存在的自然逻辑变成了人类的生产逻辑。第二，能在将自身作为目的，尤其是将满足自身的欲求理解为生存的意义价值所在，能在生存的意义被看成是欲求不断得到实现和向外扩展的占有过程，彻底打破了传统社会中由各种超越因素诸如信仰、道德等维系的相对静止和相对稳定状态。第三，物性欲求的生产和再生产通过资本方式得到展开，资本本身作为一种无节制的积累欲望正在将欲求的生产和满足带向无底的深渊。这三个方面的重大变化已经彻底瓦解了世界的平衡，不仅打破了物质世界自我平衡状态，打破了社会自我的平衡，也打破了能在自身身心的平衡，并且使他进入了脱序和紊乱的状态。

随着人类实践能力和主体地位的确立，自然失去了神圣性和神秘性成为人类科学认识和技术支配的对象，成为满足人类欲求的原料库，人类俨然成了自然世界的主宰。通过认识自然来掠夺自然。自然一方面成为资本生产的要素，以资源能源的方式满足人类日益膨胀和扩大的欲求，人类无限欲求与自然自身的有限性之间的矛盾日益严重，平衡已经被彻底打破。资源和能源的危机不再是未来的可能性而是每天生活的现实。资本自我增值的欲望却无视这一切，不断制造新的欲求以实现资本自身的积累。与此同时，自然又是生产和消费的废料场，人类生活的垃圾站。人类生产生活的废品不断回归到自然之中，成为自然物质系统难以承担的重负。水污染、土壤污染和空气污染的严重性已经达到了人类生存难以维系的地步。我们生活于其中的自然是我们存在的物质前提，是人化自然，是历史的产物。生态危机是自然物质系统与社会存在系统物质能量交换的失衡。如果人类的价值观念和生产生活方式不发生根本变化，就像癌细胞的扩散打破了人类身体的自然平衡，最终毁灭寄主同时也就毁灭自己一样，人类可能会因为毁灭自然生态环境最终自我毁灭。

在人类与自然环境系统的物质能量循环出现失衡的时候，人类社会内部物质循环系统的失衡更加严重异常。资本生产方式是以实现资本的价值增值为目的，以市场交换为基本方式，以满足人的物性欲求为手段，以形式公平为基本原则的生产方式。资本主义生产方式强调通过自由竞争、优胜劣汰等方式实现物质资源的有效利用，通过市场自由交换自发调节达到经济生活的动态平衡。这一基本机制将会导致两个结果，一个是公平性提供的形式平等鼓励并一定会通过资本的积累和剥削导致社会的不平等。加上优胜劣汰、强者愈强的逻辑，不平等一定会发展成为破坏社会平衡的各种两极分化，诸如收入分配的两极分化、地区发展程度的两极分化、不同国家之间的贫富分化等。这些都是资本生产逻辑的必然结果。两极分化作为物质经济生活的失衡揭示了资本主义形式平等的限度和不合理性。另一个结果是生产和消费脱节的经济危机频繁发生。经济危机是自由竞争导致的商品产需失衡的危机，金融危机也是货币资本供需脱节的危机。这些危机表明了经济运行中市场自发调节的滞后性，揭示了资本主义生产体系事实上存在的不合理性。当然，价值的不合理性和事实的不合理性是紧密联系在一起的。马克思说资本主义的经济危机是形式上生产过剩的危机，意在表明，并不是社会上没有实际需要，而是这些需要因为两极分化所导致的相对贫困不能转换成货币，因此对资本生产来说不构成现实的有效需要。资本规定的生产体系包含着导致失衡的客观趋势。相对不平衡成了整个现代社会物质经济生产的常态。

从微观角度讲，这种不平衡还表现在能在身心之间的不平衡。核心的是作为能在物性的欲求与能在超越物性的价值因素之间的失衡。物性的欲求取得了基础地位，不断地制约和瓦解能在生存的超越性。人本身日益变成物化的存在，失去了超越的价值追求。在这一物化过程中，人陷入了虚无主义和相对主义，失去了超越的梦想。社会出现各种心理的扭曲和病态，出现各种反社会的人格。难以抑制的冲动通过各种不正常的渠道发泄，导致社会的混乱和无序。各种暴恐活动此起彼伏，各种变态事件层出不穷。这种欲求和本能的变态及其展开方式侵蚀了整个社会肌体的健康，社会需要达到一种新的相对稳定和有序。

再平衡

市场的自发调节不能实现物质生产领域的平衡，不会带来人与自然之间的平衡，也不会达到身心的自我平衡。社会物质能量通过资本生产导致的失衡已经产生各种严重的危机，这些危机甚至危及到人类生存本身。自发性调节概念已经不适应当代社会生活的客观状况和发展趋势。由于对资本主义生产失衡原因分析和价值判断的不同，出现了革命和改良两种不同的理论阐释和现实实践。超越自由资本主义的晚期资本主义概念呈现出完全不同的内涵，成为垂死的即将被革命推翻的资本主义和有组织的能够通过国家干预合理化的资本主义。

革命理论用资本主义生产方式概念阐释自我阶段的物质生产活动，而且从物质生产活动方面理解人的生存和社会历史的发展。在革命理论看来，以生产资料私有制和雇佣劳动制度为基础的资本主义生产方式必然带来社会的不平等和生产的不平衡。资本主义生产中的剥削导致社会不平等和两极分化，这一事实必然导致推翻资本主义剥削的阶级斗争和革命运动，建立一个没有剥削的自由平等社会。而资本主义生产中的自由竞争和自发调节导致了产需失衡的经济危机，这是资本主义物质生产体系不合理性的表现。经济危机的爆发意味着资本主义崩溃的必然性。危机引起的革命胜利之后，将建立一个按照计划有效调节物质生产的社会。所以，在革命理论看来，只有彻底推翻资本主义生产体系，按照新的原则和制度组织生产才能实现社会发展和谐平衡。

改良理论则不同，它虽然也承认资本主义生产导致的失衡危机，但它不是将资本主义的危机看成导致崩溃的毁灭概念，而是健康机体不时出现的失调和疾病，它可以通过医治和调理实现康复。在改良理论看来，革命理论仅仅针对的是自由资本主义及其危机，但自由资本主义导致的生产危机恰好说明了资本主义需要并且确实引进国家调节。国家干预的资本主义超越自由资本主义进入有组织的资本主义阶段，导致整个资本主义崩溃的系统性危机不再可能，资本主义通过国家的自我调节能够实现自我平衡。国家调节是与市场调节相互配合的资本主义生产本身的要求。因此，实现物质生产领域的相对平衡，解决资本主义的危机根本不需要推翻资本主义，而只是需要资本主义内部的自我修正。这种修正根本不需要，事实上也不可能彻底消除危机，它只需要将危机变成一种可控可治的常态疾病就可以了。

从 20 世纪凯恩斯主义之后，资本主义通过自我调节的确实现了相对的稳定和发展。市场调节和国家干预的天平随着实际的经济发展状况不断调整。① 然而，正是在这种不断的调整和矛盾的缓解之中，资本生产的危机和矛盾不断积累，资本的增值欲望将物质生存的不平衡性推向极端，生态危机就是资本生产已经揭示出来的人类生存的底线。欲求膨胀导致的精神危机更是物化社会危机的根本体现。在这种以物性欲求为核心的实在性方式中，政治叙事的基础突破了理性、权利等，回到了人作为物性的存在，政治仅仅被看成是围绕着欲求满足展开的共在生活。这就是在自我阶段与技术政治和承认政治概念不同的生命政治。

四、生命政治，以人的实在物性为叙事核心的政治

（能在的物性实在作为政治概念的根据：颠倒了的柏拉图主义；生命政治的三个环节：利益、欲望、身体；走上超越自我中心的能在道路）

政治是能在超越生存之共在的构成维度。政治概念本身是能在关于政治的对象性意识，因此取决于能在在何种超越的层次和方式中把握政治。在实在性这种对象性方式中，政治概念是生命政治。政治不仅围绕

① 从最初的自由资本主义为主导，到 20 世纪 30 年代至 70 年代凯恩斯主义为主导，接着到 70 年代之后的本世纪 2008 年金融危机期间新自由主义为主导，再到如今政治权力对经济生活干预的再度强化，我们可以看到市场和政府关系的长时段变化。

作为物性的欲求旋转，而且被物性的欲求所规定。生命政治认为，政治
从人作为物性的生命存在中产生出来，并以维护和改善人类物性的生命
存在为根本目的。作为能在，物性的欲求成了政治实践和政治思想的出
发点。政治叙事经过长期的跋涉，摆脱了各种信仰、良心、感受、知识
和权利等形式的规定，在生命政治概念中达到了存在论上的实在性环
节。政治概念在新的层次和方式中回到了自己的出发点，回到了能在生
存的物性欲求本身。政治在这个基础上重新确认自己的本质和职能，不
仅是意识到自身的职能在于对欲求的规定和制约，而且意识到满足和实
现人的欲求是政治的基本目标。在这样一种政治概念中，政治不再扮演
轻视、遮蔽甚至否定本能欲望、物质需求，以便符合抽象观念的角色，
而是成为物性欲求展开和自我实现的工具和方式。因此，欲求成为了政
治的起点、目的、对象、动力。问题的关键不在于作为物性实在的生命
概念进入政治叙事，而在于政治叙事中作为物性实在的生命获得了基础
性的地位。肉体生命在政治叙事中始终存在①，但关于肉体生命的立场
却发生了根本变化，曾经被谴责、被驱逐的物性肉体及其欲求堂而皇之
地走到了前台，不仅获得了正当性而且成为政治叙事的根据和出发点。
在这个意义上，以人的物性实在及其欲求为根据的生命政治概念，是对
柏拉图主义政治概念的根本颠倒，因此是现代政治概念的基本形态

----

① 　在《斐多篇》中，柏拉图显然从他的绝对主义立场谈到了身体对于政治的影响，
对身体进行了谴责："身体用爱、欲望、恐惧，以及各种想象和大量的胡说，充斥我们，
结果使得我们实际上根本没有任何机会进行思考。发生各种战争、革命、争斗的根本原
因都只能归结于身体和身体的欲望。所有战争都是为了掠夺财富，而我们想要获取财富
的原因在于身体，因为我们是侍奉身体的奴隶。"（［古希腊］柏拉图，《斐多篇》，见《柏拉
图全集》第 1 卷，王晓朝译，63～64 页，北京，人民出版社，2015）

之一。

　　在生命政治概念中，人作为能在不是一般地肯定自身存在的优先性，比如认识主体的优先性，或权利主体的优先性等，而是肯定了自身作为物性实在的优先性，肯定了欲求作为实在物性的优先性。能在首先将自己理解为欲求的主体，知识、权利都是欲求得以展开的环节。所以，政治基础不在理性认识和民主参与，而在以欲求为核心的社会物质能量循环之中。知识和权利只是维系和展开社会物质能量循环的中介环节，把握知识的认识活动和实现权利的承认活动，都不是基本在世活动。能在的基本在世活动被看成是满足欲求的生产。能在从生命的物性实在出发理解政治，政治必须回到对物性生命本身的肯定，回到生命存在的原始规定，这就是欲求。能在的生命存在只是自然物质能量作为欲求这种特定方式展开的循环过程。作为能在实在物性的欲求之特殊性在于它的社会性和历史性，在于它是在社会历史的共在生活中实现的，因此是通过政治的方式得以实现的。拨开了掩盖实在物性的各种社会历史幻象，政治叙事回到了赤裸裸的出发点，这个出发点被理解为本真的存在根据。从这个意义上讲，以欲求概念为基础的生命政治是对神权政治、德性政治和浪漫主义政治的根本扬弃。政治的使命不是让能在走向上帝和来世，也不是通过教化树立奉献和牺牲自己以成就他人的道德精神，或者抽象掉实存关系的完美想象，而是为生命欲求服务，是物性实在得以展开的共在方式。在这种实在性的对象性方式中，能在的自由被理解为摆脱宗教道德等观念的束缚，直接肯定作为物性的利益、需求和欲望。捍卫并规范肉体生命的欲求，使其成为在共在关系中得以具体展开的现实，成了理解政治的核心观念。从生命政治的角度来看，技术政治和承认政治作为现代主体性政治的表现还只是形式，只是体现了现代主体性政治的手段和方式，并没有揭示技术政治和民主政治的目的并指向何在。生命政治直接将生命存在的物性欲求规定为政治的基础，指明了科学技术和民主法治服务的对象和真实内容。欲求的目的论化意味着科学理性和民主法治只是被理解为或者说降格为有用性的工具和手段了。

在生命政治中，作为能在物性的欲求成为政治叙事的基础，成为自由叙事的核心。能在的自由解放甚至被理解为能在的生存向本能的复归。在理性和权利之后，欲求成为自我阶段自由概念的最后环节，满足物性欲求的政治成为自我阶段政治的最后形式。因此政治不仅在形式上通过技术政治和民主政治，而且在目的和内容上成为功利主义的政治。"人成为目的"，科学认识（工具理性）和民主法治（价值理性）都降格为实现个体利益和欲望的工具，政治就是功利主义的政治。马克思的政治经济学批判，德勒兹的力比多经济学批判和福柯的身体政治等都是这种功利主义政治概念的展开形式。具体说来，生命政治可以分为三个具体的环节：利益政治、欲望政治和身体政治。

利益

现代解放在概念上表现为能在主体性的确立。首先是在自然的关系中的人通过将自然把握为物质的世界，从而确立了理性认识中的主体性地位；其次是作为交往活动领域的社会被把握为平等个体之间的共在关系和共在状态，能在因此成为权利主体。个体拥有的自由平等权利反对公共权力干预私人领域，让个体自由和社会自治成为反对专制极权的思想基础。现代社会和现代个人从传统政治的绝对权力中获得解放。市民社会与政治国家的二元分裂是现代解放的基本成果，也是现代政治叙事的基本框架。个体和市民社会的自由权利成为对抗公共权力的基本出发点，个体生活排除政治权力的干预成为私人事务领域，经济生活通过市场方式自发调节。因此，政治国家成了经济生活和个体生活之外的补充结构。政治不过是保证公民抽象权利得以实现的共在形式。个体自由因此也被局限在思想自由、言论自由、平等选举权等抽象的权利层次，也就是被等同地对待这样一种公正要求。公民就是现代政治国家中平等的权利主体。自由本质上就只是这样一种形式的权利得到普遍承认，政治的职能就被理解为对这样一种形式公正的保障和捍卫。

以平等权利为核心范畴的政治只是现代主体性政治展开的一个环节，抽象形式的环节。能在在政治国家中成为平等的权利主体只是能在成为主体的形式方面。作为能在实在物性的欲求取得基本地位，因此能在成为欲求主体才是现代解放的实体内容。现代政治之所以是功利主义政治，不仅取决于权利成为核心，而且取决于欲求成为基础，权利成为欲求展开的形式规定。也就是说，保护个体自由平等的抽象权利只是现代解放的抽象形式，得到肯定和释放的能在欲求才是现代解放的实质内容。满足现代个体需要和欲望的社会生产机制才是现代社会的存在基础。因此，对政治功能和本质的理解不能脱离经济概念，不能脱离满足能在物质需求的基本物质生产方式，不能脱离作为现代基本物质生产方式的商品—资本概念。形式的权利必须深入并过渡到物质性的实际利益和需要中才成为能在主体的现实。反言之，形式的抽象权利实际上是对实际的物质生活领域关系的抽象，但它们往往被看成是先在的绝对。马克思曾表示，德国哲学中抽象平等的自我意识是法国的政治平等概念，而且法国的自由主义政治概念是以资产阶级的物质利益和物质生产关系为基础的。①

思想和政治从来不是脱离了现实物质利益生产的抽象形式。在马克思看来，自由平等的权利主体观念以及以此为基本原则的政治生活，实际上是现代物质经济生活在政治上层建筑和观念意识形态中的体现。所以，对政治的理解需要在满足人的物质生活需求的经济生活中去寻找。在自由主义将现代政治国家看成是独立于市民社会的抽象存在，并以此捍卫个体和社会相对独立性的时候，马克思批判了这种观念论的概念。马克思说："法的关系正像国家的形式一样，既不能从它们本身来理解，也不能从所谓人类精神的一般发展来理解，相反，它们根源于物质的生活关系，这种物质的生活关系的总和，黑格尔按照 18 世纪的英国人和法国人的先例，概括为'市民社会'，而对市民社会的解剖应该到政治经济学中去寻求。"②马克思的这一论断将政治概念奠定在作为物性实在的基础之上了，它要求从能在满足自身物质需求的生产和再生产角度去理解政治的本质、功能及其运行。在这个意义上，政治经济学批

---

① 《德意志意识形态》中说："在康德那里，我们又发现了以现实的阶级利益为基础的法国自由主义在德国所采取的特有形式。不管是康德还是德国市民（康德是他们的利益的粉饰者），都没有觉察到资产阶级的这些理论思想是以物质利益和由物质生产关系所决定的意志为基础的。因此，康德把这种理论的表达与它所表达的利益割裂开来，并把法国资产阶级意志的有物质动机的规定变为'自由意志'、自在和自为的意志、人类意志的纯粹自我规定，从而就把这种意志变成纯粹思想上的概念规定和道德假设。"（马克思、恩格斯：《德意志意识形态》，见《马克思恩格斯全集》第 3 卷，213 页，北京，人民出版社，1960）

② 马克思：《政治经济学批判·序言》，见《马克思恩格斯全集》第 31 卷，412 页，北京，人民出版社，1998。

判才在最基本的意义上是政治哲学，或者说是现代政治哲学的基础存在论。①

马克思认为经济基础决定上层建筑，政治服务和服从于物质经济生产过程。当现代的自由概念力图撇清政治生活与经济生活关系的时候，马克思将经济生产的视角引入政治概念。或者反而言之，马克思将政治概念奠定在经济概念的基础上，打破了权利政治概念的自我封闭性，揭示了现代政治的社会历史基础。与以权利概念为基础的承认政治概念不同，马克思的政治概念可以称之为以利益概念为基础的经济政治。② 作为现代政治的基本环节，它比以权利为核心、抽象平等为

———————————

① 在这样一个基本的意义上，我们认为马克思的唯物主义为理解现代政治奠定了存在论的基础。我们甚至曾经指出："从马克思思想的总体旨趣来看，十分明显的是：《资本论》不是'为资本立论'，而是'以资本立论'，通过政治经济学批判解剖现代的社会存在架构，以探索未来历史的发展方向，社会批判和历史批判是其经济研究的内在定向，目的在于为政治地介入存在之历史提供思想基础。因此，其基本性质和意义不可能在实证经济学的范围之内，也不可能单纯在现代社会学或历史学的范围之内得到足够理解——当然它并不能拒绝这些学科化理解，或者认为此种理解毫无价值。显而易见，马克思的理论发展存在鲜明的政治切入路径。遗憾的是，不论在《政治经济学批判》的导言、序言以及其他地方都已经预告了的国家等等政治问题，马克思并没有课题化地最后落实，他没有留下系统的政治学或政治哲学著作。不过，这一点非但不排斥、反而迫切地需要我们厘清马克思对政治的理解，重构马克思的政治概念。从一种宽泛的意义，其实也是内在的思想特质来看，马克思的整个理论大厦可以看成是大写的政治哲学体系。"（罗骞：《面对存在与超越实存——历史唯物主义的当代阐释》，167 页，北京，人民出版社，2014）

② 这个命题的意思只是说，为了揭示现代政治解放的局限，探索人类解放的新的可能性，马克思从利益概念出发，进而从物质生活的生产和再生产出发解释政治，批判理性主义的政治概念。但是，马克思的政治概念比较复杂，为了批判唯心主义理性政治概念，他强调了利益、经济在政治阐释中的基础地位，但与庸俗唯物主义不同，马克思并没有停留在抽象的物性基础上。利益在马克思的整个理论叙事中只是一个必要性概念、前提概念。

原则的承认政治更加深刻和具体。关于历史唯物主义的政治概念，列宁
有一个简洁明确的说法，即政治是经济的集中体现，这充分地揭示了
这种利益政治概念的核心内涵。立足对现代资本主义生产方式的批
判，马克思揭示了现代政治解放的不彻底性，揭示了以经济剥削为
基础的现代政治的统治本质。由此，马克思提出了以推翻现代资本
主义生产方式为目的的革命政治概念，并将现代的解放政治彻底
化了。

　　与革命政治概念相同，改良政治的概念也从物质经济生产出发揭示
政治功能和意义。不同在于，政治被看成是维系和调整现代经济生活尤
其是利益再分配的机制。在反思现代形式平等基础上提出的分配正义理
论是对当代政治实践的概念化。它的基础就是利益政治，是以权利概念
为核心的承认政治的扬弃和深化。因为，能在主体的抽象权利得到确认
并且获得相应的法制保证之后，随着资本主义生产体系限度的日益彰
显，政治在物质生产和消费领域的作用日益强化，政治利用市场同时制
约和补充市场的作用已经成了基本常态。① 当代政治真正地成为了市场
资本的补充性结构或者说市场的同盟军。公共权力不论是超越于市场
之外成为市场的制约力量，还是说内在于市场参与利益的分配和再分
配，都揭示了政治的利益基础和利益指向。那种迷恋抽象权利的主张
实际上是一种还没有洞穿现代政治本质的意识形态，捍卫抽象权利被
他们理解为政治的本质任务。虽然，形式上的平等也是平等，获得抽
象权利的解放也是解放，因此它们具有进步的意义。但是，只有深入

---

　　① 在这个意义上，可以说罗尔斯的《正义论》是当代福利国家的政治哲学形态。

到利益关系和需求的生产和满足之中，才能真正深入理解现代政治。

欲望

生命政治的出发点是人作为能在的实在物性。人活着首先要吃穿住行，因此满足物质需求的经济活动是最基本的生命活动。生命政治概念的第一个环节是经济政治，或者说利益政治。利益政治是直接对能在作为物性实在的首要肯定，因为欲求包括了肉体存在的物质性需要和本能欲望，物质需求是能在欲求的存在基础。在利益政治之后生命政治展开的第二个环节就是欲望政治，也就是在满足肉体存在的吃穿住行等物质性需求之后，以本能欲望为出发点理解的政治。利益政治的原则是工具理性和计算理性，因此实际上还是一种理性主义的政治。它批判的不是理性，而是脱离了利益的"无人身的理性"。然而，物性需求只是能在作为物性实在的物性之一。在这种通过工具理性行为能够满足的需求下面，还存在着能在更加原始性的非理性需求，这就是本能欲望。本能欲望是能在作为物性实在的本我的原始属性。这种原始属性同样需要得到满足并且仍然要在政治生活和政治概念中表现自身，欲望成为利益之后理解生命政治的另一个关键范畴。当然，在某种意义上，欲望也可以看成是能在的一种需要，欲望得到满足也是一种特殊的利益。因此利益政治过渡到了欲望政治。

同以物质需求的满足为核心的利益政治概念相比，欲望政治因为对非理性本能的崇尚，颠覆了传统的政治概念。政治作为能在共在的存在论构成维度，具有公共性、公开性等特征，因此，最初的政治概念总是与超越本能的理性概念联系在一起的。比如在亚里士多德等古代哲学家那里，不仅政治活动的方式而且政治的目的都是理性主义的，政治属于实践理性的范畴。当代的哈贝马斯在交往理性的概念中讨论政治和规范，仍然属于政治的理性主义传统。不论是工具性行为遵守规律，还是交往行为服从规范，都要求克制非理性欲望，政治叙事的基础都处在理性主义的层面上。然而，生命政治概念以能在将自我领会为物性实在为基础，使政治叙事的核心范畴成了欲求，也就是必须得到满足和实现的物质需求和本能欲望。欲望政治就是从能在的本能欲望这一存在论基础之上形成的政治概念。欲望政治概念通过批评理性主义的政治叙事，反思经济主义的政治概念，将非理性的欲望理解为政治叙事的基础，以此阐释政治的基础、特征、功能和本质。欲望概念将现代主体主义和功利主义政治推进到了能在最原始的物性层面，经过叔本华、尼采、弗洛伊德和德勒兹等人的阐释，逐渐形成了一股强大的政治思潮。20世纪60年代以来，以本能欲望为核心的非理性主义政治对抗理性主义政治概念成了当代思潮的一个显著特点，在政治叙事中曾经被遮蔽和忽视的非理性欲望在当代政治思想中获得了显赫位置。欲望政治是生命政治的重要环节。

欲望政治概念在理解欲望与政治关系的时候，主要有几个基本视角：第一，是将欲望理解为政治的存在论基础，政治被看成是通过压抑欲望来满足欲望的一种社会历史机制。第二，因此欲望政治将本能欲望看成是政治的目的，从满足能在欲望的这个角度批判各种理性主义政治的异化。神权政治、德行政治等都以观念的幻象压抑了欲望满足，抑制了生命存在的生机。第三，政治自由就是从欲望被压制的异化状态中解放出来，解除各种额外的压抑，通过欲望的满足肯定能在最本真的自我。第四，不仅政治应该以本能欲望为基础，而且政治动机本身也应该被看成本能欲望的显现。个体对权力的渴望本身被看成是一种控制和支配他者的本能欲望。在弗洛伊德那里，战争和暴力都被看成是死亡本能的体现。第五，具体探讨本能欲望在权力生产和运行中的微观体现时，欲望被阐释为政治运行中的心理变量，理性不过是它出场的公开外衣。对理性主义政治的批判便解开这一层外衣，面对赤裸裸的本能欲望，直抵那个潜藏在幕后的真正主角。

身体

生命政治概念通过利益政治、欲望政治，最后直接回到人作为实体的存在，从实在的物性达到了这个实在的物本身。身体概念成为政治叙事的基础，我们称之为身体政治，即从人的身体存在这一基本事实出发来理解的政治。从逻辑上说，人首先是作为肉体的身体存在，其他的存在方式和存在领域都是在肉体存在基础上的展开。但是从存在论角度讲，将作为肉体存在的身体理解为存在论的出发点，却是现代的思想事实。最原始的、最直接的存在事实却是存在论上最后被确认的事实。只是到了现代，作为肉体存在的身体才在存在论上成为第一事实，身体存在才第一次在意识中被确认并巩固起来。作为肉体的身体才不再被看成是消极的被动存在，不再只是被看成工具和被克服的对象。身体成了政治叙事的基础和目的本身。政治活动、政治制度、政治价值围绕着能在作为肉体存在的身体展开。身体成为现代生命权、健康权、人身自由权、肖像权、迁徙权等权利概念的基础和环绕的中心，抽象人权展开为各种围绕身体形成的权利。

人的存在是在物性世界中超越物性的自由生存。社会历史不过是能在超越作为共在展开的意义价值空间。也就是说，精神性的超越是以物性的存在为根本前提的。但是，精神和灵魂的优先地位长期主导着能在的存在论意识。能在将自身看成是灵魂或精神的存在，肉体的存在只是不朽灵魂的暂时寓所。灵魂和精神的净化要得到提升、达到真理、走进永恒，肉体存在就成了障碍，成了必须约束和克服的对象。在这种观念主导之下，肉体被看成精神的牢笼。以肉体为基础的感觉、欲望、需求和利益玷污了灵魂的纯洁，妨碍理性的认识，妨碍真正的信仰和高尚的道德。肉体总是被诅咒和蔑视，成了政治权力利用的工具和管制的对象。神权政治、道德政治和浪漫主义政治都将对肉体的鄙视、驯服和管控作为根本任务，通过战胜肉体的过程和程度显示自身的修为和境界。践踏肉体铺就了道德胜利的凯旋大道。贞洁牌坊显示了肉体的失败和道德权力的高尚。肉体的生死、自由、疼痛都成了权力的工具。通过死刑、监禁、酷刑、流放、葬礼等方式，权力实施着对肉体的统治，在肉体上展示统治的意志。肉体作为对象在政治中始终存在，但传统政治敌视肉体，利用肉体。政治叙事中充满的是理性、信仰、道德等高尚纯洁的东西，肉体及其需求只是作为政治的对立面而存在。① 在这个意义

①　关于这种敌视肉体的唯心主义，马克思曾经批判指出："在德国，对真正的人道主义者来说，没有比唯灵论即思辨唯心主义更危险的敌人了。它用'自我意识'即'精神'代替现实的个体的人，并且同福音传播者一道教诲说：'精神创造众生，肉体则软弱无能。'显而易见，这种超脱肉体的精神只是在自己的想象中才具有精神的力量。"（马克思、恩格斯：《神圣家族》，见《马克思恩格斯全集》第2卷，7页，北京，人民出版社，1957）当然，马克思在批判这种敌视肉体的唯心主义之后，没有走向简单地肯定肉体生命存在并将它作为政治叙事的基本根据的方向，而是由此肯定物质利益和劳动生产在政治叙事中的重要地位，创立了历史唯物主义。在我们看来，相比较欲望政治和身体政治而言，历史唯物主义立足于利益和劳动的政治概念作为生命政治形式之一，具有更加基础的意义，因为它通过生产劳动和经济基础概念在更加广阔的意义上引进了社会性和历史性维度，在肯定个体存在的同时突破了孤立的个人叙事，而这是理解作为共在生活的政治概念的关键。

上，肉体在传统政治中还没有获得存在论的地位。

问题不在于理性、信仰或道德本身的有无，因为能在超越本身就是超越物性的存在，在共在中展开了作为可能性存在的意义价值空间。问题在于，这些超越物性的价值和意义背离能在的物性实在，成了否定能在物性实在的异化力量。因此，当超越在趣味性方式的精神超脱中达到否定肉体存在的绝对抽象之后，能在对自身的领会才通过自我否定又回到了物性实在本身，最终回到对物性身体的肯定。从各种抽象理性、先验信仰和虚伪道德中解放出来，重新确认作为生命存在前提的肉体及其欲求成为现代解放的基本主题。能在将自己的物性欲求理解为存在意义的同时，必然将作为物性实在的身体理解为存在论的基础。身体政治成了生命政治的最后落脚点。现代解放的核心落实到了对身体及其自由的肯定，用身体存在的优先性反思各种道德教条、宗教信仰、等级制度和专制政治。捍卫身体权利、服务身体需求成为政治叙事的基础和政治实践的目标。政治叙事终于达到了政治诞生于以身体为基础的生命活动，并服务于生命需要这样一个朴素的真理。

身体在手段和对象方面成为目的和基础。现代解放在这个意义上体现为身体解放。政治叙事和政治实践中一直有身体，但身体存在论地位的确立才意味着能在成为自己身体的主体，他要捍卫、保护自己的身体。人是他身体的主人，对自己身体拥有权利，政治必须保护能在的身体权利。现代逐渐废除了死刑、酷刑、逼供、劳役、流放等剥夺生命和处罚身体的方式，与身体相关的权利得到确认和保护。身体主权表现为法律上的诸如生命权、健康权、肖像权、生存权、迁移权、生育权等。著作权、名誉权等身份权利则是身体权利的进一步展开。即便是依法失去人身自由的人也拥有相应的人身权利。① 当然，成为了目的的身体并不是说就不再是政治的手段，如果没有作为对象的身体管制也就无法保护作为目的的身体本身。身体政治意味着身体成为目的的同时成为手段，而不是成为其他超验目的的单纯工具。

就像实在性本身只是能在在世和历世的对象性方式一样，以实在性这种对象性方式为基础的生命政治也只是一种政治形态。生命政治中的自由概念也只是对能在特定超越层次和超越阶段的生存理解。能在从对象世界的必然性出发，经历公平性，在实在性这种对象性方式中直接到达了能在自身存在的物性基础。实在性在感受层次上达到了内在自我，将自我理解为物性实在及存在着的物性，将生存活动理解为满足欲求的生产。生命政治就是以这一物性实在和实在物性为基础的政治概念。到这里为止，能在经历了他者和自我两个阶段。从外在实在性走向通过意志到达的内在感受性，又从内在的精神性展开为对象化的现实自我。这种现实的自我经历必然性和公平性，最后达到了能在原始的存在基础。扬弃了所有覆盖在原始实在性上面的信仰、良心和品位等超越之物，能在在原则上成为唯我、唯物、唯欲的实在。在实在性中，不仅我成为生存的目的和根据，并且使作为我的物性的欲求成为根据。能在的基本在世活动就是满足欲求的生产。这就是现代解放的实质。现代是以个体自我为中心的功利的唯物论时代。

然而，从超越他者获得的此种现代解放的同时，也意味着从超越精

---

① 比如说《日内瓦公约》1977 年补充条约规定，即对失去人身自由的人，无论本人同意与否，均不可对其身体肢解、进行医学或科学实验或器官移植，以避免被胁迫的同意。

神中坠落。在这种坠落中，能在以新的方式解放和实现自己，却因此在实在性中抵达了虚无主义的深渊。物性实在的确定性成为根据，揭示的恰恰是生命根本就没有根本，意义根本就没有意义这样一个存在论事实。能在在最终的实在中发现了存在本身的无意义和无价值。能在成了无家可归的浪子，它甚至遗忘了曾经建构和拥有的精神家园。只有走出孤独的自己，走出自己冰冷的实在性，能在才能走出无家可归的状态。家，作为自己建构的栖息地，不过是被精神温暖着的超越空间。乡愁是回眸处已然消失的温暖时光，唯有带着乡愁在对未来的仰望和营建中安身，人才能有家和在家。家只在自我超越的路上，只在超越实存的时间之路上。

第三编

超我

引　论 | 超越自我中心

观念地把握世界的对象性意识与实践地把握世界的对象化活动是相互构成的，对象性意识中的观念不过是观念化的对象化活动。意识只是被意识到了的存在过程。人作为能在的超越生存只是生存意识的对象化。对象性意识和对象化活动是从不同角度对能在超越生存的概念化把握。能在从事实层次的绝对性这种对象性方式开始，经历规范层次的利他性，在感受层次的趣味性方式中完成了他者阶段的超越历程。他者阶段的实质是能在将外在性的他者确认为优先存在，能在作为能在的超越性体现在内在意志的逐渐形成和强化上。内在意志通过在观念中悬置与他者的外在关系，最后在精神逍遥中达到了极端，能在自身被领会为观念地超越具体现实关系的精神主体，即内在的抽象意志本身。自我阶段将超越作为内在意志的精神自我本身，生存被理解为以自我为中心的现实展开过程。人作为能在不仅将自己理解为绝对目的，而且将自己理解为绝对动力。以自我为中心的现代被称为主体性的时代，或者人本论的时代。通过事实层次的必然性方式，经历规范层次的公平性方式到感受层次的实在性方式，能在自身展开理性的认识主体、平等的权利主体和生产的欲求主体。自我而不是他者成为世界围绕着旋转的中心，成为存在论意识的中心。

他者阶段，通过对自身实在物性的压制确认他者的优先性，能在根本没有发现自己，没有将自身尤其是自身的物性实在确认为存在论意识的中心。自我阶段的能在从他者的束缚中解放出来，通过肯定自身的理性、权利和欲求反抗愚昧、专制和禁欲，确立了自身在存在世界中的主体地位。如赫拉克利特说的那样，上升的路同时也是下降的路。他者阶段是能在超越物性实在去构建意义世界的上升过程，同时也是真实的个体需求和欲望逐渐被束缚、压制乃至于被遗忘的过程。自我阶段的能在在发现并回到自己曾被掩盖的物性实在的时候，也就呈现出内含否定超越精神的趋向，他者阶段获得的历史成就常常被作为消极的东西弃之如敝屣。现代自由的实现常常也表现为精神生活的下降过程。现代的基本精神状况因此是价值的虚无主义，是否定超越意义的物化意识。在极端的物化意识中，自由解放甚至被看成了摧毁所有精神束缚回到赤裸裸的物性的活动。否定理性精神以便过上动物式的生活甚至成为当代的极端口号。像动物那样生活，悖论性地成为一些人的精神原则，在反对精神的意义上成为精神原则。

在能在将自己确立为主体的自我阶段，发生了一系列基本变化。首先，在他者阶段的几种对象性方式中，能在对存在的领会倾向于超越物性的精神性因素。到了自我阶段，能在从已经违反了实在物性的异化精神中解放出来，肯定物性实在本身，将世界看成是按照必然性的逻辑自我运行的物质世界。物及其物性成为存在论概念的基础。现代是唯物主义的时代。这种唯物论的概念在反对超验神性的同时，也连带着侵蚀了精神的超越性本身。其次，世界被看成是以自我为中心的世界，自我不仅被理解为叙事的话语中心，而且是对象化活动的中心。人作为能在以自我为中心构成对世界的理解，并且依据这种理解在世。外在的自然物质世界只是满足能在作为类的生存资料，社会共在中的他者只是个体自我实现的手段和方式。因此，自我阶段本质上是功利主义的，将作为自身实在物性的欲求确认为超越生存的意义和价值基础，将存在的关系理解为服务于自我的功利性关系，而不是利他性关系。每人都将自己确立为目的的时候，他者就只是工具。当然，自己同时也就成为他者的工具。因此，以自我为中心的世界概念在规范层次上的核心范畴是权利，原则是相互之间等同承认的平等。再次，从自我中心和物性的欲求出发，自我阶段的世界概念是实在世界，当下的直接存在。它以世俗主义、个人主义、实证主义和实用主义为基本精神，强调现实，强调个体，强调科学，强调有用，非但对消失了的曾在不感兴趣，而且对不确定的未来也漠不关心。能在关心的只是当下的实在，是活在当下。

从这些基本方面看，自我阶段的能在在获得新的自由的同时，也失去了诸多自由。它甚至因为以绝对自我为中心而失去了能够为生存提供意义的各种根据。回到物性的实在本身就意味着否定了超越的价值，否定了利他的德性，否定了内在的精神性，否定了未来的可能性。唯实、唯物、唯欲的能在成为一切围绕着旋转的中心。满足此种欲求被理解为生存的根本目的和意义。这是一种以占有、竞争、征服、消费为特征的功利主义文明。个人如此，社会也如此。个体、社团或国家等不同形式的主体都将自身的实际欲求作为目的，争权夺利，通过向外扩张和占有，实现自身欲求的生产和再生产。只有以必然性为原则的事实合理性和以公平性为原则的价值合理性才作为行为的规则。除此之外，宗教信仰、道德奉献和精神超越都变成了可有可无的附加物，有时甚至降格为欲求的工具和手段，失去了神圣性和崇高性，不再具有根本的意义。"法无禁止便是可为"的自由观点代表了这种文明形态的基本观念。超越实在的意义空间彻底地崩塌了，自我阶段是世俗的、利己的、物欲的。以资本为基本逻辑的欲求的生产和再生产正在全面地贯穿到所有存在领域，并且将人类生存推向自己的存在底线、自然的存在底线和社会的存在底线。在这个意义上，现代文明以资本为中介满足不断被制造出来的欲求，它不仅是一种物化的生存形态，而且是一种可能导致并正在导向人作为类的自我毁灭的文明存在方式，是一种否定崇高价值和超越精神的物化文明。

能在在自我实现中临近自我毁灭的深渊。能在从他者中获得解放的过程遗忘了意义价值的建构，成为唯我的、唯欲的、唯实的存在。它在不断被再生产出来的欲求满足中失去了意义，或者说满足作为物性的欲求本身成了生存的意义。超越变成了物性欲求的生产和扩大再生产的过程。身体成了资本积累欲望的物质载体，就像使用价值只是交换价值的物质承担者一样。在这种功利性存在方式中，能在成了物化的单面存在。能在的超越只有再度从这种物性的实在性中升起，构建超越自我和超越物性的精神空间，才可能克服这种异化和毁灭的双重危机。新的超越应该是精神价值和实在物性原则的统一，也就是超越性和实在性在对象化生存实践中的统一。我们将这种在超越实在和超越现存的双重意义上扬弃自我中心主义的过程称为能在超越生存的超我阶段。核心的问题是从唯物、唯欲、唯我的自我中心重新走向认同他者、追求精神、关心未来的自觉状态。超我阶段以总体性自由概念重新领会存在的意义，在辩证扬弃的统一性高度上理解能在的超越层次和超越阶段之间的关系，将能在存在的真理把握为真善美在对象化活动中的统一。这是一种整体性和过程性统一的总体性存在论意识。

从能在在自我阶段取得的成果和付出的代价而言，超我阶段的超越性大致包括三个基本方向。其一，超越人类的自我中心主义。在他者阶段，能在作为类的概念是在与超验世界的相互对待中被确立的，能在只是在超验意志的创造物这个意义上才是类的存在，人类没有将自身领会为存在世界的主体。在自我阶段，世界被看成按照必然规律自我运行的物性世界，人通过对必然规律的认识和利用而成为世界的主宰。物质世界是人类满足自身需要的认识和实践对象。这种人类中心主义的观念及其实践，导致人类生存与自然环境之间的冲突已经抵达了人类存在的底线。因此，超我阶段要超越这种人类中心主义的观念，重新确认和肯定自然存在的地位，调整人与自然的关系，而不是只停留在唯有人存在这样一种存在论观念中。其二，超越物性中心主义。在他者阶段的绝对性、利他性和趣味性方式中，能在没有肯定自身物性实在的优先地位，物性欲求没有在能在的自我领会中成为自我主体性的基础，能在的物性是被压抑和忽视的对象，信仰、德性和趣味等成为能在超越物性实在的意义指向。自我阶段则不同，作为物性的欲求被看成能在主体性地位的最终的、最本真的根据。在这种存在论意识的指引下，整个生存的过程围绕着欲求的满足和再生产展开。超我阶段必须超越这种物化生存和物化意识，重新在超越物性的意义上领会存在的意义，让自己安居奠基于超越物性的意义价值空间之中。只有这样，能在才能走出欲求生产中陷入的恶性循环，营建超越物性的生存空间。其三，超越个体的自我中心主义。他者阶段的能在超越，表现为通过内在意志压制自身欲求，肯定他者的存在，因此，虔诚、奉献和超脱成为在世的基本原则。自我阶段的能在主体性根本颠覆了这一切，个体成为以权利平等为核心的独立个体，利己主义、个人主义成为基本精神。满足自我的各种欲求是能在在世的目的和动力所在，个体之间是以平等为基础的对抗性的竞争关系。这种自我取向导致人际关系中的功利化和冲突性，由这种个体构成的社会简直成了野蛮的丛林文明。现代竞争不过是法治规范下的战争状态。非常规的战争状态变成了常规化的合法竞争。战争状态不是消失了，而是全面地展开和实现了。这种以竞争和对抗为特征的文明不仅是人与人之间温情的消解，而且是对社会平衡的打破，结果是自我毁灭的各种高度文明所导致的高度野蛮的战争武器的出现，是人作为类的自我毁灭的现实性。超我阶段必须走出各种形式的自我中心主义，在与他者共在的德性意义上理解自身的存在价值，并依此理解指引自己的生存，超越权利主体概念中等同承认的自我中心主义。

当然，这里讲的超我对自我阶段的扬弃实际上还只是思想的逻辑展开。也就是说，超我作为他者和自我的统一还只是观念中的思想过程，还只是作为思想中的应当，还只是能在朝向未来的存在之可能性。也就是说，超我根本仍然不像他者和自我阶段一样是历世过程中的曾在和现在，而是一种未来历史的观念构想。因此与对他者和自我阶段的描述不同，超我阶段更多具有建构的性质。它不仅是一种观念的建构，而且期待这种观念的建构成为历史展开的内在环节，期待对象性的存在论意识成为对象化活动建构的本质因素。超我阶段的这种建构性和综合性特征，一方面需要表现为观念规定实践这样一个对象化的存在论逻辑，另一方面要体现为存在论观念的总体性特征。因此，超我阶段就不能再按照能在不同层次的不同对象性方式来展开。超我阶段将包括能在真理、历史理性和建构实践三个基本的环节。能在真理讨论新的能在论意识如何扬弃他者和自我两个阶段的存在论意识，并且成为对象化活动的观念基础，这就是作为生存领会的总体性自由概念。历史理性则是自由概念的展开。以总体性自由概念为基础的历史理性不仅是一种关于能在超越历程的理性意识，而且是一种以历史性为特征的理性精神。它揭示自由的历史特征和历史的自由本质。建构实践则是对象化的存在论环节，讲的是以总体性自由概念和由此种自由概念奠基的历史理性为思想前提，能在超越的历史建构依赖于政治实践的展开。超我阶段的政治概念是建构性政治。

能在论真理

能在就是超越。能在将自身超越生存的过程和状态领会为自由。自由是能在领会自身生存意义的能在论范畴。能在作为超越生存的存在本身就是自由。自由是人作为能在超越生存的真理。人的存在作为能在，在对象性意识的意义上不断超越物性实在展开为不同层次的意义空间，使能在成为物性世界中超越物性的自由生存。同时，在以对象性意识为指引的对象化活动的意义上不断超越现存状态，展开为时间中的历世过程。作为能在真理的自由经历了他者和自我阶段，超我的阶段是辩证合题。超我阶段的自由是总体性的自由，是由各个超越阶段和超越层次构成的真善美辩证统一的具体总体，而不再只是某种对象性方式中的单向度规定。内在于历史实践的具体的总体概念，要求将历史性作为把握自由的基本存在论范畴，将自由看成是能在超越的辩证生存过程。能在生存就是超越。这个超越作为状态和过程就是自由的历程，就是自由展开的总体。在这个意义上，历史是自由的实现。所谓实现不过是生成。把握此种存在真理的存在论意识就是实践中介的历史理性。

理性的历史

历史不过是能在历世的过程，是能在对象性意识在对象化活动中的展开。所以，历史是作为能在真理之自由的展开历程。对历史之理性的把握就是对自由之超越历程的理性把握。理性地把握历史就是要揭示历史作为自由展开之过程和状态的历史性特征。能在作为超越本身是没有绝对起点、绝对静止和绝对终极的流动本身，因此它才是超越。历史作为超越之时间维度，指的是能在带着对过去的理解面向未来不断地走出当下状态的总体化过程。因此是理性的展开。理性的历史概念有三个基本环节：实践、历史理性和理性历史。以实践为中介的辩证的历史理性为基础，理性的历史概念将历史看成洞穿了现实的历史理性在实践中展开的建构过程。超我阶段的本质就是建构性的实践，其政治就是建构性政治。

建构性政治

能在始终是超越，能在始终走在超越的途中。当这样一种能在概念进入意识，生存就是一种以自由真理和历史理性为基础的对象化活动。一方面，存在过程始终是超越生存的实践，是对实存状态的克服和扬弃，因此是自由的展开；另一方面，超越的实践始终是历史性过程，不存在绝对完美的终极状态，存在的只是不断改变现实的开放过程。在作为他者和自我之合题的超我阶段，作为社会历史构成维度的政治就是建构性政治，就是以超越精神反思自我阶段的抽象实在性，克服唯我论的生存异化和生存毁灭的共在生存。建构性政治将扬弃异化和守护存在领会为共在实践的存在论使命。以此为使命的建构性政治就是希望政治。所以，建构性政治是存在真理和历史理性之后的超我阶段的实践环节，是超我阶段存在历史的现实展开过程。

第七章 | 能在论真理

与超我阶段对应的存在概念是将在，即尚未存在的存在，是我们向之而在的那样一种可能的存在样态。人之为能在就是"向……而在"的可能存在，因此总是携带着它的曾在站在现在的将在。能在的在总是过去、未来和当下同时呈现的现在，是以记忆、想象和反映三种对象性意识为基础形成的存在论观念指引的对象化生存。超我阶段讲的就是带着精神性面对自我阶段的实在物性走向未来的阶段。所以，超我作为对象性地领会自身存在的能在论范畴本质上不是思古幽情或现实描述，也不是关于未来的纯粹想象，而是超越生存中的观念建构。超我阶段的首要环节是能在真理，也就是作为能在超越生存之意义领会的总体性的自由概念。如何在存在的基础上的如何去存在才是超我关注的核心议题。以如何去存在的领会作为超越生存的观念基础，才是超我阶段存在概念之所以是可能性之将在的根据。这个"如何去存在"首先问出的是能在之为对象性存在的那种朝向未来的对象性意识，然后是以此种对象性意识为内在环节的能在之对象化生存。能在作为存在就是超越，就是对象性意识中的超越实在和对象化活动中的超越实存。在这个意义上，作为对象性意识中的对象化存在的个体始终就具有超我的性质，他以不再是自己的方式始终还是自己。然而，作为表示能在历世之阶段的超我，不是这种意义上大致等同于能在超越性意义上的超我，而是特指扬弃他者和自我阶段的片面性，作为能在历世之自觉展开的能在论范畴。超我意味着对他者和自我阶段的不同对象性方式的综合扬弃和超越。在这种超越中，超我把握到了超越生存的统一性真理，即总体性的自由。自由作为能在领会自身存在的存在论范畴不再是由某种对象性方式规定的片面的、孤立的、静止的抽象意识，而是不同阶段、不同层次的对象性方式的合题，因此是内在于历史的具体的总体性真理。能在作为超越生存的存在真理就是这种总体性的、内在于历史的自由意识。克服了抽象性和片面性的自由概念是超我阶段存在论意识的根本范畴，是与超我对应的将在概念的真理。能在以总体性的自由意识指引超越生存，并通过作为"如何去存在"的将在揭示自身存在之为自由超越。这种总体性的自由概念首先体现在同一对象性层次中对象性方式的扬弃过程，即事实性层面由绝对性、必然性到作为二者统一的客观性，规范性层面由利他性、公平性到作为二者统一的正义性，而感受层次由趣味性、实在性到作为二者统一的自如性；然后体现在超我阶段不同对象性层次中对象性方式的扬弃过程，即能在在超我阶段从事实层次的客观性、规范层次的正义性，最后到感受层次作为二者统一的自如性。自如性中的自如就是生存自由的圆融境界，就是达到了总体性自由的人作为能在的自在生存。

一、客观性，解释之确定性

（客观性方式中能在的基本在世活动是解释，客观的解释只是普遍化的主观；建构性事实；知识的相对性，共识；边界意识）

能在是对象性意识和对象化活动相统一的对象性存在。能在在与对象的对象性关系中形成观念地把握对象的对象性意识。能在超越的不同层次和维度相统一构成不同的对象性方式。对象总是在对象性方式中呈现和被呈现。事实性是能在观念地把握世界的基本层次。在这个层次上，能在将对象作为对象自身来把握，形成关于对象的对象性知识。能在将自身意识中关于对象的知识看成对对象本身的揭示，在意识中显现的对象被当成是对象自身。能在只是呈现了这个能够被呈现的对象。对象的存在及其逻辑被认为不依赖能在自身存在着。因此，在事实性这个对象层次上，能在将世界看成是先在并且外在于能在的存在。能在的对象性意识只是像镜子一样照见了这个存在的对象。在这种概念中，能在的对象性意识还没有反思性地把握事实概念，能在没有意识到他对世界的意识只是一种对象性的意识，而是直接确认意识与对象的非反思的同一性。因此，在事实性的层次上首先形成绝对性的对象性方式，然后是必然性的对象性方式。它们都强调了对象世界自身的确定性，将对象性意识中的对象看成是对象本身。

随着能在对象性意识的发展，最后对象性观念才进入了事实性这个对象性层次。亦即说，能在才意识到即便在事实层次上，观念中形成的关于对象的意识并不是对象本身，而是相对于能在的认识框架形成的对象性意识，因此没有自在的绝对性和必然性。扬弃事实层次的他者阶段的绝对性和自我阶段的必然性两种对象性方式，超我阶段事实层次的对象性方式被我们称之为客观性。这种客观性是对象性的相对确定性。也就是说，事实不再被看成抽象的事实本身，而是与能在作为主体相对的对象性事实，关于对象的知识因此只是一种与能在的主体性相对的认识。客观性意味着历史的普遍主观，这种对象性方式的核心范畴是共识，基本在世活动是解释，解释活动的基本原则是恰当。也就是说，事实层次的对象性意识不再提供绝对信仰或必然规律，而是与能在主体具体的生存实践相契合的恰当共识。解释作为能在的基本在世活动，只是这种获得共识的对象化活动。那些曾经被看成绝对的教条和必然的规律，其实都是能在作为主体解释世界时获得的特殊共识，而不是任何绝对先验或绝对自在的原则。

在他者阶段事实层次的绝对性方式中，存在被看成外在且先在于整个现象世界的创世者。世界之本源的创始者作为绝对本体，古希腊哲学称之为本体，基督教称之为上帝，中国的道家则称之为道、太极或无极等。现实世界被看成是绝对本体派生和展开的现象世界，或是对本体的分有模仿。多元差异的现象世界依赖于绝对本体，而绝对本体是非对象性的无限存在。事实上，这个绝对本体只是作为绝对抽象的存在概念的实体化，它被看成了先在且外在于能在对象性意识的存在本身。对象性意识则被看成是对绝对存在的有限领会。人作为不能完全领会绝对存在的有限者，只有通过虔诚的信仰达到与绝对他者的统一。当然，他者阶段事实层次的对象性方式是绝对性，并不意味着绝对性中的存在概念就是事实存在本身，而只是能在将观念抽象中形成的概念作为自在存在的超越对象来信仰，并且依据这种信仰生存。观念的建构被当作自在的绝对存在本身。

到了自我阶段，作为现象世界之创造者的绝对他者被扬弃了，存在被看成了经验的现象世界本身。现象世界之外没有创造和规定世界的先验本体和先验逻辑。世界就是现象，就是在经验中感受到的物质的、世俗的世界。世界按照自身的客观规律运动、发展和变化。能在是世界必然规律的认识者和依据这些规律活动的实践者。能在被理解为能够认识必然规律并受必然规律支配的主体。人作为能在与对象之间事实层次的对象性关系不再是信仰，而是理性的认识。我们称自我阶段事实层次的对象性方式为必然性。必然性这种对象性方式否定了超验的绝对存在。自然世界和人类社会都不再被看成超验意志创造的结果，而是按照自身的必然逻辑运行的世界本身。相对于绝对性中的神秘性和神圣性，必然性这种对象性方式将世界看成是本身就存在的物性世界，它不是任何意志的创造物而是自在存在。因此，在必然性这种对象性方式中，能在的基本在世活动是形成正确知识的认识。能在关于世界的意识就是按照世界自身所是的样子描绘世界，揭示世界规律，形成正确知识。能在的自由不再是信仰超验存在，通过信仰获得归属感和安全感，而是掌握必然性规律并运用所掌握的必然规律为自己服务。自然取代了上帝，必然规律取代了神圣意志，掌握必然规律的正确知识取代了虔诚的绝对信仰。

人在科学理性中实现了一次巨大的解放。

然而，在必然性这种对象性方式中，能思主体仍然只是被看成对象世界的接受者和反映者，知识仍然被看成与对象一致的同一性关系。因此，真理也就被看成确定的、自在的、必然的知识，一种不受时间和空间限制的绝对原则。服从真理就像在绝对性方式中服从宗教的戒律一样。因此，人们像信仰宗教一样信仰科学，科学主义成了取代宗教的绝对意识形态。科学对宗教的取代实际上是物性实在和必然规律本身被提升为绝对，代替了上帝和神意。从超验逻辑到自在逻辑的进展还没有进入反思的主体性，必然规律和正确知识的概念还只是从对象本身来看待对象，或者说，还只是将关于对象的知识看成对象自身的正确描述。① 正是在这个意义上，自我阶段的必然性方式还分享了他者阶段的绝对性逻辑。宗教的创世说和唯物本体论是同一的，它们都同样抽象地肯定外在于能在主体的自在存在和自在原则，坚持一种脱离人和历史的客观性概念，人作为能在的在世总是在自在存在及其原则之后。② 能在只能在观念上信仰或认识这个自在存在，并接受其基本原则的统治。

───────────────

① 关于这种描述概念，维特根斯坦有过批评："我们称为'描述'的，是服务于某些特定用途的工具。……把描述设想为事实的语词图画，这是会起误导作用的：人们大概只想到这些图画挂在我们墙上的那个样子，图画似乎仅仅按照一件物体看起来是什么样子有什么性质把它描摹一番。"（［英］维特根斯坦：《哲学研究》，陈嘉映译，152 页，上海，上海人民出版社，2001）

② 对这种宗教神学和庸俗唯物论的抽象客观主义的批判，可见葛兰西的相关阐释。葛兰西曾经指出，这种外在于人和历史的客观性是上帝概念的残余。宗教一直教导人们，世界、自然、宇宙都是在上帝创造人之前创造的，是外在于人客观地存在的，是一劳永逸地安排好的、规定好的。（参见［意］葛兰西：《狱中札记》，曹雷雨等译，282、286、357、362、363 页，北京，中国社会科学出版社，2000）

随着科学认识本身的发展，人类对世界的认识在不断改变，科学所揭示出来的必然规律本身体现出相对性的特征。认识并不是被认识到的对象本身，而是我们对对象的认识。知识不过是认识主体从自身的视角认识到的对象及其规定。因此，必然性的规律本身也不是外在于认识主体的绝对规律，而是一种相对于主体的客观知识，是人作为认识主体把握对象的方式及其结果，因此只是对象性的意识，而不是绝对自在的永恒真理。当这种对象性意识的思想本身进入了事实层次，事实层次的对象性方式就超越了绝对性和必然性。我们称之为客观性。因为客观性这个概念是在与主观性概念的对立中得到确立的，因此它意味着与能在主体相关的对象性关系。到此，事实层次上能在对对象的观念把握被理解为与主体相关的对象性意识，因此只能是能在解释活动中形成的恰当共识。能在的基本在世活动就是达成恰当共识的解释。曾经被看成是揭示世界必然性规律的认识概念，也被理解为一种解释性的活动。

只有能在能够在对象性意识中将世界作为对象。世界虽然不是能在的意识本身，但它是通过能在的意识本身才能通达的对象。能在只能在观念之中意识到世界是什么或者存在是什么，这意味着意识始终是一种对象性关系。也就是说，关于世界的所有概念和描述都是能在对世界的对象性认识，依赖于并且本质上就是能在如何看世界的看法本身。离开能在"如何看"或者根本没有被能在"看到"的世界实际上只是观念中的想象，而不是现实的存在。世界显现给能在，能在观念地把握到的始终是世界的显现，而不是世界本身。绝对性和必然性还是没有意识到这种意识对象性的事实层次的对象性方式。在超我阶段，在事实层次上，虽然对象性方式指向的仍然是对象本身的存在和逻辑，但能在以一种受到主体性制约的客体性观念把握对象，存在的事实性不再抽象地意指非中介的对象本身及其逻辑，而是指一种包含了主体性和相对性的客观性。一方面，能在仍然将对象看成是对象本身，仍然依据对象本身如何呈现来把握对象，它关于对象的认识仍然是对象存在本身的显现，因此客观性仍然是事实层次的对象性方式；另一方面，事实性只是能在把握世界和对象的对象性方式这一点进入了能在的意识，能在意识到他所把握到的世界只是被他把握到了的世界，而不是那个作为抽象全体的自身。因此，没有自在的事实性，事实本身是对象性的事实，是能在观念的对象性建构。对象是能在的对象，对象只是通过了能在的对象性而成为客观对象。客观性是被能在对象性中介的意义上的事实性。这意味着认识的客观性这个概念本身就意味着主观，是普遍化了的历史的主观。①

客观性瓦解了绝对性和必然性的抽象事实性，将事实性看成是对象性的事实性。客观性当然还是将世界和世界中的物看成是自身存在的对象，对象之为对象一方面是不同于能思主体的对象自身，另一方面又是通过能思主体成为对象的对象自身。客观性这种对象性方式揭示的就是这种对象性的事实性，是受到了主体性制约的相对性。客观性揭示的事实的对象性分为两种情况：其一，进入能在意识但未被能在的对象化活

---

① 诚如葛兰西所说的那样："客观总是指'人类的客观'，它意味着正好同'历史的主观'相符合，换句话说，'客观的'意味着'普遍地主观的'。人客观地认识，这是在这个意义——对被历史地统一在一个单个的一元文化体系中的整个人类来说，知识是实在的——上来说的。""我们只是在同人的关系中认识现实，而既然人是历史的生成，那么认识和实在也是一种生成，客观性同样如此，等等。"（参见[意]葛兰西：《狱中札记》，曹雷雨等译，362、363 页，北京，中国社会出版社，2000。译文在此略作改动）

动改变的对象。能在按照对象本身观念地把握对象。但是，什么样的对象以及对象什么样的属性进入了能在的认识，是一个相对性的过程。在这个意义上，关于对象的意识仍然是人有意或无意地对对象的观念的建构。关于对象的认识看起来是认识了对象本身，实际上是关于对象的相对意识。其二，进入能在意识的对象本身是对象性意识参与构成的对象化结果，对象本身已经是被能在活动中介的对象，在能在之外的客观对象实际是能在对象化活动的产物。因此，能在将对象看成对象自身的同时，实际上是将对象化了的对象性意识作为对象了的。客观性作为事实层次的对象性方式，只是在对象与能思主体相对而成为对象这个意义上讲的。客观对象不是说对象及其逻辑先在、外在，并且独立于能在自在存在。关于客观性这种对象性方式，可以通过事实建构、相对认识和边界意识三个范畴展开。这分别涉及客观性的对象概念，关于对象的知识作为解释性的共识，以及能在在客观性这种对象性方式如何在世的自由领会。

建构性事实

事实作为对象总是能在对象性意识中的事实。当能在没有意识到事实的对象性特性时，它将对象性意识中的事实当成事实本身。绝对性和必然性的对象性方式就是对象性本身没有被意识到的事实层次的对象性方式。相对于绝对性和必然性只是非反思性的对象性方式，超我阶段的客观性则是进入了反思性的事实层次的对象性方式。能在固然还是将对象看成对象自身，但能在意识到了作为对象的事实是对象性的产物，并因此自觉地运用这种对象性。对象成为观念自觉建构的产物，而不再是自发地在对象性意识中的呈现。客观性作为事实层次的自觉的对象性方式意味着建构性的事实，或者说事实性的建构。理论研究本身不是对事实的消极接受和反映，而是体现主体意志，并且依赖主体认识能力和认识框架的观念建构。因此，反映论的认识概念和符合论的真理概念被扬弃了。知识只是能在主体立足于特定实践关系和语境解释对象的恰当共识。对象成为对象是主体的规定、选择和建构的结果。①

只要能在看到这个世界，只要能在对这个世界中的对象进行哪怕是简单的枚举，他看到的世界和他枚举出来的对象就是被架构了的对象性意识中的对象，虽然对象还是对象本身。能在只能看到他看到的是对象，认识到的只是他认识到了的东西。所以，问题就变成了能在如何去看世界，如何去构成关于对象的知识。自觉地、有意识地建构对象就能能动地实现对世界的认识，而不是消极被动地接受对象在意识中的呈现。客观性的认识建构有几种不同情况：其一，依据不同的动机和目的选择认识对象，被纳入和被排斥的事物虽然还是事物本身，但它们已经具有了被观念地组织的对象性；其二，用什么样的对象性方式去把握那个被选定的对象，决定了对象的基本性质和大致位置，能在观念地把握对象的对象性方式决定了认识本身的深度和层次，对象是什么随着认识的对象性方式在变化；其三，描述对象的时候，即便不考虑描述可能受

---

① 关于这一点，卢卡奇在他的《历史与阶级意识》中有深刻论述。主要批评的是"目光短浅的经验主义者"，也间接地指向他的老师马克斯·韦伯价值中立的理论。卢卡奇指出："目光短浅的经验论者当然会否认，事实只有在这样的、因认识目的不同而变化的方法论的加工下才能成为事实。""不管对'事实'进行多么简单的列举，丝毫不加说明，这本身就已经是一种'解释'。即使是在这里，事实就已为一种理论、一种方法所把握，就已经被从他们原来所处的生活联系中抽出来，放到一种理论中去了。"（[匈]卢卡奇：《历史与阶级意识》，杜章智等译，52 页，北京，商务印书馆，1992）

到主体价值偏好和情绪等因素的影响，描述本身也是被主体建构的，具有主体性的差异，所谓客观的描述其实本身就具有相对的性质；其四，依据建构性的描述对被描述对象的解释具有明显的主体差异性，解释作为一种认识的方式体现了认识的多样性；其五，在选择、架构、描述和解释之后，作为认识环节的评价活动本身就要求体现主体的主体性，虽然这种主体性并不是主观的随意性，而是要体现对象性的客观性，但评价作为一种特殊的观念活动，它基本的任务就不仅是揭示对象的属性和规律，而且是表达能在主体的价值评判。

客观性意味着事实的建构性。建构活动本身是客观的，是能在在事实层次上对对象特征的把握。解释作为结构活动既不是纯粹主观的内在性，也不是纯粹自在的外在性，而是内外统一的对象化活动。没有与主体相关的对象性关系，就没有客观性本身。要求排除主体性以达到绝对自在的事实性，这是根本不可能的，这只是一种非现实的抽象。事实层次所谓价值中立原则如果还有意义的话，它只是意味着排除主观的任性和偏见，而不是说认识是一种不受主体性中介的自在关系，真理是一种绝对的自在逻辑。客观性这种对象性方式要求自觉地意识到被观念地把握的对象不是对象本身，因此把握对象的观念也根本不是与对象抽象同一的绝对真理，而只是一种相对性的共识。

知识的相对性，共识

相对知识这个概念并不是说还有一种绝对知识，而是说客观知识本身就是相对性的，因为知识是主体观念建构的结果。认识作为能在观念地把握对象的对象性活动，是能在与对象之间的对象性关系。认识既可以指这种对象化活动，有时也可以指由这种对象化活动形成的观念形态，即知识。作为过程和结果，认识概念可以同时表达对象化活动的这两个方面。能在在对象性意识中观念地把握对象是一个动态过程，这个过程受到多种具体因素的影响。知识只是相对性的知识，或者说知识本质上是一种相对确定的共识。知识的客观性是流动性和稳定性的统一。它的基本原则只是恰当，即共识只是建构性认识活动中的相对恰当的解释。一方面，关于对象的知识始终处在时间和空间的流变过程之中，没有绝对不变的稳定状态；另一方面，流变过程中的知识在具体的时空条件下总是处于相对确定的状态，没有绝对变化的流动状态。相对性作为客观性的一个环节，讲的是认识作为对象性过程是稳定和变化的统一。知识的客观性意味着相对性，是特殊语境中的恰当解释。相对性既反对否定变化的绝对主义，也反对否定确定性的相对主义。认识总是相对的，因此在具体的语境中总是确定的。关键还不只是意识到这种相对性，而且是要确定特定的立场和语境，在具体的语境中揭示认识的条件和边界，明确具体的认识在何种意义和何种条件之下是恰当合理的。没有立场的相对性就会陷入诡辩。合理的知识就是与特定立场、视角和语境相契合的解释性的真理，因此是相对的恰当共识。

认识是能在在一定的对象性框架之中按照对象本身来观念地把握对象，形成关于对象的对象性观念。在对象化活动过程中形成的对象性方式影响着能在的认识观念和认识方式。在绝对性这种对象性方式的主导之下，真理是与超越本体或神圣意志的绝对同一。而在必然性对象性方式主导之下的真理则是主观与客观的同一，是揭示了必然规律的正确认识。这两种非反思的事实层次的对象性方式，强调真理是内在观念与外在对象的符合一致，因此强调绝对真理是认识论的核心和本质。作为扬

弃绝对性和必然性的对象性方式，客观性同样认为正确知识需要与对象
符合一致，要按照对象本身来理解对象。但是，客观性强调对象性关系
的对象的建构性，认识的相对性。知识与对象的所谓符合不是没有时空
限制的抽象一致，而是能在生活于其中的社会历史关系的一种形式，因
此这种符合更是一种相对合适的恰当。思维的真理性是一种对象性力
量。① 不论在个体还是在类的意义上，能在都不可能脱离自己的具体关
系形成绝对正确的知识。越是抽象的范畴和抽象的判断，越没有实质性
的内容，越失去现实性力量，失去真理性。绝对正确的真理就是绝对的
虚空，即没有实体内容的抽象规定。

　　真理是相对性知识，因此是在时空中具体展开的过程和整体。具体
的认识总是这个全体和过程中的一个相对片段和相对环节。能在关于这
个他在其中的世界，以及同他一样在世界之中的存在对象的知识只能是
相对性的共识。超我阶段客观性的对象性方式不再认为能在能够达到绝
对无限的真理，因此他不会将自己看成是绝对真理的发现者和垄断者。
能在只知道相对性的知识。认识本质上只是一种观念的解释活动，知识
只是解释活动中达成的恰当共识。恰当讲的就是正确的时间性和语境

---

　　① 在《关于费尔巴哈的提纲》第二条中，马克思说："人的思维是否具有客观的
〔gegenständliche〕真理性，这不是一个理论的问题，而是一个实践的问题。人应该在实践
中证明自己思维的真理性，即自己思维的现实性和力量，自己思维的此岸性。关于思
维——离开实践的思维——的现实性或非现实性的争论，是一个纯粹经院哲学的问题。"
(《马克思恩格斯选集》第 1 卷，55 页，北京，人民出版社，1995)其中，客观的
(gegenständliche)一词就明显地表明了相对性、对象性的意思。在这个意义上，我们同意
俞吾金先生的辨析，它甚至可以译成对象性。

性，因此是客观性。① 能在的对象化活动以这种对象性认识为内在环节。认识的客观性进入意识就意味着能在能够意识到对象化活动的相对性，因此不再将相对的观念和意志以绝对真理的名义强制推行。以恰当共识为指引的超越生存就是开放的可能性过程，而不是绝对命运的展开。对象化活动不断地揭示和瓦解既定边界，使界限作为流动的边界永远是界限。

边界意识

在绝对性和必然性两种对象性方式中，因为将对象世界看成是绝对自在的对象，不管是超验的还是经验的对象，关于对象的真理都是绝对真理，都是人的观念与对象的符合一致，存在的过程被看成是绝对真理的展开。在绝对性方式中主要体现为服从上帝的意志，而在必然性方式中则体现为遵守必然的规律。对上帝的信仰和对必然规律的认识提供能在生存的根本原则。在这种观念的主导之下，一方面是能在的个体意志受到根本的压抑，自由仅仅意味着对超验意志或者外在规律的绝对服从。在这个意义上，甚至可以说生命没有真正的自由可言，生存被看成是必然逻辑展开的宿命论过程。另一方面，本来相对性的认识却伪装成无限的绝对真理实施暴力，贬低、打击和摧毁其他的可能性。这两种状况都说明，绝对专制本质就是绝对任性。或者说，专制是以绝对真理的名义遮蔽自身相对性的绝对任性，是被突破自身边界的相对真理霸道地行使的绝对权力。它还没有形成或有意地掩盖了相对性和有限性的边界意识。

---

① 卢卡奇在自己的《自传提纲》中的第一句话就是："客观性在于正确的时间性。"大体说的也是这个意思。(《卢卡奇自传》，杜章智等编译，11 页，北京，社会科学文献出版社，1986)

对象性意识进入了事实层次之后，能在意识到关于世界的知识都是相对的共识。知识的客观性源于能在与对象世界之间相互中介的对象性。客观知识作为相对共识，既不是纯粹主观的内在偏见，也不是存在对象的自身规定，因此不是抽象的绝对真理。作为客观性这种对象性方式核心范畴的共识概念，强调知识的相对性。解释性的共识不再为能在的对象化活动提供绝对的实践原则，而是提供语境性依据。这就从根本上瓦解了绝对主义和虚无主义的思想根基。一方面，能在不必为找不到实践的绝对根据和尺度而苦恼，也不再相信这些根据和尺度，而是满足于并且必须满足于事实根据的相对性和有限性；另一方面，相对性和有限性并不否认事实根据的存在，并不认为对象化活动是没有根据和原则的"怎么都行"，而是肯定了的确定性，只不过共识概念意味着实践依据本身的语境化和相对化，强调稳定性与流动性的统一。以此种观念为指引，实践不会顶着绝对真理的名义成为专断，也不会因为否认任何真理性而变为纯粹的主观任性。坚持绝对真理的专断和否认真理的任性本质上是一回事，都是将个体认识和意志提升为绝对。

客观性这种超我阶段的对象性方式，扬弃了绝对性的同时扬弃了自我阶段的必然性。抽象的绝对只是伪装起来的相对。这种客观性对象性方式，以相对共识的概念为能在的超越生存在事实层次提供了边界意识。边界意识是说能在的实践作为超越的过程，即便在事实层次上，对象化活动所遵循的原则也不是没有时空限制的自在规律。作为对象性关系的相对共识提供的事实性原则，本身是在能在的实践中被建构因此反过来规定实践的。能在的生存就是发现和瓦解边界的自由超越。边界意识就是使界限流动起来的界限意识。因此，在客观性这种对象性方式中，基本原则就是恰当，不仅是作为对象性意识的解释活动的恰当，而且是对象化活动中行为的恰当，即客体属性与主体解释、特定语境与主体选择之间的合适。在这个意义上，恰当原则就是自觉的限度意识、边界意识，它要求深入到特定的社会历史语境之中，具体问题具体分析，实事求是，而不能犯本本主义和教条主义的错误。

能在超越在客观性这种对象性方式中确立了事实层次的边界意识。客观知识只是相对的共识，而不提供绝对不变的原则和根据。能在的实践在事实层次上是不断超越和展开的可能性过程。这种流动的边界意识不仅意味着能在超越在事实层次上是开放的可能性过程，同时也意味着事实层次的这种流动的边界意识将在能在超我阶段的其他对象性方式中展开。我们将看到，在规范层次上，超我阶段的对象性方式不再强调形式平等的抽象公平性，而是具有语境性的正义性，即利他性的奉献和公平性的权利在具体实践关系中相统一的道义。

二、正义性作为善良意志与平等权利之统一

（利他与公平相统一的正义性；兼爱作为正义性对象性方式的基本在世活动；正义性的主体意识，同情心，正义感）

在超我阶段事实层次的客观性这种对象性方式中，对象世界的概念已经到达了反思性的对象性特征。也就是说，对象世界经过能在的对象性意识形成的世界观念不再被看成对象世界本身，世界概念和关于世界

的所有知识都是对象性的相对认识，即解释活动中的语境性的恰当共识。作为对象的对象世界包括了被能在的对象化活动改变，因此作为对象性意识展开的事物，而不是对象性关系之外的所谓自在存在。能在面对并且生活于其中的世界是能在对象性意识和对象化活动双重对象性中的世界。这个世界实际上是已经被对象性意识和对象化活动中介的世界。事实层次中的事实就这样超出了自在实在的概念。存在事实包括了能在对象化活动中的事实，即在实在世界中展开的对象化活动构成的价值事实。这些事实构成了交往活动领域。也就是说，客观性方式的对象不再仅指自在的实在对象，而是包括了超越实在的规范层次的交往活动领域。交往活动领域是在物性实在的世界中展开但本质上是超越物性实在的意义价值空间，是个体之间通过交往活动建构起来的存在关系、存在方式和存在状态的总和。这个领域仍然适用事实层次的客观性方式。但是，超越事实层次的客观性方式，能在仍从规范层次把握这个由交往活动建构的共在空间。这个空间本身被交往活动不断地塑造，因此领会这个空间的规范性视角和原则也在发生着变化。规范层次经历了他者阶段的利他性和自我阶段的公平性两种对象性方式。到了超我阶段，规范性的对象性方式将作为权利要求的平等和作为德性要求的奉献结合起来，我们称之为正义性。正义性是能在超我阶段规范层次的对象性方式。正义性这种对象性方式的核心范畴是道义，但仁爱中的道德奉献，或者单纯以平等为原则的等同对待都还不是正义，正义是善良意志和平等权利在具体实践语境中兼而有之的统一。在正义性这种对象性方式中，能在的基本在世活动是兼爱，即平等尊重他者权利和人格基础之上的仁爱。它的基本原则是忠恕。① 正义社会是善良意志和权利意识相互克服相互包含的社会。正义性的实现依赖交往活动中主体兼具德性和权利的妥善处置能力。

在他者阶段，规范层次利他性方式的思想基础是作为对象的他者的优先性。能在在看待和处理自身与他者之间的共在关系时优先肯定他者的地位和利益。能在通过个体修养和社会教化形成自觉的良心机制，约束个体行为，超越自身利益，并且奉献是基本原则。超越生存的自由不是被看成自我的张扬和实现，而是对道德原则和道德规范的自觉遵从，是具有牺牲和奉献精神，去过一种受人尊敬的自我节制和内在超越的德性生活。整个社会被看成是由道德原则和道德规范凝聚而成的伦理实体。自由是通过内在意志实现的自我约束和自我超越。如果说个体是一种自觉主体的话，这种主体的主体性并不是自己成为自我实现的目的，因而内在意志成为自我实现的方式。恰恰相反，这种主体性表现为能在的内在意志能够超越和否定自身的实在性，以奉献和牺牲作为特征，过

---

① 兼爱是中国古代诸子百家中墨家提出的基本主张。墨子强调交相利兼相爱，主张视人如己，互助互利，互爱互信。墨子将兼爱作为道德伦理的基本原则推及各种类型的己他关系。在那里，就像主张爱无等差的儒家那样，伦理是政治的基础，建立在平等基础上的权利概念还没有成为核心范畴。在本书中，兼爱用于规定正义性这种对象性方式中能在在世的基本活动，取其动词意义。这一用法想表明的是，在超我阶段的规范性领域，正义性乃是权利原则和德性原则的统一，能在以同等承认和相互关爱的方式在世。等同承认他者的平等权利和关照他者的善良意志相互统一，超我阶段的正义性是政治领域的平等和道德领域的奉献相互融合，因此，我们称正义性中能在在世的基本活动为兼爱，它是政治生活中承认和道德生活中仁爱的统一。在这里，兼爱奠定在政治法权概念的基础之上，而不再是一个单纯的德性政治概念。正是在这个意义上，正义性中处理己他关系的基本原则是"忠恕"，不论涉及权利、利益还是其他方面，都要视人如己，内外一致，一以贯之。兼爱和忠恕这些古代思想概念在新的阶段被我们赋予了新内涵。

一种超越的德性生活。个体的欲求始终存在，当这些实在物性没有获得根本的本体论地位而是被超越的力量压制时，它们要么以破坏性的方式被发泄出来，要么被畸形的道德强行遮蔽。在这种情况下，行为也常常穿着伪善的外衣，而不是真正源于仁爱之心。能在并不因遵守道德规范而感到自由。当然，人在超越生存的磨炼中终究成为自己，宣告自己就是自己的目的和手段，能在不再以奉献而是以平等的原则处理自身与他者的关系。这就是自我阶段的公平性方式。

在自我阶段规范层次的公平性方式中，能在将社会看成是以平等原则为基础构成的自由和民主的法治社会。个体成为具有抽象平等权利的行动主体，他者不再具有本体论上的优先地位。个体以抽象平等的原则来看待与他者的关系，要求被等同地对待，捍卫自身的正当权益。因此，以奉献为原则的仁爱不再是能在的基本在世活动。自我阶段规范性领域的基本原则是平等，等同地相互承认成为能在的基本在世活动。捍卫这种平等的方式是具有强制力的各种制度、法律和契约。它们作为能在交往共识的规范本身体现了主体的内在意志。因此，对这些规范的遵从本身是对对象化了的自我意志的遵从，是能在自由的体现。在公平性这种对象性方式中，能在自我领会的基本观念当然是个人主义、利己主义的权利。只不过这种自我中心主义通过对象化的规范被限定在不侵犯他人权利的有限范围之内。以平等为根本原则的社会不再是一个超越自我的伦理社会，而是张扬自我的法治社会。现代社会才更像社会化了的优胜劣汰的丛林社会，它只是以规范狼性的方式实现和展开狼性。平等的实质是将能在的生存从抽象的超越性中拉回到存在的底线上，拉回到肯定能在实在性的层次上。

公平性中的平等并不意味着正义。平等以自我作为根本的叙事基础扬弃了能在超越自身实在的奉献原则，瓦解了仁爱的精神基础。就能在之为能在而言，其根本性在于对自身物性实在的超越。也就是说，能在本质上是在物性中展开的超越物性的可能性存在。能在在自我阶段以必然性为基础，将自身看成是物性的存在，并由此以平等作为规范性的基本原则，将能在从他者的绝对统治中解放出来，确定了个人自身作为动力并且作为目的的主体性地位。这是一次重大的解放。但是与此同时，能在的超越性本身也被否定掉了，平等原则在实现能在解放的同时，本身导致能在从德性超越中坠落。能在甚至仅仅将自我的物性欲求作为存在的根据和意义，他人仅仅在功利性的关系中被理解为工具和手段，甚至是与自身相互对立的地狱。因此，超越的能在物化为实在性的物本身。

经历了自我阶段中能在主体的解放和伴随的这种异化，能在超越在反思性的基础上进入超我阶段。超我阶段规范层次的对象性方式是作为利他性和公平性合题的正义性。作为正义性核心范畴的道义概念既要体现利他性的牺牲奉献，也要体现公平性的平等权利。正义性意味着对这两种对立原则语境性的妥善调节，是德性诉求与主体权利的统一，是公平且仁义的意思。看待和处理自我与他者的关系不再是抽象的为他或者为我，而是具体语境中道德良心和法制权利的兼顾。个体的物性欲求得不到肯定，反而被扼杀和遮蔽的社会只是伪善的社会，这并不是正义的社会；同样地，只是单纯地肯定自我的物性欲求并因此忽视超越自身欲求的利他德性，以强制性的法制规范并因此发展狼性的社会，也不是正义的社会。正义的社会是在肯定个体权利基础上超越个体本位的德性社会。正义性充分体现了能在对功利性自我中心主义的超越。这种超越是在肯定能在实在物性和公平性原则基础上的超越，因此不是能在主体性尚未确立的德性的简单复归，而是为他与为我、良心与权利、道德与法制、强制与自愿以及内容与形式等多重维度在更高阶段的统一。作为能在超我阶段规范层次的对象性方式，正义性扬弃了利他性和公平性的片面性和阶段性，是比利他性和公平性更深刻具体的范畴，要求在具体的生活实践中超越抽象的极端，能够妥善处理平等权利和奉献精神之间的关系。因此，正义性的核心范畴是道义，能在的基本在世活动是仁爱与承认相统一的兼爱，行为的基本原则就是推己及人的忠恕。

正义性的主体意识

正义社会是主体的实在性和超越性都得到确认，从而得到实现和发展的社会。主体性意识是正义社会的基本前提。作为正义环节的主体性意识与公平性方式中的能在，作为权利主体的意识存在着差异。公平性原则中的主体是作为抽象平等意义上的权利主体，主体性的核心意识是从自我出发捍卫自身自由、平等、民主的抽象权利，因此是功利主义的个体意识，其基本的人格是原子主义的个人。在这种功利的主体性意识中，他者本质上是与自我对立因而只是在工具和手段的意义上与自我相联系的在者，个体之间以相互同等对待的平等为原则发生关系。因此，以平等为原则的社会是以理性、计算、利己和原子个体为基础的法权社会。法权社会以法律制度等强制性的规范维系社会平等。人与人之间是被强制规范约束的公平竞争与合作关系，而不是依据善良意志调节的仁爱关系。超越自身功利的利他性不再是主体自我认同的基本观念。因此，抽象的法权主体不是缺乏超越自我中心的德性维度，而是以抽象平等的原则侵蚀了利他性的奉献精神。

正义性的主体意识是超越个体的共他者而在的共在意识。这种共在意识的立足点不是个体的抽象权利，而是个体共他者而在的共在幸福。以抽象权利为核心的法权社会只能保证基本的社会平等，保证以自身物性实在为目的的能在生存不至于陷入无规则的野蛮状态。法权社会的目的并不导向正义，而是确保形式的公平。形式的公平还不是正义，只是正义的基本条件。正义社会的本质是公平基础上以奉献为导向的德性社会。就是说，个体的权利和欲求得到平等的保证，但超越自我的权利欲求共他者而在的奉献才具有正义性。个体的主体意识不是自我的道德良心或者法制权利，而是共他者而在的共在生活的肯定和展开，是自我的物性实在得到保障之后对他者和共在空间的关心与维护，是超越抽象主体性的主体间的共在共享意识。此种主体间性意识是类存在意义上的能在，对自身作为实在性中超越实在性的自由生存的肯定，是作为类存在的能在成为动力和目的本身的共在意识。主体性不再是从他者的压制中获得解放的个体意志，不是仅仅以自我的理性、权利或欲求为规定的自我确认，而是超越个人立场指向他者和共在整体的共在意识。

这是一种对他者和自我中心双重超越的共在意识。在这种共在意识中，个体不再将捍卫自己的权利作为生存的意义本身，而是将存在的意义再度指向了超越自我的他者，在与他者自由全面发展的共在关系中实现自我。主体意识是一种类存在意义上的共在意识，而不再是以自我为中心的个体意识。自我像对待自己一样对待他者，在这种超越自我的共在关系中领会存在的意义。将自我生存的意义纳入到对共他者而在的关心，按照符合道义的原则待人接物。主体间以同情的理解为特征，感同身受地共处共在，而不再是一种单向的牺牲奉献，或者是对形式平等的承认，因此能在的基本在世活动是兼顾平等与奉献原则的兼爱，基本的原则是忠恕之道。

同情心

与正义性的共在意识相联系的是超越抽象权利的同情心。利他性中的德性生活是共在关系，公平性中的法制民主也是能在共他者而在的共在关系。在个体的实在性没有得到肯定的情况下，以奉献为原则的伦理实体是有德的社会或者伪善的社会。个体的实在性往往遮蔽在道德要求的高压下面得不到伸张，起码的公平性都还没有成为原则。能在还没有将他者和自己理解为应该得到平等关爱的人格主体，仁爱并不建立在平等尊重他者法权人格的基础之上，因此没有被看成他者作为主体存在的应得，而是不对等的仁慈、怜悯，甚至施舍，因此有德但还不是正义性。正是因为利他德性建立在个体尚没有被确立为权利主体的基础之上，实在性的欲求常常被超额的道德忽视和压抑，公平性才成为扬弃利他性的更为深刻和现实的对象性方式。公平性以权利为核心理解个体之间的关系。个体成为抽象平等的独立人格因此得到尊重和保护。个体之间是一种法权意义上的权利与义务关系，而不再是一种道德调节的伦理关系。被抽象掉了的具体存在属性和存在条件的个体同等地享有在社会中追求自己欲求的权利和机会。法律面前人人平等，市场不相信眼泪等说法就是这种公平性的具体表达。但是，在本身不平等的状态中被等同地对待的结果必然是不平等。所以，公平性作为形式平等是以不平等为内在条件的。一方面，只是因为现实的不平等所以个体需要被平等对待；另一方面，人只是被赋予了平等的权利和机会去追求不平等，最终也必然不平等。公平性本身并不意味着正义，而只是正义的一个环节或要素。正义性原则根本不是以形式平等为特征的狼性战争原则。弱者在公平社会中仍然处在被剥夺以及不能自我实现的不正义的处境之中。公平本身可能促进正义的实现，也可能加深社会的不正义。

作为正义性对象性方式核心范畴的道义，既不同于个体的主体地位没有得到确立的道德良心，也不同于单纯捍卫个体权益的法权意识，而是将他者的处境带到平等语境中的共同关心。我们称之为同情心，是能在共在生存中人同此心、心同此理的感同身受的兼爱意识。据此同情心，能在能够在不平等的语境中平等地对待他者，并且能够让渡自己的权益以改善他者生存处境。这就是道义担当，就是捍卫和实现正义。正义性是将他者获得这样的对待看成是他者作为他者在法权意义上的应得，而不是单纯道德意义上的被照顾。只有生存于其中的个体普遍具有共在意识，并且具有以共在意识为基础的普遍同情心，每个人都心存道义，并以此道义指引生存，社会才可能是正义社会，德和法才不再处于外在的冲突之中。

正义感

主体的共在意识以及源自于这种共在意识的普遍同情心的统一就是正义感。正义社会就是这种正义感得以全面展开的共在空间。正义根本不只是一种被强制性的制度加以贯彻的原则，更多是个体扬弃自身实在的超越精神，是作为社会共在的自觉氛围。没有超越自我中心的普遍正义感为基础的被强制落实的正义原则，本身就违背了正义精神。被强制者总是认为这是不正义的，因为它违背了自愿和形式平等的精神。强制个体出让和牺牲自己的利益去改变他者的处境，本身就是违背公平原则的。正义只能是以个体的正义感为基础，超越个体本位的立场关照他者和共在，并且将这种关照领会为超越法权的义务和意义。没有超越个体本位的正义感为基础，就是没有真正的正义。因为正义不仅是形式的公平或者良心的发现，而且是一种权利和德性统一的人间道义，具有一种感同身受的人道精神存在。只有当公平且仁义地对待他者被普遍地理解为应当的时候，只有当正义感成为普遍社会意识的时候，才有正义社会。作为利他性和公平性统一的正义性概念，实际上是能在超越自我中心将德性重新领会为生存意义的超我阶段的对象性方式，它超越自我的公平性原则，重新在能在作为共在的共在意识中，将个体或者作为类存在的他者领会为目的。奉献和平等两个原则相互补充和相互克服的统一就是正义性坚持的忠恕原则。

正义的核心是立足于共在意识和同情心的分有。具备超越自我权益的分有精神才可能具有正义感。分有作为一种共在方式，既意味着分享也意味着分担。当需要被分有的是某种善品的时候，这是一种分享，诸如机会、利益和福利等；当被分有的是某些不良事物的时候，则是一种作为负担的分担，诸如灾难、责任和悲伤等。作为共他者而在的共在方式，分有原则是具体历史语境中利他和公平的统一。一方面，不能仅仅将社会善品的分享作为正义讨论的对象，而忽视了在灾难语境中正义地分担不幸的消极状况；另一方面，正义的概念也不能仅仅从社会管理的视角被看成分配问题，而且是可以设计并且落实的制度。正义性是以个体的正义感为基础的历史性真理，因此只是具体语境中适度的历史智慧，而不是抽象的绝对原则和完美状态。不同情况下的利他和公平之间的权重决定了是否正义，判断的尺度则是具体语境中能在主体的正义感和妥善处置的能力。在这个意义上，正义不可能找到超越历史的绝对标准。① 当然，正义感本身是共在意识和以共在意识为基础的同情心的统一，而不是一种纯粹个体偶然的主观意识，它既是相对的，又是客观的。忽视了正义的这种相对性，以绝对性的名义强制推行，正义就会变成不义。比如说，原始社会杀死俘虏的现象，在国家还没有垄断暴力的情况下血亲复仇的现象等，从今天的原则来看都是不正义的，不人道的。比如说某些坚持自我中心主义的人，因为缺少共在意识和同情心，只会将形式的平等也就是公平性作为正义的根本原则，根本就不可能向他证明分担他者的不幸才符合正义的要求。超越个体本位具有共在意识和同情心的个体，才会将超越公平性的正义作为规范性领域的基本原则。

对超我阶段的个体来说，富有正义感并维护正义根本不是一种存在的负担。正义地生活是能在超越生存的展开方式之一。能在将共他者而在的共在看成是正义得以实现和展开的公共空间，个体在这个空间中分有正义和实现自我，因此是能在走出自我中心的超越生存中的自由实现。以事实层次的客观性和规范层次的这种正义性为基础，超我阶段的能在在感受层次才能将自我体验为自在的生存，达到一种自我实现的从

---

① 恩格斯曾经指出："希腊人和罗马人的公平认为奴隶制是公平的，1789 年资产阶级的公平要求废除被宣布为不公正的封建制度……所以，关于永恒公正的观念不仅因时因地而变，甚至因人而异。"(《马克思恩格斯文集》第 3 卷，323 页，北京，人民出版社，2009)

容境界。这就是能在超越生存的最后一种对象性方式。

三、自如性，以无绝对根据作为根据的从容境界

（自如性乃是生存的如其所是和如其当是的泰然通达；超越；
有限；从容境界）

超越自我中心的能在在事实层次上的对象性方式是客观性，关于对象世界的对象性意识是解释活动中获得的共识。规范层次的对象性方式是正义性，能在以作为善良意志和平等权利之统一的道义去指引主体间的交往活动，以忠恕之道妥善处理己他之间的相互关系。以事实层次的客观性和规范层次的正义性为基础，超我阶段的能在自觉地意识到了自身存在的有限性以及扬弃自我中心共他者而在的超越性。能在满足于这种有限性并且自觉坚持正义性，因此，能在放弃了绝对自我，在有限的自我与他者之间实现和解。在这种与自身和他者的双重和解中，人作为能在感受到了存在的自在从容。超我阶段感受层次的对象性方式被我们称为自如性。在自如性这种对象性方式中，能在的基本在世活动是自在。自在是最高的自由，是在共他者而在中体验到的一种如鱼得水般的生存状态，是经历艰辛的、超越历程之后返璞归真的那样一种通达，无为而无所不为的泰然从容。自如性是生命自由历程中能在把握和领会自身存在的最后一种对象性方式。就感受层次的演变而言，自如性是他者阶段的趣味性和自我阶段的实在性之统一，人在自身实在物性的满足中

体会到了生存本身的趣味，如我所愿并如我所是地自在生活；就超我阶段内部不同的对象性方式而言，自如性是事实层次的客观性和规范层次的正义性之统一，人在相对性的意识中以道义精神指引自己的交往活动。自如性是扬弃了所有对象性形态中不同对象性层次的对象性方式，是能在领会自由生存的最后范畴。人作为能在，扬弃了各种对立和冲突，能够顺其自然地生活。自如性的核心范畴是智慧，达到这种智慧生存状态的基本原则是从容，从容的生命状态就是率性而为、随心所欲而不逾矩地自在生存。

能在最初是在对他者的确认和肯定中实现自己，个体本身没有被领会为存在的主体和叙事的中心。在事实层次上，世界被理解为绝对本体和绝对意志的展开，个体通过虔诚的信仰获得精神上的自由；在规范层次上，他者的优先地位要求能在依据内在的善良意志，在德性的生活中达到超越的生活境界，个体的实在物性处于遮蔽和失语状态。在感受层次上，能在将生命活动理解为超越物性欲求和功利关系的领悟。以内在感受超越外在性，有意义的生命被理解为一种内在的生存体验，一种没有利害冲突的感受状态。在趣味性的最后环节——精神超脱中，能在甚至将生存体会为忘生死，齐万物的无物、无欲、无他、无我的空无状态。抽象掉了现实规定性的作为内在领悟的能在，最后变成了绝对空无的精神。这就是能在扬弃绝对性和利他性之后所达到的作为内在精神的自我。自我已经作为抽象的绝对意志被确立起来，本质上还是空洞的没有实在性的抽象精神原则本身。也就是说，能在感受到的自由逍遥，还不具有现实的实在内容，只是一种在抽象的精神生活中的自由。

扬弃这种抽象的感受性，自我的功利主义阶段将必然性的科学知识和公平性的民主法治都看成是自我实现的方式和手段，能在被理解为存在目的的同时被理解为存在的动力。人作为能在，扬弃他者并将自己理解为主体。成为了主体的人以事实的必然性和规范的公平性为尺度展开和实现自身，将自身看成物性的存在和存在着的物性。因此，在自我阶段，感受层次的对象性方式是实在性。能在将自身欲求的满足理解为自由的现实，捍卫自身权益和满足自身欲求成为生存的目的和意义所在。作为动力的内在意志不再像他者阶段那样，其主要作用是克服和压制自身的实在物性。相反，内在意志走出精神的内在性，成为自我展开和自我实现的强大动力，科学精神、权利意识等成了自我阶段的世界观装备。意志不是将超验的信仰或道德加到能在的身上，而是摆脱各种精神的束缚，肯定物性实在本身。通过对他者统治的反动和扬弃，趣味性中形成的精神自我展开为现实的功利自我，生命被理解为物性实在和存在着的物性。以肉体为基础的需求、欲望和本能，成为物性能量生产和再生产的社会历史性过程。自由就是在不违背事实规律和规范原则的前提下追求和满足自己的欲求。能在在感受层次的基本范畴是欲求，基本的原则就是欲求满足中适度的动态平衡。

自我阶段经历了客观性和公平性的能在最后在实在性这种对象性方式中彻底物化。从他者的抽象超越性中获得解放的能在将自身的存在理解为物性实在。在信仰的虔诚、德性中的良心和感受中的品位等超越物性的精神属性不再被看成本质重要的因素。抽象掉了这些非实在的超越因素，能在将自身看成具有欲求的实在。将自身看成物性实在的能在发现除了物性的欲求之外生命没有根本意义。也就是说，除了满足作为物性的自身欲求而外，能在发现生命的存在失去了超越的意义和价值，那些物性欲求之外的信仰、道德和品位都被扬弃甚至是被彻底否定掉了。超越实在的精神维度和超越自我的他者不再是生命意义的源泉。人最后发现，看似最牢靠的实在性却导致了存在本身的虚无化，因为除了物性的实在自身之外他失去了任何依靠，什么也不能抓住，只是生活在无根的漂泊之中。事实上，人的存在作为能在，实在性本身不能构成生命的意义和价值，而只是能在作为超越生存的非超越的物性层次，是能在最基础也是最原始的存在性，而不是能在之为能在超越的"能"和"在"本身。在以满足物性欲求的生产为基本在世活动的实在性这种对象性方式中，能在赢得了他在过去的超越生存中遮蔽的东西，这固然也是一种成就。但是，能在作为超越生存的意义在于在物性中超越物性的自由创造，在于对自身物性的改变和升华。意识到这一点的能在再次扬弃实在性，不再将自身理解为物性实在，而是超越物性的能在，由此从自我进入了超我的阶段。

在事实层次的客观性和规范层次的正义性基础上，超我阶段感受层次的对象性方式是自如性，即自由的存在或者自觉自在的存在。被理解和被体会为自在存在的能在因为经历了此前各种对象性方式，生存的如其所是就是其生存的如其当是，就是领会了生存自由真谛之后的自足的自在存在。在这种自在的生存中，所有的区分和差异都转化为圆融自洽的和谐。并不是说不再存在着各种差异和矛盾，而是能在能够从容地处理和面对这些存在差异，坦然而淡定。生活中仍然会有差异和意外，但能在只是将它们看成是在生存超越中如其所是的自然环节，而不再有难以消解的精神困惑。能在只去改变那些能够改变的东西，对于不能改变的东西却能泰然任之。智者不惑，自如性这种对象性方式的核心范畴是智慧。智慧就是能够安时处顺地从容不迫。即便是面对死亡，能在也能够坦然地面对并且满足于这种生命本身的有限。当然，这种从容境界并不是蒙昧主义和宿命论，不是面对强硬现实被动的退缩，而是一种"知其可为而为之，知其不可为而不为"的通达。自如性是所有对象方式被超越之后内容最具体和最丰富的对象性方式。这种自如性是将能在的存在理解为自为之后的一种返璞归真的超越境界。作为能在的基本在世活动的自在不再指非人的存在物自身，而是作为自由生存最高境界的从容的生命境界。能在对于生命的自我领会包括了超越、有限和从容自在这三个环节。能在之所以能够达到从容境界，乃是因为能在将生命看成了超越性的有限，满足于绝对超越中的有限存在这一基本存在论事实，因此能够智慧地生存，他的生存就是愿其所是和如其所是相统一的自由自在。

超越

人的存在作为能在，无论在他者阶段还是自我阶段都是超越，都是曾在、现在和将在持续不断的当下化。能在总是"向……而在"的超越。这个"向……而在"是生存在世和历世的根本结构。能在因这个"向……而在"成为永远没有完成、始终在途中的可能存在。这个"向着什么而在"的"什么"作为超越结构的本质要素本身并不意味着一个确定的具体的"什么"，因此可以是任何一种具体的什么。这个不是什么的什么意味着"能"，意味着能够、可以、也许、尚未等的未确定。但是，能在又不只是"能"，而且是切实的"在"，是具体"在着"的"能"。不确定是什么，却总是具体地"是着"什么。"向……而在"像一个绝对存在着的空洞，人作为能在的存在就是不断地填补这个不能被绝对填满的空洞，因此是绝对的超越。只要人作为能在"在"，他的生存就是不能被完成，并因此不断被完成的存在可能性。

海德格尔曾经用"死"来填补这个存在论的空白。在海德格尔看来，死亡是此在最本己的极端可能性，作为"向死而在"的此在就是面向这个确知的极端可能性的不确定性过程。但是，作为最本己的极端可能性的"死亡"本身也不是人作为能在存在的绝对终结，并不是被填满或者说完成了的此在。因为其一，死亡本身并不属于人作为能在的存在，恰恰是人不再作为能在存在，人死了就不再是人，而是人的否定形式。人作为能在是指那种没有完成，也不可能被完成的存在方式和存在状态。说死是能在最极端的可能性，恰好说的是能在不再是能在。其二，因为人作为能在的在是共他者而在的共在，肉体的死亡并不是人作为共在存在的彻底消失，人作为能在的存在超越物性的存在本身。"有的人死了他还活着"，在超越自身实在的意义上甚至于才开始真正活着，继续活着，他总是或多或少、或深或浅地继续活在他者的生活之中，并影响着相关者。这种死而不朽、死了还存在的"在"恰恰体现了人作为能在超越的极端超越性。那个不存在的"你"被以不同的方式埋葬、纪念、记忆，甚至产生和诱发出震惊世界的历史性事件，名垂千古或遗臭万年，仍然活在超越的不确定性中。实现生命意义的立德、立功和立言本质上就是超越实在的生命意义。人作为能在越是能够领会并且去实现自身的这种超越，越是能够活得精彩。

人作为能在始终是超越。这是在存在者层次上的"事实"。当这种超越进入自觉，人意识到自身的存在是超越并依此超越意识去存在的时候，这就变成了一个存在论事实。存在论事实并不只是说能在像旁观者一样认识到了人的存在作为能在就是超越，而且是说他依此超越性领会去生活。所以，《易经》有所谓"天行健，君子以自强不息；地势坤，君子以厚德载物"的生命礼赞。领会到了生命是超越的历程就会在奋斗努力的积极进取中获得生活乐趣，感受到自我价值的实现，才不会被艰辛、失败、曲折和灾难压垮，而是将它们看成历世的必然环节，看成增强生命意义的要素。能在的超越就是创造中展开自己生命的奋斗历程。就是不断地"向……而在"的自我否定、自我展开、自我实现的过程。"向……而在"的自我否定就是能在作为能在的展开，就是能在作为超越生存的自我肯定，因此就是自由的历程。生命自由的本质就是超越，就是不断提升生命的层次和境界因此不断改变既有的现实。一方面在物性世界中建构和提升超越物性的精神意义空间，另一方面在现存世界中创造和开启超越实存的未来历史。不论是个体还是类，能在都始终生存在超越实在的社会空间和超越实存的历史时间之中。能在的超越在社会历史时空中构成社会历史时空。超越性是人作为能在存在的绝对性和无限性。但超越本身又是在有限中作为有限展开的。意识到超越生存的有限并且满足于这种有限意识，人才能进入自在的生存。

有限

能在在自如性这种对象性方式中将能在自身领会为超越。只要能在存在，能在始终就是超越，能在的超越因此是绝对的和无限的。不过，这不是说能在是没有限制的大全或完满，而是说能在始终在存在的途中，不可能是完成了的静止存在。能在始终是作为未完成的不断超越的存在。这种始终在路上的超越性本身又意味着能在的有限性。始终是超越，同时就是讲始终未完成和终究不能完成。人作为能在存在的每一个当下都是绝对超越过程中的一种相对静止的状态，因此都是具体的、有限的，都是社会结构和历史过程中的片段和瞬间。没有这种具体关系和状态中的有限"在此"，就不会有作为绝对过程的超越。只有始终有限的"在此"才有扬弃这种有限的作为绝对展开的超越。也就是说，能在始终是作为绝对超越中的有限存在而存在。在这个意义上，能在是既"在此"却又不"在此"，即在绝对超越中作为此时此地的有限存在，在此在着的超越过程。能在在绝对超越中在此，因此能在在超越中是有限存在。

有限是能在自如性这种对象性方式的一个环节。能在必须意识到自身是有限的，必须意识到绝对超越是仅仅就能在作为可能存在的展开过程而言的。就现实来说，能在总是具体的有限存在，总是处于不可能完成却总是完成了的某种规定当中，因此是具体存在。因为能在是绝对超越的可能过程，所以现实的能在总是有限的相对存在。在这种有限意识中，能在在观念上扬弃了抽象的绝对性和无限性，不再用抽象绝对和抽象无限这些空洞的恶的概念来理解世界，当然也不用它们来理解能在作为能在本身。能在是超越生存中的有限存在，就是说超越生存是绝对性和相对性统一的过程。个体的肉体、欲望、品位、知识、能力以及围绕着这些基本范畴展开的共在信仰、道德、权利等都是有限的。

能在始终是有限的存在。能在领会到了自身存在的有限性，有限被看成能在自身的基本规定。能在不再将自身看成绝对的化身，也不再去追求绝对的完美和永恒。这是一种辩证的存在论意识，一种瓦解了恶无限的有限意识。这种有限观念进入意识成为基本的存在论意识是能在超越历程的结果。在有限性中看到了自身存在的边界，能在不再唯我地执着于自身，因此能够兼爱互助、包容互谅、和谐共处。不能化解的冲突斗争和烦恼纠结不过是能在没有领会能在之有限超越的结果。对死亡的恐惧、对不朽的渴求、对绝对的迷恋都是能在无视或不愿接受有限的自寻烦恼。意识到生存的有限而且满足于这种有限的存在，能在才能知足常乐、顺其自然地生活。自强不息却又知足常乐的能在才能够真正的无为而无不为，成为如其所是并且如其当是的自在存在。这才是从容的智慧生存。

从容境界

生存智慧是超越意识和有限意识的统一。意识到自己的存在是超越的同时是有限的，因此满足于生命的这种超越中的有限性，顺其自然地生活就是从容境界。唯其有此种超越智慧，方能够自在从容，率性而为。能在作为绝对超越的过程意味着能在始终是有限在此。有限的此在又意味着能在总是不断克服界限的超越。顺其自然就是依着对能在是超越和有限的统一这种存在论意识去存在。[①] 只有依此统一的存在论意识自然地因此自觉地去生活，能在才是自在存在，才能从容不迫、洒脱自如。能在的自在存在顺其自然地自觉生活，因为能在的自然本身是自觉。能在总是在"向着什么而在"的超越中的有限。"向……而在"在这里就是依着超越和有限的统一性，这种关于能在本性的领会去生活，因此就是自强不息中知足常乐的自在存在。

超越意识意味着自强不息。能在将生存理解为不断努力和进取的奋

---

① 在谈论人格的高贵和低微时，黑格尔阐述过人是无限和有限的统一。他说："人是最高贵的东西同时又是完全低微的东西。他包含着无限的东西和完全有限的东西的统一、一定界限和完全无界限的统一。人的高贵处就在于能保持这种矛盾，而这种矛盾是任何自然东西在自身中所没有的也不是它所能忍受的。"（[德]黑格尔：《法哲学原理》，张企泰译，46 页，北京，商务印书馆，1996）

斗历程，以"向……而在"的方式过着如其当是的生活，通过对能在现实的改变将趋向应当状态看成是生命意义的源泉。与此同时，意识到自身是有限的能在又知足常乐，不常有妄念，把不断奋斗中的每个当下看成生命的实现，在有限性中感受存在的意义和生命的乐趣。他不会因为未来的诱惑而否定具体的现实，陷入不断自我否定的虚无主义。生命就是有限，满足于如其所是的有限性才是智者不惑的智慧。生命本是有限，满足于如其所是的有限就是自觉存在。此自觉有限才是自在存在的大智慧。有大智者才有大勇。因此，"满足于"并非"停留在"，与超越相统一的知足常乐并非消极无为，而是自强不息、激流勇进的自足底气。乐观自足才不会畏手畏尾，犹豫不决，消极懈怠，而是坦荡豁达，进退有据，达于天人合一的从容境界。

自如性是能在作为自由超越在超我阶段感受层次上的对象性方式。经历了三个阶段、九种对象性方式，能在最终在自如性这种对象性方式中达到了作为总体性自由的从容界。自在是个体生命的圆融状态和社会文明的成熟状态。能在在共他者而在中如鱼得水般地和谐与融洽，达到了人与物、人与人之间和而不同的统一状态。这种统一状态并不是没有差异的同一，不是强力维系的同一，不是自发的物性同一，当然也不是静止的完美同一，而是扬弃了各种限制的能在在超越生存中自我实现的自在状态，能在超越诸种束缚达到的"随心所欲不逾矩"的生命境界。能在不需要扭曲自己去适应什么，因为合理的规范已经内化为能在的生存方式；能在仍然是"向着什么而在"的超越，但能在不会因为没有实现理想而否定有限存在的意义，而是将有限现实感受为自我实现的环节而自足。自在的能在在积极进取中超然、坦荡和乐观。这就是从容自在，通达乐观的人生境界。① 在这种自在的生存中，人作为能在与自身和世界和解。他超越了绝对根据和绝对原则，以没有绝对根据作为生存的根据。在超越与有限的统一意识中，能在打破了实在与精神，趣味与功利，以及他者与自我之间的抽象对立、圆融自在。自由意识不再是不同层次和不同阶段上的能在在世和历世的片面意识，而是作为能在超越之总体性概念的能在真理。现实生活中仍然存在着矛盾、对立和差异，但智者总能够理性地理解和面对这些生活现实，在释然与执着中游刃有余。因为他知道生存的自由只是无限超越中有限的过程，因此生活得从容自在。

四、总体性的自由乃是能在之真理

（能在的真理乃是超越中展开的总体性自由；自由的整体性；
自由的过程性；扬弃各种片面性的总体自由概念，自在生存）

有各种自由概念，也有各种真理概念。如今，典型的自由概念是指能够自我做主因此自我实现的主体性权利，而真理多为科学意义上揭示必然规律的正确知识。自由是规范性领域的政治概念，而真理是事实性

① 冯友兰先生对此种人生境界有过阐述："人一生都在殊相的有限范围之内生活，一旦从这个范围解放出来，他就感到解放和自由的乐（这可能就是康德所说的'自由'）。这种解放自由，不是政治的，而是从'有限'中解放出来而体验到'无限'（这可能就是康德所说的'上帝存在'），从时间中解放出来而体验到永恒（这可能就是康德所说的'不死'）。这是真正的幸福，也就是道学所说的'至乐'。"（《冯友兰自选集》，27 页，北京，首都师范大学出版社，2008）

领域的认识概念。规范性在事实性的基础上展开，但事实性的真理认识推不出规范性的自由权利。因此，自由只是自由，而真理自然也只是真理，二者并无实质的联系。如果说二者还有某种共同关系的话，那就是它们都是现代能在主体自我实现的手段而已。代表工具理性的赛先生和代表价值理性的德先生都服务于作为物性实在的能在主体，扬弃了传统的宗教信仰、道德良心和审美品位，构成当代的基本口号。这样的自由和真理概念就其作为自我阶段基本对象性方式的核心概念而言是不错的。但是，就其只是超越历程中特定阶段和层次的概念而言，它们离自由和真理的全面内涵却相当的遥远。从超我阶段的能在论意识而言，人作为能在将自身理解为自觉自在的生命过程，作为能在论范畴的自由概念和真理概念本质上是一回事。能在的真理就是自由，就是将自身理解为超越生存的能在用自由范畴领会生命意义的能在论意识。真理是能在在超越中展开的对象性关系，能在的自觉超越就是以真理为指引展开的自由过程。在超我阶段的能在论意识中，真理和自由统一于自如性这种对象性方式中。事实层次和规范层次的原则统一于感受层次的自如性方式中。解释的恰当共识、兼爱的忠恕道义表现为自在生存的从容智慧。不违背诸种事实性和规范性原则的能在从容面对现实，感受到生活的自由自在。

　　能在是对象性意识和对象化活动的统一，能在的存在始终是超越。能在的不同超越阶段和超越层次的对象性方式都是能在自我实现的具体环节。但是，人作为能在未必意识到自己是超越的能在，未必意识到超越是自己作为能在的存在本身。人作为能在将自己的存在理解为能在，将超越理解为能在的根本规定，即没有确定规定的规定，这种能在论意识本身是能在超越的结果，是历史的产物。经历了他者阶段和自我阶段，在超我阶段的感受层次上以自如性概念理解自身存在，能在最终才在存在论的意义上自觉地将自身理解为超越生存中的有限存在，感受到生命的自在从容。在这种自在从容的智慧生活中，各种对象性方式下降为生命超越历程的环节和局部，只是能在在世和历世的一个方面，而不再被看成绝对不变的规定。人作为能在本身只是绝对超越中的有限，并意识到自身是绝对超越的能在不再停留于某种确定的状态，同时也不再坚持某种绝对不变的原则。存在真理不是任何绝对知识或绝对根据，而是生存语境中的辩证智慧。唯当能在意识到自己的存在是超越与有限的统一，因此能够自强不息而又泰然任之地从容生存的时候，能在的生存才进入这种通达自在的智慧境界。智慧不是绝对符合对象的正确知识，而是能在领会和指引生存的存在意识，是事关能在自身如何存在和如何去存在的自由真理。能在意识到自身存在始终是超越，因此每一个当下都是超越历程中相对有限的片段。能在不再执着于永恒的同时不再固守于现实，在绝对超越的相对有限中，人作为能在是自觉地超越实在并且超越实存的存在。自觉的超越就是人作为能在存在的从容自在。

能在能将对象放置到对象性意识的框架之中把握对象，对象超越了对象本身成为能在超越性关系中的对象。在意义价值关系中被认识、被迷信、被善待和被欣赏的对象是超越了自身存在的自由对象。也就是说，关于对象的观念始终是对象性的观念，对象因此成为能在对象性意识中超越实在的可能存在。与此同时，能在依据对象性意识在对象化活动中改变对象并且改变自身，因此成为不断超越实存的存在。能在始终是在这种双重意义上的超越生存。能在的超越就是不断进入新关系和新状态的过程，因此本质上就是自由的生存。人作为能在是超越的同时也就是自由。超越层次和超越过程就是自由的状态和自由的历史。能在就是自由存在，即生存。但是，只是到了超我阶段的能在才将自身理解为能在，能在超越才成为自觉的能在论意识，自由才成为自觉的自由。也就是说，自由才自觉地成为能在领会自身存在的能在论范畴，才成为能在的真理。在他者和自我阶段的各种对象性方式中，超越实在的对象性意识以及以其为指引的超越实存的对象化活动，当然也体现能在的自由意识，并且是能在自由的展开，但只是自发的自由或是片面的自由。自发性的自由讲的是能在将自身的生存看成受到某种绝对原则或纯粹偶然原则支配的命运。片面的自由则是讲能在将某种自由看成自由本身，比如说将作为权利的自由概念，或者作为审美体验的自由看成了自由本身，而没有领会作为能在真理的总体性的自由是全体和过程。因此，常常执着于某些观念和原则而备受煎熬，没有进入真正自由的智慧境界。到了扬弃他者和自我的超越阶段，能在意识到自身作为绝对超越和相对有限的统一，超越了他者和自我的束缚，以客观性的恰当共识、正义性的忠恕道义和自如性的从容智慧指引生存，因此达到一种自在的自由境界。人作为能在真正将自由领会为存在的真理，能在为了自由本身自由地存在。

　　自由是能在的真理，是能在把握生存意义的存在论范畴。人的存在作为能在进入意识，自由被能在领会为自身存在的真理。自由作为能在真理讲的是能在将自身看成是自觉地自我展开和自我实现的超越过程。能在将自身本质地领会为自由，因此自由地去存在，并且感受到存在的自由。作为能在真理的自由概念不过是事关如何存在，并且如何去存在的存在论意识。在能在作为超越生存展开的存在关系和存在过程中，真理是能在揭示和展开世界的方式。对象性意识和对象化活动是能在在世和历世的两种基本规定。对象性意识中的记忆、反映和想象，对象化活动中的维护、拆解和建构等都是能在揭示世界和自我展开的活动。信仰的真理、道德的真理、艺术的真理和科学的真理等都是能在超越的环节和样式，它们揭示着能在与世界和自身不同的自由关系和自由状态。就其作为能在在世的特定层次和特定视角而言自有其真理性，但它们只是能在自由超越历程中的部分真理并将这种部分真理当成绝对和必然恰好否定了超越的自由，将绝对超越固化在特定的形态上。只有到了超我阶段，作为能在不同层次的对象性方式的客观性、正义性和自如性三者辩证统一的总体性自由概念才是能在的真理，即自在从容的生存智慧。自由真理讲的能在作为能在进入意识之后自由和真理的统一。作为能在论之真理的是总体性的自由概念，即扬弃了各种片面性和阶段性的能在论意识。

自由真理是讲自由是能在的真理，且真理不过是能在自由的展开形式。能在经历过的各种对象性方式只是自由展开的片段和环节。因此，各种对象性方式中的自由概念和与此相关的真理概念还不是作为能在论意识的自由和真理。比如说，被把握为与对象符合意义上的科学真理，实际上是自我阶段必然性这种对象性方式中的真理概念，是一种认识的真理，与此概念相关的自由仅仅意味着对必然的认识和服从。被把握为权利的自由概念也只是现代规范层次的自由，讲的是能在自我实现的意志要得到他者的等同承认。这样的真理和自由概念在自我阶段是主导的存在论意识，还只是能在把握自身存在的片面真理和片面自由。在超我阶段扬弃了各个阶段和各个层次的对象性方式，作为辩证总体的自由概念才是能在真理。这种辩证的、总体性的自由概念才是进入自觉超越的能在对生命存在的总体领会。超我阶段事实层次的客观性是前两个阶段的绝对性和必然性的统一，规范层次的正义性是利他性和公平性的统一，而感受层次的自如性是趣味性和实在性的统一。从超我阶段的三个对象性层次的内部来看，感受层次的自如性又是事实层次的客观性和规范层次的正义性的辩证统一，是二者统一的真理。内含并扬弃了客观性和正义性的自如性是能在自我领会的真理。因此，从能在不同超越层次和不同历史阶段之间的统一性来看，作为能在论真理的自由是历史的具体总体。内在于历史的具体的总体性自由概念才是能在论的作为能在真理的自由。作为能在真理的总体性自由是整体性、过程性相统一的内在于历史的具体的总体概念，而不是脱离历史的抽象应当。

自由的整体性

经历了他者和自我到达超我阶段的能在将自身的生存领会为自在存在，即从容的生存。在自如性中，作为能在真理的自由是扬弃了片面性的整体概念。能在曾经将特定形式的自由领会为自由本身，但作为超越生存的能在最终越过自由的片面规定，把握到了人的存在作为能在的真理，这就是自由的超越本身。所以，当超越性本身进入意识，能在将自身把握为无限超越中的有限存在的时候，自由的概念根本不再是某种确定性的原则，而是扬弃了已有原则的超越性生存本身。以客观性、正义性和作为二者统一的自如性为对象性方式的能在，其基本在世活动是自在，即如其所是和如其所愿的自由存在。能在生存的核心范畴是智慧，即在不同层次相互关联的对象性方式中的多重自由意识的辩证统一，因此是率性而为的从容生存。比如说作为规范层次的正义性这种对象性方式，并没有也不可能确定一个判断正义的抽象尺度，只是说正义应该是利他性和公平性的统一，其基本的原则是语境下的忠恕之道。道义本身是语境性的，是以人们的同情心和正义感为基础的情境性的判断。在具体实践语境中，什么样的情况被看成正义或不义是能在生存的实践智慧。当公平没有达到的时候，形式的公平就代表着正义。相反，当形式平等得到实现导致了事实上的不公时，以利他性原则补充和纠正这种形式平等才是正义。

在作为能在真理的整体性自由概念中，人不再将某一种原则当成绝对，而是在存在的整体中领会生存，形成对象化活动的基本原则。同一对象性层次的不同对象性方式之间构成了辩证统一的整体。从历世的时间性来看，绝对性和必然性在客观性中达到统一，利他性和公平性在正义性中达到统一，而趣味性和实在性在自如性中达到统一。作为能在真理的整体性自由不仅表现为同一对象性层次不同对象性方式之间构成辩证的整体，而且表现为不同的对象性层次之间构成辩证统一的整体。在能在的超我阶段，事实层次的客观性和规范层次的正义性是感受层次自如性的基础，能在将自身领会并体验为自在的存在，乃是因为能在意识到了事实的客观性和规范的正义性，所以能够以此存在意识为指引从容生存。在被领会为能在真理的总体自由概念中，能在以整体性的意识面对世界，在世界中存在，而不是单纯以某一种作为自由超越形式的对象性方式面对世界。从容自在的能在将自身展开的整体把握为自由状态和自由过程，而不是说在某一个层次上自由，而在另一个层次上不自由。只有事实层次上解释活动恰当、规范层次上交往活动忠恕，才有在体验层次上自在生存的从容。

自由的过程性

能在始终是超越，并且超我阶段的能在自觉地将能在理解为超越生存。作为能在真理的整体性自由概念必然是过程性的。也就是说，这个整体是过程中的整体却不是静止的、抽象同一的整体。在超我阶段的对象性方式中，将事实建构性和边界意识统一起来的客观性，将同情心和正义感统一起来的正义性，将超越和有限统一起来的自如性，以及这种客观性、正义性和自如性本身的统一，实际上已经将能在的自觉超越理解为自由展开的过程。只要能在存在，能在就不会终结并且完成于某一确定的完满状态，而始终是开放的自由展开过程。自由只有作为过程才能实现，或者说自由的实现本身是过程。自由的整体性只是说在这个开放的自由展开过程中，能在不再将某种片面的抽象原则看成是自由本身，而是以整体性的观念把握生存的自由。这种整体性的自由概念本身是自由超越的结果，体现了自由意识的自我扬弃的过程性。没有任何个体或者群体不经过自由意识的历程能够直接地拥有作为能在真理的整体性的自由意识。自由的过程性不过是讲整体性的自由概念之形成是一个历史的展开过程。

从能在对象性层次来看，事实层次、规范层次和感受层次之间本身就体现了从外到内、从物到人、从他到我，因此是从浅到深的自由意识的形成过程。不过，这种过程性同时是一种横向空间层次的超越性，体现了能在能够通过不同对象性层次总体地把握对象。不同层次内部中不同对象性方式的演变就体现了自由意识的历时性变迁。比如说，规范层次从利他性到公平性再到正义性，就体现了能在超越中自由内涵越来越丰富、越来越深刻的过程性。作为能在对象性阶段的他者、自我和超我，依据的就是对象性层次和对象性方式的这种过程性对自由形态的历史划分。他者阶段的绝对性、利他性和趣味性都以他者为叙事的中心，能在的自由表现为通过内在意志的超越抑制自身以肯定他者的存在；相反，扬弃了的能在本身成为主体，必然性、公平性和实在性作为能在主体性的展开本质上是能在以自我为目的的能在自由的实现；最后，超我阶段的客观性、正义性和自如性再次扬弃唯我论的自由，能在的自由生存表现为他者和自我统一的真理，而不是自我抽象权利的争夺与捍卫。所以，能在从他者，经历自我到超我的历世演进本身就是过程性的展开。在超我阶段的能在论意识中，自由的真谛是扬弃对立和冲突的各种差异性和多样性统一的整体，而不再是非此即彼的冲突和对抗。因此，能在能够将生存体会为在过程中得以展开的自由历程。

扬弃各种片面性的总体自由概念，自在生存

在超我阶段，作为能在真理的自由概念的整体性是讲，能在对于自由的理解扬弃了各种抽象的片面性和阶段性，自由概念成为各种对象性方式中不同的自由观念的辩证统一整体。一方面，能在在这个整体中体会生存自由和追求自由，而不是将某一种对象性方式中的自由原则看成自由本身。自由概念是整体性与过程性辩证统一的总体性概念。能在关于自由的整体性概念是在个体和类存在的超越生存中达到超我阶段的产物，超越生存中的各种自由概念和相互关系只是这一超越历程的具体环节。另一方面，即便达到了整体性意识的自由概念本身也意味着生存中的过程意识。也就是说，作为能在真理的整体性自由概念意味着自由是能在无限超越历程中有限状态这样一种意识。离开了过程性意识，整体性就是没有历史的逻辑整体，整体性的自由概念就只是静止的逻辑范畴之间的组合。同样地，没有整体性的意识，过程性就是一种线性的时间概念，是没有多样性内容的单一原则的进展。能在在超我阶段的存在论意识是扬弃了各种片面性和阶段性，作为整体性和过程性统一的总体性的自由概念。

能在自身始终处在不断超越的动态过程之中，能在的每一个当下因此又是有限的具体当下。领会能在超越生存的自由概念本身也就必然是动态辩证的总体概念。只是到了超我阶段，超越性才成为自觉的超越性，也就是当能在将自身的存在领会为不断超越中的有限存在的时候，这种整体性和过程性相统一的总体性自由概念才成为能在自我领会的能在真理。此时，能在才不再将某种具体的自由原则作为自由本身来理解和指引自身的生活。能在知道不同层次、不同阶段的各种自由概念，也知道了各种自由概念和原则的限度所在。它不再以某种具体的原则为原则，也不再提出新的自由原则。因为将自身的生存看成超越的状态和过程，能在就将自身的存在放到这样一个动态的整体过程中进行把握。指引能在生存的就是这种以辩证的总体性自由概念为基础的存在智慧。

总体性的自由概念扬弃的同时也包含了各种具体的自由概念。总体性的自由概念总是追问我们是在什么层次上谈论什么阶段的自由，因此能够在自由的总体性中把握具体自由的意义和边界。能在有了这种作为整体并且作为过程的总体性的自由概念，能在就能够更加深刻地领会能在作为超越和有限相统一的生命本身，并因此能够体会到从容且从容地生存。自由是能在存在的状态和过程，同时也是能在生存的境界。只有它是一种生存的境界时，不同个体才在相同的历史境遇中体验到不同的生存自由，因此能在才是可能存在，才是丰富性、多样性、差异性的存在之可能性。孔子所说的"一箪食，一瓢饮，在陋巷，人不堪其忧，回也不改其乐，贤哉回也"中的"其"字之所以值得玩味，就在于突出了能在作为能在之生存体验的自身性和生存处境的具体性，在实在和实存中展开的自由超越的多重可能性。有的人乐于此，有的人乐于彼，而有的人始终毫无可乐之事，关键在于如何领会自由并且自由地生存。

能在将自身的生存，作为个体和类存在的自身生存领会为自由。总体性的自由概念是在能在自我领会的能在论意义上的存在真理。人作为能在是意识到自身如何存在并且如何去存在的存在者。作为能在真理的总体性自由概念不过是意识到自由的实现是内在于历史的具体的总体性过程，只有在超越的历史中才能体会和把握能在生存的自由。换句话说，能在体会和把握到的自由总是历史过程总体中的自由，没有一种超历史的自由状态和自由概念。只要人作为能在还存在，他就是自由展开和自由实现的开放领域和可能过程。总体性的自由概念是能在的真理，即人作为能在自觉的存在论意识。这个意识到自己如何存在并且如何去存在的能在意识之展开就是未来。不论作为个体还是作为共在存在的类，自由历程在时间中的展开就是历史。然而，唯有能在意识到自身是能在，因此是超越生存的自由时，历史才成为自由自觉地自我构成的历史。当然，能在论不能去研究和展现历史本身，但它却必须关注历史的观念，即上升为概念的历史意识。以作为能在真理的总体性自由概念为基础形成的历史观念就是历史理性，也就是理性地把握历史并且历史地把握理性的辩证统一。

第八章 | 理性的历史

　　人的存在作为能在就是超越生存，并且最终意识到了自己的存在就是超越生存。因此，总体性的自由概念成为能在的存在论意识，即在超我阶段达到的人作为能在自我领会的真理。自由意识就是能在意识到自身如何存在并且如何去存在的可能性意识，或者说是进入了意识的超越生存。能在超越就是自由生存。能在通过作为整体并且作为过程的总体性自由概念领会自身存在。能在超越生存作为自由的展开和实现过程，不是说有一种作为种子的自由原则被展开出来，同时还有一种作为目的的自由状态等待着被彻底达到，能在只不过是悬在这个起点和结果之间的不确定性，而是说，自由不过是能在超越生存的过程本身。自由根本不在能在的存在之外，而是人作为能在自觉地意识到自身的生存是超越，因而用于领会这一超越过程的能在论范畴。作为整体和过程统一的总体性自由揭示了能在超越展开出不同层次的社会空间和不同向度的历史时间。社会空间和历史时间构成能在在世和历世的存在总体。在这个意义上，历史是能在自由实现和展开的历世总体，是作为在世总体的社会在时间中的流变。作为能在真理的自由概念意味着历史是自由实现的历史，是作为整体和过程展开的自由历程。这种历史概念是能在进入超我阶段之后形成的存在论概念，也就是能在将总体性的自由领会为能在真理之后，对超越生存之展开过程及其特征的总体把握。理性的历史概念就是以此种自由概念为基础对历史进行理解，对历史被把握领会了能在自由真理的理性自我展开的过程。历史理性是理性的历史概念得以形成的内在根据。也就是说，理性本身是在历史中形成的，而不是超历史的原则。理性是历史的理性，历史性是理性的基本特征，或者说历史性是能在论视域中理解理性概念的基本思想原则。我们首先历史地理解理性，把人类理性的形成看成是历史的过程。然后再理性地理解历史，把历史看成是历史地形成的理性自我展开的过程。理性的历史概念和历史的理性概念侧重不同，它们内在地统一于能在论的超越生存概念。从这样一种存在论的视域出发，理性的历史概念有三个基本构成环节：生存实践、历史理性和可能性过程，即作为历史理性在生存实践中展开的理性的历史。实践是讲历史是能在以对象性意识为基础的对象化活动的展开过程，历史理性是讲以能在的生存实践为基础的理性具有历史性的特征。可能过程是讲以实践为基础、以历史理性为内在环节的历史是开放的可能性过程，这就是理性的历史概念。以此种理性的历史存在概念为基础，作为能在共在展开的政治就是一种以历史理性为内在环节的能在论政治概念。

一、实践，存在论循环

（实践作为历史概念的能在论基础；客体性；主体性；主客体
交互作用中展开的存在论循环）

能在曾经自在地是能在。也就是说，能在曾经没有自觉地将自身的
存在领会为超越生存。但能在本身就是超越生存，不管这种超越生存是
否进入意识。没有进入存在论意识的超越也是超越。用能在来命名人作
为人所是的存在是能在超越了"他者"和"自我"进入超我阶段的存在论意
识。不过，这并不意味着在这之前，能在就不是能在。能在始终是能
在。能在作为人所是的存在始终是对象性关系中的对象性意识和对象化
活动相统一的超越生存。对象性意识和对象化活动只是能在论领会能在
之为能在的两个基本环节。能在能够将对象放到对象性意识之中形成观
念，同时又能够在对象化的活动之中实践地改变和生产对象，所以能在
才是能在，能在的存在才在超越物性实在和超越既定实存的双重意义上
是超越。在超越物性实在的意义上构成不同层次的社会空间，而在超越
既定实存的意义上展开为不同形态的历史时间。社会历史不过是能在超
越构成的存在领域，即由能在构成并在之中存在的共在世界。到了超我
阶段，能在才意识到自身是作为这种能在在世和历世的存在，因此世界
才被理解为能在构成的可能世界。能在意识到不仅这个世界是通过自己

的对象性意识被把握的真善美统一的世界，而且是在自己的生存活动中将记忆、反映和想象对象化的统一的世界。因此，不论从认识论还是从存在论的角度来说，世界只是能在的世界。世界并不是就在那里的世界。在能在之外、脱离能在自在地存在的世界只是在对象性意识中作为抽象概念存在的世界，而不是人感性地生活于其中的现实世界。能在意识到由于世界是由能在的认识和实践中介的世界，世界本身具有能在的性质，世界是由能在展开和构成的可能世界，而不是能在之外固定的、完成了的自在存在本身。这就是说，以对象性意识和对象化活动为基本规定的能在成了世界观和存在论的基本范畴，作为能在真理的自由概念当然也就成了揭示世界展开历程的历史概念的内在根据。

只有能在有历史，并且是历史性的。关于各种对象的历史概念是作为对象性存在的能在把握对象存在的方式。只有能在能够在对象性关系中形成关于对象的对象性意识。能在在对象性意识中区分在不同的存在领域和同一存在领域中的不同存在对象，这些不同存在领域和不同对象在能在的时间意识框架中显现为有历史，使能在形成不同的历史概念。关于对象的历史概念是能在观念地把握对象的方式。对象本身无所谓历史，对象的历史只是对能在而言成为了历史，并且有历史。非能在没有关于自身存在和关于对象的历史观念，因此不能以对象化活动的方式构成自己的历史，展开自身的历史，它们的历史在它们的外面，它们不是历史性存在。只有能在能够在对象性的关系中形成对象性意识，因此在以对象性意识为指引的对象化活动中自己构成自己的历史。也就是说，只有能在有历史并且有历史概念。能在关于自身存在的历史概念本身成为能在历世的构成因素，历史因此成为超越生存的展开过程。

能在在对象化活动中形成了对象性意识并且以对象性意识指引对象化活动，不断改变对象世界的同时改变着自身的存在。因此，能在是超越生存的时间性存在。能在在这种以对象性意识为指引的超越实存的对象化活动中给出时间性。时间是能在历世的历世结构。作为时间维度的过去、当下和未来，在作为对象性意识活动的记忆、反映和想象中构成曾在、现在和将在三种历史性的存在样态。能在的超越生存就是在记忆、反映和想象中构成的曾在、现在和将在，在对象化活动中作为对象性意识的同时到场和同时在场。每个当下的能在作为"现在"因此都是过去、当下和未来的总体化，是"向……而在"的超越。能在作为"向……而在"的超越通过过去、当下和未来的总体化成为现实，构成历史。现实不是实体，不是现在本身，不是能在从历史总体中切割出来的与能在相连的无数点的连接，而是这种由能在构成并且能在在其中存在的总体化过程和总体化状态本身。只有在这个根本的意义上，现实才构成历史。历史是能在在"向……而在"的超越中构成的总体过程。能在的对象化活动就是使作为对象性意识的记忆、反映和想象不断总体化为当下现实的超越过程。历史是把握能在超越作为总体化过程的总体性存在的存在论范畴。能在及能在在其中生存的共在之超越过程就是历史。马克思历史唯物主义中的那个历史概念就是这种存在论高度的存在概念，而不是线性时间概念中的一个片段或留在身后的过去。

能在在对象性意识的指引下通过对象化活动构成的历史，就是自由超越的过程本身。按照马克思和恩格斯最为简明的说法，"历史不过是追求着自己的目的的人的活动而已"①。能在在对象化活动中形成自己的历史和关于自己存在的历史概念。对象化活动是以对象性意识为内在环节的超越生存，追求自己的目的的活动就是以对象性意识为内在环节的对象化活动。作为存在论范畴的历史实际上是对对象性意识和对象化活动的辩证统一的展开过程。对象性意识是在对象化活动过程中形成并进一步规定对象化活动的生命指引，它使对象化活动包含了能在的内在意识而成为自觉活动。意识因为是在不断的对象化活动中形成因此是一种对象性的意识，而不是对静止对象的静止反映。它通过记忆、反映和想象等环节构成指引对象化活动的内在观念。正是由于对象性意识和对象化活动作为能在基本的存在论规定，才使得能在的存在是超越生存，因此是历史性的存在。作为历史性存在的能在才有历史并且给出历史性。

能在自觉地构成自己的历史，并且能在的超越生存提供着把握对象存在的历史结构。能在成为历史存在和历史叙事的主体。人作为能在本身被看成是历史的动力和历史的目的。到了能在的超我阶段，历史就是将自身领会为目的的能在的自我展开过程。因此，历史是自由的自觉实现和自觉展开。这就是能在论阶段理性的历史概念。历史始终是能在自我实现和自我展开的状态和过程。但是，只有当人将自身的存在领会为能在，也就是人作为超越生存进入意识之后，能在才成为历史的主体，历史才被理解为能在自由生存的展开和实现，历史才在能在作为对象性意识和对象化活动相统一的超越过程这一能在论的基础上得到揭示。也

---

① 马克思、恩格斯：《神圣家族》，见《马克思恩格斯文集》第 1 卷，295 页，北京，人民出版社，2009。

就是说，因为人的存在被领会为能在，历史才被领会为能在对象性意识指引下的对象化活动的展开状态和展开过程。我们将对象性意识指引下的对象化活动称为实践。实践概念因此便成了能在论历史观念的基础范畴。能在论历史概念的实践性，是理性的历史概念的第一个环节。实践性本身又包括了历史展开过程的三个基本要素，即客体性、主体性和作为二者统一的存在论循环。

客体性

人作为能在的存在是以对象性意识为指引的对象化活动的超越生存。历史是表示能在这种超越生存的历时性的总体范畴。能在的超越生存本身既是能在对象化活动中自我展开的过程，又是能在对象性意识中自我认识的对象。历史客体是指能在这种对象性意识和对象化活动中的作为对象的超越历程本身。历史客体包括两层含义，一是作为客体的历史本身，一是作为历史过程中的历史性客体。前者是指对象性意识和对象化活动中作为对象存在的历史，也就是历史认识和历史实践中作为对象的历史本身；后者则是指历史过程中具体的历史性对象，也就是在能在的超越生存中被作为对象或作为结果产生的历史性事物。它不是指作为客体的历史，而是指历史性的客体。历史在这里表达的是客体的属性，即作为对象的客体具有的历史性。

历史客体作为对象是相对于能在主体而言的。历史展开中不论是作为事实性领域的物质条件和客观规律，规范性领域的社会关系和制度体系，还是观念领域的社会心理、价值理念、审美意识等，都是能在面对的现实客体。客体仅只是就其作为能在活动的对象而言，它们相对于能在主体而存在，而不是就对象本身的属性是什么而言。比如说社会意识也表现为一种普遍的社会存在，当它作为能在实践活动的认识对象和实践改变的对象时就是历史客体。人在改变环境的同时改变人本身，被自己有意识地改变的人本身也作为对象的客体。客体是仅就能在主体的认识或实践活动中作为对象的存在而言的。当我们讲要做自己的主人的时候，同时也是说把自己作为管理和处理的对象。客体作为"相对于能在主体的存在"是说历史客体既与主体的认识和实践活动相联系也独立于主体。它们是一种既定的现实和状态。另一方面，这种相对性又意味着它们本身受到能在主体的规定，是在能在超越的历世过程中成为对象并被作为对象，因此它们是历史的产物。在这个意义上，即便人类生存于其中的自然物质环境也是历史的产物，是历史客体，而不是抽象的自在的自然本体。自然也是历史的产物。始终存在着历史与自然的关系问题，并将历史排除在自然观念之外的做法是抽象的唯物主义的做法。它只看到自然作用于历史，甚至用自然世界的逻辑理解历史，而不能用历史的眼光理解自然。①

历史的客体性首先意味着客体作为相对于主体的独立存在对主体活动的制约性。就是说，在能在自我展开的超越历程中，作为对象的各种历史因素就其作为对象存在而言规定和制约能在主体。这种独立性意味着作为对象化过程的条件和结果的存在关系、存在状态和存在方式外在于能在主体，因此成为能在主体认识和实践的制约性条件。能在主体不能够随便选

---

① 关于这一点可参见恩格斯对庸俗唯物主义的批评。"自然主义的历史观，如德雷帕和其他一些自然研究家或多或少持有的这种历史观是片面的，它认为只是自然作用于人，只是自然条件到处决定人的历史发展，它忘记了人也反作用于自然界，改变自然界，为自己创造新的生存条件。"（《马克思恩格斯选集》第 4 卷，329 页，北京，人民出版社，1995）

择和改变既有的这些客体，因此不能随心所欲地创造自己的历史。① 在这个意义上，历史作为对象化的条件、结构、关系、方式等是一种客观状态。马克思在资本论中曾经说过社会经济形态的发展是一个自然历史的过程，讲的就是这种历史的客观性。创造历史的活动受到已经形成的历史条件的制约。历史唯物主义的一个基本观念就是社会的经济基础作为客观性的根本力量制约着社会历史的发展，历史的发展不能从人们的观念内部去寻找原因。

当然，历史客体的客体性不仅表现为独立于能在主体对能在主体活动的制约性，同时也具有作为对象的相对性。什么样的事物能够成为能在活动的对象进入能在超越生存，是与能在的对象性活动相关的。也就是说，制约能在主体的对象本身是由能在实践的选择性、能动性和目的性等影响的，作为对象的客体与主体之间不是一种因果的决定论关系，而是一种相互作用的构成性关系。作为对象制约着能在主体的因素往往是能在实践对象化的结果，是能在活动的产物，而不是独立于对象化活动、完全先在和外在于能在之外的绝对存在。这就是说，历史客体对于能在主体的制约是通过主体的实践发挥作用的，这种制约性本身具有相对性特征。正是这种客体对象的相对性体现了客体与主体的相互关系，历史的客体性并不是先在于主体并且规定主体活动的绝对因素。客体是在与主体的相互规定中成为客体的。客体性首先意味着超越于主体的制约性，同时又有主体中介的相对性，因此承载和展现能在主体的能动性。

---

① 马克思曾说："人们自己创造自己的历史，但是他们并不是随心所欲地创造，并不是在他们自己选定的条件下创造，而是在直接碰到的、既定的、从过去承继下来的条件下创造。"（马克思：《路易·波拿巴的雾月十八日》，见《马克思恩格斯选集》第 1 卷，585 页，北京，人民出版社，1995）

主体性

历史客体性是说进入能在超越过程的事物和由这个超越展开出来的事物本身，构成超越过程的处境和条件，不论作为对象性意识还是对象化活动中的对象，它们本身都有相对独立于能在主体的逻辑，制约和影响能在的超越生存，使得历史的展开不是主观任性的过程。但是，历史作为能在自我超越的现实展开过程，本身可以在能在的对象性意识中被领会，从而形成指引对象化活动的内在的超越因素。对象化活动以对象性意识为指引创造和改变现实，不是自发地按照事实性的自在逻辑展开的过程。能在自我展开的超越性就体现在对象性意识对物性实在本身的超越性，以及在这种超越意识指引下的对象化活动改变实存状态的超越性。历史的客体性只是在这种超越性中能在受到限制的被动消极的一面，而超越性的本质在于能在扬弃客观现实、能动地自我实现和自我展开。也就是说，能在能够利用现实的条件和规律改变现实，以实现和满足自己不断变化的需要。因此，历史的客体性通过能在主体的知、情、意的中介得到展开，从而体现了能在主体的主体性。能在的历史是能在超越的历史。当这种超越性成为意识，也就是说，当能在将自身理解为历史的主体时，历史就是自觉的主体性的历史。在能在的超我阶段，能在自身被理解为目的的同时也被理解为动力。历史不再被看成是神意决定或自然决定的自发过程，而是在自然物质世界中存在并超越自然物质世界的能在自我生存的过程。就历史是在自然物质世界中发生并且始终受到自然物质条件的制约而言，历史既不是超验的神意也不是能在内在的意志决定的过程，而是客观的自然过程；就历史是能在在自然物质世界中展开并超越自然物质世界的实在状态而言，历史是能在对象化创造的主体性过程，是超越实在的意义领域的生成和展开过程。

能在面对着自然和社会的双重客体，通过记忆、反映和想象等对象性意识构建起对象性历史观念，使得能在的生存活动是作为对象性意识外化和展开的对象化活动，而不是与自身直接同一的本能反应。历史作为对象化活动的展开过程和展开状态，是对象化了的能在主体的目的性、创造性和选择性，实际上就是能在主体性的展开和实现。能在作为主体是历史过程中创造性和推动性的力量。历史本身就是这种主体性的自我生成和自我展开过程。没有作为主体的能在的对象性意识和对象化活动，就无所谓历史，就根本没有历史。但是，尽管能在是创造历史的主体，但能在自身具有的这种创造历史的主体性意识本身是历史的产物。也就是说，能在的主体性曾经只是作为自在的主体性构成历史。只是当这种主体性进入意识，能在自觉地意识到历史是属人的历史的时候，与客体性相同联系的自觉的主体性才被理解为历史的基本特征。历史因此被看成是作为主客体在实践中辩证统一的循环过程。这种立足于实践的辩证循环当然不是宿命论的，也不是唯意志论的历史过程，而是开放的可能性过程。在这样的意义上，超我阶段的历史概念就是一种真正理性的历史概念，它不仅超越了纯粹他者统治的宿命论逻辑，也超越了唯我论的唯意志论逻辑。

主客体交互作用中展开的存在论循环

人作为能在始终拥有不同的历史意识并创造着历史。唯有人将自身理解为历史主体的时候，主体性才是自觉的主体性，或者说历史的主体性才成为真正的主体性，能在才真正获得了主体性的历史概念。历史观念曾一度缺乏主体性，人作为能在只是自发地、自在地创造历史，历史虽然是人作为主体与客体相互作用的过程和结果，但却被认为是神意的实现或者自然决定的过程。能在作为主体，既没有成为历史叙事的主体，当然也就不会被看成创造历史的自觉主体。主体性实践常常以"替天行道"等各种非自觉的方式展开。当主体性进入意识之后，历史就被看成主客体相互作用的超越过程。客体性和主体性统一于能在对象性意识中的对象化活动，即统一于实践。实践是能在主体自觉地以对象性意识为指引的对象化活动。在这个意义上，能在的"在"和"能"就是实践，实践就是能在的存在方式和存在活动本身。实践概念将能在超越展开为客体、主体和主客体统一几个具体环节。实践概念构成了理性历史概念的能在论基础。

作为主体性和客体性统一的实践性概念，成为能在论历史概念的基本范畴。历史就是能在共他者而在的生存实践的展开状态和展开过程。主体性因素和客体性因素在具体的实践中相互规定，相互作用，人作为能在的自由就在这个辩证的过程中展开。这就是能在作为可能性存在展开的历史。主体和客体辩证统一的实践就是不断超越的历史过程。能在的自由不会停留于某种既定的完成状态。只要能在存在，能在的历史就是能在实践中永远超越的自由历程。我们将这个过程称为存在论循环。能在历史就是主客体之间相互作用的循环过程。这个循环因为是作为主客体统一的实践过程，因此是开放的辩证循环，而不是简单的复返。马克思曾经说过，环境的改变与人的活动的一致只能被理解为变革现实的实践，教育者首先是被教育的，人在改变对象的同时也改变着自身等，都体现了这样一种以实践为基础的存在论循环概念。以实践为基础，这里的存在论循环概念意味着不以本体论的思维方式寻找绝对的起点和终点，而是以对象性和对象化的思维把握这个展开的现实过程本身。因此，存在论循环就是以作为主体性和客体性统一的实践为基本范畴的历史展开结构和机制。历史就是存在论循环的开放过程。展开这个存在论循环的存在论就是社会——历史现象学。

存在论循环是能在论的基本观念。能在作为超越，以及作为能在超越之展开的历史是主客体相互克服的开放循环过程。客体性的因素通过对象性的方式进入意识，成为指引对象化活动的主体性因素；对象化活动以对象性意识为指引外化为客观的存在状态，主体性的因素由此变成客体性的因素。改变了的客体状态再度以对象性的方式进入意识成为对象化活动的指引，如此循环往复，以至无穷。① 历史就是存在论循环，就是在这个循环中不断超越既定现实的过程。存在论循环包括三个相互联系的循环过程：从对象化活动的角度看，历史实践就是领会了对象化活动的对象性意识不断对象化的循环过程；从对象性意识的角度看，历史意识是对象化的对象性意识不断返回自身的超越过程；从对象化活动与对象性意识相统一

① 毛泽东关于认识道路的看法明确地阐释了这种循环概念。毛泽东在《实践论》中指出："社会实践中的发生、发展和消灭的过程是无穷的，人的认识的发生、发展和消灭的过程也是无穷的。根据一定的思想、理论、计划、方案以从事于变革客观现实的实践，一次又一次地向前，人们对于客观现实的认识也就一次又一次地深化。客观现实世界的变化运动永远没有完结，人们在实践中对于真理的认识也就永远没有完结。""通过实践而发现真理，又通过实践而证实真理和发展真理。从感性认识而能动地发展到理性认识，又从理性认识而能动地指导革命实践，改造主观世界和客观世界。实践、认识、再实践、再认识，这种形式，循环往复以至无穷，而实践和认识之每一循环的内容，都比较地进到了高一级的程度。这就是辩证唯物论的全部认识论，这就是辩证唯物论的知行统一观。"毛泽东对认识的结构和过程的一般描述，揭示了开放的辩证循环概念。现实社会历史的展开也是这样一种循环过程，我们称之为存在论循环，并且是认识论循环的基础。（参见《毛泽东选集》第1卷，295～297页，北京，人民出版社，1991）

的角度看，历史过程就是对象化活动与对象性意识不断地从对方返回到自身的超越实存的生存过程，就是实践中二者相互规定和相互否定的循环过程。这个循环表现为思想趋向现实的同时，现实也趋向思想的过程。也就是说，关于历史实践的理论通过理论的历史实践展开为能在超越的历史。

在这个意义上，存在论循环不过就是从能在论的角度阐释的实践辩证法或者历史辩证法。实践中介的能在超越生存就是辩证的展开过程。以能在论的实践概念为基础的辩证法，不是观念内部的封闭循环，因此不是没有时间的逻辑必然性，而是能在作为超越生存的可能性展开的历史逻辑，因此是能在作为"向……而在"的超越生存结构。能在和能在的历史结构是以实践为基础的开放循环，因此，关于历史的辩证理性不过是领会和把握到这个根本结构的历史的理性。超我阶段的这种历史的理性概念意味着对自我中心论的超越，抽象自我主体不再是历史叙述的绝对根据。能在作为主体以自身为出发点，却能够形成把握存在历史的理性的历史概念，因此获得了历史的理性精神。

二、历史理性

（理性的历史性，以实践为基础的历史性成为根本的方法论原则；历史理性的规定：客观理性、渐进理性、否定理性）

实践是说能在的超越生存是主客体交互作用的对象化活动。历史是表示能在超越的时间维度的总体存在范畴。存在论循环概念揭示的是历史展开的基本机制和基本结构。能在超越生存的历世过程进入意识形成基本历史概念。能在论的历史概念所体现的基本历史精神就是历史理性。历史理性是能在超越的生存中观念地把握这一超越过程的基本精神。这种理性精神在超越的生存中产生并且又自觉地构成超越生存的内在因素。历史理性说的就是这种理性精神的历史性，它虽然是观念地把握历史的理性精神，但它从来不在历史过程之先和之外。历史理性被历史过程规定的同时规定历史过程，因此是理性历史概念的内在要素。也就是说，历史理性在实践中有其基础，而不是被外在地强加给历史和历史意识的抽象不变的绝对精神。理性只能是历史性的，并且关于历史性事物的理性精神。立足于实践的历史概念将历史理解为辩证展开的存在论循环过程，因此理性本质上是实践中介的理性精神，而不是抽象的无人身的绝对理性。

人被称为理性的动物。人能够形成关于对象的理性认识并且能够在实践中理性地处理自身与对象之间的关系。理性成了对象性意识和对象化活动的基本规定。但是这并不是说动物加上理性就成了完整的人的概念。如果动物性和理性本身是相互分裂因此是相互外在的，它们如何可能结合在一起，这种动物为何具有了理性并且理性本身从何而来就是问题。在人的存在作为能在没有进入意识之前，理性曾经被看成是独立于甚至是先在于肉体的精神存在，人的存在就是肉体与精神的结合，这一点在古希腊哲学和基督教神学的观念中根深蒂固。马克思批判诸如此类的理性概念为"无人身的理性"①，稍后的尼采也将理性看成实现人的本能意志的手段，而不具有任何优先的地位。绝对理性在黑格尔之后被放置到了以肉体为基础的能在生存超越的过程中，本身失去了绝对性。也就是说，理性不过是能在在超越生存中历史地形成的一种把握世界的能力。能在的超越生存是理性产生的现实基础。正是在不断超越的生存实践中，能在形成了观念地把握世界的不同对象性意识，同时获得了实践地改变世界的不同对象化能力。历史的理性不过是能在超越实践中把握这一实践的力量。能在超越的生存实践是历史理性形成和发展变化的基础。脱离了能在的超越实践，脱离历史规定的理性只是一种绝对抽象，是没有实际内容的空洞概念。理性在能在超越生存的历史中产生，历史是理性的土壤。但是同时，历史不是抽象性的实在，而是能在对象性意识和对象化活动统一的超越过程，因此理性是历史性的理性，而历史也就成为人的理性展开的历史。②

不论是在对象性意识还是在对象化活动中把握的对象都是实践中的历史性事物。我们甚至因此可以说理性构成了自身的对象。一方面，能

---

① 马克思：《哲学的贫困》，《马克思恩格斯选集》第 1 卷，138 页，北京，人民出版社，1995。

② 伽达默尔在谈到历史思维的时候大体表达了同样的意思，揭示了把握历史的历史思维与历史对象之间的相互统一。"这里我们必须摆脱一种有害于理解的历史思维而要求一种更好地进行理解的历史思维。一种真正的历史思维必须同时想到它自己的历史性。只有这样，它才不会追求某个历史对象（历史对象乃是我们不断研究的对象）的幽灵，而将学会在对象中认识它自己的他者，并因而认识自己和他者。真正的历史对象根本就不是对象，而是自己和他者的统一体，或一种关系，在这种关系中同时存在着历史的实在以及历史理解的实在。"（［德］伽达默尔：《真理与方法》，洪汉鼎译，384～385 页，上海，上海译文出版社，1999）

在在不同的对象性层次上看待事物因而形成了不同层次的关于存在事物的概念，思维中的事物并不是事物本身，而是被能在的历史实践中介了的、进入观念的事物。不同的理性概念往往体现出能在把握历史事物的不同层次，因此是关于不同存在领域的理性。比如说所谓事实理性和价值理性，或者工具理性和交往理性的区分，其实只是能在在事实层次和规范层次在世的不同对象性能力。不论是工具理性还是交往理性都是一种历史性的理性。另一方面，能在依据关于对象的对象性意识不断在实践中改变对象，面对的对象本身能在是流变的历史过程。历史理性以这个流变的过程本身作为对象。关于存在历史的观念在变化，在这种变化的观念中体现出来的理性本身也在变化；通过改变历史不断改变着自身，能在对象化活动的实践本身也在不断变化，体现这种变化的理性能力也在变化。因此，不论从把握对象的对象性意识还是从被把握的对象化过程来看，人类的理性能力都是历史性的，没有超历史、非历史的理性。理性只是能在用于把握自身超越本性的观念范畴，它只能是在历史中形成并且在历史中展开的、根植于历史的历史性的理性。超我阶段的能在意识到了理性的历史性，扬弃克服理性的单面化，自觉地以具体的总体性意识面对世界，超越片面的抽象理性，以契合具体语境和对象的方式在世和历世，恰当、忠恕、从容，因此能够达到他者和自我圆融统一的从容境界，过一种真正理性的生活。以这种理性精神为内在原则的历史就是理性的展开过程，就是理性的历史。

在能在论中，历史性成了理解理性的基本方法论范畴。使用历史理性这个范畴，除了强调理性的基础是历史实践，理性的对象是历史性事物外，更重要的就是强调理性本身是一种历史性的理性。因为意识到了理性的历史性就意味着意识到作为理性的基础和对象的历史。一方面，作为理性根本特征的历史性不仅讲的是理性的基础是历史，对象是历史，而且讲的是理性本身具有历史发展的过程性特征。理性是全体和过程，需要历史地看待理性，把握理性的历史特征。因此另一方面，我们也应该在此基础上把握历史的理性特征。意识到了理性历史性在能在论意识指引下的历史，是理性的对象化展开过程，因此是理性的历史。在历史发展中始终有理性，历史越向前发展，在历史中形成的理性对历史发展就越具有重要的指引作用，历史也就越成为理性的历史了。因此，能在论的历史概念是理性的历史概念，或者说理性历史概念被奠定在能在概念的基础上了。理性产生于历史的实践并且规定着历史的实践，超我阶段的历史就是具有历史性的理性精神辩证展开的理性的历史。

到这里，看似回到了黑格尔理性的历史概念，但是，黑格尔讲历史是理性的展开，那是逻辑地展开的封闭过程。过程的起点是作为抽象同一性的理性本身，过程是理性的自我分化和自我展开，结果是由绝对必然性保证的理性达到自身并与自身和解。在这个意义上，黑格尔那里根本没有历史和实践。他将观念中的绝对抽象伪装成了实在，将概念的自我演绎伪装成了历史过程。在最好的意义上，像马克思指出的那样，黑格尔只是为历史找到了抽象的、逻辑的、思辨的表达。[①] 在反面的意义上，黑格尔的逻辑学本身就牺牲了历史，是一种先验的反历史和超历史的范畴逻辑。历史和理性的确是发展着的过程和全体。但这个全体是以人作为能在的超越生存为基础的开放过程，而不是抽象的自在实体和自

---

① 参见《马克思恩格斯全集》第 3 卷，316 页，北京，人民出版社，2002。

在原则自我展开的逻辑过程。以能在超越概念为基础的历史理性讲的是历史性的理性过程和理性的历史过程在生存实践中的统一。这个过程是在对象化活动中展开的可能性过程，因此是历史的，同时也是理性的。以能在论为基础的历史概念同黑格尔的逻辑的过程性概念存在原则性的差异。理性不是先在地规定能在超越过程的抽象原则，而是能在超越生存的所获成果和根本体现。个体或者作为共在的历史都没有绝对的静止起点，而只是在时间中渐进的超越过程。理性是用来表示能在超越中的对象性意识和对象化活动能力的范畴。这种能力本身是在超越生存的过程中逐渐形成，并且逐渐强化和改变着的。理性的成熟和发展本身是人类自由历程的表征，而不是规定自由历程的绝对原则。人们的理性思维、理性原则和理性价值都是历史的产物。理性发展是能在超越的结果，而不是概念自身内部逻辑的展开，因此并不是一种先验的必然性。人类的生存是自由超越的过程，而不是绝对理性的展开过程。

　　只要能在存在，历史就是不断的展开过程。理性因此也就不会在某一个确定的点上终结，导致能在的存在不再是自由超越。理性与历史统一的历史性意味着历史理性的客观性、渐进性和否定性。真正的历史理性就是立足于实践过程的开放的辩证理性，就是一种能够契合对象和语境的主体能力。历史理性要求历史地看待理性，把握理性的历史性特征，本质上就是要求历史地看待事物，在历史发展的总体过程中把握事物的具体性。理性的人就是具备这种历史性意识的人。在这个意义上，历史性成为世界观和方法论的基本原则，是历史理性的根本要求。以抽象的理性原则看待事物总是导致空洞的正确结论，而不能进入历史的深处领会事物存在的具体历史性本身，因此不能把握到对象的历史存在，不能把握到对象的真正生命和意义。一个真正理性的人一定是有深刻历史意识的人，是充满智慧的人。他总是能够在历史的总体中抓住事物的具体性及其发展趋势，因此从容自在，而不是以抽象的观念和原则否定现实，构成同现实的僵硬对立。

理性始终是历史性的。但是，理性的历史性进入意识，或者说，历史地看待理性本身是历史的产物。只有当能在作为超越进入意识，总体性的自由成为能在的生命领会，历史被领会为能在自由超越的过程总体之后，理性概念才发展到历史的理性阶段。只有在历史理性中，工具理性和交往理性才降格为自由超越的基本环节。它们只是能在在事实和规范层次上把握世界形成的理性概念，是理性特定的具体形态。能在超越成为自觉的意识之后，能在以总体性的自由意识在世和历世，在超越的整体关系和历史过程中把握对象，形成辩证的、作为动态总体的历史理性。以这种历史的理性精神为原则，人才能真正超越自身，超越自我与他者、内在与外在的对立，开启理性的历史时代。人始终是理性的动物，理性时代和理性个体不是一般地说个体或社会掌握了某种理性的原则，能够到处使用，而是说对理性本身有了理性的把握，能够领会到理性的历史性。一个将理性本身神化、绝对化的时代是非理性的时代，它没有自觉到理性的相对性和历史性。只有当理性精神自觉地以实践性为基础，以历史性为原则的时候，理性精神才不至于被等同于抽象的否定、质疑和批判，理性才真正成为能在自由实现的内在因素，而不是单纯作为破坏性的力量，在对抽象自由的追求中毁灭了自由。进入超我阶段的能在拥有了辩证的总体性自由概念，自觉地将自由的实现看成是历史的超越过程，因此能将对象化和对象性的理性能力领会为历史的理性，深刻地理解理性精神的基本特征。在这个有限的意义上，历史才是理性自我展开的过程，这一过程才能成为理性的历史。

客观理性

客观理性是讲理性的客观性。理性是主体对象性意识和对象化活动中把握对象的能力和方式。也就是说，能在能够理性地把握对象，理性本身是能在主体的属性，是能在超越性的主体特征之一。作为能在主体特征的理性如何具有客观性呢？这里的客观性并不是指脱离主体与主体无关的抽象自如性，而是指以对象性意识为内在环节的对象化现实性。也就是说，这里的客观是指历史的普遍主观，是普遍的精神，因此是历史性的观念状况。历史理性作为超我阶段的理性概念首先意味着领会理性的客观性。理性的历史性首先表现为这种客观性。理性是能在在超越生存的自由历程中形成的一种客观化的普遍精神，是历史地形成的一种相对普遍的精神原则和精神力量。个体的理性精神受制于历史的普遍精神状态，本身打上了时代的烙印，体现着理性的客观性。理性精神扬弃抽象性的主观任性。主观任性将主体的觉醒理解为"我的事情我做主"这样一种绝对性，理性仅仅变成了与他者抗衡和否定他者的抽象意识，成为绝对自我中心主义的观念支撑。真正说来这只是一种抽象的理性精神，因为理性还没有真正把握到自身的客观性，还没有领会到自己的历史性界限。

客观理性强调理性是一种客观化的普遍的历史精神，这种客观化意味着理性的建构性、相对性，因此也就意味着理性具有自身的边界。只有意识到了理性的客观性的理性本身才是客观理性。客观理性是能在超越生存的实践产物，是历史的过程和结果。因此客观理性是在实践中历史地形成的普遍的精神状况。这个客观理性并不是指自在的绝对理性，不是说人不存在这种客观理性仍然存在着的抽象的精神实体或精神原则，好像能在的认识和实践只是发现和展开这种绝对自在的理性，能在的存在受到这种理性狡计的支配因此是命定论的过程。相反，能在论的理性概念强调的理性客观性是指历史实践中的客观，是对象化意义上的客观状态，因此是内在于实践的主体性能力，而不是外在于实践从而规定实践的先验原则。理性本身是一种客观的理性，意识到这种理性客观性的是超我阶段中的能在拥有的生存论意识。

个体和社会越是具有普遍客观的理性精神，越是能够对个体生命和社会历史状态具有深刻的理解，就越是能够充分地实现和展开自身的自由。缺乏客观的理性精神，就容易自以为是，不能历史地看问题，总是试图将自己的意志提升和强化为绝对意志。缺乏客观性的意志强制地将自身客观化，在一般的情况下会使个体始终处在与他者的冲突之中，进入不了从容自在的个体生存境界。在共在生活的领域中，就是社会稳定性的瓦解或者专制社会中强制的统一状态。要么人们各行其是，要么万马齐喑，而不是求同存异、和而不同的多元和谐。因此，培育客观的历史理性精神，是提升社会教化和个体自我修养的基本任务。具备了客观历史理性精神，才能辩证地看待历史的发展状况，历史地看待问题，领会自身存在的有限性及其意义，从而指引对象化的历史实践和个体生存。人的生存才能进入一种率性而为，进入从容不迫的智慧境界。

渐进理性

历史理性是客观理性，意味着能够客观地把握历史、历史中的事物和在历史中存在的能在自身。历史理性意识到了历史的过程性，意识到了历史是能在自由展开的对象化活动过程。只要能在存在，能在展开的历史就是不断超越的没有终点的过程，能够构成终点的只是能在本身作为个体和作为类的消亡。个体的死亡是极端可能性，同样地，能在作为类的毁灭也是能在共在的极端可能性。在这双重的可能性变成现实之前，能在始终是绝对的超越。这个过程中任何一个断点，都只是超越过程中理性把握这个过程的概念抽象。也就是说，能在的历史是没有断裂的连续过程。稳定和飞跃，联系和断裂只是能在把握历史的对象性意识。历史存在始终是不断地自我超越的过程，不会停止于某一不完善的状态，当然也不可能完成于某种不再有未来可能性的完善状态。作为能在超越过程的历史始终是稳定与飞跃、渐进与突变的统一。历史的常态是渐进发展的稳定过程，飞跃突变是历史非常态，形式上看是历史的断裂和跳跃，实际上仍然是渐进发展积累的结果。因此，历史理性要求理解历史的时候具有一种渐进性的历史意识，不是将历史看成没有发展的静止过程，也不能将历史看成是永远不断飞跃的断裂过程，好像也并不只有惊天动地的历史事件才真正具有历史性的意义。历史理性意味着一种渐进性的历史意识。这种渐进性的历史理性扬弃了抽象的极端立场，强调过程性的历史概念，主张在渐变的历史过程中实现人的自由全面发展，而不是以极端完美的想象激进地瓦解现实，从而带来现实的灾难。

历史飞跃只是渐进发展、水到渠成的结果，稳定的渐进发展是历史常态。历史就是这样以渐进发展为基础的稳定与飞跃相统一的过程。只看到历史的稳定性而否认历史飞跃发展的可能性，或者只强调历史飞跃发展的可能性而看不到历史发展的稳定性，都不是理性的历史观念。理性的历史观念是一种辩证的历史意识，能够深刻地理解历史发展过程是相对稳定和突变的辩证统一。但是，相对的稳定和渐变是历史的常态。理性的历史概念意味着能够领会历史的这一基本特征，意味着主张一种渐进性的发展道路，而不是从绝对原则出发抽象地否定现实，总是崇尚激进的实践。历史理性既不会抽象地利用稳定性来拒绝巨大变革，也不会因为强调突变而不断陷入自我否定的激进行动中，而是在具体的语境中把握历史脉动，做出历史性决断，使这个决断与历史境况相契合。从这个意义说，历史理性是试图统一和扬弃激进主义和保守主义的真理，并认为变成了抽象极端的革命和保守立场都不是理性的历史态度。理性的历史立场意味着抓住历史的渐变特征，同时又不抽象地拒绝革命立场，主张以渐进的理性精神指引和推动历史的发展，而不是外在地坚持维护现实或者否定现实的抽象理性。渐进理性本身就意味着它是一种内在于历史的否定理性，是一种始终在历史中存在的创造历史的力量，而不是强加给历史的主观意志。以这样一种渐进的理性为特征的能在论历史概念充分地体现和反映了历史辩证运动的自我否定性。

否定理性

能在超越的过程就是自由的展开。超越就是否定，就是使对象包括作为对象的自身与自身疏远，永远作为否定自身的自身存在。历史作为能在超越生存的展开就是否定过程，也就是能在以对象性意识为指引不断改变对象的同时改变自身的自由历程。在作为否定过程的能在历史中，指引对象化活动的对象性意识是否定的内在因素，意识到自身是这种内在否定因素的对象性意识就是辩证的历史理性。在超我阶段自觉的能在论意识中，历史理性把握到了自身是历史辩证展开的内在因素，因此，理性作为客观理性、渐进理性的同时还是否定理性。记忆、反映和想象这三维时间中的历史意识被总体化为当下的理性观念，超越过程就是这种理性的展开。理性作为客观理性和渐进理性已经不再是抽象的实然原则或者应然价值，而是指引能在超越生存的客观精神，观念中展开历史的可能性通过对象化的实践变成现实。历史因此是能在不断自我否定和自我展开的共在过程。历史理性就是这种自我否定的历史概念进入意识，并且自觉地将理性理解为否定性因素的历史意识。在这个意义上，历史理性是根植于辩证历史过程的否定理性。作为能在对象性意识能力的理性根本不在于观念地再现或批判现实，而是生存实践展开的本质因素，是历史自我否定的超越力量。能在超越进入意识之后，也就是说，当历史被看成能在自觉超越的历程之后，理性的否定性本质就成为能在论意识的重要因素了。

历史的存在论循环，就是能够洞穿现实的理性精神自我形成和展开的辩证过程。理性对现实的领会成为批判和反思现实的精神力量，对象化的实践就是这种洞穿了现实的精神力量改变现实的超越过程。在这个主体性和客体性不断往复的存在论循环中，理性本身领会到了这种存在论循环的辩证运动，并且自觉地成为这个循环过程内在的否定因素，历史才成为自觉的理性的历史。当马克思说哲学家们只是以不同的方式解释世界，而问题在于改变世界的时候，他所呼吁的就是一种否定的理性精神以及变革现实的批判力量。在这里，理性的本质不是停留于对现实的理论直观，而是自觉地成为超越实存的否定环节。所以马克思才有另一种说法，辩证法在对现实肯定的理解中包含着对于现实的否定的理解，即对于现实必然灭亡的理解。① 历史理性就是这样一种推动历史变革的自觉的否定辩证法。它以辩证否定的眼光领会历史并指引创造历史的实践，现实因此永远处在自身的同一与差异的流变之中，历史就成为自觉的自我超越的自由过程了。②

历史理性之所以是否定理性，基础是历史的存在结构和存在过程本身。理性的否定性来源于理性与历史辩证运动的关联。也就是说，否定性是就理性的存在论功能和存在论意义而言的，不是说对现实的反思、批判和否定就是理性的历史精神。只有理性批判具有了深刻的历史意识并进入历史辩证运动的深处成为历史变革的内在力量的时候，才是真正的历史理性，才是历史发展的真正否定力量，历史也才是理性的历史。对现实的抽象否定根本不是历史理性，而是虚无主义或相对主义。这种抽象的否定常常以理性的角色自居，自以为站在了历史和道义的制高点上。事实上，这种抽象的理性连自身的边界和特征都没有把握到，它想成为绝对，结果只是任性，自以为站得很高，却总是摔得很重。但遗憾的是，人们未必总是能够从这种沉痛中汲取教训，常常因为批判现实走到了与现实抽象对立的立场上。这种所谓批判根本不是内在于历史的辩证否定，简直就是撒泼和瞎喷而已，离历史理性相当遥远。历史理性意味着客观的、渐进的、否定的理性精神的形成。以此种历史的理性为内

---

① 参见马克思：《资本论》第 1 卷，见《马克思恩格斯全集》第 44 卷，22 页，北京，人民出版社，2001。

② 当马尔库塞在《理性和革命》中强调马克思和黑格尔的理性概念都是否定的理性的时候，他突出地抓住了马克思思想的基本方面。据此马尔库塞指出，马克思的理论是与命定论的决定论完全不相容的。不理解这一点，我们根本就不可能理解马克思的革命意识。（参见[美]马尔库塞：《理性和革命》，288 页，重庆，重庆出版社，1993）

在因素，才有理性的历史，能在超越才能成为自觉自由的过程，对自由的追求才不会毁灭自由本身。不论个体生命还是共在历史都有赖于此种历史理性的赢得。在这种历史理性的指引下，能在超越才能真正成为自觉的自由过程，历史才能真正成为理性的历史。

三、理性历史，历史作为能在超越的可能过程

（理性历史作为历史实践与历史理性之统一；理性历史概念的三个环节：可能存在、可能思想、作为可能存在和可能思想之辩证循环中展开的可能未来）

历史实践本身是历史观念对象化的过程，尤其是在超我阶段，对象化过程进入理性的自觉之后，历史实践就成为自觉理论指导下的变革现实的现实运动，历史理性是自觉地把握历史运动并且指引历史实践的精神力量。这就是说，历史实践是历史理性形成的基础，同时是历史理性指导下的自觉活动。理性根源于实践的同时成为指引实践的现实力量。超我阶段的历史实践不可能没有理性的环节，它本身就是历史理性的展开；同样地，历史理性本身也包含历史实践的环节，因为它是以历史实践过程为对象的内在精神。正是因为被分开来阐释的历史实践和历史理性内在地统一于历史现实，历史才是理论与实践相互规定的存在论循环过程。进入超我阶段的历史概念，也就是能在论的历史概念，将历史领会为理性精神指导下的自觉实践过程，才是自觉超越的可能过程。因

此，历史是理性自我展开的理性的历史。历史始终是可能过程，但将历史作为可能性过程来理解并且作为可能性过程来创造的历史理性，使这一可能过程成为自觉的因此是开放的可能过程。能在论作为超我阶段的存在论，将不再探讨非历史的、历史之外的抽象存在和抽象原则，因此不再是抽象的本体论或者世界观，而是现实的社会—历史存在论或者说社会—历史现象学，是对理性历史的理性把握。因为能在生存于其中，同时能在展开的世界本身就是并且只能是能在在之中的社会—历史性的存在领域和存在过程。这一过程就是历史实践和历史理性内在统一的能在超越生存的过程，也即是理性的历史。作为历史实践和历史理性之统一的理性历史概念必须以能在和能在论的世界概念为基础，立足于能在超越生存的概念之上。

存在论曾经将存在领会为外在于人的自在存在或内在于人的精神实体，本体论意义上的唯物主义和唯心主义就是这两种存在概念的典型。不论在哪一种本体论形态中，存在都是脱离了经验现象和历史实践的存在本身，而不是现实状态和展开过程。在还原主义、本质主义和抽象主义思维中被理解为本体的存在并不是现实，而是观念抽象的残余物，是对象性思维抽象出来的非对象性存在，实际上并不是在现实中存在的空洞概念。不论是观念地还是实践地把握世界，把握到的世界只能是被把握到的世界。我们只是在与世界的关系之中认识世界并与世界相处。观念地或是实践地抓住一个我们之外的与我们无关的世界本身是一个逻辑的悖论，因此也是事实上不可能的观念抽象。我们不能穿越自身、抛弃自身达到绝对自在的世界。世界只是由人观念地领会且实践地展开的对象性世界。人以什么样的方式把握世界就能把握到什么样的世界，并且生活在什么样的世界中。人和人的世界都不是完成了的静止的自在存在，而是相对的可能性存在。这种可能性在与人的对象性关系中展开为现实的状态和现实过程。这就是现实世界，也就是社会历史。社会是能在展开的存在状态和存在结构，历史是能在超越展开的存在过程。社会之时间维度上的展开就是历史。只有并且只要有作为能在存在的人，才有并一定有作为能在之展开的可能历史。能在作为可能存在意味着世界作为可能世界，因此历史是作为可能过程的历史。能在论必然展开为社会—历史存在论或社会—历史现象学。作为能在论展开的社会—历史存在论或社会—历史现象学就是社会历史成为对象的同时，社会历史性也成为根本原则的存在论或现象学。

在能在超越中，物质世界和精神世界在辩证统一中的展开就是历史过程。历史就是物质和精神在实践中的相互规定并相互克服，因此就是在物性世界中超越物性的可能过程。被抽象地理解为物质世界或者精神世界的自我展开的历史概念，本质上还缺乏真正的历史意识，理性还没有被看成历史的理性，历史还没有被看成理性的历史，因此还没有在能在超越中将历史看成是实践中介的可能性过程，而是必然逻辑的自我展开过程。只有在物质性和精神性，从而在客体性和主体性的实践统一中才能理解作为可能性展开的现实历史。能在论的历史概念不是抽象地用自然的必然性原则来理解历史，或者将历史看成是主体意志支配的过程。在超我阶段的历史概念中，揭示客观规律的科学理性和体现主体意识的价值理性相统一的实践理性被理解为历史展开的内在因素，因此历史就成为超越实在与现在，并作为实然与应然相统一的可能性过程。

在这个意义上，尽管一度被遮蔽和曲解，以辩证实践概念为基础的历史唯物主义也可以说是历史存在论的基本形式。所谓基本形式之"基本"，是说它已经揭示了历史存在论的基本特征，但尚未清晰地将这些特征呈现出来，只是奠定了有待展开的思想基础。历史唯物主义这个范畴，即历史的唯物主义既是扬弃了旧唯物主义的、以历史性为基本原则的唯物论，也是扬弃了唯心主义、以物质性过程为基础的历史观。不能在抽掉实践基础的物质本体论意义上理解历史唯物主义，好像它是强调将自然物质世界的必然性原则运用于理解能在超越的历史过程；当然也不能在抽掉实践基础在精神本体论的意义上去理解的历史唯物主义，好像它将自然物质过程消融到了抽象的理性精神中，因此根本否定了唯物主义的原则。作为被当代存在论的能在论根本扬弃了的本体论意义上的存在概念，存在被理解为立足于能在超越的可能状态和可能过程。在能在超越的实践中，自然史和人类史始终是辩证统一因此相互规定的过程。能在展开自然世界并使之成为人化自然的同时，展开共他者而在的共在历史，使之成为在物性世界中超越物性的可能过程。

能在的对象性世界不论就自然还是社会历史而言，都不是静止的自在状态和封闭过程，而是在能在对象性意识和对象化活动相互规定中展开的可能世界。就像能在只是通过不断自我否定的超越才成为可能存在一样，世界作为能在在其中存在，并由能在展开的世界，也是不断自我否定的可能存在。在超我阶段的能在论中，历史是揭示世界作为可能过程的存在论范畴。马克思深刻地懂得这种历史概念。他在抨击无批判的实证主义的同时，也不断地批判作为自我意识展开的无身体的理性。马克思已经将历史概念建立在辩证实践和否定理性的基础之上，建立在社会存在与社会意识相互作用的基础之上。历史唯物主义将社会历史运行的规律性纳入主客体相互构成的实践能动性之中，开启了可能性的历史概念，为创造性地变革现实的实践奠定了世界观基础。作为理论形态的历史唯物主义是一种可能性思想，为作为能在论之展开的社会—历史存在论或社会—历史现象学奠定了基础。将历史理解为实践中介的可能过程的能在论，瓦解了形而上学的历史宿命论、唯意志论和历史终结论。在这个意义上，历史概念是以历史性的理性为内在环节的理性的历史概念。它意味着在理性指引下的实践为基础的可能存在、可能思想以及作为二者统一的可能未来。

可能存在

历史是在能在实践中展开的可能过程。历史就是以能在超越之可能性为基础的可能存在。这是能在论历史概念的基本观念，是能在意识到自身是能在的超我阶段的历史概念。只有能在走出了他者决定论和自我决定论，将存在理解为相互作用中展开的可能性过程的时候，能在才能以这种可能性意识领会和展开共他者而在的历史，历史才可能成为自觉实践展开的理性过程。将历史理解为可能存在是对象性意识发展的历史结果，是历史的理性精神成为历史内在因素的结果。在能在超越没有进入意识之前，也就是说，在能在超越只是自在地是超越的时候，历史也只是自在的可能过程。能在还不能自觉地创造历史，历史也还没有被看成是能在自觉实践中展开的理性过程。因此，宿命论的历史概念或者与之对立的唯意志论的历史概念才占据着主导的地位。

在事实层次的绝对性这种对象性方式中，现实被看成先验的绝对本体和绝对意志展开的过程，这一过程受到先在于能在的绝对原则和绝对意志的支配，因此是封闭的绝对循环过程。在一神论中，神意是不包括偶然性和时间性的绝对原则和绝对真理。作为神意展开的经验现象的历史是必然回复到起点的命定过程。在自我阶段事实层次的必然性这种对象性方式中，世界概念摆脱神意的统治变成了由自然的必然规律支配的现实过程，社会历史作为自然世界的产物像自然世界一样受到必然规律的支配，因此被理解为必然规律决定的客观过程。自然决定论替代了神意决定论，但并没有改变自在的决定论原则本身，因此仍然是命定论的历史概念。诸如地理环境决定论或经济决定论都只是替代神意论的决定论形式。这些宿命论只是在事实性的层次上看待能在超越的历史，将历史的决定因素看成是外在于实践的必然原则，因此看不到历史是能在超越展开的可能性过程。在神意决定论和自然决定论之后，黑格尔的理性决定论表现为二者的抽象统一。"理性的狡计"既可以看出近代机械唯物主义的影子，也可以看成绝对神意的别名，因为它本身就是脱离了辩证实践的二者思辨的绝对综合。历史在理性狡计的幕后操纵中成了绝对必然的逻辑过程。在黑格尔那里，那个英雄的拿破仑也只是无意识地实现了理性的工具，只是理性的狡计骑到了马背上而已。黑格尔的这种过程性概念仍然是非历史的、非实践的。历史和实践只是绝对理性下降和自我展开的环节。①

---

① 黑格尔曾经《历史哲学》的结尾指出："景象万千，事态纷纭的世界历史"是"精神"的发展和实现过程，只有这一种认识才能够使精神和世界历史同现实相调和——以往发生的种种和现在每天发生的种种，不但不是"没有上帝"，却根本是"上帝自己的作品"。（参见[德]黑格尔：《历史哲学》，王造时译，426页，上海，上海书店出版社，2006）

　　问题不在于是什么事物被理解为历史发展的决定因素，而在于决定论的历史观念本身，它没有将历史看成是人作为能在超越的展开过程，属人的历史却将人的超越实践排除到了历史的发展逻辑之外。超我阶段的能在论历史概念将历史理解为能在超越中展开的可能过程，是以实践为基础的开放的存在论循环，而不是由神意、自然或者绝对理性决定的封闭过程。外在于能在的事物自身的规律性是通过能在的对象性意识和对象化活动展开的，因此是在被发现、被选择、被利用中受到能在主体中介的相对原则。能在论不只是以事物自身存在的事实性概念看待事物，而是在事实性、规范性和感受性相互统一的总体性意识和总体化实践中理解事物和现实过程，因此，历史不仅在概念上而且在实践中成为可能存在。以能在论为视域、实践概念为基础的能在历史概念瓦解了形而上学宿命论的历史观。历史被理解为能在超越展开的可能过程和可能存在，因此是自由的实现。

可能思想

　　与将历史理解为先验的绝对意志或外在的必然规律支配的过程相反，唯意志论的历史概念将能在创造历史的能动性夸张为不受客观规律制约的绝对因素，认为历史过程是主观意志的对象化，受到杰出人物内在意识的左右和支配。意志决定论的结果是突出历史人物个体和偶然事件在历史中的作用，甚至由此认为杰出人物的知识、情感和意志的偶然波动都左右着历史的发展方向和进程，历史被看成一堆堆糊涂混杂的偶然事件。历史发展确实总是自觉或不自觉地受到人的对象性意识的指引，但是，将内在意识看成历史决定因素的历史观，将纯粹主观偶然的任性看成了历史的动力。它所谓的意志，并不是在能在概念的基础上真正洞穿了历史发展机制和趋势的历史理性。真正代表了历史理性精神的内在意志绝对不是主观任性或偶然冲动，而是在超越的历史中与历史超越过程的和谐共振，是被历史规定的同时规定历史的可能性思想。变化着的历史是孕育思想的大地，洞穿了历史发展趋势的思想是历史作为可能存在展开的强大力量。

思想作为历史可能过程的内在因素体现了能在主体的超越性。但思想本身在作为可能过程的历史中产生并且始终从属于这一可能过程。因此，思想始终是可能性思想。只有打破自在存在的封闭性和内在自我的封闭性，保持对历史的开放，才能形成开启历史的可能思想。唯有如此，思想才能因为与可能历史的血脉相连保持着与历史同步的可能性，才介入历史的发展中，成为具有现实生命力的思想。将人的存在领会为能在，将能在阐释为对象性意识和对象化活动辩证统一的对象性存在，就是试图打破思想意识的内在性，将内在性的思想建立在对象化活动的基础上，同时又将对象化活动看成是对象性意识的展开。这就是辩证的存在论循环。这个存在论循环实际上就是能在超越的存在论结构和存在论过程本身。它在揭示存在历史是开放的可能性过程的同时，揭示了关于存在历史的思想只能是开放的可能性思想。可能性的思想概念，在与实践性和历史性的关联中揭示了思想的开放性和生命力，使得能在能够进一步意识到思想意识具有的创造力，并因此使历史成为能在自觉超越的可能历史。

人的正确思想从现实实践中来，从动态发展的历史中来。[①] 思想的实践性和历史性本身也不意味着思想被封闭在现实的历史中失去了超越的可能性。也就是说，思想并不对现实亦步亦趋，只是符合现实，是对现实的反映。恰恰相反，对现实的正确反映只是思想作为思想的一个环节，思想本身意味着超越现实的否定性，除了揭示实在对象的反映和描述，它还通过解释、评价、回忆、想象、建构等方式展开超现实的存在空间。能在总是在不同的对象性层次上观念地把握对象，使得对象成为超越自身实在性的，在对象性意识中的可能存在。在不同的对象性框架和对象性语境中，能在通过回忆、反映和想象等方式将曾在、现在和将在总体化为可能性的思想，关于同一对象的思想本身也体现出多样性、差异性和丰富性。思想是可能性思想，思想的本质是自由创造，是理性地对既存的一切说不。以可能性思想为指引，人作为能在的生存才是自由，实践才是扬弃现实的对象化活动，历史才是人作为能在自我展开的可能性过程。正是在这个意义上，哲学应该成为本质性的思想，而不是实证知识或统帅的指令。像马克思所说的那样，代表着时代精神精华的哲学是报晓的高卢雄鸡，它呼唤并开启未来。

可能的将在

人的存在作为能在是超越，不论在对象性意识还是在对象化活动中

[①]　毛泽东："人的正确思想是从哪里来的？是从天上掉下来的吗？不是。是自己头脑里固有的吗？不是。人的正确思想，只能从社会实践中来，只能从社会的生产斗争、阶级斗争和科学实验这三项实践中来。人们的社会存在，决定人们的思想。而代表先进阶级的正确思想，一旦被群众掌握，就会变成改造社会、改造世界的物质力量。"（毛泽东：《人的正确思想是从哪里来的？》，见《毛泽东文集》第 8 卷，320 页，北京，人民出版社，1999）

都是超越。这不仅是说，人作为能在是能够使对象超越自身成为对象性
关系中的存在，而且是说，人作为能在是通过不断自我否定的方式成为
自身的。超越就是不断地离开自己向着不确定性的未来而在。能在和由
能在开启的对象性世界总是不断"向……而在"的否定超越。这个
"向……而在"是能在在世和历世的结构，不仅能在超越的层次而且能在
超越的历程都具有"向……而在"的展开。这个超越结构意味着能在作为
能在的未来性。也就是说，能在始终是携带着曾在面向将在的当下化，
每一个此刻作为能在的现在都是即将到来的过去，或者说已经过去了的
未来。能在是过去、当下和未来三维时间同时到场的当下化。在过去、
当下和未来同时相互给出对方的能在超越中有未来。在未来被过去和当
下给出的同时，未来给出能在的过去和当下。标志能在作为超越的可能
未来并不在能在的曾在和现在之外。未来不是在能在的现在之外构成超
越历史的一个部分，而是利用在能在超越生存之中"向……而在"的超越
性给出的生存向度。

　　始终作为"向……而在"的超越生存，能在之为能在总是现在的将
在。能在超越的历史之有未来乃是因为能在的现在就是"向……而在"。
由可能性思想给出的这个被向着的"什么"总是在能在的存在中存在着并
且不断地被替换和填充着。人作为能在是确定的未来性的存在，但未来
本身是不确定的。唯其如此，能在才是能在，能在才有在未来即将到来
的将在。能在超越的历史确定地有"未来"但没有确定的"未来"。对于能
在而言，未来作为未来，是确定的不确定性。未来只是作为永远开放的
可能性构成能在超越的历史。由能在的未来性给出的能在存在形态是将
在，即作为可能性呈现在现在中的可能存在。能在的将在是尚未展开的

可能存在。将在作为"尚未"和"也许"存在是可能性的现在，现在是当下化了的"过去"的将在，作为"尚未"和"也许"只是并且只能在对象性意识指引下的对象化活动中被想象和被建构，而不能在逻辑和科学中被证明，因此它只是可能存在。能在是出离于自身并且又始终在自身之中的对象性关系中的对象化存在。能在只是在去存在的意义上是超越，能在的超越不是存在到自身之外去。能在的存在只是"现在"。人类不可能作为不存在了的"曾在"存在，也不可能作为还不存在的"将在"存在。将在是能在作为超越"去"在出来的那个未来维度。只要能在在，不论在个体还是在类的意义上，能在都超越地指向未来的那个作为可能的将在。历史就是能在自己去"在"出来的未来可能性。在超我阶段的能在论意识中，穿透现实的思想成为变革现实的能动力量，历史作为可能性的过程就是可能性思想在时间中的展开，它使能在自觉地生活在自己的未来之中。能在在这种可能性中并且作为这种可能性而存在。那个在线性的时间意识中矗立在现在外面的将在，好像在到场的同时又离我们而去。事实上，不论作为个体还是作为类，人作为能在始终走在存在的途中，能在始终意味着可能的将在。只有个体的死亡和类的毁灭才意味着能在不再是能在，才意味着能在走到了尽头，不再有未来。

历史终结论和历史目的论将能在超越的历史看成是走向某种不再有超越可能的完满状态。这是一种非历史的抽象，是想象力的极限处不能够再想象的想象。将观念建构当作绝对的未来，将人类的历史看成是向着这种大写的目的论状态匍匐前进的过程，认为人类的存在就是万流归宗地到达完美至善的状态，并且由此种状态的达到给出现在的意义，历史在这种完美的状态中不再有未来。这是形而上学的历史概念。以这种绝对性的概念领会历史，并且规定现实实践的时代在原则上已经结束了。可能性成为基本存在论意识的时代，超越的实践不再会为了某种形而上学的观念设定而牺牲现实本身，因为指引实践的只能是根植于现实并且作为现实内在否定因素的可能性思想，只能是辩证的历史理性。未来始终只是作为可能性展开的不确定过程，而不是任何一种绝对的终极状态。以可能性的未来概念为指引的政治是立足于实践的能在论政治，它将未来理解为实践建构的可能性过程。

四、建基于能在概念的政治

（能在概念下的政治的三种形式：总体性政治、理性政治、建构性政治）

能在的存在是超越，能在关于存在的观念也在超越的历程中。经历了他者和自我阶段，超我阶段的能在将总体性的自由概念理解为能在的真理。能在对生命自由的理解不再是局限于某种片面性和阶段性的自由概念，而是将生存理解为自觉展开自己的同时展开世界的自由过程。自由作为能在真理在能在超越的历程中展开为能在的历史。历史的内在概念是自由，没有能在超越生存的自由就没有历史本身。在作为能在超越历程的历史概念中被历史地把握的自由才是能在真理。因此，以实践性为基础、历史性为特征的理性是领会了作为能在真理的总体自由概念的理性精神。在这个意义上，能在超越是能在自由的自觉展开，是历史理性自觉地把握现实并且展开为现实的可能过程。超我阶段的历史就是领会了总体自由概念的历史理性指引下的能在自我超越的可能过程。历史始终是能在的在之状态和去在之可能过程。经历了他者和自我阶段，领会了总体性自由的真理并且拥有历史理性精神的能在，意识到了超越的绝对性和自身存在的有限性，因此能在能够将历史把握为存在论循环并且自觉地参与到这个循环之中。

否定了救世主的能在不再将自我理解为救世主，因为能在意识到历史始终只是作为存在论循环的开放过程。能在只有积极而又谦逊地介入历史，才能作为具有历史理性的政治动物在政治中并通过政治展开和实现自己的自由生存。被理解为能在超越历程的可能性历史概念意味着政治实践对历史的构成性。如果作为能在共在方式的政治不是可能的实践，政治参与构成的历史就不是可能过程，而是静止的状态或者封闭的线性过程。在超我阶段，能在将存在理解为他者和自我统一的超越生存，将自由领会为生存可能性的展开，历史领会为可能的历史，历史理性领会为关于可能历史的可能性精神，以能在论为基础的政治概念因此被理解为可能性政治。这不仅是说，政治本身是立足于可能性意识的实践，而且是说，政治是构成可能性历史的实践力量。唯有作为可能性实践的政治自觉地参与历史的构成，历史才是理性展开的历史，历史才成为自觉的可能性过程。以实践概念为基础，能在论的政治概念本身只是能在论存在概念和理性历史概念的展开。

政治概念本身也是对象性的，存在着不同层次和阶段的政治概念。在进入超我阶段之前，曾经形成过多种政治概念。这些政治概念分别以不同的对象性方式为基础，体现了不同的政治特征和政治形态。比如说在他者阶段，在事实性、规范性和感受性三个不同的层次上就分别形成了神权政治、德性政治和浪漫主义政治三种不同的政治概念。它们都直接或间接地以他者作为政治的叙事基础和核心，但在政治合法性的源泉、功能和目标等方面相互之间又存在差异，是将政治放置到宗教、道德和审美不同领域进行把握时形成的不同政治概念。在自我阶段，对象性方式分别从他者阶段的绝对性、利他性和趣味性过渡到了必然性、公平性和实在性，以这三种不同对象性方式中的自由领会为基础，形成了技术政治、民主政治和生命政治不同但又相关的政治概念。这三种政治概念都以个体的主体性确立为核心，以人作为能在的自我实现和自我满足为目的，但三者却分别以知识的正确、权利的平等和欲求的适度为基础理解政治。这些政治概念都只是体现了能在自由的特定层次以及特定阶段的自由要求和自由原则，是自我阶段的功利主义政治的不同表现。

扬弃唯我论，不仅使超越意识而且使超越实践都进入了超我的建构阶段。如果说，他者阶段代表过去，而自我阶段代表现代原则的话，超我阶段代表的则是超越他者和自我并且作为二者统一的可能未来。也就是说，能在历世形态的超我阶段只是在回顾和反思中建构的未来趋势。因为能在拥有了所有历史发展成果的同时也要面对所有发展积累起来的片面性，因此能在站在了历史的制高点上同时也站在了危机四伏的风险之中。面对着过去和现在所有成果与局限的能在必须以总体性的历史意识把握能在的真理，而不是以一种新的片面性对抗已有的片面性。超我阶段的能在在事实、规范和感受层次上分别形成了扬弃他者和自我阶段对象性方式的客观性、正义性和自如性三种对象性方式。这三种对象性方式是相互贯穿的对象性形式。也就是说，能在自觉地意识到了这三种对象性方式本身相互贯穿的总体性，因此不再以某一种孤立的方式去观念地或者实践地把握世界。

能在将自由的生存看成是三种方式总体化的展开过程，因此也就成为蕴含在过去和当下之中的未来不断到场的超越过程。能在在超我阶段领会生命的自由概念不再是某一种对象性方式中的自由，而是作为整体性和过程性把握的总体自由。总体性自由概念是能在的真理，能在以总体性的自由概念将历史看成是历史的理性自我展开的理性的历史。能在不断地超越实存却又满足于有限状态的生存。这就是一种智慧的生存，就是生存的从容境界。因此，以自由为本质概念的政治就是一种总体性的可能政治。政治不再是某一个存在领域的建构力量，不再是以某一种对象性方式中揭示的自由为原则，而是贯穿到能在所有的存在领域，并且以辩证的历史理性为基本精神的共在实践，是展开历史理性的理性历史的建构过程。

总体性政治

谈到自由的时候，今天人们想到的首先是甚至唯独是作为权利概念的自由，是以作为独立主体的抽象人格得到等同承认为根本原则的自由。在自我阶段，能在摆脱了他者统治成为叙事的主体，个体被理解为目的的同时被理解为存在的动力。作为生存领会的自由因此被理解为在与他者相处的过程中自我实现和自我展开的可能性所得到的承认。这就是权利。以作为权利的自由概念为基础的政治就是承认政治。承认政治的前提是个体作为权利主体的差异性和多样性。多元差异的个体在竞争合作、对抗冲突中通过协商、投票和妥协以多数优胜的原则达成相对共识，这就是民主。作为承认政治实现形式的民主是抽象人格之间的社会协调机制。从规范层次来说，民主概念的主权在民不过是说个体都拥有参与公共事务，捍卫自己的权益、表达自己意志的自由，个体的存在以权利的方式得到等同承认。从制度性的角度看，民主就是现实承认政治的程序和机制。

作为现代承认政治内在概念的自由是指权利平等，也就是以个体为本位，在共在关系中个体意志平等地得到肯定的根本理念。自由仅仅是指规范性交往领域中的权利，政治关注的也仅是这种作为权利的自由所得到的保障。虔诚信仰中体验到的自由，牺牲奉献中获得的伦理自由，趣味性生活中体验到的精神自由，以及揭示事实真理获得的自由等，都被作为权利的自由概念排斥。这些领域被看成非政治的领域，政治被限定在以权利概念为核心的交往活动领域。现代的承认政治本质上就是权利政治。承认政治甚至仅仅强调意见和利益的表达程序和表达过程本身的正当性和合法性，甚至将程序的合法性和价值的中立性作为自己的本质特征，以实现等同地被对待这样一种抽象的公平性。现代承认政治建立在个体抽象权利平等的概念之上，政治不仅被局限在交往活动的领域，而且采取的是也只是形式民主的方式，因此只能导致片面实践。①

---

① 首先，代表人民的利益必须经过人民的同意才能获得正当性的基础，然而，获得人民同意的却未必真正代表人民的利益；其次，民主的多数原则本身就只是规范层次的合理性，却未必具有事实的真理性；最后，多数同意，不管是来自于协商还是选票，也未必代表价值上的公正。英国举行具有世界影响的全民脱欧公投，结果是 51.9% 的人主张脱离欧盟。这就意味着 48.1% 的人的意志被清零。相当于 1.9% 的人在决定着这一重大的历史性事件。而且十分显著的是，意见的集中分布，比如整个苏格兰和伦敦市的人都主张留欧，这意味他们被投出了欧盟。这些地区（比如苏格兰是一个相对独立的地区，而伦敦是世界的金融中心）能否表达自己独立的意志？

如果能在的生存本身始终处在与他者的对抗性之中，也就是说，能在的自我意识普遍只是唯我论的意识，那么，政治就不可能走出承认政治的片面性和形式性。超我阶段的能在扬弃了他者与自我的抽象对立，不仅能在的存在本身不是一种对抗性的关系，而且个体不再以自身为绝对目的理解共在关系，因此，领会生命意义的自由概念就不再只是捍卫自身权益，而是需要得到全面展开的总体自由。生命存在的意义不仅是在规范性领域实现作为权利的自由，而是事实层次、规范层次和感受层次的总体性的自由超越。因此，政治应成为能在所有生存领域的构成性力量，而不仅仅是权利的博弈空间。一方面，随着科学事业的发展、道德状态的改善、生活品位的提高，政治都应该积极发挥构成作用，因此政治是普遍政治，或者说总体性的政治；另一方面，人作为能在生存的意义不再是来自于抽象的自我。能在作为超越生存曾经以他者为叙事的核心，以绝对性的虔诚和利他性的奉献作为基本原则，在从他者的统治中获得解放的能在走向极端导致自我异化之后，政治作为超越性的力量应该扬弃自我中心主义，在肯定个体合理利益的同时倡导仁爱的奉献精神，本质上成为一种以"交相利，兼相爱"为原则的正义的捍卫者。能在论的政治是追求真善美统一的总体性政治，为走出实在性和唯我论的困境，政治应该发挥超越性的职能，展开总体性的生存自由，让人在公共空间中能够自如地生活。

理性政治

政治作为共在实践总是在对象性意识指引下的对象化活动。也就是说政治活动中始终就有理性。一个巨大阴谋，一场残酷战争，一个小小的政治决定总是有理性的参与。人作为理性的动物不仅能够获得理性认识，而且能在理性地指引自己的对象化活动。政治是理性的展开方式并且一直被看成是实践理性展开的领域。政治哲学是理论理性的基本形态，政治思想和政治实践的发展本身也体现了人类理性的发展。但是，作为超我阶段的能在论政治概念相应的理性是历史理性，而不是一般地说人有理性，政治是理性的。意识到自己的存在作为能在始终是超越，自觉地领会到历史是自由超越的永恒性和有限性的统一，是主客体实践中展开的存在论循环过程，能在因此能够以整体性和过程性的观念将历史领会为自由展开的总体。在这种历史理性的指引下，政治才能被理解为历史建构的自觉力量，是达到了理性自觉的建构性的共在实践，而不是在抽象理性或者片面理性指引下进行的非理性的群体活动。

在他者阶段，自我没有成为理论叙事的中心，现实被看成某种先验原则和先验意志的展开。理性不过是对这些先验原则的发现或者体认，它所抓住的原则被看作绝对真理。政治实践以这些绝对真理来改造现实的经验生活，以期达到善好的社会。此种理性概念是以同一性为核心原则的抽象理性，还缺乏真正反思性中形成的相对性意识。它将自身理解为支配历史发展的绝对力量，在绝对真理的名义下剪裁现实实践，而不是将社会历史本身看成是在差异性和多样性中展开的开放的可能过程。实际上，这种绝对理性是有限理性的绝对化。他者阶段的绝对政治、德性政治和浪漫主义政治都有这种将有限的理性观念绝对化的特征。极权政治和专制政治以这种抽象的绝对理性原则压制或清除多样性和差异性，本质上将个别和特殊伪装成绝对和普遍，并崇尚抽象的总体性和齐一性，为绝对权力和绝对意志服务。

到了自我阶段，能在从抽象的他者中解放出来并确立个体的主体性地位，使理性成为摆脱蒙昧和专制的力量，科学理性和价值理性都成为个体自我实现的工具和手段。现代甚至因此被称为理性主义的时代。一切存在都要在理性的法庭上为自己的存在辩护或者放弃自己的存在。[①]理性本身成为了绝对。能在不论在个体还是在全体的意义上都依据理性的原则和设计改造现实，试图将纯粹观念的设想变成经验的现实。在这种理性概念中，自由单面化为自我利益的实现和抽象权利的保障，理性只是自我主体的主体性规定，成了捍卫个体权益的根本能力和方式，使得主体、理性和自由概念三位一体。这种理性精神确立了独立和多元的个体主体地位，肯定了主体性的自由，因此，形成了以多元差异和抽象同一为基础的承认政治。但是，承认政治将丰富多样的存在领域与规范性的政治生活剥离开来，使政治唯一关注的是个体能够被等同承认的抽象权利，甚至仅仅被理解为话语政治、权利政治。承认政治尽管是一种理性主义政治，但仅仅是立足于交往活动领域中的理性。此种理性概念只是涉及能在超越生存的一个领域，并且只是涉及这个领域发展过程中的一个阶段，因此还是一种片面的理性。承认政治以这种理性概念为基础，以权利概念为核心，将个体主体性提升为绝对，与绝对他者对抗，同时寻求从小写他者中获得解放，达到自我确认。因此政治就只是肯定和保障个体权利的承认政治。

超我阶段扬弃他者和自我抽象的对立，人作为能在意识到自身的存在是超越生存，因此是整体性和过程性统一的自由展开过程，并将历史

---

① 参见恩格斯：《反杜林论》，见《马克思恩格斯选集》第 3 卷，355 页，北京，人民出版社，1995。

看成是存在论循环中展开的开放的可能性过程。自觉地把握到这种历史概念并且自觉地指引对象化历史实践的历史意识就是历史理性。历史理性意识到自身只是能在超越中的对象性意识，因此总是历史性的、相对性的意识。以这种辩证的历史理性为内在环节的能在论政治，抵御了绝对理性和片面理性的引诱，不再以绝对的原则追求绝对的理想状态，而将实践看成是面对实存而又超越实存的永恒过程。理性不过是在具体的历史语境中产生的超越具体历史现状的辩证的精神力量。因此，在超我阶段的对象性方式中，对象性的原则不论是恰当、忠恕还是从容，都是语境性的相对原则，强调具体的合适得当。以这种意识到自己相对性和有限性的历史理性为指引的能在论政治才是真正的理性政治。理性政治不会以理性的名义陷入非理性的灾难和专制，也不会陷入极端的虚无主义或者绝对主义，而是以一种务实的积极精神不断地变革需要变革的现实，在开放的存在论循环中渐进地展开激进主义，梦寐以求却最终错失了的自由理想。如今，人类实践的力量已经到达了自我毁灭的疯狂程度，它再也承受不了偏激和折腾。理性政治不仅应该以辩证的历史理性指引政治实践，而且应该通过实践培养这种辩证的历史理性精神。当辩证的历史理性成为时代普遍精神的时候，政治自然就成为理性的政治了。政治将表现为一种积极开创未来的实践力量，成为一种以辩证的理性精神为指引深入所有存在领域的建构性政治。

建构性政治

在超我阶段，能在超越了他者与自我的对立，将事实层次的客观性、规范层次的正义性和感受层次的自如性三者的辩证统一的总体性自由概念，领会为能在自身的存在真理。作为整体性和过程性统一的自由之展开就是能在超越的历史。历史理性就是领会到了历史不过是能在自由之不断展开和实现过程的理性精神。作为实践中主客体相互作用的存在论循环过程，历史始终是以渐进为常态的渐进与飞跃统一的过程。领会到这一历史特征的历史理性以辩证的否定精神理解政治的特征并构成社会历史的作用。既然历史是能在自觉地展开的、永远开放的存在论循环过程，作为历史之构成维度的政治实践，就不可能使能在达到完美的，因此不再有未来可能性的自由状态。任何政治实践始终是超越途中的有限实践。我们不能对政治要求得太多，当然也不必期待得太少。在总体性的自由和历史概念中，政治不过是不断维系或变革自由生存状态的建构性实践而已。辩证的历史理性将政治看成是能在共在超越的建构性过程。以作为能在真理的总体性自由概念和历史理性精神为基础的能在论政治，在总体政治、理性政治的基础上将政治理解为建构性政治，也就是以批判的历史理性精神为指引不断变革的所有存在领域，以展开自由生存的建构性实践。

建构性政治本身包含了总体性政治和理性政治的原则。或者说，能在论阶段总体性政治和理性政治概念在建构性政治实践中得到具体展开。辩证的总体性自由克服了将阶段性的自由和片面性的自由作为绝对概念，理性历史的概念克服了否定历史进步，并将历史看成是达到绝对完美状态的目的论观念。因此，在作为总体政治和理性政治统一的建构性政治概念中，政治被理解为不断变革现实因此不断地超越现实的实践，始终是社会历史内在的构成维度和构成力量。建构性政治是扬弃了消极政治和激进政治的总体性政治和理性政治。在拒绝变革甚至主张复古的消极政治，激进革命甚至主张无政府主义的各种政治概念的抽象对立中，建构性政治以辩证的总体性自由概念为基础，主张以辩证的历史理性精神指引构成社会历史的共在实践，而不是消极无为或者倒向颠覆现实的非理性极端。

真正说来，建构性政治作为超我阶段的政治概念不仅是自觉地反思各种自由理论和政治思想的结果，而且是当代社会历史的基本要求，是与当代人类命运息息相关的理性政治。人类文明如今已经达到了高度发展并且高度风险的程度，社会历史的发展再也不是缓慢的自发超越的结果，而是人类意志和目的中介的客观现实。人类未来的存在状态甚至人类未来能否继续更长久地存在，都取决人类自觉的实践。简言之，人类可以毁灭自己也可能拯救自己。人类已经意识到毁灭的危险和自身实践在这种危险中应该承担的历史使命。以辩证的理性精神担当自己的存在命运，是人的存在作为能在在超我阶段的必然要求。政治，而且是以辩证的历史理性为指引的建构性政治是承担这一使命的必然方式和必然力量。人类自我毁灭的现实可能性容不得任何消极无为的耽搁，激进的暴力本身已经强大到足以毁灭整个人类的地步。唯有建构性政治才有可能应对危机并指引人类走向未来。

当然，建构政治概念本身也是被建构的。也就是说，建构性政治概念就像历史理性一样有待培养和形成，它不会自发地、必然地成为普遍的社会意识和社会实践。在其形成和展开的艰难历程中，没有人能够确定什么将发生或者什么将不会发生。在能在自由展开的可能性中，我们只能将建构性政治作为可能来呼吁。唯有当它逐渐在现实中成形并展开的时候，我们才能看到更多的未来可能性，如此而已。也唯如此，我们才将建构性政治作为超我阶段也就是面向未来的本质政治概念。

第九章

建构性政治

　　能在经历了各种片面和极端的自由概念，并且经历了由这些自由概念得到领会的政治形式。到了超我阶段，能在不再执着于抽象和片面的存在领会，而是将生命理解为无限超越中有限的可能存在。生命自由不过是人作为能在的超越状态和超越过程本身。整体性和过程性统一的总体性自由概念，成为人作为能在自我领会和自我规定的真理。历史被领会为自由的展开和实现过程。将能在超越领会为自由在历史的存在论循环中辩证展开的观念就是历史理性。以历史理性为内在环节的历史概念就是理性历史概念。以历史理性为指引的能在作为共在的超越实践就是建构性政治。建构性政治是能在真理和历史理性在实践中的统一。也就是说，在超我阶段，领会了总体性自由概念并因此拥有历史理性的能在，摆脱各种抽象和片面意识的困扰，将作为共在的超越实践看成是积极地改变现实并不断超越现实的渐进过程。政治不再只是对既有秩序和状态的维持，而且是自由不断展开的共在实践。对现实抽象的激进否定或保守肯定都不是政治的真理。意识到自由历程是存在论循环过程的历史理性指引政治实践，自觉参与存在论循环的开放过程。人的存在作为能在守护自身的存在，并且始终走在自我超越的途中。能在论政治就是这种承担存在守护和自由超越双重使命的建构性政治。历史的理性精神通过建构性政治展开自身，政治成为超我阶段能在之共在的展开方式。作为超我阶段的政治概念，建构性政治自觉地通过现代性的辩证批判超越现代困境，不仅守护人类的存在不至于毁灭，并且克服人类生存异化以促进自由的发展。守护存在和扬弃异化是建构性政治的双重使命。建构性政治主张以理性的渐进方式，通过完成这种双重使命开创人类未来。在这种担负并展开人类未来的意义上，建构性政治是希望政治。

一、超越现代性，建构性政治的时代语境

（物化存在；物化意识；超越现代性）

人作为能在的存在就是超越生存。超越生存给出历史和历史性。在作为总体自由展开的历史总体中，能在有曾在、现在和将在。当下只是在过去和未来中才成其为当下。现在也只是在能在超越的自由历史总体

中才成为现在。作为共在的能在也始终有它们自己的"现在"，即在历史长河中它所在的当下。每一个时代都是自己的当下。形态学的历史概念和总体性的历史概念是相互构成的。① 在总体性的历史概念中，能在将他所属的"现在"时代看成是不同于古代和未来的特殊历史时代和社会形态，这就是现代。将现代同古代和未来区分开来的这个区分本身就是现代之为现代的现代性。现代不过是在历史总体中被确认为自成一体的社会存在形态，现代性则是关于这个社会形态之所以自成一体的解释性的根本原则。存在不同的解释性原则，因此也就有不同的现代性理解。但是，这些不同的解释观念和现代概念都指向了相同的社会历史存在。作为"现代"的社会历史，是各种现代和现代性观念的存在论对象。

现代常常被称为人本论时代、理性时代或者启蒙时代。在这些不同的现代命名中，最核心的观念就是人在现代成为主体，不仅成为理论叙事的观念主体而且成为社会历史存在的实践主体。也就是说，能在在将自身看成存在目的的同时将自身看成了社会历史存在的推动者。现代就是这样一个主体性时代，就是从他者中获得解放并将自我确立为中心的人本论时代。就能在的共在而言，现代意味着人类摆脱了作为大写他者的神圣意志并且因此成为自然物质世界的主人，自然被理解为满足人类

---

① 卡林内斯库说："只有在一种特定时间意识，即线性不可逆的、无法阻止地流逝的历史实践意识的框架中，现代性这个概念才能被构想出来。在一个不需要时间连续型历史概念，并依据神话和重现模式来组织其时间范畴的社会中，现代性作为一个概念是毫无意义的。"科塞勒克指出，表达在"现代"或"新时代"概念中的历史意识，已经构成了一种历史哲学的视角：一个人必须在作为整体的历史视野中才能对自己的位置做出反思性的认识。（参见罗骞：《论马克思的现代性批判及其当代意义》，16页，上海，上海人民出版社，2007）

需要和发展的对象。就个体来说，现代意味着从小写他者的统治中获得解放，个体自身被确立为存在的中心。所以，现代就是"自我"不仅在个体而且在类的意义上成为存在论意识之根据的时代。在这个时代，曾经在他者的阴影下展开自我并且逐渐形成内在自我意识的能在，在自我展开中将自己确立为时代的根据。能在将自己确立为绝对，将他者降格为能在自我展开和自我实现的方式。事实层次的必然性规律和规范层次的公平性制度都被看成能在自我展开的手段，服务于能在作为实在物性的生存目的。扬弃了绝对性、利他性和趣味性，能在将自身看成是欲求的物性实体，满足欲求的生产和再生产是能在作为共在存在的基本活动和基本关系。因此，与社会作为宗教实体和伦理实体等不同，现代在基本的意义上是欲求社会，技术社会和法权社会只是这个欲求社会的形式规定。围绕欲求展开的家庭生活、物质生产、科研教育和承认政治构成了现代社会的基本活动，都被看成能在作为世俗的、利己的物性实在的展开和实现过程。个体的主体性是现代能在的存在论意识，或者说是人作为能在在观念上的自我确认。社会作为能在的共在在这种存在论意识中也被看成工具性的存在，是能在为了自己不得不共他者而在所形成的他者，不具有优先于个体的地位。现代是自我的时代，是能在作为个体和作为类确立了自我主体性的时代。

这种自我主体性的确立本身不只是观念内部的事情。也就是说，存在论的观念并不是存在论观念内部自我旋转和自我展开的结果，而是关于能在的存在方式、存在关系、存在状态和存在过程，总之是关于能在存在本身的对象性意识。意识总是被意识到了的存在，对象化的存在过程进入意识形成对象性的意识。人作为能在之所以将自己理解为主体，是因为能在超越进入了一个新阶段。在这个阶段性上，能在逐渐超越神圣意志和自然原则的规定，世界日益表现为能在对象性意识和对象化活动的结果，被理解为与人作为能在相关联的对象性世界。按照马克思的说法，与传统社会以地缘和血缘等为基础的"人的依赖关系"不同，现代是"以物的依赖性为基础"的时代①，也就是以商品—资本这种客观化的物质生产关系为基础的时代，人日益生活在作为实践结果的社会空间和历史过程中，日益成为社会历史性的存在，成为实践的产物。在这个意义上，现代性的基本规定甚至被理解为远离自然的人为性和属人性。能在通过对象化活动中的社会关系和社会方式构成社会，而不是以地缘血缘等自然因素构成社会，社会本身真正成为按照社会原则组织起来的社会了。卢卡奇在《历史与阶级意识》中把这一历史现象称为社会本身的社会化。②

正是在这个意义上，现代性的存在论意识必须置于现代社会历史的存在基础上才能得到合理的理解。现代性存在论意识和现代性生存论状况的辩证统一才是现代性的完整概念。仅仅从现代性意识的特征出发，不论是将现代性概念规定为批判性的精神气质（福柯）、主体性的价值观念（哈贝马斯）还是总体性解放的宏大叙事（利奥塔），或者将现代理解为不受意识形态影响的自在的经济生产过程，都是片面的现代概念。马克思懂得现代性的意识形态架构与作为社会存在基础的经济生产之间的内

---

① 参见马克思：《1857—1858 年经济学手稿》，见《马克思恩格斯全集》第 30 卷，107 页，北京，人民出版社，1995。

② 卢卡奇说："资产阶级社会实现了这种使社会社会化的过程。……人成了本来意义上的社会存在物。社会对人说来变成了名副其实的现实。"（［匈］卢卡奇：《历史与阶级意识》，杜章智等译，70 页，北京，商务印书馆，1996）

在关系。所以，马克思在批判性地讨论现代生产过程的时候，虽然顺带却总是能够切中要害地批判现代性的意识形态。① 从社会—历史存在论的角度来看，资本生产是现代社会的存在基础，而人成为主体的自我意识是现代的存在论意识。现代就是资本生产和自我主体性原则内在统一的社会历史形态。现代性批判作为资本批判与作为主体性意识形态批判的相互贯穿才是现代性存在论批判的根本理论取向。正是在这个意义上，以《资本论》为代表的政治经济学批判成为现代性批判的基础存在论。就其揭示了现代社会历史的存在论基础，因此可以在这一基础上展开现代性的全面批判而言，这种现代性的存在论批判是基础性的。也就是说，就其奠定了必需的基础并且还只是奠定了基础而言它是基础性的。②

当然，现代性的批判并不只是为了形成一种正确的理论因此停留在解释现代的层次上。历史是生存实践中辩证展开的存在论循环过程，洞穿了现实的理论应该成为指引实践超越的理性力量。对于马克思来说，批判资本主义生产体系就是为革命地改造现实提供理论和实践的基础。马克思自己以及马克思的后继者都正确地将马克思的理论理解为革命政治的理论表达。但当现实和实践已经变得与马克思的预期不一致的时候，重新在他的理论基础上检视现代性，辨析现代性的困境并构想超越现代性的政治概念就是必要并且紧迫的。这种检视就是"对我成为主体"这一存在论过程和存在论意识的描述和反思。唯有通过这种描述和反

---

① 《资本论》第一卷第一章第四节的商品拜物教可以说是这种批判的经典案例。在商品拜物教这个概念中，对现代社会存在和社会意识的双重批判内在地融合在一起。

② 参见罗骞：《面对存在与超越实存——历史唯物主义的当代阐释》，第4章，北京，人民出版社，2014。

思，才能"从世界的原理中为世界阐发新原理"①，为超我阶段的建构性政治奠定基础并且明确任务。

物化存在

人作为能在是对象性意识指引下的对象化存在，因此能在是超越。超越是从存在结构和存在过程的角度，对人之存在作为能在的存在论规定。能在是超越，意味着人的存在不是与自身同一的实在，而是超越自身实在的由对象性意识和对象性活动规定和展开的存在。存在关系和存在活动是能在作为对象性存在内在统一的两个方面。存在关系不过是存在活动凝结的结果，而存在活动不过是变化中的存在关系。存在活动创造存在关系，存在关系规定存在活动。活动在关系中展开并且同时创造新的关系。反之，关系规定着活动的展开，同时又通过活动得到展开。因此，对能在作为社会性和历史性存在的存在论分析，实际上就是对对象化的基本社会关系和基本历史活动的分析。正是在这个意义上，对现代资本主义生产关系和物质生产过程的分析就是现代的社会—历史存在论，就是对能在之现代性存在状况的现象学描述。也正是在这个基本的意义上，《资本论》对现代生产体系的解剖是现代性存在论批判的典范，也可以说是现代性的社会历史现象学。以试图扬弃现代存在困境为目的的建构政治，首先要在资本生产体系的批判中明确自己的存在论使命。

现代资本主义生产体系使社会本身社会化了。也就是说，商品—资本关系这种物化了的社会关系成为能在在世的基本规定。在这种商品—

---

① 马克思：《致阿诺德·卢格》(1843 年 9 月)，见《马克思恩格斯全集》第 47 卷，66 页，北京，人民出版社，2004。

资本关系的普遍规定中，人自身成为经济关系和经济活动的动物。摆脱了宗教、道德和地缘等传统限制的个体进入一种自由平等的非强制的强制性社会关系之中。所谓非强制的强制性是说统治权力由传统的直接强制，转化为通过自由平等的方式实施的社会化统治。政治权力的合法性来自于民众的选举，政治统治因此在形式上表现为社会自己对自己的统治，是一种建立在自由平等基础上的非强制的强制性统治。马克思有一个说法，资本是一种社会权力，就是能够通过自由平等的社会化方式非强制性地支配他人的强制性力量。个人作为资本增值的要素自愿地，同时又是被动地被组织进社会生产和再生产的各个环节，从而成为被动的存在。这就是现代解放的成果和限度所在。在政治和思想上获得自由平等的同时，个体在普遍的物质经济关系中陷入了新的束缚和新的统治关系之中。人因其需求、欲望、能力、个性、气质等各种属性被纳入商品—资本生产的物质循环而成为物化的存在。作为存在关系和存在活动的资本生产体系本身就是一个物化体系，就是存在物在现代的一种存在方式。

这个物化的生产体系在实现能在自由的同时成为新的统治形式。因此，要超越这种物化的存在方式，就必须吸收这一生产体系积极解放成果的同时，克服其内在的局限。在这个问题上，马克思对现代资本生产体系进行了双重批判。一是通过危机理论揭示资本主义生产在事实层次上的不合理，一是通过剥削理论揭示资本主义生产体系在价值层次的不正当。正是通过这种双重批判，马克思为他的革命理论找到了科学客观性和价值正当性的基础。尽管如此，革命的理论论证与革命的现实实践之间仍然不可能确立起一种必然性的逻辑联系。也就是说，革命政治仍然只能是一种可能性的实践，而不可能建立在绝对必然性的基础之上。

思想与现实之间始终只是一种立足于实践的可能性关系，而不是因果必然性的。马克思的双重批判是在资本主义体系内部展开的社会历史批判，资本崩溃的概念是就资本体系本身而言的。事实上，从今天资本生产体系的发展趋势来看，问题远远不止于资本体系本身的崩溃，而是人类在资本生产体系中自我毁灭的可能性。资本生产体系导致的社会内部矛盾和社会与自然之间的矛盾已经触及人类生存的底线。人类的毁灭已经成为现实的可能性，因此成为人类历史意识的存在论语境。在这个意义上，超我阶段的建构性政治就是要将扬弃自我阶段的物化作为长期任务。当然，与扬弃物化生存密切相关的就是扬弃将自身理解为物的物化意识。

物化意识

马克思理论中有一个事关理论全局的观点，即社会存在决定社会意识。只要不是在还原主义和抽象二元论立场上理解的话，这个命题在批判唯心本体论和唯物本体论的意义上仍然具有重要价值。它通过社会存在这个范畴将存在理解为实践中物质与精神相互作用和相互构成的现实，而不是脱离社会历史关系的抽象本体。在宽泛的意义上，社会存在既是指社会性的，即被能在对象性中介的存在，也是指作为存在的社会存在领域本身。社会意识也可以指社会性的意识，即意识本身产生于社会，并且受社会历史条件的制约，因此具有社会性，也可以指以社会存在为对象的意识，即关于社会存在的意识。不管是哪一种情况，以主客体相互作用的实践概念为基础，社会存在决定社会意识都具有反对抽象本体论和线性因果论的意义。由超越实践贯穿的社会存在与社会意识之间没有脱离意识因素的抽象的社会存在，反之，也没有在社会存在之外先验的规定和指引社会存在的社会意识。社会意识是进入能在对象性意识关系的社会性存在。现代生产体系是一种以商品—资本生产为本质的物化生产体系，与这个生产体系相应的就是物化意识。现代性物化意识在现代资本主义的生产和再生产逻辑中有其社会历史的存在基础。

现代社会的存在基础是资本主义的物质经济生产体系，同时人被组织到这个生产体系中的物化环节。因此，人就会以物性的逻辑来理解整个世界以及在这个世界中存在的能在自己，形成一种物化意识。在自我阶段的对象性方式中，事实层次上世界被理解为按照自身必然性规律运行的实体，规范层次上世界被理解为以公平性的原则捍卫能在权利和欲求得以实现的民主社会，在感受层次上能在将自身理解为欲求的物性实在。事实层次的正确知识和规范层次的民主法制都是能在实现和满足自身欲求的机制，是确保能在欲求生产和再生产体系得以顺利展开的方式。自我阶段的对象性方式体现了物化意识的特征，即以物性的逻辑领会自身和整个存在世界。这种物化的意识表现为现代普遍的世俗主义、利己主义和消费主义等。物化意识体现和适应着资本主义物质生产和再生产的体系本身，是现代生产体系能够得以展开的精神架构。当然，从能在论的角度来看，物化意识和物化存在之间不存在时间上的先后，它们本身是相互构成的内在关系。本体论地追问资本主义生产体系和资本主义精神原则的时间先后，今天看来是一种愚蠢的思维。①

---

① 那种把马克思的历史唯物主义理论看成一种庸俗的经济决定论，并将韦伯的《新教伦理与资本主义精神》与之对立起来的看法是幼稚的。似乎马克思机械地认为资本主义文明的兴起就是一个经济决定的自发性过程，而后者则看到了精神因素在资本主义产生中的作用。其实，理论家总有自身侧重的理论兴趣，因此切入社会历史研究的视角不尽相同而已。

现代的物化意识表征着能在从超越精神向经验现实性的转化，从超越的神圣性、利他性和趣味性世界回到了必然性的、公平性的物性世界。从自己和世界的物性实在出发的能在以实证主义和实用主义为基本立场，培养起了与物化存在和物化意识相一致的科学理性、程序理性、计算理性和工具理性。整个现代社会就是一个以物性为原则的世界。在这个物化的世界中，能在的超越性只在于能够以物性的方式看待世界，世界的物性进入了能在的对象性意识。能在将超越中成为束缚的精神原则扬弃了，并在物化意识中回到了自己的实在性基础。在这个意义上，将自身和世界理解为物本身也是一种解放，也是能在超越的步骤。但这种超越，从另一个角度来看则是从超越的精神世界向实在世界的下降和坠落。能在只是被理解为以自我为中心的唯我、唯物、唯欲的物性实在。因此，以商品拜物教为基础的商品、货币和资本三位一体的拜物教成为现代普遍的物化意识。超越这种物化生存和物化意识，是超我阶段的本质内容。

超越现代性

能在是超越的存在。能在的超越不仅是指能在通过对象化活动变革现实因此展开为历史的过程性，而且也是指能在通过对象性意识形成不同的对象性观念，对象因此不是对象本身而是对象在对象性意识中的呈现。呈现并不等于直接是与对象相似的摄影、复写和反映，而是与对象化活动展开的时间性相联系的记忆、反映和想象等多种对象性意识活动的综合。能在对对象的观念把握并不止于认识，还包括评价和感受等。对过去的记忆和未来的构想直接规定和影响着当下的认识。现代是能在在总体性的历史中区分出来的，由过去发展而来并且走向未来的社会历史形态。在总体性自由展开的过程中，现代是自我摆脱他者的统治成为主体的自由时代。这种主体性的自我只有在对自我中心的再次超越中，才能走向真正自在的自由。在超我阶段的构成原则中，对过去和未来的理解直接决定着能在主体面对现代的态度。只有辩证的历史理性精神才能真正洞穿现实，获得超越自我阶段的本质力量。

从过去、当下和未来三个不同的时间维度来看，立足不同的时代原则，面对现代性的物化，形成了反对、肯定和超越现代性的三种典型立场。反动的保守主义者看不到现代的基本成就以及自由在现代的进展，总是以今不如昔的怀旧姿态批判现代性的困境。最初的时候，因为无力阻止现代的大踏步前进，他们往往只是面对逝去的时光而无可奈何地落下伤感的眼泪，甚至为逝去的传统殉情。如今，随着现代性困境的日益显现他们叫得越来越响，原教旨主义暴力的复兴和文化保守主义的粉墨登场算是这种反动立场出现的典型。与此不同，肯定主义的态度将现代文明看成历史的终结，他们闭目无视现代的困境而只愿看到现代的伟大成就，或者将各种灾难看成是值得付出的必然代价。他们是各种各样的社会达尔文主义者，是享受着现代文明成果而将代价转嫁他者承担的精明的成功人士。现代性的超越论者，或者说辩证的批判者与这些反动的否定和抽象的肯定不同。他们从想象的未来立场揭示现代的限度，试图通过各种微观或者宏观的政治实践催生美好的未来。乌托邦社会主义者和革命的社会主义者分享着这种共同的现代性态度。在这三种现代性姿态之中，游荡着一批变态且畸形的人，他们是边界模糊、立场含混的后现代主义者，一会儿带着反对现代的蒙昧主义色彩，一会儿话语中展现出激进的昂扬情绪，一会儿又躺在现代性的文明成果中安然入睡。这种混乱完全符合他们"只有不确定性是确定的"①这一根本的立场，以无立场为立场的立场。

在对现代性的批判方面，马克思是已经拥有辩证理论体系的重要理论家之一。更加重要的是，马克思是在现代性尚处在大踏步上升时期就洞穿了现代性的限度，并且试图以政治革命的方式超越现代性的革命家。马克思以现代自由平等价值观念传人的身份希望推进这些价值在现实中的实现，目标是超越各种自我中心论的立场，达到人的自由全面发展这样一种自由人联合体的生存状态。然而，现代性的实践批判并不像他的理论批判那样纯粹和自洽。我们看到现代性的急剧拓展及其局限性的充分显现，同时也看到了变革现实的政治实践的衰退和变形。在这样的历史语境中，马克思揭示的存在异化不是被消除而是在加深和扩散。更加显著的是，现代性拓展带来的不仅是生存异化，而且是人类自我毁灭的现实可能性。今天看来，相对于马克思的革命政治概念，当代政治实践不仅要承担扬弃异化的自由解放使命，而且要在人类自我毁灭的可能性中成为自我救亡的本质力量。因此，继承革命政治改变现实的解放精神，以辩证的历史理性构想政治的使命不仅是必要而且是必需的。当政治能够以渐进的方式承担起扬弃异化的解放使命和守护存在的救亡使命时，我们才能在超我阶段的展开中真正看到人类的未来。

----

①　哈维指出："分裂，不确定性，对一切普遍的或'总体化的'话语（为了使用受偏爱的语词）的强烈不信任，成了后现代主义思想的标志。"（[美]哈维：《后现代的状况》，阎嘉译，15 页，北京，商务印书馆，2003）

二、建构性政治作为救亡政治，守护存在

（毁灭作为现实的可能性，毁灭作为存在论意识，守护存在）

能在论将政治看成是构成社会历史的内在维度。作为能在超越之展开的社会历史本身就是能在作为共在的在世状态和历世过程，因此是政治性的。能在的政治性不过是指能在始终通过与他者共在的方式在世和历世，能在只有作为共在存在才是能在，才能存在。能在的共在意识和共在活动构成能在在之中存在的社会和历史。政治就是共在意识及以之为指引的共在实践。能在超越的社会历史就是作为能在共在的政治实践构成的世界。在这种能在论意义上，政治是构成社会历史的内在维度。能在不仅从作为共在存在的政治视角理解存在，而且通过共在的政治实践变革现实，政治因此成为世界观的基本视角以及社会历史的内在动力。人们政治地理解社会历史并且政治地构成社会历史，在这样的能在论意义上才能深刻地把握政治的根本使命和本质特征。

在作为对象性意识指引的对象化活动意义上，政治通过维持、改良和革命等基本方式构成超越的社会历史。[①] 维持、改良或革命从社会历史内部的构成视角来看政治，也就是说，从能在作为共在如何存在因此如何去存在的活动视角理解政治及其功能。在这种理解中，人类彻底毁灭的极端可能性还没有成为政治概念的基本因素。能在作为共在的存在，成为此种政治概念的理所当然的前提，此种政治涉及的只是能在作

---

① 见本书《导论》第六节中的阐释。

为共在存在的情况下如何去存在，而不涉及共在毁灭成为现实可能性的情况下，政治如何在这种类的毁灭可能性中领会自己的使命。随着超越生存的历史展开，人类进入自我的功利主义时代，资本生产体系的推进以及相关的附带效应使能在作为类的毁灭已经变成了现实的可能性。在这种人类总体毁灭的可能性语境中，能在论必须在作为类存在的总体概念中领会政治的存在论功能，思考政治在维系人类生存中的根本作用，并在这个意义上真正将政治领会为使能在作为类能够继续存在的本质力量。在超我的阶段，建构性政治的第一使命是守护存在，因此是立足于现代性存在论困境的人类自我保存的救亡政治。

　　海德格尔将个体的死亡阐释为此在最极端的存在之可能性。① 海德格尔认为由于这个极端可能性给出了时间，此在的存在因此是向死而在，在这种向死而在的确知的不确定性中揭示存在的意义。在这种阐释中，海德格尔将存在事实当成存在论的事实了。死亡作为存在事实进入对象性意识，并且人以此种对象性意识指引超越生存的时候，死亡才能成为存在论事件。也就是说，只有人意识到自己的会死并且以这种"将死性"理解生命的时候，死亡才具有存在论意义，死亡意识才成为存在论意识。在这个意义上，人不是天生就"有死的"。死亡成为存在论意识是能在历世的产物，是时间的结果。也就是说，能在意识到自己有死并且因此在向死而在中领会存在的意义是在超越生存中发生的。不论作为个体还是作为类，能在都经历过没有死亡意识的懵懂阶段，或者说根本

①　海德格尔将生存论存在论的死亡概念规定曾作出如下规定：死作为此在的终结乃是此在最本己的、无所关联的、确知的、而作为其本则不确定的、不可逾越的可能性。死，作为此在的终结存在，存在在这一存在者向其终结的存在之中。

就没有将死当回事，死亡并没有真正震撼他的灵魂。死亡曾经甚至如今仍然被一些人看成如睡眠一样，只是进入了另外一种存在状态，只是此生和来世之间的过渡和转换。人们因此能够"视死如归"。从死亡这种极端的可能性，也就是能在不再作为能在存在的可能性出发领会存在的意义，只是历史性的存在论事件，是现代的产物。就个体而言，即便知道了死亡的必然性，死亡也未必构成存在论意识的关键因素。意识到死亡并且以死亡组建自己的存在领会，是能在作为个体的主体性觉醒的产物。因此，对于生命权利的尊重和捍卫是现代政治的根本职能之一，诸如废除死刑和与此相反的安乐死的立法都是这种生命意识觉醒的政治成果。

不过，这还不是这里讲的守护存在的意义。建构性政治守护存在的使命是从避免人类整体毁灭这样一种存在论高度上去领会的政治的根本意义。政治应该成为挽救人类生存的根本力量。能在只有作为共在才存在。作为共在的存在总体也有自己的极端可能性，这就是共在总体本身的彻底毁灭。这种毁灭，根本不是说某些共同体处于无序的支离破碎状态，甚至彻底瓦解，诸如某一种文明消失、某一个国家毁灭等，而是说作为能在存在的人类总体本身根本不再存在，不再有人类因此也就不再有在物性中超越物性的社会历史这一存在领域，世界陷入到没有能在照亮的混沌和黑暗之中。也可以说根本就不再有所谓光明和黑暗，光明和黑暗只是能在在世和历世的对象性方式。没有了点亮世界的能在，就不再有世界的明暗，不再有或明或暗的世界本身。能在作为共在的极端可能性就是人类本身的毁灭，就是能在作为存在总体的死亡。

然而，就像个体的死亡曾经没有成为根本的存在论意识一样，人类意识到人类总体的毁灭也是极其晚近的事情，这种毁灭意识成为真正的存在论事件就来得更迟了。人类毁灭从 20 世纪以来才逐渐成为普遍意识，才逐渐影响人们的历史观念，并且到如今才逐渐成为理解政治实践的基本因素。意识到人类毁灭的普遍历史意识如何从这种毁灭意识中领会存在的意义，并依据这种领会指引政治实践就具有了根本的重要性。在人类毁灭这种现实可能性中，政治必须首先承担起人类救亡的根本使命。我们称之为守护存在。如今，建构性政治的守护存在是一种前置性的存在论使命。因为追求自由解放，也就是更好地生存必须建立在能够继续生存这一基本的前提之上。这个前提在今天的历史语境中已经不再不证自明了。人类的毁灭已经是一种现实的可能性，因此必须成为政治观念和政治实践的基本要素。在这种人类总体毁灭的语境中挽救人类生存的政治就是救亡政治。

守护存在作为超我阶段建构性政治的存在论使命之一，不同于政治一般的维持功能。维持功能讲的是政治在历史的常态中保持某种共同体的秩序和稳定性。这里讲的守护存在是从人类毁灭这种极端的可能性出发领会的政治的根本使命。人类需要共同努力维系人作为类的存在，使人类的实践不至于在自我创造中自我毁灭。这已经成了当代人类面临的根本存在论命题。因此，政治必须依据这种人类毁灭的现实可能性重新定义自己，在历史理性的指引下将守护存在作为根本使命之一。

毁灭作为现实的可能性

就像个体不能经历自己的死亡一样，人类也根本不能经历自己作为类的毁灭。因为死亡指的是能在本身不再作为能在存在。死亡是能在本己的极端可能性，也可以说是与能在无关的能在作为能在的虚无化。当死亡到来的时候，能在根本就不再是能在，能在不能作为死亡存在。在这个意义上，死亡根本不是能在的，它本身意味着能在不再存在。但是，能在作为对象性的存在能够意识到死亡，能够依据这种极端的可能性领会存在的意义，以指引自己的生存。死亡意识因此成为能在在世和历世的构成因素，能在成为向死而在的可能性存在。人作为能在在他的存在中走向死亡，或者说他的存在作为超越生存就是走在死亡途中的向死的历程。① 按照海德格尔的说法，死亡是此在确知的不确定性。人类毁灭就是能在总体的死亡，是能在作为共在总体根本不再存在。毁灭是能在共在的确知的不确定性。人类不能经历自身的毁灭，人作为类的毁灭甚至根本就不可能有证据和证人②。人类无法真正与自己的毁灭碰面，就像死亡是个体生命的极端可能性不能被亲历，但人每天都作为死亡的过程活着一样，人类每天都生活在毁灭的现实可能性之中。

人类的总体毁灭已经成为现实的可能性并且成为普遍的历史意识。第一种情况是人类已经意识到了源于存在本身的自然必然性的毁灭。人类作为存在的一种样式和存在的领域，有其产生和毁灭的自然界限。这一界限与能在超越的实践没有任何联系，是纯粹根源于任何存在本身的

---

① 我们可以在这个意义上理解海德格尔在《存在与时间》中的说法："但是只要此在存在，死亡就只是一种生存上的向死而在。"(Mertin Heidegger, *Being And Time*, Translated by Joan Stambaugh, New York, State University of New York Press, 1996, p. 216.)

② 利奥塔曾经在《无身体能否思维》这一文章中揶揄说："45亿年太阳死亡以后，您的现象学，您的乌托邦政治死亡以后，就没有人敲丧钟也没有人听那钟声了，我们所经历及所思不过是一些苍白的幻影。"(参见[法]利奥塔：《非人》，罗国祥译，8～11页，北京，商务印书馆，2000)

必然性。除了抽象的存在而外，任何存在者总是有限的存在，因此具有毁灭消亡的抽象必然性。比如说作为人类生存环境的太阳系和地球本身的自然消亡，将必然地导致人类存在的毁灭。这种自然必然性是一种所谓的确知的不确定性，就像个体对于自身的死亡意识一样。这种自然必然性进入意识并参与世界观的构成，成为我们领会存在意义的因素。第二种情况是人类已经意识到了自然的偶然因素导致的人类毁灭的可能性。这仍然是一种与人类的实践无关的、由偶然事件导致的人类毁灭。人类已经认识到了多种非人为的因素导致人类毁灭的可能性，比如说导致在地球上存在了上亿年的恐龙灭亡的偶然因素的再度发生等。这种人类毁灭不是一种抽象的绝对必然性，而是由具体的自然的偶然性事件引起的。虽然不是由人类实践引起，但这种毁灭一定程度上可能由人类主动防止，因此已经成为人类存在论意识的构成因素，并且成为某些学科研究的问题。第三种情况是人类对自然的利用和破坏触及了环境承受的底线，人类已经意识到这一状况导致人类毁灭的现实可能性。随着现代欲望生产体系的膨胀和发展导致资源枯竭和环境破坏，人类存在与自然系统之间的紧张已经到达临界点。地球是否能够继续承载如此生活的人类已经成为了重大的现实问题。人与自然的矛盾导致人类发展的衰退乃至于毁灭不再是遥远的事情，而是每天发生的渐进过程。这种就人类存在与自然系统关系而言的毁灭性，如今已经逐渐成为普遍的存在论意识，并且成为理解政治功能的基本语境。政治实践必须承担起合理调节人与自然关系的重要使命，避免人类生存与自然的冲突带来的人类自我毁灭，守护人类的存在。第四种情况是人类生产出来的各种暴力手段毁灭自身的现实可能性。如今诸如核武器、生化武器等能够多次毁灭人类自身。各种常规和非常规的武器竞赛正在物质利益和意识形态的双重推动中急速展开。人类每天都被笼罩在这种自我直接毁灭的现实可能性中，人类已经像个人一样每天都顶着自己的死亡过日子。

人类毁灭尤其由人类自身导致的自我毁灭的可能性，必须成为能在关切人类命运的基本存在论意识。人类的毁灭不再是一个杞人忧天的笑话，而是当今人类生存的存在论处境（condition），人类必须将毁灭作为现实的可能性来领会，并以此指引自身的政治实践从人类命运共同体的角度构建超越性的意识，同时使之成为指引对象化政治实践的理性精神，引领人类走出自我中心主义的自我阶段。

毁灭作为存在论意识

就像死亡是个体的极端可能性一样，人类毁灭是人类总体存在的极端可能性。毁灭意识是领会到能在总体不再存在，并以这样一种领会指引生存的属于能在的存在论意识。毁灭首先是存在事件。存在事件只有进入意识并且成为能在意识的组建环节的时候，它才成为存在论事件。人类的毁灭要成为普遍的存在论意识面临着诸多的困难。其一，当我们谈论毁灭的时候，毁灭已经成为对象性意识，没有进入对象性意识的毁灭始终不会作为毁灭对能在存在。人总是要死的，但有时都不知道怎么死的。关于毁灭的意识只是一种对象性的意识，人类不可能完全准确地把握到各种毁灭的可能性，因此总有那种不确定的一面。其二，谈论能在总体的毁灭就像个体谈论他本身的死亡一样，它永远不是实际发生和存在的对象，而只是一种在观念中呈现的可能性，因此只能来源于一种存在的领会，而不具有直接切身的现实性。其三，即便能在意识到了能在总体毁灭的可能性，这种可能性意识不一定对于能在在世的存在论意识起到组建作用，而只是被知道而已。其四，人类毁灭即便成为了存在论意识的组建因素，它也可能只是停留于意识层面，而没有真正对超越的生存实践起到指引作用。只有意识到人类毁灭并且这种毁灭意识成为普遍的历史精神指引人类实践的时候，它才真正参与历史的构成，成为政治实践的内在因素，成为超越生存中内在于历史的理性，历史才因此成为理性的历史。

能在曾经没有意识到人类作为总体的毁灭。杞人忧天至今仍然被看成一个笑话。基督教讲的末世审判也不具有现代毁灭的意义，而是一个新的存在世界的开启。就像现代意义的个体死亡意识一样，关于人类毁灭的意识也是人作为类的理性的觉醒过程。① 这一过程与存在历史本身的变迁内在地关联在一起。人类意识到自己作为类的诞生和毁灭都是最近的事情。只有到了现代，人意识到生命首先是一个生理的物质过程之后，人才能从不朽和来世的观念中解脱出来，作为极端可能性的个体死亡和人类毁灭才可能对能在发生。从生物进化论到天文学，人类开始在存在总体的意识上认识到人类是有始有终的宇宙物质过程中的一个微小存在和短暂瞬间。当然，这种最初的有限意识只是就自然演化和宇宙存在本身的有限性而言的，完全是自然科学的必然性叙事，而没有真正具有存在论的意义，成为世界观和历史观的组建因素。比如说恩格斯虽然谈到了整个太阳系的寿命和人类毁灭的可能性，但因为"我们离社会历史开始下降的转折点还相当遥远"而被他淡淡地一笔带过了，人类毁灭

---

① 参见《面对存在与超越实存》第11章第4节的相关阐释（罗骞：《面对存在与超越实存——历史唯物主义的当代阐释》，223～227页，北京，人民出版社，2014）。

问题没有在历史唯物主义的理论叙事中获得应有的地位。① 另外，诸如对于行星撞击地球等灾难事件导致人类毁灭也只是就自然的偶然性而言，因为外在于能在对象化活动而没有真正成为能在的存在论意识的根本因素，至多增加一些莫名的虚无感慨而已。

但是，经历了20世纪战争造成的巨大灾难，各种毁灭人类的暴力武器的出现，资源匮乏、能源枯竭、生态危机，以及那个正在引起讨论的有可能毁灭人类的人工智能等，人类的毁灭不再单纯是必然性或者偶然性的自然事件，而是人类实践造成的自我毁灭的可能性历史事件。人类毁灭不再是源于能在之外的属于能在的极端可能性，而是根源于能在超越生存的内在实践。人类超越生存使自己的极端可能性变成现实的可能性。正因如此，人类的彻底毁灭不再是遥远的未来，也不再只是不确定的偶然事件，而是每一个当下的、由能在本身构成的现实可能性。在这个意义上，人类的毁灭作为确知的不确定性，而且是由能在自身的实践参与构成的确知的不确定性，能在本身能够通过自身的超越实践影响这种可能性的进程。意识到自我毁灭的人类不会放任自己的实践导致自

---

① 恩格斯在《路德维希·费尔巴哈和德国古典哲学的终结》中谈到了人类存在的自然界限，但并不认为它有本质的意义，因为"我们离社会历史开始下降的转折点还相当遥远"。恩格斯说："我们在这里用不着去研究这种观察方法是否同自然科学的现状完全符合的问题，自然科学预言了地球本身存在的可能的末日和它适合居住状况的相当肯定的末日，从而承认，人类历史不仅有上升的过程，而且有下降的过程。无论如何，我们离社会历史开始下降的转折点还相当遥远，我们也不能要求黑格尔哲学去研究当时还根本没有被自然科学提到日程上来的问题。"(《马克思恩格斯选集》第4卷，217页，北京，人民出版社，1995)今天我们也可以说，我们不能要求恩格斯去研究当时还没有被实践提上日程的人类毁灭的问题。在他那里，世界的末日还只是一种自然的概念，还不具有切实的现实性，因此也就不可能成为基本的存在论意识。

身毁灭，而是自觉地承担起守护自身存在的存在论使命。今天，人类的毁灭已经成为普遍意识并且开始成为指引政治实践的普遍观念。正是在这样的存在论语境中，守护存在才被我们确立为政治的根本使命。建构性政治概念在这个意义上是以守护存在为基本使命的救亡政治。

守护存在的救亡政治

在人类毁灭没有作为人类存在最极端的可能性进入意识之前，作为社会历史构成维度的政治只关系到能在如何作为共在存在并且如何去存在，而不涉及人类作为总体是否能够继续存在以及能在超越本身是否会从根本上摧毁人类的问题。所以，政治主要是社会内部的统治和管理问题，主要的政治活动是社会状态的维持、改良或革命，是与公共事务有关的观念、制度和活动统一。政治主要涉及共在空间的内在活动，而没有从维系人类的总体存在这种终极的可能性来理解自身的功能和使命。另一方面，政治观念和政治实践触及的共在空间是局部的人类共同体，政治没有从作为总体存在这样一种人类生存的视角领会自身的意义。政治只是局部政治。如今，当人类毁灭成为存在论的基本意识并且指引政治实践的时候，政治因为领会到了守护人类存在的存在论使命而超越了传统的局部政治，并且不再只是与某一时间和空间中的共同体有关，而是成为以人类总体存在为对象的总体性政治。政治从根本上事关人类总体是否能够继续存在。这种守护存在的救亡政治充分体现了超我阶段能在的超越性，不仅超越个体的立场，而且是从人类的存在总体性上去看待政治的根本使命。在这个意义上，建构性政治是一种以宏大叙事为基础的宏观政治。人类存在的命运需要这种宏观政治，需要将这种宏大的叙事普遍化到微观的具体实践之中，而不是片面地以微观政治去解构宏大叙事。

虽然人类毁灭是总体性的绝对事件，是彻底的因此不可能逆转的事件，但是，这个事件却作为现实的可能性在具体的历史过程中展开，因此是能在实践可能改变的过程。就像个体不可能改变死亡的命运，但是能够改变自己走向死亡的方式和过程一样，人类虽然改变不了自然的必然性或偶然性所导致的毁灭，但是最有可能改变由人类自身生存实践所导致的毁灭。因为这是发生在能在超越实践中甚至根本上是由人类的生存实践导致的。资源枯竭、环境污染、战争毁灭、人口超载等问题都是由人类自身造成，因此是人类可以通过积极的活动改变的。就像这些问题的产生是漫长的渐进过程一样，改变这种人类自我毁灭的可能性也是渐进的漫长过程，需要日常生活中各种具体的微观实践，而不是依靠任何政治超人的出现或者是毕其功于一役的活动。

建构性政治承担守护存在的使命，关键是意识到人类如今的生存方式可能导致人类毁灭，并将这样一种观念转化为普遍的存在论意识，以唤起人们理性的觉醒，由此不断地改变社会存在基础的同时，改变占有、征服和消费型的现代生活理念，重新领会生存的意义以指引能在的自由生活。生活的意义并不在于外在的征服，而是在于内在的自我超越，不在于竞争中的占有，而在于合作中的贡献，不在于欲求的恶性循环，而在于满足基本物质需求的同时提升精神生活的层次。建构性政治应该发挥教化的功能以提升人作为能在的自由生存境界，而不是将政治的存在降低到利用和维持人的物性实在水平上。在人类生存已经遭遇的毁灭危机中，那种消极限制甚至弱化政治功能的政治概念已经不能适应当今时代的需要。政治必须积极地承担起守护存在的使命。只有通过强有力的政治实践努力建构和谐共在的意义空间，将人的生存满足从物性欲求的消费主义中解放出来，才有可能避免由欲求膨胀带来的毁灭，挽救人类。

三、建构性政治作为解放政治，扬弃异化

（现代生存的异化状态；异化概念的内在逻辑；以扬弃异化为使命的解放政治；作为存在守护和异化扬弃之统一的建构性政治乃是希望政治）

守护存在是建构性政治在现代生存处境中领会到的存在论使命之一，其确立的历史根据是人类在观念和实践上遭遇的作为总体毁灭的现实可能性。然而，这种整体毁灭的现实可能性并不是能在能够直接经验的现实，不论个体还是人类只能在观念中领会自己的死亡，并依此领会指引生存实践的意义。人类毁灭是能在在超我阶段只能在之中存在并因此对之有所作为的存在论语境。如果说，人类毁灭作为一种不确定的极端可能性构成建构性政治守护存在的首要使命的话，普遍异化则作为一种实际存在的现实性成为建构性政治确立的另一语境，扬弃异化因此成为建构性政治的另一存在论使命。毁灭和异化是现代性基本的存在论状况。人类作为总体的毁灭不过是现代存在异化的极端形式，异化不过是朝向总体毁灭的常态过程。守护存在与扬弃异化相互内在地构成建构性政治对自身存在论使命的基本领会。也就是说，守护存在的救亡政治和

扬弃异化的解放政治内在统一于超越现代性困境的建构性实践中。因为领会到了人类实践导致人类自我毁灭的可能性和普遍异化的现实性，建构性政治将自由的实现理解为不断扬弃异化的超越过程，而不是一次性地达到彻底自由的总体性革命。在这个意义上，建构性政治成为对现代革命政治的扬弃。但它坚持变革现实的革命主体性精神，将自由的实现变成了不断改变现实的渐进性过程，充分体现了能在论的自由真理概念和历史的理性精神。在这种扬弃现代异化以追求人类自由的意义上，建构性政治是一种真正的解放政治。

建构性政治对自由解放的理解建立在重构异化概念的基础之上。异化指的是作为能在自由超越之对象化结果的存在关系、存在方式和存在结构，反向地制约了能在超越生存中的自由。也就是说，作为能在主体实践的产物成为束缚主体超越自由的异己力量。对象性意识指引下的对象化活动必然产生与主体相对的外在状态。当这种客观化的存在状态被主体确认为背离了能在主体自由生存的时候，对象化就被领会为异化。异化是建立在描述性基础上的规范性范畴，是能在主体对自身存在状态的否定性评价。只有在能在主体经历理性启蒙因此将自由作为根本的存在领会成为自觉的主体之后，异化才能成为能在领会自身存在的存在论范畴。在混沌懵懂的蒙昧状态，没有成为自觉主体的能在不会有普遍的异化体验，不会以明确的应然原则来批判和反思客观的生存状态。也就是说，异化体验是建立在能在主体对"尚未"领会的基础之上，是主体觉醒的产物。铁屋子中的睡客不会感觉到铁屋是束缚自己的异己存在，因为"它们"没有或者说失去了关于自由生存的根本领会，异化根源于主体关于自身的主体性意识。

实践是对象性意识指引下的对象化活动，是内在意志的自由展开。超越过程展开来的状态和结果是自由的定在，它在肯定内在意志的同时否定内在意志，是不再只作为意识存在的意识，因此是自由实现的同时也是自由的限定。能在作为超越的存在始终生活在记忆、反映和想象一体化构成的对象性观念之中。能在是现在、曾在和观念建构的将在当下化的现实，因此总是"向……而在"的超越，是不断出离于自身的自我虚无化过程。未来构成能在生存时间的基本维度，因此能在生活在观念建构的未来之中。将自身存在自觉地领会为向着未来而在的能在，立足于这种"尚未"的未来理解自己的当下现实。异化体验是从这种超越现实的观念建构出发对现实的领会。异化概念包含了主体性觉醒之后的一种反思性和批判性的存在论意识。在这个意义上，异化概念必然包含规范性的价值维度，而不是单纯指向生存客观状态的事实性描述。也就是说，作为存在论概念的异化是存在状态和存在意识的统一，是事实描述和价值评价的统一。

当共同生活处境和生活状态中的能在普遍地产生异己的生存体验和生存评价，因此用异化来揭示这种普遍的社会存在状态和存在体验的时候，异化就是一个兼具描述性和批判性的社会存在论范畴。当说到异化社会和异化时代的时候，试图把握和揭示的是普遍的社会现象，普遍的生存体验，而不只是个体的主观感受。在这个意义上，异化是描述性的，它揭示了普遍的生存状态和能在主体对于这种生存状态的普遍体验。异化概念奠定了现代性批判理论的基本逻辑，揭示了现代文明成果与普遍的自由解放理念相违背这样一种存在状况和存在体验。辩证的现代性批判就是要揭示现代解放的限度，以历史的理性精神在肯定现代成就的同时揭示现代异化，而不是对现代的简单拒绝或抽象否定。正是立足于这种辩证的立场，早年马克思说异化的扬弃与异化走的是同一条路。这句话不仅可以理解为异化内在地形成了扬弃异化的因素，而且可以理解为异化的扬弃本身也产生新的异化。也就是说，主体觉醒之后，主体自由的展开始终是异化和扬弃异化内在统一的历史过程。实然状态和应然理念始终处在观念论的对立当中，并因此始终通过实践展开为历史的存在论循环过程。正是在这个对立统一的辩证循环中才有能在的超越。对这一辩证过程的领会才能形成作为能在真理的总体性自由概念和领会了此种自由概念的历史理性。

在辩证的历史理性看来，异化的扬弃始终内在于主体作为自觉主体的生存超越本身。只要能在存在，只要能在是"向……而在"的超越，能在就不会停滞于某种完满的存在状态，因此不再有异化和异化的扬弃。相反，异化生存体验和扬弃异化的超越生存是能在作为自觉主体"向……而在"的存在过程本身。在这个意义上，异化的扬弃将是普遍的永恒过程。历史理性将以辩证的态度看待异化的扬弃过程。就其常态来讲，异化的扬弃是日积月累地改变现实束缚，展开自由生存的渐进过程。作为能在共在的政治不仅在可能的时候会以革命的激进方式扬弃异化，而且也在日常生活领域渐进地改变束缚能在生存自由的各种条件。扬弃异化不是一个可以终止和终结的事情，而是超我阶段的能在自觉走向未来的历史过程本身，并自由展开的内在逻辑。意识到了这一点的存在论意识本身，就意味着辩证的历史理性和智慧的实践态度，因此能够不违时势，在与现实的和解中超越现实，在安时处顺的从容中自在地生活。

作为社会批判理论的异化概念不是讲个体的某种孤立的生存感受，而是立足于总体自由和历史概念对现代文明历史限度的揭示。扬弃异化就是在保存现代文明成就的基础上克服现代局限以造就新的人类生存状态的实践过程，是在守护存在的基础之上追求能在生存自由的解放实践。立足于辩证的历史理性精神，建构性政治主张以渐进的方式克服现代的生存异化，推进人类自由解放的事业。因为拥有历史理性的普遍精神意识到，自由永远在超越的途中，它没有可以达到的终点，因此只能被理解为渐进的超越过程。同时，自由的展开是全部能在生存领域的展开。扬弃异化的过程将涉及生存的各种领域，而不是单一的方面。尤其是在异化达到自我毁灭程度的时候，对于自由解放更应该在历史理性的指引下渐进展开，而不是因追求幻想的彻底解放反而导致彻底毁灭或者深重的历史灾难。建构性政治主张发扬革命政治的主体性精神，以新原则渐进地变革社会存在的各个领域，成为一种扬弃异化的普遍政治。政治不再是停留于与经济和文化相区分的狭隘的政治，而是指在异化中扬弃异化的共在实践。

扬弃物质生产领域的异化

现代社会是异化社会，或者说现代是异化时代。用异化概念描述现代社会并不是说现代社会没有实现自由解放，因而带来了更加严重的奴役；也不是说现代异化只是一种精神观念的异化，因此可以通过观念批判的方式在观念领域内得到克服。异化是现代的存在论状况，是一种现实的生存状态及与之内在统一的意识形态总体。异化观念只是与生存异化相联系的意识形态，或者说是生存异化的观念体现。物质生产领域的异化是整个现代社会异化的存在基础，扬弃异化首先需要触及的是现代物质生产体系。揭示物质生产领域异化并且实践地改变这一社会异化的存在基础，才是扬弃异化的历史道路。对现代性的批判，不仅需要理论批判，而且需要批判理论指引下的触及现代资本主义生产体系本身的实践批判，推动物质生产领域的变革，才能触及现代异化的历史存在论基础。

马克思曾经以劳动异化的概念揭示了现代资本主义生产体系下的异化。由于商品—资本关系成为所有存在物的基本规定，是所有存在物自我实现和自我展开的基本方式，现代社会是以这种客观化的社会存在物为基础的社会，所有的存在物都陷入了与自身的本性相背离的普遍异化之中。异化劳动概念是对资本主义生产方式中人的基本活动的批判，揭示的是现代人类生存的基本状况。不能将马克思的异化劳动理论误解为仅仅是对处于被统治地位的工人阶级生存状态的批判。在马克思看来，不仅工人处于异化关系之中，有产者也只是取得了自我实现和自我巩固的外衣，而不是人的自由实现，他们本身也受到资本关系的规定。[①] 不仅如此，在受资本主义生产关系规定的异化劳动中，自然本身也发生异化，[②] 自然只是作为资本生产的有用物而失去了感性的光辉。资本只是从增值要素的意义上以异化的眼光将自然看成资源库，就像人不是作为

---

① 比如马克思在《神圣家族》中指出，有产阶级在异化关系中感到自己是被满足和被巩固的，它把异化看成自身强大的证明，实际上只是获得了人的生存的外观。（参见《马克思恩格斯全集》第 2 卷，44 页，北京，人民出版社，1957）

② 马克思说："异化劳动……从人那里夺走了他的无机的身体即自然界……异化的劳动使人的身体，同样使在它之外的自然界，使他的精神的本质，使他的人的本质同人相异化。"（马克思：《1844 年经济学哲学手稿》，见《马克思恩格斯全集》第 3 卷，274 页，北京，人民出版社，2002）

人本身而只是作为与畜力等同的生产要素一样被买卖。异化发生在资本主义生产和再生产的所有环节以及所有卷入这一生产过程的生产要素上。因此，扬弃现代异化首先是改变资本主义生存体系的总体实践，而不只是某一生产环节或者生产要素的解放。

这里讲的总体性实践指的是整体和过程的统一，而不是一次性的革命变革。也就是说，束缚自由实现的生产异化是总体性的现象，扬弃异化实现自由也只能依靠总体性的实践，它必须涉及资本主义异化生产的各个方面并因此是长期的渐进过程。建构性政治作为以实现自由为目的的解放政治，要求公共权力介入资本主义的生产过程，逐渐改变生产中的异化现象，而不是将自己树立为经济生活之外的超然存在或补充性结构，任由资本主义生产体系导致的各种异化发生和加剧，或者只是在这些异化发生之后做一些补充性的救援。建构性政治和改良主义政治不同，建构性政治不仅主张介入资本主义生产体系，而且以超越资本主义生产为根本目标。正是在这个意义上，建构性政治同马克思的革命政治具有相同的理论基础、实践目标和变革现实的主体性精神。不同的是，建构性政治将自由解放理解为渐进的历史过程，而且是同交往活动领域和内在的精神体验领域变革同步展开的总体性过程。

突破形式主义的总体性政治

生产领域涉及的是能在物性欲求的循环过程。在现代市民社会和政治国家分离的意义上它曾经被构想为独立的领域，被看成是自主的因此是由市场自发调节的过程。市场经济的原教旨主义实际上是前现代的逻辑，它将物质经济生产看成是交往活动领域之外的、按照自在必然性展开的领域。对政治权力的制约和政治功能的削弱就是建立在这种自发性概念的基础之上，似乎管得越少的政治就是越好的政治，政治只存在于涉及抽象权利保障的交往活动领域。这样一种产生于现代并且适应现代的政治观念逐渐远离当代生活世界的一体化趋势和全球交往的一体化趋势。今天，一种新的政治形态正在实践中逐渐产生。

今天，事实领域、规范领域和感受领域一体化的趋势越来越明显，需要以一种总体性的意识把握生活世界的总体。这一趋势表明，作为能在共在的政治要发挥自由解放的功能，就必须作为普遍的力量影响和介入整个社会存在过程，将事实领域的客观性原则、规范领域的正义原则和感受领域的自如性原则结合起来，以总体性的自由为本质概念，以历史的理性精神为内在环节，全面介入社会生活领域，扬弃各种异化，肩负起促进自由发展的使命，彻底改变消极政治概念并指引政治实践。弱化政治职能，封闭政治空间，将政治限定在狭义的交往活动领域，以排除政治权力干预的概念来定义自由，政治就会变成形式主义的承认政治。政治实践当然需要合理合法的程序，但不能只停留于程序，不能只是将符合程序这种形式主义的要求作为政治的正当性基础。如果只是从交往活动领域的抽象权利概念出发，从这种形式主义的程序出发理解政治，放弃政治介入其他生活领域的职能，政治不仅不能扬弃其他生活领域的异化，而且本身将进一步异化。超我阶段的政治作为建构性政治，需要超越消极政治概念，超越抽象权利得到等同承认这样一种形式主义的承认政治，在总体性的生活世界中重新定位政治的作用。

以扬弃现代异化为存在论使命的建构性政治需要扬弃承认政治的形式主义特征，将促进总体性的自由解放作为政治的实体性内容。通过完成这种实体性的使命确保政治的正当性，而不是将正当性建立在纯粹形

式主义的基础上。只有形成总体政治概念，政治本身成为承担整个社会
变革和社会进步的实践力量，而不是阻碍社会进步的异化因素，政治才
能获得存在论意义上的德性基础，成为一种积极政治。打破生产领域与
交往领域之间的二元论逻辑，建构性政治提倡以政治的方式渐进地扬弃
现代异化，尤其是物质经济生活领域的异化。这一政治概念适应和体现
了当今社会发展的客观趋势。物质生产领域的异化越来越需要政治的介
入，而且政治权力确实越来越多地介入；交往活动领域形成的规范共识
也越来越多地涉及物质生产过程，使得政治已经不再是外在于经济生活
领域的补充性结构。比如说，一方面，经济生活的民主化趋势是事实领
域的客观性和规范领域的正义性统一的典型；另一方面，将政治排斥在
经济生活之外的结果是政治生活本身的抽象化和形式化，它使得思想领
域和政治领域获得的自由、平等和民主成为抽象的形式权利，而实际物
质生活和精神生活却陷入无处不在的异化之中。承认政治变成了外在于
经济生活和文化意识的抽象过程，它既不干预资本主义的物质生产领
域，也不倡导道德生活的应然原则。公投选举等甚至变成了不涉及实质
性正义的多数霸权，越来越具有选秀的娱乐性质。形式民主中个体的理
性主义导致集体的非理性主义越来越使政治变得危险和不理智，越来越
失去存在论的意义和担当，政治本身越来越成为异化的表现和异化的
原因。

　　建构性政治主张政治成为一种渐进变革现实的总体性力量，它应该
渗透到生活世界的所有领域，全面但渐进地扬弃社会异化，将人的全面
自由发展作为政治在守护存在之后的另一存在论使命。因此，政治的正
当性不单纯以多数优势的原则建立在程序正当的基础上，而是建立在实

体正义或者内容正义的基础上，通过赋予政治实践实体性的内容超越形式主义的承认政治。当建构性政治以渐进的方式承担并实现总体性自由解放功能的时候，人类的历史就将是理性战胜非理性的自由超越过程，成为历史理性展开的理性的历史。

扬弃物化意识

在自我阶段，能在将自身理解为物性的存在，欲求就是人作为物性实在的物性。事实性领域的科学技术和规范性领域的民主法制只是能在实在物性展开的方式。回到实在性的能在，在把整个世界理解为物性世界的同时将自身的存在也理解为物性实在，并以物性实在的观念指引生活，这就是物化意识。这种物化意识进一步地展开为物质主义、利己主义、实用主义和消费主义等具体的唯我论的价值观，人作为能在的基本在世活动被理解为满足欲求的生产，商品拜物教成为基本的意识形态。物化意识成为现代资本主义社会内在的精神架构。现代技术政治、承认政治和生命政治恰恰是以唯物论、唯我论和唯欲论的物化意识为基础，理性的、权利的、欲求的个体成为叙事的中心，自由被理解为自我欲求的被满足和政治权利的被肯定。所以，扬弃自我中心论的物化意识是建构性政治的必然步骤。建构性政治意味着以总体性的自由理念来指引日常生活，将生存的意义建立在超越实在物性、自我中心和当下现实的基础之上。建构性政治需要在世俗生活中重新确立超越实在和超越实存的意义世界，以总体性自由概念作为能在生存的真理，通过克服物化意识建构从容自在的共在生活。

在超我阶段，建构性政治在扬弃物化意识的过程中应该承担重要的积极作用，不仅要通过介入物质生产的领域变革物化意识的社会历史基础，而且要通过倡导新的价值理念逐渐改变对生命意义的理解。通过扬弃功利主义政治，在新的基础上重铸德性政治的过程，建构性政治因此成为新的生活原则的倡导者和实践者。建构性政治将社会历史空间理解为能在超越的建构状态和建构过程，生命的意义不在于实在物性的自由满足或者自由权利的被确认，而应该是事实领域、规范领域和感受领域等多重自由逐渐提升同时又辩证统一的过程的超越。一方面，总体性自由的展开尤其是精神境界的提升才能避免生活物化，达到从容自在的生活境界；因此另一方面，建构性政治在规范性领域认为满足了基本物质需求的人能够超越利己的自我中心主义，将利他性的德性生活理解为生活意义的源泉，以此克服单纯以自我利益和自我权利为中心的人生观念，过一种正义的生活。

建构性政治作为扬弃异化生存的解放政治，通过倡导新的存在意识和价值观念承担纯风化俗的德性职能。在这个意义上，超越唯我论功利主义的政治概念恰恰是在新的历史基础上重构德性政治的超越传统，起到德育教化构建意义空间的作用。但不同的是，建构性政治是经历了现代自我阶段的政治，它不再简单地否认物性欲求，也不再以非民主的强制方式灌输偏见的道德教条，更不是脱离现实，以完美主义的理想来剪裁现实，甚至希望一下子就达到人人尧舜的状态。恰恰相反，以历史理性为内在精神原则的建构性政治知道实现自由和扬弃异化是历史的渐进过程，是始终不断地改变现实的现实过程本身，它知道不可能的，因此也不奢望一劳永逸地达到的终极理想。扬弃物化意识与扬弃整个社会异化是内在统一的过程，就是理性历史的展开本身。异化和异化的扬弃走的是同一条路，作为历史构成维度的建构性政治本身也只是可能性政治。不论守护存在还是扬弃异化都需要政治去展开和建构的可能性过程。从存在论的使命角度被理解为救亡政治和解放政治的建构性政治，在这个意义上就是希望的政治。

四、建构性政治作为希望政治

（以能在概念为基础的建构性政治是承担救亡与解放使命的希望政治；建构性政治作为希望政治的三个特征：超越政治、渐进性政治、积极政治；未来作为超越生存中的可能性敞开）

建构性政治是能在真理与历史理性对象化的实践环节，是能在最终领会到的共在意义上的理性实践，因此是理性历史的展开方式。也就是说，能在在超我阶段意识到了能在的自由只能是在历史中展开的整体性与过程性相统一的辩证过程，而在片面自由概念和抽象同一性的自由概念及其指引下的政治实践，是能在在个体和类的意义上没有进入自在状态的产物。在超我阶段，个体和类领会到了生存乃是超越性和有限性的统一，因此能够以辩证的历史理性看待历史过程及共在实践，达到一种自强不息却又坦然自如的自在状态。建构性政治就是以这样一种存在领会为基础的共在实践。它倡导以理性的方式面对人类毁灭的现实可能性和生存异化，积极承担守护存在和扬弃异化的使命，在维系人类存在的同时以渐进的方式追求自由全面发展的共同体生活。不论作为救亡政治还是解放政治，建构性政治都是一种可能性政治。不仅建构性政治概念以能在和能在论的历史概念为基础，而且建构性政治将自身理解为可能性的实践过程。未来历史只在这种实践的可能性中，因此只在不确定的希望之中到场。建构性政治只是在希望中承担救亡和解放的使命。承担了守护存在和扬弃异化之存在论使命的政治，本身就是人类的希望所在，因此就是希望政治。

人的存在是能在在对象化活动和对象性意识双重对象性的统一，因此对象性的能在意味着共在，意味着人作为能在必是以超越自身的方式与他者共在，共他者而在。超越展开个体自由生存的社会空间和历史时间，即由能在超越构成并且在之中的可能世界。社会历史向来属于能在，是能在超越构成的可能性存在领域和存在过程，而不是自在存在的封闭空间和封闭时间。在这个意义上，向来属于能在的社会历史是永远不能自我完成并且始终在自我完成途中的"也许"和"尚未"。只要人作为能在还在，只要作为能在极端可能性的类的死亡或毁灭还没有发生，这个世界就是能在照亮和展开的可能世界。世界是能在的世界，是能在所在之"世"和所能之"界"。不论在个体还是在类的意义上，能在必须为自己的存在承担责任。这种担责本身就是能在生存自由的自我展开和自我实现。能在自己成就自己，自己成就自己的历史。在自我成就的历程中，必然性和偶然性也在发生作用，但都成为实践中展开的可能性环节。在历史理性指引下的能在超越，就是意识到了这些必然性和偶然性的基础上建构和开创未来的对象化实践。建构性政治就是以这种能在论和能在论的历史理性概念为基础的可能性政治。可能性就意味着希望，意味着面向未来的担当和责任。

能在论是超我阶段的存在论形态。能在论将存在看成实践中介的自由展开的可能过程。作为对象性意识指引下的对象化活动的实践就是基本的存在论范畴，作为能在共在之基本方式的政治因此成为能在论的基本范畴。在这个意义上，政治哲学不是一般地以哲学的思辨方法研究政治，也不是以政治的视角去理解哲学，因此大体成为政治理论或者政治思想史，而是作为能在论在共在意义上展开的一个环节，是事关能在作为共在如何存在和如何去存在的实践存在论。社会历史不是自然自发的必然状态和必然过程，而是共在实践中展开的可能性世界。政治哲学是事关这一可能世界的根本思想形态，其本质任务不是描述政治的实践过程，而是发明和论证能够指引政治实践的可能性观念。在超我阶段，人作为能在意识到自己的存在是超越，因此进入自觉的超越生存，政治的核心概念是扬弃了事实性、规范性和感受性的层次分化，并且是历史形态的总体性的自由。因此，指引政治实践的是领会了这种作为整体和过程统一的总体性自由概念的辩证历史理性。

政治哲学曾经将发明的观念看成绝对真理。这种抽象同一性的真理在参与历史构成并且展开自由的同时因此也成为自由的束缚，甚至导致存在的异化。在后形而上学的思想视域中，人作为能在根本地意识到世界根本就无所谓根本，人生根本就没有根本意义，一切在历史中形成并在历史中消散。根本不可能为政治实践提供形而上学的绝对基础，而只能提出建构性的观念和历史性的解释，因此只能提出关于能在作为共在的可能性观念。这里讲的可能性观念，不仅是说政治哲学观念本身具有可能的性质，而且是说，它论及的是能在作为共在之可能性的观念。超我阶段的政治哲学只是将关于共在如何存在，并且如何去存在的观念理解为对象性的观念建构，因此是可能性的观念。政治哲学不过是发明、阐释因此期待由它建构的可能观念能够指引共在实践的理论活动。发明关于共在的可能观念并使之成为政治实践的指引，在守护存在中扬弃异化，这就是超我阶段的建构性政治的使命。

世上本无正义，也无正义的理想城邦，或者说正义的城邦只是理想的观念建构，是指引政治实践的观念地建构的理想，而不是先验的绝对原则。坚持理想，仰望着正义的城邦而"在"，便有了正义的历史。人作为能在就是以超越实在的对象性意识指引对象化活动的过程。政治就是此种意义上的能在作为共在的超越实践。就像个体的生存曾经是自在的超越一样，政治实践也曾经是自在的超越实践。走过了他者和自我抽象对立的能在，政治不再是共在的自在超越，而是在历史理性的指引下守护存在与扬弃异化相统一的自觉建构未来的可能实践。以能在论为基础的建构性政治是一种可能性政治，因此是以历史理性为指引、以超越性和渐进性为特征的希望政治。

超越政治

能在在对象性意识中观念地把握对象，也是就说，能在将自身以及其在之中的世界作为对象进行观念的把握，对象超越了自身成为观念中的对象。观念是对象性的观念。能在依据对象性的观念在对象化的实践中改变作为对象的自身和世界。因此，世界和在世界中的能在是由能在超越展开的可能存在。能在是对象性存在，关系只是对能在而言的关系，能在因此不仅在关系中存在而且作为关系存在。作为能在对象性环节的对象性意识和对象化活动使能在始终是共他者而在的共在。能在以共他者而在的共在意识和共在活动构成能在在之中的社会和历史，能在之于共他者而在的共在关系和共在过程意味着能在的社会性和历史性。

政治就是共他者而在的共在意识和共在活动，是作为共在的能在在世和历世的构成维度。

能在是超越自身的共他者而在的共在关系和共在活动，因此能在是政治性的。或者说，我们用政治性指称能在这种共他者而在的超越生存。政治作为能在在世和历世的构成维度体现了能在双重的超越性。一方面，政治体现了能在超越自身共他者而在的共在关系，能在只是在共他者而在中才作为自身存在。不论他者阶段还是自我阶段，能在都是共他者而在的政治动物。历史形态的划分只是说能在领会存在的叙事起点和逻辑发生了变化，体现了能在领会自身作为共在存在的不同历时性方式。另一方面，政治是能在在共他者而在的共在关系中超越实存的共在实践。政治通过社会性的、历史性的共在实践参与社会历史的构成，建构未来。政治就是能在共他者而在的超越性共在方式，任何一种审慎地处理共在关系和公共事务的意识或活动都具有政治性。

政治是能在超越的共在关系和共在活动。政治建构共在空间并且推动共在空间的变化从而构成历史。在能在作为共在的这种超越生存中，政治本身的活动方式、手段和职能都处在不断发展之中，因此能在作为共在的共在关系和共在状态不断丰富并发达起来。原始人和我们一样是政治性的存在但具有不同的政治生活。随着人类社会的发展变化，社会关系越来越丰富，越来越复杂，人与人之间才更多地甚至本质地通过社会建构起来的关系相互联系起来。政治也越来越重要，日益成为根本的共在关系和共在实践。能在自觉不自觉地生活在政治空间之中，社会历史的共在空间根本上说就是政治性的，并且越来越体现出政治建构的特征。社会历史被政治地构成，能在生活被政治地决定，越来越成为显著的存在论事实。人拒绝不了政治，甚至拒绝政治本身也是一种政治。今天，存在本身被打上越来越深的政治烙印。土壤、空气、流水都是政治中介的存在状态。甚至我会不会在一次恐怖袭击中丧生，会不会患上某种可怕的疾病，大而言之，人类能不能继续存在下去，都与政治密切相关。政治具有越来越大的作用，承担着并且是越来越多地承担着巨大的使命。

作为超越实践理解的政治是能在论内在的环节。将自身的存在领会为自觉超越性的能在，意味着将作为能在共在的政治理解为能在自由超越的历史实践，超越性的能在成为构成人类未来的本质力量。在超我阶段的能在论中，随着能在作为超越生存进入意识，随着人类生存陷入困境，随着政治功能的日益强化，政治作为社会历史的构成维度也进入理性的自觉。人作为能在，将以历史的理性精神理解政治并且参与政治，政治将因此成为守护存在和扬弃异化的未来希望。以历史理性为指引的超越政治本质上是一种扬弃了保守主义和激进主义的渐进性政治。

渐进性政治

当能在还没有自觉地意识到自己的存在是超越的时候，也就是说，当能在的存在还自发地是超越的时候，作为能在共在的历史也只是自发地是超越过程。能在超越的实践还没有自觉地成为历史发展的根本动力，因此能在也没有将自身领会为社会历史的创造者和推动者。即使古代有"王侯将相宁有种乎"之类的呐喊，也不是自觉将自己看成是历史的创造者，不过是源于生存处境自发的反抗而已。在这种情况下，政治主要起到维系既有社会秩序、保证社会稳定运行的作用。能在没有创造社会历史的理性意识，也不可能产生自觉地推动社会历史发展的激进政治。在这个意义上，政治主要是社会事务的管理，只是统治者内部的权益之争。

到了自我阶段，能在将自身理解为存在目的的同时理解为存在动力。社会历史被看成是能在满足自己需求、追求自己目的的现实过程。历史概念从那种命定论的概念进入主体性的阶段，能在将自己看成社会历史的创造者和推动者，历史成为能在理性理念对象化的展开过程。为了实现自由、平等和民主等基本的权利，达到一个善好社会，能在按照自己理想的蓝图改造社会，试图将观念变成具体的现实。于是各种革命运动风起云涌、相互激荡，革命与战争成为现代以来在自由解放的名义下正当化了的政治实践，在各种激进政治的血雨腥风中实现自由的同时也带来了巨大的历史灾难，不仅摧毁了历史的文化遗存，甚至给人类未来的信心造成了巨大的打击。尤其是 20 世纪以来战争和暴力所造成的创伤使人类的精神蒙上了沉重阴影，悲观主义和虚无主义的气质笼罩着反思现代文明的知识分子。后现代主义就是在这种浓郁的失望情绪中反思现代性的自由解放主题的，它们不过是激进政治的后遗症。它们对任何宏大政治叙事和政治实践都表示激进的怀疑和批判，甚至根本否定了政治自由解放的目标本身。① 虽然批判现代性自由解放的宏大政治，但就以极端的方式与现代性对立而言，后现代主义同现代性批判传统是一样的。差异在于，很多后现代主义者的激进姿态因为反对宏大的革命政治而变成了话语中的激进，在对现代激进政治的反思中质疑和放弃了超

---

① 参见笔者的《走向建构性政治历史唯物主义视野中的后现代政治哲学研究》中对利奥塔和罗蒂的相关阐释。

越现代性的立场，话语的激进掩盖着现实的肯定主义立场。后现代主义
所批评的自由主义恰好以历史终结论揭示了后现代主义隐含的政治立
场，激进与保守陷入了非实践的思想对立。看似激进的后现代主义实际
上不是激进政治的真正代表，反倒成为一种实践上的保守主义。它们整
天喊着震撼世界的词句，却又反对从根本上改变世界本身。①

　　建构性政治将自由的展开看成是辩证的历史过程，主张以渐进的方
式变革现实，在对存在的守护中逐渐扬弃各种生存异化，推动社会历史
的发展。在能在论看来，自由是有限的、永远不能彻底实现因此永远超
越的历程。建构性政治概念突出政治超越性的同时强调政治的渐进性，
主张以理性精神支配现实的政治实践，渐进地拓展人类自由的事业。建
构性政治一方面坚持自由解放的价值取向并能动地变革现实的主体性精
神，赋予政治守护存在和扬弃异化的存在论使命；但另一方面，经历了
激进政治带来的历史灾难，尤其意识到了人类自我毁灭的现实可能性，
建构性政治不再通过意识形态的高调唤起非理性的实践冲动，而是倡导
和培养辩证的历史理性，希望在稳重和冷静中不声不响地推动历史前
行。历史的常态始终是渐进发展，飞跃突变只是历史的非常态。任何飞
跃最终也不可能彻底兑现绝对善好的承诺，因为从来就没有绝对的自由
可以达到并且需要去达到。任何一种成功的革命政治最终都只是为渐进

---

　　① 这其实有些像马克思和恩格斯在《德意志意识形态》中批判的青年黑格尔派。差
异在于，青年黑格尔派整天喊着震撼世界的词句，整天与观念战斗，以为改变了观念就
是改变现实本身。在马克思和恩格斯那里，这是一种唯心主义的立场；后现代主义则根
本就反对理论改变现实的职能，甚至否定理论这个概念本身，主张使用叙事、话语等概
念，将它们变成思想内部的游戏、观念游戏和话语游戏。

发展搭建一个新的平台，虽然它是具有决定性意义的一刹那，但毕竟只是沧海桑田中闪亮的一刹那。建构性政治主张渐进性，但并不反对革命政治本身，只是强调历史的常态是渐进，革命只是历史过程中非常态的飞跃环节，因此它只是人民盛大的节日①，而不是日常的生活。

超我阶段的能在领会到了历史的这种存在论特征，秉持历史的理性精神，主张渐进性的政治。从反思激进政治和保守主义政治以及现代的存在论处境出发，渐进性是建构性政治的基本特征，是能在进入超我阶段之后的自由意识和历史理性的体现。渐进性是否能够成为普遍政治意识，因此能够切实地发挥指引现实实践的作用，这本身也只是一种有待去实践和展开的可能性。没有任何一种政治理论，任何一种关于未来的政治理论能够证明自身的绝对必然性。这就意味着，激进政治像建构性政治一样是可能的，如果建构性政治不能够有效展开并且切实地解决现实关切的话，革命也许就在明天。在没有任何其他希望的时候，人们愿意为了唯一的希望付出哪怕百倍的代价。革命政治是一种在不再有希望的绝望中产生的政治，是崇尚人们本身不崇尚的暴力流血的政治。与此不同，立足于可能性意识的建构性政治则是希望政治本身，是对以理性

————————

① 列宁曾经说过："革命是历史的火车头，——马克思这样说过。革命是被压迫者和被剥削者的盛大节日。人民群众在任何时候都不能象革命时期这样以新社会秩序的积极创造者的身份出现。在这样的时期，人民能够作出从市侩的渐进主义的狭小眼光看来是不可思议的奇迹。"（列宁：《社会民主党在民主革命中的两种策略》，见《列宁全集》第9卷，98页，北京，人民出版社，1959）这是作为革命者的马克思和列宁对革命的礼赞。但需要注意的是，马克思主义本身对革命产生的主客观条件的分析和强调，根本不是在一般意义上批评渐进主义的，更不是非历史地崇尚暴力革命的手段和方式。这一点我们可以有不少的文本佐证。

精神为指引的政治实践还抱有希望的政治。在这个意义上，建构性政治是一种积极的政治。

积极政治

自我阶段达到以自我为中心的主体性自觉，能在将自由的展开看成是绝对上升的线性过程，对于自由和平等的实现充满了绝对乐观的情绪。批判现代没有兑现自由承诺的革命理论同样对未来抱着积极乐观的态度，甚至以绝对的必然性为这种乐观态度背书，试图以激进的方式继续兑现承诺。但是经历了战争暴力的洗礼，经历了人类发展带来的对人类生存的威胁，在对未来的绝望和对现实的失望中，当代社会弥漫着一种虚无主义情绪。失去了构想未来和改变现实的激情，当代政治叙事从现代以来的发展主义和乐观主义一下子跌进悲观主义的深渊。人们不再相信绝对完满的未来，由此直接否定和放弃未来的构想本身。失去了信仰和希望，能在随波逐流，将当下的"现在"作为存在本身。不是无法在未来找到意义，而是生命本身被看成是没有意义和不需要意义的当下实在，得过且过。在这种没有意义支撑的存在论意识中，政治实践本身也失去了根本担当。没有方向，毫无主见，对喧嚣舆论和庸众意见亦步亦趋，政治在对现实的迎合中任由现实滑向绝望的深渊。

真正说来，这种悲观主义只是乐观主义的对立面，就像虚无主义只是绝对主义的对立面一样。以绝对必然性担保的未来之崩溃是陷入悲观主义的根源。悲观主义所失望的那个绝对未来本身不是真正的希望，而是抽象理性的主观预设，是以绝对的必然性自打保票的完美主义乌托邦。在这个意义上，对未来的虚无主义和悲观主义只是盲目乐观主义解体的必然产物，是历史意识从绝对必然性中解放出来走向建构性实践的一个步骤。扬弃绝对乐观主义和绝对悲观主义，能在论意识到历史根本不是在非实践的必然性逻辑中展开的，而是由能在实践参与建构的可能过程。以可能性历史概念为基础的建构性政治，将未来看成是内在于共在实践的超越历程，而不是先验地被决定了的绝对堕落或者绝对上升的必然过程。因此，以可能性历史概念为基础的建构性政治是扬弃了乐观主义和悲观主义抽象对立的积极政治。

未来作为超越生存中的可能性敞开

建构性政治以辩证的历史理性眼光将历史看成在实践中展开的存在论循环过程。在这种辩证的存在论循环中，理论与实践相互构成，现实与未来相互构成。能在如何存在以及如何去存在并没有绝对先验的图谱，而是充满希望的可能性过程。① 在人类总体毁灭的极端可能性中，建构性政治通过守护存在和扬弃异化，主张以理性的渐进方式展开未来，因而是真正的希望政治。能在是在不断异化和扬弃异化的自我超越中朝向自己极端可能性的存在。不论在个体还是在类的意义上，能在始终是超越，能在在自己是能在的意义上完成不了自己。因此，将历史看成是没有终极完满状态的建构性政治，主张以渐进的方式参与历史创造，既不放弃政治存在论的担当也不夸大这种担当，并不认为可以通过政治实践一劳永逸地建立人间天堂。建构性政治的这种渐进性和开放性意识本身意味着对未来保持持之以恒的坚韧希望，主张积极地介入社会历史，而不是盲目地乐观或悲观。正因如此，建构性政治是发扬主体理

---

① 按照马克思的说法就是："在将来某个特定的时刻应该做些什么，应该马上做些什么，这当然完全取决于人们将不得不在其中活动的那个既定的历史环境。"（《马克思恩格斯选集》第 4 卷，643 页，北京，人民出版社，1995）

性精神的积极政治。

　　历史的理性精神意味着在建构历史的实践中始终保持守护存在的谦卑和超越现实的希望。有了这种谦卑和希望，有了守护存在和追求自由的担当，政治才可能成为真正的希望政治。可能性意味着希望。个体生命和人类历史在希望中作为希望诞生，本身就是希望敞开的可能过程。人的存在是能在，这就是希望的根据。我们期待并且力图让政治能够与我们一道悲天悯人地展开人类前途未卜的未来，政治因此真正成为希望政治。

基本范畴表

时间维度(历史) 空间层次(社会)	1. 他者(曾在)	2. 自我(现在)	3. 超我(将在)
A. 事实性(对象领域)	A1. 绝对性	A2. 必然性	A3. 客观性
B. 规范性(交往领域)	B1. 利他性	B2. 公平性	B3. 正义性
C. 感受性(体验领域)	C1. 趣味性	C2. 实在性	C3. 自如性

附录 2 | 对象性方式的展开环节

对象性方式	基本的范畴		核心范畴	基本原则	在世活动
他者阶段（曾在）	事实性	绝对性	神意	虔诚	信仰
	规范性	利他性	良心	奉献	仁爱
	感受性	趣味性	品位	高雅	领悟
自我阶段（现在）	事实性	必然性	知识	正确	认识
	规范性	公平性	权利	平等	承认
	感受性	实在性	欲求	适度	生产
超我阶段（将在）	事实性	客观性	共识	恰当	解释
	规范性	正义性	道义	忠恕	兼爱
	感受性	自如性	智慧	从容	自在

参考书目

1. 《马克思恩格斯全集》第 2 卷，中央编译局编译，人民出版社 1957 年版。

2. 《马克思恩格斯全集》第 3 卷，中央编译局编译，人民出版社 1960 年版。

3. 《马克思恩格斯全集》第 3 卷，中央编译局编译，人民出版社 2002 年版。

4. 《马克思恩格斯全集》第 26 卷，中央编译局编译，人民出版社 2014 年版。

5. 《马克思恩格斯全集》第 30 卷，中央编译局编译，人民出版社 1995 年版。

6. 《马克思恩格斯全集》第 31 卷，中央编译局编译，人民出版社 1998 年版。

7. 《马克思恩格斯全集》第 39 卷，中央编译局编译，人民出版社 1974 年版。

8. 《马克思恩格斯全集》第 42 卷，中央编译局编译，人民出版社 1979

年版。

9.《马克思恩格斯全集》第 44 卷，中央编译局编译，人民出版社 2001 年版。

10.《马克思恩格斯全集》第 47 卷，中央编译局编译，人民出版社 2004 年版。

11.《马克思恩格斯文集》第 1 卷，中央编译局编译，人民出版社 2009 年版。

12.《马克思恩格斯文集》第 3 卷，中央编译局编译，人民出版社 2009 年版。

13.《马克思恩格斯文集》第 8 卷，中央编译局编译，人民出版社 2009 年版。

14.《马克思恩格斯选集》第 1 卷，中央编译局编译，人民出版社 1995 年版。

15.《马克思恩格斯选集》第 2 卷，中央编译局编译，人民出版社 1995 年版。

16.《马克思恩格斯选集》第 3 卷，中央编译局编译，人民出版社 1995 年版。

17.《马克思恩格斯选集》第 4 卷，中央编译局编译，人民出版社 1995 年版。

18.《列宁选集》第 2 卷，中央编译局编译，人民出版社 1972 年版。

19.《列宁全集》第 9 卷，中央编译局编译，人民出版社 1959 年版。

20.《列宁全集》第 23 卷，中央编译局编译，人民出版社 1990 年版。

21.《列宁全集》第 55 卷，中央编译局编译，人民出版社 1990 年版。

22. 《毛泽东选集》第 1 卷，人民出版社 1991 年版。

23. 《毛泽东选集》第 2 卷，人民出版社 1991 年版。

24. 《毛泽东文集》第 8 卷，中共中央文献研究室编，人民出版社 1999 年版。

25. ［德］阿伦特：《传统与现代》，见《西方现代性的曲折与展开》，贺照田编，吉林人民出版社 2002 年版。

26. ［古罗马］奥古斯丁：《忏悔录》，周士良译，商务印书馆 1987 年版。

27. ［古希腊］柏拉图：《柏拉图全集》第 1 卷，王晓朝译，人民出版社 2002 年版。

28. ［古希腊］柏拉图：《柏拉图全集》第 2 卷，王晓朝译，人民出版社 2003 年版。

29. ［法］雅克·德里达：《我所是的动物》，见夏可君编校：《解构与思想的未来》，吉林人民出版社 2006 年版。

30. 《狄德罗哲学文选》，江天骥等译，商务印书馆 1983 年版。

31. ［法］费迪耶辑录：《晚期海德格尔的三天讨论班纪要》，丁耘摘译，载《哲学译丛》2001 年第 3 期。

32. ［德］费尔巴哈：《费尔巴哈哲学著作选集》上卷，商务印书馆 1984 年版。

33. ［德］费尔巴哈：《基督教的本质》，荣震华译，商务印书馆 2011 年版。

34. ［德］费尔巴哈：《宗教的本质》，王太庆译，商务印书馆 2017 年版。

35. ［法］福柯：《必须保卫社会》，钱翰译，上海人民出版社 1999 年版。

36. ［法］福柯：《规训与惩罚》，刘北成、杨远婴译，生活·读书·新知三联书店 1999 年版。

37. ［意］葛兰西：《狱中札记》，曹雷雨等译，中国社会科学出版社 2000 年版。

38. ［德］哈贝马斯：《作为"意识形态"的技术与科学》，李黎、郭官义译，学林出版社 1999 年版。

39. ［英］哈维：《后现代的状况》，阎嘉译，商务印书馆 2003 年版。

40. ［德］海德格尔：《海德格尔选集》，孙周兴选编，上海三联书店 1996 年版。

41. ［德］海德格尔：《形而上学导论》，熊伟、王庆节译，商务印书馆 1996 年版。

42. ［德］海德格尔：《存在与时间》，陈嘉映、王庆节译，生活·读书·新知三联书店 1999 年版。

43. ［德］海德格尔：《德国观念论与当前哲学的困境》，庄振华、李华译，西北大学出版社 2016 年版。

44. ［德］海德格尔：《尼采》(下)，孙周兴译，商务印书馆 2004 年版。

45. ［德］海德格尔：《哲学论稿》，孙周兴译，商务印书馆 2013 年版。

46. ［德］黑格尔：《自然哲学》，梁志学等译，商务印书馆 1986 年版。

47. ［德］黑格尔：《法哲学原理》，张企泰译，商务印书馆 1996 年版。

48. ［德］黑格尔：《哲学史讲演录》第 4 卷，贺麟、王太庆译，商务印书馆 1996 年版。

49. ［德］黑格尔：《精神现象学》，贺麟、王玖兴译，商务印书馆 1997 年版。

50. ［德］黑格尔：《小逻辑》，贺麟译，商务印书馆 1996 年版。

51. ［德］黑格尔：《精神哲学：哲学全书第三部分》，杨祖陶译，人民出版社 2006 年版。

52. ［德］黑格尔：《美学》第 1 卷，朱光潜译，商务印书馆 2011 年版。

53. ［德］霍克海默、阿多诺：《启蒙辩证法》，渠敬东、曹卫东译，上海人民出版社 2003 年版。

54. ［德］伽达默尔：《真理与方法》，洪汉鼎译，上海译文出版社 1999 年版。

55. ［德］伽达默尔：《黑格尔与海德格尔》，邓晓芒译，载《哲学译丛》1991 年 05 期。

56. ［法］利奥塔：《非人》，罗国祥译，商务印书馆 2000 年版。

57. ［德］卡尔纳普：《通过语言的逻辑分析清楚形而上学》，见洪谦主编《逻辑经验主义》上卷，商务印书馆 1982 年版。

58. ［德］康德：《康德三大批判合集》下卷，邓晓芒译，杨祖陶校，人民出版社 2009 年版。

59. ［德］康德：《历史理性批判文集》，何兆武译，商务印书馆 1996 年版。

60. ［捷］科西克：《具体的辩证法》，傅小平译，社会科学文献出版社 1989 年版。

61.《卢卡奇自传》，杜章智等编译，社会科学文献出版社 1986 年版。

62. ［匈］卢卡奇：《历史与阶级意识》，杜章智等译，商务印书馆 1992 年版。

63. ［法］卢梭：《卢梭全集》第 4 卷，李平沤译，商务印书馆 2012 年版。

64. ［德］马克斯·韦伯：《新教伦理与资本主义精神》，于晓、陈维纲译，生活·读书·新知三联书店 1987 年版。

65. ［德］马尔库塞：《理性和革命》，重庆出版社 1993 年版。

66. ［美］马尔康姆：《回忆维特根斯坦》，李步楼、贺绍家译，商务印书馆 2012 年版。

67. ［英］迈尔-舍恩柏格：《删除》，袁杰译，浙江人民出版社 2013 年版。

68. ［美］默顿：《十七世纪英格兰的科学、技术与社会》，范岱年等译，商务印书馆 2000 年版。

69. ［德］尼采：《悲剧的诞生》，周国平译，生活·读书·新知三联书店 1986 年版。

70. ［法］萨特：《萨特戏剧集》上卷，沈志明等译，安徽文艺出版社 1998 年版。

71. ［法］萨特：《辩证理性批判》，林骧华等译，安徽文艺出版社 1998 年版。

72. ［古希腊］色诺芬：《回忆苏格拉底》，吴永泉译，商务印书馆 2001 年版。

73. ［德］绍伊博尔德：《海德格尔分析新时代的技术》，宋祖良译，中国社会科学出版社 1993 年版。

74. 《圣经》，中国基督教三自爱国运动委员会、中国基督教协会编译，2012 年版。

75. ［德］叔本华：《作为意志和表象的世界》，石冲白编译，商务印书馆 1997 年版。

76. ［美］斯鲁格：《海德格尔的危机》，赵剑等译，北京出版社 2015 年版。

77. ［英］汤因比、［日］池田大作：《展望21世纪》，荀春生等译，国际文化出版公司1985年版。

78. ［美］蒂里希：《蒂里希选集》上卷，上海三联书店1999年版。

79. ［以］尤瓦尔·赫拉利：《未来简史》，林俊宏译，中信出版社2017年版。

80. ［美］威廉·詹姆士：《实用主义》，陈羽伦、孙嘉禾译，商务印书馆1983年版。

81. ［德］维特根斯坦：《哲学研究》，陈嘉映译，上海人民出版社2001年版。

82. ［美］奥格本：《社会变迁：关于文化和先天的本质》，王晓毅、陈育国译，浙江人民出版社1989年版。

83. 《西方哲学原著选读》（上卷），北京大学哲学系外国哲学史教研室编译，商务印书馆1982年版。

84. 《约翰福音》，上海三联书店2012年版。

85. ［古希腊］亚里士多德：《形而上学》，吴寿彭译，商务印书馆2009年版。

86. 《老子》，汤漳平、王朝华译注，中华书局2014年版。

87. 《论语译注》，杨伯峻译注，中华书局2012年版。

88. 《孟子》，万丽华、蓝旭译注，中华书局2010年版。

89. 《庄子》，方勇译注，中华书局2010年版。

90. 《荀子译注》，张觉撰，上海古籍出版社1995年版。

91. 《周易译注》，黄寿祺、张善文译注，中华书局2016年版。

92. 《韩非子》，高华平等译注，中华书局2010年版。

93.《晋书》，房玄龄等撰，中华书局 2000 年版。

94.《老子道德经注校释》，王弼注，楼宇烈校释，中华书局 2008 年版。

95. 班固：《汉书选》，陈直、冉昭德主编，中华书局 1985 年版。

96. 嵇康：《嵇康集注》，殷翔、郭全芝注，黄山书社 1986 年版。

97. 王国维：《人间词话疏证》，彭玉平疏证，中华书局 2011 年版。

98. 司马光：《资治通鉴》，中华书局 2012 年版。

99. 司马迁：《史记》，中华书局 2011 年版。

100. 朱熹：《四书章句集注》，中华书局 1983 年版。

101.《礼记译解》，王文锦译解，中华书局 2016 年版。

102. 李季林：《杨朱列子思想研究》，安徽人民出版社 2012 年版。

103. 严北溟、严捷：《列子译注》，上海古籍出版社 2016 年版。

104. 杨天宇：《礼记译注》，上海古籍出版社 2004 年版。

105. 俞宣梦：《本体论研究》，上海人民出版社 2012 年版。

106. 刘义庆：《世说新语笺疏》，余嘉锡笺疏，中华书局 2007 年版。

107. 冯友兰：《冯友兰自选集》，首都师范大学出版社 2008 年版。

108. 罗从彦：《罗豫章先生文集》第 4 卷，商务印书馆 1936 年版。

109. 罗从彦：《罗豫章先生文集》第 9 卷，商务印书馆 1936 年版。

110. 罗骞：《告别思辨本体论——论历史唯物主义的存在范畴》，华东师范大学出版社 2014 年版。

111. 罗骞：《论马克思的现代性批判及其当代意义》，上海人民出版社 2007 年版。

112. 罗骞：《面对存在与超越实存——历史唯物主义的当代阐释》，人民出版社 2014 年版。

113. 罗骞：《走向建构性政治——历史唯物主义视野中的后现代政治哲学研究》，华东师范大学出版社 2014 年版。

114. 李泽厚：《李泽厚哲学美学文选》，湖南人民出版社 1985 年版。

115. 张世英：《黑格尔的精神哲学》，上海人民出版社 1986 年版。

116. Augustine. The City of the God，XIX，13，vol. 2 影印版，中国社会科学出版社 1999 年版。

117. Augustine. On the Magnitude of the Soul. cited from Dennis R. Creswell's St. Augustine's Dilemma：Grace and Eternal Law in the Major Works of Augustine of Hippo，New York. Peter Lang，1997.

118. Marcuse，Heideggerian Marxismedited by Richard Wolin and John Abromeit，Lincoln and London：University of Nebraska Press，2005.

119. Paul Roubiczek，Existentialism：For and Against，Cambridge University Press，1964.

图书在版编目（CIP）数据

超越与自由：能在论的社会历史现象学/罗骞著. —北京：北京
师范大学出版社，2019.9
ISBN 978-7-303-24764-6

Ⅰ.①超… Ⅱ.①罗… Ⅲ.①社会哲学 Ⅳ.①B0

中国版本图书馆 CIP 数据核字（2019）第 110563 号

营　销　中　心　电　话　010-57654738　57654736
北师大出版社高等教育与学术著作分社　http://xueda.bnup.com

CHAOYUE YU ZIYOU

出版发行：北京师范大学出版社　www.bnup.com
　　　　　北京市西城区新街口外大街 12-3 号
　　　　　邮政编码：100088
印　　刷：北京盛通印刷股份有限公司
经　　销：全国新华书店
开　　本：730 mm×980 mm　1/16
印　　张：38.25
字　　数：470 千字
版　　次：2019 年 9 月第 1 版
印　　次：2019 年 9 月第 1 次印刷
定　　价：108.00 元

策划编辑：祁传华　　　　　　责任编辑：赵雯婧　石雨晨
美术编辑：王齐云　　　　　　装帧设计：王齐云
责任校对：段立超　陈　民　　责任印制：马　洁